体系
憲法訴訟

体系 憲法訴訟

Theory of Constitutional Litigation

高橋和之
Takahashi Kazuyuki

岩波書店

はしがき

　私が憲法訴訟論という研究領域にはじめて接したのは，芦部信喜先生が東京大学法学部の大学院で開講された演習に参加させていただいたときである．1967年のことと記憶するが，その年の演習のテーマが憲法訴訟であった．そこで扱われた論題の1つに「第三者の憲法上の権利の援用」という問題があり，そのときはじめて芦部先生の論文「憲法訴訟における当事者適格——第三者の権利侵害を理由とする違憲訴訟」の存在を知った．これを読んだときの高揚感は，いまでも忘れられない．私がそれまでイメージしていた憲法学とはまったく違う世界があることを知ったのは，このときである．以来，私はこの研究領域に強い関心を抱き続けてきた．とはいえ，憲法訴訟論をそのとき直ちに研究テーマに選んだわけではない．当時の私は，フランス憲法学のあり方に別の意味で強く魅惑されていた．その結果，研究生活のはじめにおいては，フランス憲法学説史の研究を主要なテーマに選び，そこから引き続き現代フランス憲法政治の政治学的分析へと進むことになる．しかし，それに並行して，片手間的にではあったが憲法訴訟論の知識の吸収も忘れず行っていた．幸い，芦部先生を中心に結成された憲法訴訟研究会に参加させていただき，そこでアメリカ合衆国最高裁判例を読みながら，関連して興味を懐いたアメリカの雑誌論文にも時々目を通していたのである．その過程で，依頼を受けていくつかの論文を書き，1995年にそれらを『憲法判断の方法』という論文集にまとめて出版している．この時点で，私は，今から考えると思い上がりもはなはだしいが，アメリカの憲法訴訟論の基本的思考方法は理解しえたと考えた．後はそれを参照しつつ日本の憲法判例を分析してその特徴を解明することが課題となるが，アメリカの憲法判例に比べて余りにもおもしろみの少ない日本の憲法判例を今読むのは何とも気の進まないことだと思い，それは先送りして，その後の研究の主要テーマを人権論の方にシフトした．

　この研究進路に変更を迫ることになったのは，司法制度改革に伴うロースクールの創設である．ロースクールの教育では，学生の事例分析の力を養成する

ことに力点が置かれることになり，そのため，憲法判例を中心に授業を進めることになった．ところが，これが予想以上に負担の重い任務であった．授業の準備に判例を読まねばならず，これには結構時間を要したし，アメリカへ留学してケースメソッドの洗礼を受けた先生方は，授業の進め方や準備の仕方にある程度具体的なイメージをもつことができたであろうが，私にとっては，学生のときに聴講し，その後私自身が行ってきた講義スタイルの授業とはまったく異なる教育方法の実践を迫られることになったのである．いわば羅針盤もなしに大海原に乗り出したようなもので，初歩から手探りで授業のノウハウを身につけていかねばならず，授業のたびに極度の緊張を強いられることになった．そのため，人権の基礎理論を深く掘り下げる研究を行う余裕はなくなり，授業の準備に合わせた形で，日本の憲法判例の分析をテーマとする研究に方針転換せざるをえなかった．

　授業の準備のために憲法判例を読みなおしてみて，判決が出された当時に読んだときの印象とは異なり，論点についてアメリカの判例と比べても遜色のない高水準の議論が展開されている判決がいくつか存在し，しかもそうした判決が徐々に増えてきていることに改めて気づかされた．また，時間を経て発表された判例評釈にも，新たな視点から問題を再構成し，判決の意味を捉え直し位置づけなおす力作が多数存在することを発見した．なかでも特に強い印象を受けたのは，ドイツ憲法訴訟論の研究成果の充実と，そこから構成された憲法判例の分析枠組を使って提唱された日本の判例の斬新な読み直しであった．そこには，アメリカの憲法訴訟理論を参考にして行った従来の日本の判例の分析を厳しく批判する論考も存在した．私も基本的にはアメリカの憲法訴訟理論を基調に問題を考えていたので，その批判の対象には私も含まれていると感じ，これに的確に応答するためにドイツの憲法訴訟理論の研究が必要であることを痛烈に印象づけられたのである．アメリカとドイツの憲法訴訟論の最も大きな違いは，違憲審査制度の違いを別にすれば，その審査方法にある．審査基準論と比例原則論の違いである．これをどう理解し，日本でどのように参照するべきか．これが私に新たに突きつけられた問題であった．この問題意識をもって，日本や欧米の関連論文を読みあさったが，この分野のドイツの議論の日本における研究は非常に充実していて，ドイツ語の素養のない私には大いに助かった．

この間の私の研究成果は，いくつかの論文にして発表したが，幸いにドイツ憲法学研究者からの論評も頂くことができ，それを参考にした上で再考した私の見解を本書でもかなりの紙数を使って論じている．

判例を読み直し関連判例評釈を読み進む過程で，頭をよぎった感想とヒントを多くのメモとして残した．定年退職が近づくにつれて，増え続けるメモを見ながら，退職後，これを廃棄するのは忍びないから，何とか1冊の本にまとめたいと考えるに至った．論文の発表により議論の骨格はできているし，判例メモも存在するから，退職後1年もあれば書き終えることができるであろうと楽観していたが，案に相違して2年余の歳月を要した．ようやく上梓に漕ぎ着けることができてほっとしている．

本書の執筆に当たり最も力を注いだのは，全体を体系性のある書物に仕上げることである．体系には，少なくとも2つの意味があるだろう．1つは，全体を構成すべき諸論点と関連資料が網羅的に採り上げられているということであり，もう1つは，全体が内的に整合性をもつ統一一体として構成されているということである．本書は，残念ながら前者の意味での体系性は備えていない．その最大の理由は，重要な論点を扱っている多くの下級審判例を十分に扱うことができていないからである．最高裁判例を読み込むだけでも予想以上の時間が必要なことが分かり，下級審判例まで渉猟することは途中で諦めざるをえなかった．したがって，本書で目指したのは後者の意味での「体系性」である．憲法訴訟をめぐって生起する重要な論点や判断手法の類型化と相互の差異・関係を可能な限り精密に定義することを心がけた．それなくしては，政治を法により枠づけ統制するという法の支配と立憲主義の要請は果たしえないと考えるからである．諸論点と諸手法が相互の関連性を欠いたまま羅列的に提示されているだけでは，事案の論点を的確に識別し適用すべき理論と手法を正しく選択することは困難となり，結論志向的で恣意的な選択に陥ろう．そうならないためには，個々の事件の結論が体系性を備えた理論を引証して正当化しうるものでなければならないのである．

本書が提示した体系が納得のいくものかどうかは，読者の判断に委ねる以外にない．本書と異なる体系が提案されるなら，それとの議論を通じてよりよい

体系に彫琢していけばよい．いずれにせよ，緻密に構成された憲法訴訟の体系なしには，判例を批判的に分析し，裁判所による政治の法的統制を理論的に支えることは不可能である．最高裁が憲法訴訟の体系を既に判例理論として形成しているのであれば，判例分析によりそれを解明し，その理論を出発点に議論を進めることも可能であろう．しかし，私の見るところ，最高裁判例には憲法訴訟に関する諸理論・諸手法が散発的には提示されているものの，いまだ体系性を語りうる段階にはない．例えば，憲法判断の手法として最高裁が多用するのは，「諸般の事情を総合考慮すると」式の総合判断手法であるが，そのほとんどがどのように総合考慮したのかが不明でアメリカの審査基準やドイツの比例原則の手法と比べて理由の透明性が低く，恣意的・主観的判断の危険を胚胎した手法といわざるをえない．このような判決をいくら丁寧に分析しても，そこから日本独自の体系的な憲法訴訟理論を析出することは困難であろう．日本独自の憲法訴訟理論は，たしかに日本の判例の分析から発見・造形していくのが王道であるかもしれないが，アメリカやドイツなどの憲法訴訟「先進国」の理論に学びつつ，日本に適した分析枠組を構想し，それによる判例分析と裁判所による応答という展開を続けるのが近道ではないだろうか．そのような考慮から，本書では基本的な考え方をアメリカの憲法訴訟論に学び，それを日本に適合させる体系の構築を試みた．この後の議論の深化に少しでも役立つことができれば，幸甚である．

　本書の作成に当たり岩波書店の伊藤耕太郎さんから表現内容の明確性や統一性あるいは注の補充等に関して懇切丁寧なご助言，ご助力をいただいた．心より御礼申し上げます．また，私はこの10年間ほど大江橋法律事務所にスタッフの一員として迎えていただき，実務を知る貴重な機会を与えていただいた．本書が少しでも実務と架橋しうる憲法訴訟論の叙述となっているとすれば，そこで得た経験に負うところが大きいと思っている．ここに記して謝意を表する．

　　2017年3月

　　　　　　　　　　　　　　　　　　　　　　　　　　　　　高橋和之

目　次

はしがき

序　章　憲法訴訟の意義 …………………………………………… 1

1　憲法訴訟とは何か　1
2　違憲審査制の成立の諸前提　1
3　違憲審査制の類型　8
4　日本国憲法の採用した違憲審査制度の性格　14
5　違憲審査権の運用の仕方──司法消極主義と司法積極主義　18
6　違憲審査制度改革論　24
7　本書の対象・方法・構成　28

第1章　憲法訴訟の成立要件 ……………………………………… 31

第1節　司法権の内在的限界 ……………………………………… 32

1　司法権の定義　32
2　整合的な説明の試み　35
3　司法権の定義の再構成　43
4　司法権の新定義の意味と特徴　56

第2節　司法権の外在的限界 ……………………………………… 59

1　憲法上の諸原理との調整　60
2　自己抑制　98

第3節　司法権の限界と訴訟要件 ………………………………… 106

1　前節のまとめと本節の課題　106
2　刑事訴訟　111

3　民事訴訟　112
　　　4　行政事件訴訟　117
　第4節　違憲審査の審査対象 …………………………………………131
　　　1　条　　約　131
　　　2　条　　例　133
　　　3　立法不作為　134
　　　4　判　　決　137
　　　5　国家の私法上の行為　138
　　　6　私人間効力論　143
　　　7　憲法改正　147

第2章　違憲審査の方法(1)——審査対象の確定 ………………149

　第1節　事案審査の思考過程 …………………………………………149
　第2節　違憲の争点の提起とその制限 ………………………………151
　　　1　主張責任　151
　　　2　違憲の争点の2形態　152
　　　3　主張適格　153
　　　4　違憲の争点を提起する時期　164
　　　5　禁反言を理由とする違憲主張の制限　165
　第3節　違憲審査の対象と手法 ………………………………………167
　　　1　違憲審査の対象　167
　　　2　違憲審査の手法——事実に支えられた憲法判断　180
　第4節　争点の判断回避 ………………………………………………191
　　　1　判断回避の意義　191
　　　2　判断回避の2類型　192
　　　3　憲法判断の回避　194
　　　4　文面上違憲の回避　199

第3章 違憲審査の方法(2)──利益衡量と審査基準論 213

第1節 人権論の基本構図 213

1 人権と公共の福祉の衝突とその利益衡量による解決　213
2 利益衡量の枠組形成における考慮要素　217

第2節 内容確定型人権の違憲審査 221

1 二段階分節審査　221
2 「人権制限の正当化」論における利益衡量の枠組　222

第3節 内容形成型人権の審査枠組 287

1 総　説　287
2 内容確定型人権の審査方法の活用　289
3 立法裁量の統制　293

第4節 平等権の審査枠組 299

1 総　説　299
2 二段階分節審査　300

第4章 違憲判決の種類・効力・救済方法 311

第1節 違憲判決の種類 311

1 違憲の決定の評決方法　311
2 違憲判決の種類　317

第2節 違憲判決の効力 328

1 違憲判決の効力　329
2 先例(憲法判例)の拘束力　344

第3節 違憲の救済方法 367

1 総　説　367
2 平等原則違反の救済方法　369

3　立法不作為の違憲の救済方法　374

事項索引　397
判例索引　403

序　章
憲法訴訟の意義

1　憲法訴訟とは何か

　憲法訴訟とは，憲法に関する争点が提起されている訴訟をいう．憲法に関する争点とは，国家行為が憲法に違反するのではないかをめぐる争いである．このような訴訟が成立するためには，国家行為が憲法に反しないかどうかを審査・判断する権限をもつ裁判所の存在が必要である．日本国憲法81条は，最高裁判所に「一切の法律，命令，規則又は処分が憲法に適合するかしないかを決定する権限」を与えた．これにより，日本で憲法訴訟の生じることが憲法上承認されているのである．憲法訴訟に関する議論を憲法訴訟論と呼ぶが，それは，誰が憲法訴訟を起こしうるのか，どのような裁判手続の中で憲法上の争点を提起できるのか，裁判所はそれをどのように審査し，違憲と判断した場合にはいかなる救済を与えうるのか，違憲判決はどのような効力を有するのかなどを論ずるものである．
　法律や命令等の国家行為が憲法に適合するかどうかを裁判所が審査する制度を一般に違憲審査制と呼ぶが，日本国憲法81条が採用した違憲審査制が，具体的にいかなる性質のものかについては，憲法に詳細な規定がなく，議論が分かれている．この点の理解が憲法訴訟に関する諸理論の前提ともなるので，本論に入る前に，序章でこの問題につき説明しておく．最初に違憲審査制が成立する憲法理論上の諸前提を説明し，次に違憲審査制にどのような類型が存在し，日本国憲法が採用した制度がいずれに属するか，それがどのように機能してきたのか，そこにどのような問題が存在しているかについて，概観しておきたい．

2　違憲審査制の成立の諸前提

　違憲審査制は，日本国憲法に特殊・独自の制度ではなく，外国で最初に創設

され運用されていたものであり，今日では立憲主義の憲法を採用する大半の国で受容されている．日本が採用したのは，第二次世界大戦後の日本国憲法によってであり，憲法上明文をもってこの制度を採用した順位としては，比較的早いほうである．日本国憲法が採用している制度の特質を知るためには，諸外国の制度との比較憲法史的な位置づけを見るのが近道であるから，比較憲法史的な観点から，まずここで，この制度が成立するための憲法原理上の諸前提 (2.1～2.3) を考察し，次項の3で同じ観点から現実の制度の諸類型を見ることにする．

2.1 法の支配

違憲審査制を支える思想としては，国家の政治権力の行使を憲法により枠づけ拘束するという立憲主義の思想がある．これは，国王権力を法により縛るというヨーロッパ中世の「法の支配」の思想に起源をもち，そこから近代の憲法思想に発展したものである．

中世の法思想においては，法は客観的に存在する正義であり，したがって，国王が行うのは自らの意思・命令により法を制定しそれを適用して裁判するというのではなく，客観的に存在する法を発見して適用することだとされた．国王といえども，客観的に存在する正義としての法には服するとされたのである．そこから近代立憲主義までの歴史的展開を細部のニュアンスを捨象して図式的に述べると，次のように捉えることができよう．

イギリスの場合 イギリスにおいては，国王の委任により裁判を行う裁判官達が，長年の法実践の中で獲得した法的な「理性」により「正しい法」を発見して適用した．その裁判例の蓄積を通じて民刑事の判例法が形成されていき，それがコモンローと呼ばれるようになる．政治権力を行使する国王とその官僚達も，このコモンローに服さねばならなかった．その後，近代を画する名誉革命により議会主権が確立され，それにより議会の制定する法律をコモンロー裁判所が審査することはできないことになるが，法思想としては，専門家の理性により発見される「高次の法」の存在は承認され，法律も高次の法に反してはならないという思想は継続したと言われる．しかし，立法が裁判所の審査に服するという制度は議会主権により否定されたものの，行政がコモンローに服するという制度は継続し，これがイギリスの「法の支配」の

特徴とされたのである．制定憲法をもたないが，国王の行政がコモンローにより拘束されることから，立憲主義が最初に確立された国とされる．

大陸諸国の場合　ヨーロッパ大陸諸国においては，中世法思想はイギリスとは異なる展開を遂げる．12世紀に始まったローマ法の研究の影響を強く受けることになるからである．そのローマ法思想においては，法は客観的に存在するものではなく，人為的に制定するものであり，皇帝あるいは国王の意思による命令が法であるとされる．こうして制定法が実定法として法秩序を構成し，中世法における客観的正義を体現していた高次法あるいは自然法（これは神の法と結びついていた）から分離・解放される．こうなると，客観的な正義として存在したはずの，社会において個々人に承認されていた正当な「持ち分」あるいは既得権も，根拠を失うことになる．国王の命令によりいつでも否定されうるものとなってしまうのである．この危機に直面し，国王権力に対抗しうる法理論が形成される．それは，法観念における客観法と主観法（主観的権利）の区別と並行して進展する．中世から近代への移行には，共同体から解放され自律する個々人の析出が背景に存在するが，個人の自律に伴い共同体と個人の対抗の下に「法」（正しきもの）を共同体の視点から客観法として観念するのではなく，個人の視点から捉える見方が生じる．個人にとって「正しきもの」が個人の「主観的権利」と観念されるのである．そこで，国王の意思・命令が法（客観法）であるとすれば，個人の意思が主観的権利となる．そして，この客観法と主観的権利の分離によって自然法を捉え直すところに「自然権」の観念が成立する．この自然権は，共同体（社会）に先行する個人の生得権と観念され，個々人の契約により形成される政治社会（国家）において制定される実定法に先行・上位するものとされる．こうして，ローマ法観念の下に自然権と実定法の上下関係が再構成されるのである．しかし，自然権が自然権にとどまる限り，実定法秩序の内部では国王の命令を拘束しえない．国王あるいはより一般的に国家権力を自然権の下に置くためには，自然権の実定法化が必要なのである．そのプロジェクトは，憲法を制定しそこに自然権を書き込むことにより遂行される．それを最初に行ったのは独立革命期のアメリカであり，ほぼ時期を同じくしてフランスがこれに続く．

2.2 最高規範性

社会契約を表現するものと観念された憲法に自然権保障が書き込まれれば，この憲法が実定法秩序における最高規範とされるのは当然である．さらに憲法に採用された権力分立原理により，実定法の諸形式に上下関係が設定される．こうして，「憲法→法律→命令→処分」という「法の段階構造」が形成され，各段階の法形式をもって権力行使(政治)を行う国家機関は，上位法による授権・制限により拘束されることになる．このように，権力分立を基礎に形成された法の段階構造により政治を拘束しようというのが，近代立憲主義の思想なのである[1]．

2.3 裁判規範性

憲法を最高規範とする段階構造が成立するだけでは，政治を法により拘束するという「法の支配」は完成しない．各段階の権力行使(法形式)が上位規範に違反していないかどうかを，法を司る専門的機関である，政治からは独立した裁判所が，審査・統制するという制度の確立が必要である．そのためには，法的思考と政治的思考との違いが了解されねばならない．さらに，上位規範の裁判規範性の承認が必要である．

アメリカの場合 法律の裁判規範性は，アメリカにおいては近代の当初から認められていた．コモンローを継受したアメリカにおいては，コモンローが裁判規範性をもつことは当然であり，コモンローを修正・補完するものとして発達した法律(制定法)も，たとえそれが行政規制立法であるとしても，通常の司法裁判所による適用を想定されており，裁判規範性をもつことに疑問はなかった．しかし，憲法が司法裁判所により適用できるかどうかは，最初から明確であったわけではない．それを最高裁判例として確定したのが1803年のマーベリー対マディソン事件判決(Marbury v. Madison, 5 U. S. 137 (1803))であった．そこで採用された論理は極めて単純で，事案に適用すべき内容をもつ法として憲法と法律が存在し，両者が矛盾する場合，裁判所が適用

---

[1] 段階構造は実定法秩序の構造であり，成文憲法の成立を前提とする．イギリスのように「高次の法」が実定憲法化されない場合には，憲法と法律の上下関係は実定法上は成立せず，法律の違憲審査は成立の前提を欠くことになる．同じコモンローの伝統でも，アメリカで違憲審査が成立したのは，成文憲法を制定したことによるのであり，この点がイギリスとの大きな違いである．

すべきなのは上位規範である憲法であるべきだ，というものであった(9頁参照)．

フランスの場合　これに対し，同じく最高規範としての憲法を制定したフランスは，まったく異なる展開をたどった．民事および刑事事件に適用される法律が裁判規範性を有したのはいうまでもないが，しかし，法律が憲法に適合しているかどうかを判断する権限は，民刑事事件を扱う司法裁判所には認められなかった．主権者国民を代表する議会が優越的地位をもち，司法裁判所は議会が合憲と解して制定した法律を忠実に適用するだけの権限しか認められなかったのである．では，行政事件についてはどうかというと，それは司法裁判所の権限からははずされた．行政との関係では，それを扱う裁判所が存在せず，行政に適用される法律は裁判規範性を否定されたのである．行政に不満をもつ国民の救済としては，今日言うところの行政不服申立しか認められなかった．しかし，行政の首長の諮問機関として形成されたコンセイユ・デタ(Conseil d'Etat, 国務院)の中の，不服申立についての諮問の答申を専門的に担当した訴訟部が，次第に行政首長からの独立性を確立し，行政裁判所に脱皮していき，第三共和政の下で正式に行政裁判権を確立し，これにより行政法規(法律)の裁判規範性も確立されることになる．しかし，議会優位の構造がフランス憲法の基本的特徴をなし，法律の憲法適合性を判断する権限については，行政裁判所も獲得することはなかった[2]．

ドイツの場合　近代ドイツ(諸邦)は，国民主権を採用したフランスとは異なり立憲君主政が基本であり，君主と議会が立法権を分有した．しかし，司法裁判所の権限は，フランス同様に民事と刑事の事件に限定され，行政事件については19世紀後半に行政裁判所が形成されていく．それにより行政を拘束する法律が裁判規範性を獲得し，この体制が「法治国家」(レヒツシュタート)(Rechtsstaat)と呼ばれたが，司法裁判所も行政裁判所も法律の合憲性を審査する権限は有さず，たとえ基本権の保護が憲法に謳われていても，法律の留保の下にあり，裁判所としては法律の内容の統制は行いえなかった．このために，形式的

---

[2] とはいえ，行政(命令・処分)を憲法により統制することは，「法の一般原則」という概念を用いて行われたとされている．つまり，法律に明文の規定がない場合にも，憲法原理を読み込んだ法の一般原則により行政の違法性を審査したのである．

法治国と呼ばれることになる．この形式的法治国家の伝統はドイツに強固に定着し，20世紀前半の戦間期に共和政を採用し国民主権と基本権保障も謳ったワイマール憲法の下でも支配的理論として生き続ける．ドイツが裁判所による法律の合憲性審査制度を導入するのは，第二次世界大戦後，1949年に制定される(ボン)基本法によってであり，そこでは国家行為の合憲性審査権限を専属的に有する憲法裁判所が設立された．これにより基本法は裁判規範性を取得するのである．この体制が「実質的法治国家」と呼ばれている．

**ルール・オブ・ローと　　**英米型の「法の支配」とドイツ型の「法治国家」の対
**レヒツシュタート　　　**比がよくなされるが，両者の違いはその概念の形成過
程の違いを反映している[3]．

イギリスで成立するルール・オブ・ロー(法の支配)の原則は，民刑事の事件をイメージの中心に据え，社会意識の中に正義感覚として存在する法を原告と被告の対立構造的裁判手続を経て「発見」し適用するところにその本質を見ている．行政事件もそれと本質を異にするものではない[4]．したがって，そこでの法は国民の法意識を反映しており，そのことにより国民の自由が保障されると観念されているのである．ルール・オブ・ローの課題は，国民の間に実在する法意識に依拠したコモンローにより社会の法秩序を形成・維持することなのであり，コモンローの社会への浸透こそが法の支配の実現であると理解されることになる[5]．

---

[3] この点についての私の見解については，高橋和之「法の支配の分析視座――比較憲法学のための枠組設定」法哲学年報2005(2006年)94頁，同「戦後司法制度の改革――最高裁判所の創設と法の支配」法の支配180号58頁(2016年)，野中俊彦他編『憲法Ⅰ〔第5版〕』(有斐閣，2012年)25頁以下(高橋執筆)参照．

[4] 裁判所の任務において，国家と市民(私人)の間の争いである行政事件の占める比率が小さい段階では，行政事件を民事事件と同一の法原則コモンローにより処理することも可能であった．その場合には，公法と私法の区別も必要とされない．ダイシー(A. V. Dicey)が捉えたイギリスのルール・オブ・ローはそのようなものであった．しかし，社会の秩序形成に占める行政活動の重要性が増大すれば，コモンローとは異なる原理に依拠する「行政法」を法律として制定して行政への授権を行う必要が生じる．ダイシー自身が認めたように，19世紀後半のイギリスには，そのような行政法が制定されてきていたのである．これ以降，イギリスにおいても伝統的な法の支配の観念の見直しは不可避であった．法の支配の焦点は，国家の法的統制に移行するのである．

[5] このような法の支配観を論ずるものとして，佐藤幸治『日本国憲法と「法の支配」』(有斐閣，2002年)，土井真一「法の支配と司法権――自由と自律的秩序形成のトポス」佐藤幸治他編『憲法五十年の展望Ⅱ 自由と秩序』(有斐閣，1998年)79頁，土井真一「「法の支配」論

これに対して，法治国家が課題としたのは，国民の権利を守るために国家を法に服させることであった．その最初の課題となったのが，行政を法律により拘束することであり，この段階では法律の内容が権利保護的であることの保障は，議会に委ねられた．次の段階として，議会を必ずしも全面的に信頼することはできないという経験的認識を踏まえて，法律の内容の統制を裁判所が行うシステムを導入することになる．

　では，司法権が法に従うことの保障はどのように実現されるのか．司法権も国家権力の一翼を担っているのであり，国家権力を法により拘束するという以上，裁判も法に従ってなされねばならない．コモンローの場合，法の客観的存在が措定されており，裁判官はそれを発見して適用するにすぎないという観念により法への服従が担保されていた．ローマ法を継受した大陸法においては，制定法主義に立脚するから，裁判所の適用すべき法は，政治部門により制定されて既に存在し，それを忠実に適用するのだと観念される．ただ，裁判所にとり既存としての法秩序は，段階構造を形成しているから，上位規範と下位規範の適合性の判断は裁判所がなしうることになる．いずれにせよ，裁判所が法に従っているかどうかは，制度上は，審級制度を通じてしか統制しえず，ゆえに，最上級の裁判所については，それを統制する制度は存在しない．

憲法学の守備範囲　法の支配との関連での憲法学の課題は，国家権力の行使を憲法により統制することにある．行政を法律により統制するという課題は，行政法学の領域とされている．したがって，憲法学が引き受けるのは，憲法による立法と行政の統制の問題である．この点に焦点を合わせる限り，違憲審査制を支える法の支配の理解は，英米法に由来する法の支配であっても，大陸法的な実質的法治国家であっても，現在ではその違いを強調する必要はないという理解が有力である[6]．本書も，この立場に立つ．しかし，両者を支える英米法的な思考と大陸法的な思考は，後にも触れるが，違憲審査の制度化と運用において様々な違いを生み出すことも忘れてはならない[7]．

の射程――司法制度改革と法の支配」民商法雑誌134巻1号1頁，同「立憲主義・法の支配・法治国家」法哲学年報2005（2006年）30頁参照．
[6]　高田敏『法治国家観の展開』（有斐閣，2013年）参照．
[7]　ドイツの形式的法治国家論が戦後のドイツ（ボン）基本法において実質的法治国家に転換することにより，イギリスのルール・オブ・ローとの違いは解消したという理解が次第に共有

法の支配は，存在する法秩序の維持を中心課題とする．法秩序の形成は，コモンローの法体系においては，存在を措定された法の「発見」という操作を通じて裁判所により行われるが，大陸法の体系においては，法制定権者により政治過程を通じて行われる．この政治過程の法構造の分析も憲法学の課題ではあるが，憲法学の他の領域(統治機構論)に属し，憲法訴訟論の対象ではない．いずれの法体系においても，形成された法秩序には社会意識が反映されるが，コモンローの場合には裁判所を通じて，大陸法の場合は議会を通じてというように，そのルートを異にするのである．ただし，このような区別は，理念型的な区別であり，現実の国家・社会の法秩序が，英米法諸国にせよ大陸法諸国にせよ，理念型通りに形成されているのではなく，多かれ少なかれ両者の混合として存在していることを忘れてはならない．

3　違憲審査制の類型

　憲法の最高規範性と裁判規範性の成立により政治を憲法により統制する立憲主義のプロジェクトが作動を開始する．その場合に，統制を担う裁判所の違いをめぐって2つの制度型が区別されてきた．統制が司法裁判所により担われる「付随審査制」と憲法裁判所により担われる「独立審査制」である．前者を代表するのがアメリカ合衆国において行われている違憲審査制であり，後者を代表するのがドイツにおいて行われている違憲審査制である．日本国憲法が採用した違憲審査制の特徴を理解する前提として，両者の違いを最初に見ておこう．

3.1　アメリカ型付随審査制

　アメリカで成立した違憲審査制は，通常の司法裁判所が，具体的事件の審査に付随して，その事件に適用すべき法令の合憲性を審査するものであり，司法

されてきたのに対し，この理解に異議を唱えたのが佐藤幸治教授である．佐藤・前掲注5)『日本国憲法と「法の支配」』参照．たしかに法の支配の2つのモデルにおける法的思考方法の違いは，容易に解消しうるものではない．実際，後述の付随審査制と独立審査制の違いの基礎にも，この違いが横たわっている．しかし，政治権力に対する権利保障という機能面に着目する限り，基本的共通性は疑いえないのではないか．佐藤教授の法の支配論は，コモンローの歴史に着目して構成されており，コモンローの基本的性質が私人間の争いの裁定を中心とするものであるという意味で「私法モデル」的性格の強いものであることから，政治部門の権力統制という性格が法の支配の核心的問題として設定しがたくなっているという問題があるのではないか．愛敬浩二「「法の支配」再考——憲法学の観点から」社会科学研究56巻5・6号3頁参照．

審査制(judicial review)あるいは付随審査制と呼ばれる．合衆国憲法に司法権が違憲審査権をもつことを定める明文規定があるわけではないが，1803年のマーベリー対マディソン事件においてマーシャル長官に指導された連邦最高裁判所が，当該事件に関係する法律が憲法に反しないかどうかを審査し，違憲と判断した法律を当該事件に適用することを拒否したが，これが先例となってこの型の違憲審査制が確立されていくことになった．司法裁判所が違憲法律の適用を拒否しうるとした理由としてそこで提示されたのは，次のようなものであった．すなわち，事件に関係する2つの法が存在し，両者が矛盾する場合には，いずれの法を適用して事件を解決するかを決定することは司法裁判所に属する通常の権限であるが，憲法と法律が矛盾している場合に憲法を選択するのは，当然だというものであった[8]．司法裁判所の通常の任務に属する権限とされたので，最高裁判所だけでなくすべての司法裁判所が行使しうる権限ということになる．また，違憲とされた法令は，当該事件での適用を拒否されるだけで，違憲の判断により法令の廃止が行われるわけではない．つまり，違憲判断は確認的性格のものであり，形成力をもつものではないとされるのである．他の事件にどのような効果をもつかは，当該判決の「先例としての機能」の問題となる．しかし，法令は当初から違憲であったと確認されたものと理解され，そのような意味の先例として機能することになる．なお，重要な点として，具体的事件に付随した審査であるから，具体的事件の存在が前提となる．司法裁判所の伝統的な役割として，権利侵害の救済が重要な部分を占めてきた．司法権とは，事件・争訟の解決を行う権力であると言われてきたのは，このためである．司法裁判所に提訴される事件は，権利侵害の救済を求めるものが通常である．権利あるいは法的利益の侵害がない場合には，裁判所が採り上げるべき事件・争訟が存在しない．ゆえに，その場合には，適用すべき法令が違憲かどうかを判断する前に，事件自体が成立しないとして却下されてしまうのである．逆に，

---

[8] この議論は，憲法と法律が矛盾するかどうかの判断権を裁判所が有するということを前提としている．しかし，その最終的判断権を議会がもつのか，裁判所がもつのかは，憲法解釈上大きな問題であり，たとえばフランスでは議会がもつとされていた．合衆国憲法の解釈として，この点は明確ではないし，また，最高裁判所がもつとしても，事件を解決するに必要な限度内での判断であり，対世的な効力をもつものではないという理解も可能である．この場合には，各権力が自己の権限の範囲内で合憲性の判断権を有し，国家の統一的な合憲性判断権者は存在しないということになる．

権利(憲法論としては，憲法により保障された権利が中心となる)が現実に侵害された国民は誰でも，その救済を求めて出訴し，侵害をもたらしている法律あるいは行政行為の違憲を主張して審査を求めうるのである．付随審査制においては，憲法の保障する権利を侵害された者は誰でも，出訴権をもち違憲を争うことができるということになる．ここでは，違憲審査の目的が権利の救済であることから，この違憲審査制を「権利保障型」と呼ぶ．

3.2 ドイツ型独立審査制

ドイツにおいては，1949年制定のドイツ連邦共和国基本法において，憲法裁判所による違憲審査制を採用した[9]．ナチスの経験を経た後，法律の違憲審査の必要が痛感されたが，憲法問題は政治的性格も通常の事件に比べて格段に強いから，そのような問題を扱う訓練と資源を欠く通常の司法裁判所が担うのは適切ではないと判断されたのである．そこで違憲審査権を行使するに相応しい特別の憲法裁判所を設置し，ここに違憲審査権限を専属的に集中させた．ゆえに，これを「集中型」と呼び，アメリカの付随審査制を「非集中型」あるいは「分散型」と呼んで対比することもある．アメリカ型と比較した場合の大きな特色は，この違憲審査権が必ずしも法令の具体的な事件への適用を前提とせずに，当該法令の憲法適合性自体を審査の対象としうることである．具体的事件から独立に法令自体の合憲性を抽象的に審査することから，独立審査制あるいは抽象的規範統制と呼ばれる．ただし，注意すべきは，このドイツの憲法裁判所が法令の具体事件への適用を前提とした審査権限をもたないわけではないということである．むしろ，実際には後述の具体的事件を前提とした具体的規範統制や憲法異議による審査が量的には圧倒的に多い．しかし，アメリカ型との違いが際だつのが抽象的規範統制の権限であり，また，この審査を支える思考方法が具体的規範統制や憲法異議にも影響を与えていると理解されるために，抽象的規範統制をもってドイツ型の違憲審査制の特徴とされることが多いのである．

---

[9] 最初に憲法裁判所を創設したのは，1920年のオーストリア憲法であった．ハンス・ケルゼン(H. Kelsen)の指導の下に導入されたものであり，抽象的規範統制を行う憲法裁判所としては最も純粋な型を構成していたといわれる．たとえば，違憲判断は形成力をもち法律を将来に向かってのみ廃止する効力をもつとされた．もっとも，この点は，訴訟提起者に対しても違憲の効力を生じない点で不都合であるとして，1929年改正により修正された．

ドイツの憲法裁判所の違憲審査に関する権限の主要なものは，上で言及した抽象的規範統制，具体的規範統制，および，憲法異議である[10]．簡単に説明をしておこう．

抽象的規範統制　規範統制とは，法規(法令)の合憲性あるいは合法性を審査し，違憲あるいは違法と判断するときは，当該法規を無効と宣言して廃止する手続であり，審査の申立権者の違いにより抽象的規範統制と具体的規範統制が区別される．抽象的規範統制の申立権者は，連邦政府，ラント政府，連邦議会議員の3分の1とされている(基本法93条1項2号)．この審査の目的は，「権利保障型」の審査のように具体的な権利侵害の救済ではなく，憲法に反する法規を排除し憲法を頂点とする法秩序を維持することにあり，「憲法保障型」の審査制度といわれる．したがって，申立権者(出訴権者)も自己の主観的権利の侵害とは無関係に出訴しうるのであり，それゆえに，出訴権者を明確に定めて限定しておく必要が生じるのである．出訴の時期は法令の公布後とされている[11]．違憲の判断は，当該法令を廃止する形成力を認められる．消極的立法と同じ効果が認められているのである．しかし，通常の立法が原則として将来に向かってしか効力を発生しないのに対し，憲法裁判所の違憲判断は遡及的に無効・廃止の効果が及ぶとされている．

具体的規範統制　すべての裁判所は，担当した具体的事件に適用すべき法律が違憲であると確信するときには，審理を中断してその法律の合憲性の判断を憲法裁判所に求めなければならない(基本法100条1項)．具体的事件に関連して生じた憲法問題の審査の申立権を裁判所に与えたものであり，この審査を具体的規範統制と呼ぶ．これは，違憲の判断権を通常の裁判所には認めず，憲法裁判所に集中すること(集中型)を意味する規定である．具体

---

10) その他の権限として，機関訴訟(基本法93条1項1号)，大統領弾劾(61条)，政党の違憲決定(21条2項)など多彩であるが，ここでは立ち入らない．ドイツの憲法裁判所につきより詳しくは，野中俊彦『憲法訴訟の原理と技術』(有斐閣，1995年)，高見勝利「西ドイツの憲法裁判」芦部信喜編『講座憲法訴訟 第1巻』(有斐閣，1987年)所収，畑尻剛・工藤達朗編『ドイツの憲法裁判——連邦憲法裁判所の組織・手続・権限〔第2版〕』(中央大学出版部，2013年)参照．

11) フランスの憲法院の場合は，当初，出訴の時期は法律の公布前に限定されていた．後に2008年の改正で具体的規範統制に相当する訴訟形態が認められるが，抽象的規範統制としては公布前への限定は継続している．

的な権利侵害の存在の主張を契機として憲法裁判所に移送されるので，権利侵害の救済の機能も果たすが，移送を受けた憲法裁判所では，契機となった具体的事案の内容を考慮することなく，いわば抽象的に合憲性の審査を行うものとされている．したがって，憲法裁判所による審査方法や違憲判断の効力については抽象的規範統制の場合と異なるところはない．なお，事件を担当する裁判所は，違憲と「確信」するかどうかの判断はするから，その限りでの違憲審査権は認められていることになる．

憲法異議 公権力による基本権侵害の救済を求める訴訟であり（基本法93条1項4a号），基本権を侵害された者は誰でも出訴できる権利保障型の制度である．ただし，他の救済手段が尽くされたことを条件とするとされている．したがって，たとえば通常の訴訟を管轄裁判所に提起し，そこで具体的規範統制による救済を受ける可能性があれば，この救済方法を試みないで直ちに憲法裁判所に憲法異議を提起することは許されない．しかし，具体的規範統制を求めたが裁判所が基本権を制限する法規の違憲性につき確信をもたず憲法裁判所への移送をしないで当該法令を適用し，最上級審でもそれが認められたような場合には，その判決により基本権を侵害されたとして憲法異議を提起することができることになる．なお，本訴は権利保障型の訴訟形態であるが，権利保障を通じて憲法保障の機能も果たすものであると説明される．権利保障と憲法保障は相互に排他的ではない．憲法保障型は憲法保障を通じて権利保障の機能も果たすし，権利保障型は権利保障を通じて憲法保障の機能も果たすのである．制度の建前がどちらの目的を基本として設計されているかの違いにすぎない．したがって，アメリカの権利保障型の司法審査制度も，権利保障を行うことを通じて憲法保障の機能も果たしているのである．

3.3 合一化傾向

違憲審査制について権利保障型（付随審査制）と憲法保障型（独立審査制）の2つのモデルを紹介したが，両者の目的は相互に排他的ではないから，制度設計上あるいは制度の運用上，他制度の利点を参考にしながら相互に浸透することが当然生じる．実際，「違憲審査制度革命[12]」を経た現在，多くの国が違憲審査

---

[12] 1803年におけるアメリカの司法審査権の確立と運用以降，これを参考に違憲審査制についての議論がヨーロッパ諸国でも行われるが，それが憲法裁判所による審査という形で結実

制を採用するに至っているが，いずれかのモデルを基本としつつも，その「純粋型」を採用している国はほとんどない．ドイツを見れば，たしかに抽象的規範統制は憲法保障型の典型であるが，実際に重要な審査となっているのは憲法異議の制度であり，これは基本権侵害の救済を目的とするから権利保障型である．

　他方で，アメリカはどうか．権利保障型の弱点は，憲法違反があってもそれにより権利を侵害された者がいない限り，誰も訴訟で争うことができないということである．統治機構上の憲法条項の違反が問題となる場合によく生じる問題である．その解決は政治部門に委ねるということであるが，しかし，早期に違反を除去しないと大量・重大な権利侵害に発展する危険性があるような場合，現実に権利侵害が起きるまで裁判所で争うことができないのでは困るということも生じうる．つまり，憲法保障型の対応が望ましいという場合である．合衆国最高裁がこうした問題にどう対応してきたかというと，権利（法的利益）侵害の概念により限定されていた司法権の範囲を拡張することによってであった．たとえば，事実上の利益侵害があれば原告適格（standing）は認めるとか，訴訟係属中に訴えの利益が消失しても一定の事由がある場合には訴訟を係属しうる（ムートネス（mootness）の法理）といった判例理論を形成し，事件・争訟概念の拡張を行ってきた．こうした問題が「司法判断可能性」（justiciability）の問題として議論されたが，司法判断可能性の範囲を拡張することにより，抽象的審査に一歩近づいた面もあるのである．

　違憲審査制の2つの型からの相互の接近現象を捉えてイタリアの法学者カペレッティは，両者の「合一化傾向」と呼んだ[13]．たしかに両制度の理念上の類似は大きいから，それぞれの長所を参照して歩み寄るという現象は，事実として進行している．しかし，両者を支えている法的思考は，英米法的思考と大陸法的思考という違いを秘めており，そこから生じる和解不可能な問題もないわ

するのは1920年のオーストリア憲法においてである．その後，第二次世界大戦後に新たに制定されたいくつかの憲法で憲法裁判所が採り入れられる．その代表例がイタリアとドイツである．それが，特にドイツの成功に刺激されて徐々に広まるが，なかでも冷戦終結後に新たに制定された憲法のほとんどが違憲審査制を導入したために，違憲審査制度革命と呼ばれた．樋口陽一『憲法入門』(勁草書房，1993年)158頁参照．

[13] マウロ・カペレッティ／谷口安平・佐藤幸治訳『現代憲法裁判論』(有斐閣，1974年)．

けではない．それに，違憲審査制度の進展が常に歓迎すべきこととは限らない．統治機構全体の中でどの程度の役割をどのように果たすのが適切かを考える必要があり，安易な融合は全体のバランスを壊さないとも限らないことを頭にとどめておく必要がある[14]．

4　日本国憲法の採用した違憲審査制度の性格

　憲法81条が採用した違憲審査権がいかなる性格のものかにつき，制定当初から解釈の対立が生じた．憲法制定時点では，ドイツ基本法はまだ存在しなかったが，1920年に制定されたオーストリア憲法で採用された憲法裁判所は知られており[15]，アメリカ型の司法審査制度と憲法裁判所制度の違いの知識は存在した[16]．その前提の下に，憲法がアメリカ憲法の影響下に制定されたこと，81条が司法の章の中に規定されていることなどから，最高裁に与えられた違憲審査権がアメリカ型の審査権限を含むものであることについては，解釈上異論はなかった．解釈が分かれたのは，それに加えて，独立審査あるいは抽象的規範統制の権限を授権した規定と解すべきかどうかである．

　制憲議会においても，貴族院議員に勅任された佐々木惣一が，最高裁に独立審査を認めるべきだという立場からこの点を政府に質している[17]．金森国務大臣は，最高裁判所が法令の合憲性を決定する終審裁判所であると規定していることの意味は，最高裁が裁判所のもつ権限を終審裁判所として行使するということであり，通常の裁判所のもつ以上の権限をもつわけではないのであり，通常の裁判所がもつ権限は具体的事件を前提としての合憲性の決定権であるから，

---

14)　統治機構の諸原理全体との均衡・整合性という視点は，現行制度の解釈運用を考える際にも，又機構改革を考える際にも重要である．現代国家・社会の変遷する要請に応じて制度の運用・改革は常に必要となるが，この視点からの検討を忘れてはならない．
15)　美濃部達吉「オーストリアの憲法裁判所」国家学会雑誌44巻2号1頁(1930年)参照．
16)　高柳賢三「司法的憲法保障制の法理及其運用」国家学会雑誌49巻1号1頁(1935年)，同「違憲立法審査権の理論的根拠」国家学会雑誌49巻3号345頁(1935年)，同「違憲立法審査権の本質的制約(1)～(3)」同上49巻4号485頁，5号690頁，6号800頁(以上，1935年)，同「違憲立法審査権の政策的制約」同上49巻7号891頁(1935年)，同「違憲判決の効果」同上49巻8号1021頁(1935年)参照．
17)　清水伸編著『逐条日本国憲法審議録　第三巻』(有斐閣，1962年)568頁以下参照．佐々木は，内大臣府御用掛として作成した憲法改正草案(「帝国憲法改正ノ条項」)において，オーストリア型の憲法裁判所を構想していた．奥平康弘『憲法裁判の可能性』(岩波書店，1995年)101頁参照．

最高裁が終審裁判所としてもつ権限もそのような権限であるという趣旨の答弁をしている．要するに，付随審査制であるということである．

しかし，これに納得しなかった佐々木は，憲法制定後に論文を書き，81条が独立審査を認める趣旨の規定であることを主張した[18]．その論旨は，81条を「合憲性の決定権」と「終審裁判所としての審査権」の両者の併存を規定したものと読むというもので，前者を「純粋合憲性」の決定権，後者を「前提としての合憲性審査権」と呼んでいる．独立審査制と付随審査制に対応する区別である．しかし，この解釈の弱点は，純粋合憲性の審査の申立権者の定めが憲法にはないことである．佐々木は，合憲性の決定権限の有無こそ憲法問題であり，申立権者が誰かは権限をどのように行使するかという手続問題にすぎないから，それが憲法に規定されていないことは権限の有無には関係しないと論じてこの問題を切り抜けようとしているが，説得的ではない．権限行使にとって重要な手続問題は憲法で定めるのが通常であり，その定めのないことは権限のないことを意味すると解する方が説得的であろう．

なお，佐々木自身はこの論文では論じていなかったが，かりに憲法上権限はあると解した場合，次の問題として，出訴権は誰にあるかが当然問題となる．それを法律で定めうると解するにしても[19]，法律が制定されていない場合に（現実にこれまでそのような法律は定められたことがない），国民の誰でも出訴しうると考えるのか，国民の中の特定の立場にある者に解釈上限定するのか，あるいは，法律がない以上誰も出訴できないと考えるのかといった解釈問題が生じることになろう．実際，学説は，法律がなくとも出訴しうるという立場と，法律がない限り出訴はできないという立場に分かれることになった．

判例の立場　憲法81条の定める違憲審査権の性格を論じた判例と解されるのが，警察予備隊違憲訴訟判決[20]である．

【事案の概要】　1950年に朝鮮戦争が勃発すると，日本に駐留していた米軍

---

18) 佐々木惣一「国家行為の純粋合憲性に対する最高裁判所の決定権」『憲法学論文選1巻』（有斐閣，1956年）139頁（法学論叢61巻4号初出）．
19) 佐々木惣一『改訂日本国憲法論』（有斐閣，1952年）は，「手続については，憲法は何等定めるところがないから，法律の定めるところによる」（357頁）と述べるが，法律の定めがないときどう考えるかは述べていない．
20) 最大判昭和27年10月8日民集6巻9号783頁．

が国連軍として朝鮮半島に赴くことになり，GHQ は吉田内閣に対して書簡を送り，手薄となる日本国内の治安維持に当たるための部隊の創設を求めてきた．吉田内閣は，憲法9条が戦力の保持を禁止していることを考慮し，軍隊ではなく警察の増強を名目に警察予備隊を設置した．これに反対した野党の左派社会党は，書記長鈴木茂三郎が原告となり国を被告に最高裁に直接訴訟を提起し，「昭和26年4月1日以降被告がなした警察予備隊の設置並びに維持に関する一切の行為」の無効確認を求めた．請求原因の実体論としては，警察予備隊が憲法9条2項の禁止する「戦力」に該当し違憲であると主張し，手続論としては，憲法81条は最高裁に「一般の司法裁判所」としての性格と「憲法裁判所」としての性格を併せ持たせており，後者についての出訴条件は未だ制定されていないものの，そのことをもって「原告に訴権なしとするのは本末転倒」であり，西ドイツ(当時)が議員総数の3分の1により憲法裁判所に出訴しうることにして少数野党の出訴を可能にしていることを参考にすれば，立法府における少数野党の代表的立場にある原告がこの訴訟を起こすのは当をえたものである，と主張した．

　【判旨】　訴えの却下

「諸外国の制度を見るに，司法裁判所に違憲審査権を行使せしめるもの以外に，司法裁判所にこの権限を行使せしめないでそのために特別の機関を設け，具体的争訟事件と関係なく法律命令等の合憲性に関しての一般的抽象的な宣言をなし，それ等を破棄し以てその効力を失はしめる権限を行わしめるものがないではない．しかしながらわが裁判所が現行の制度上与えられているのは司法権を行う権限であり，そして司法権が発動するためには具体的な争訟事件が提起されることを必要とする．我が裁判所は具体的な争訟事件が提起されないのに将来を予想して憲法及びその他の法律命令等の解釈に対し存在する疑義論争に関し抽象的な判断を下すごとき権限を行い得るものではない．けだし最高裁判所は法律命令等に関し違憲審査権を有するが，この権限は司法権の範囲内において行使されるものであり，この点においては最高裁判所と下級裁判所との間に異るところはないのである(憲法76条1項参照)．原告は憲法81条を以て主張の根拠とするが，同条は最高裁判所が憲法に関する事件について終審的性格を有することを規定したものであり，従つて最高裁判所が固有の権限として抽

象的な意味の違憲審査権を有すること並びにそれがこの種の事件について排他的すなわち第一審にして終審としての裁判権を有するものと推論することを得ない。」／「なお最高裁判所が原告の主張するがごとき法律命令等の抽象的な無効宣言をなす権限を有するものとするならば，何人も違憲訴訟を最高裁判所に提起することにより法律命令等の効力を争うことが頻発し，かくして最高裁判所はすべての国権の上に位する機関たる観を呈し三権独立し，その間に均衡を保ち，相互に侵さざる民主政治の根本原理に背馳するにいたる恐れなしとしないのである。」／「要するにわが現行の制度の下においては，特定の者の具体的な法律関係につき紛争の存する場合においてのみ裁判所にその判断を求めることができるのであり，裁判所がかような具体的事件を離れて抽象的に法律命令等の合憲性を判断する権限を有するとの見解には，憲法上及び法令上何等の根拠も存しない。」(傍点著者)

　【コメント】　原告が出訴権の問題を「手続論」という表題の下に論じた点に，先に見た佐々木惣一の議論との類似性を感じるが，訴訟を提起する以上それが可能であるとする根拠を示す必要があったので，この点につき原告は，未だ法律あるいは最高裁規則による定めがないからといって提訴できないとするのは本末転倒だと主張した．ということは，法律がなくとも国民は誰でも提訴できるという憲法解釈を採用しているものと推測される．判旨もそのような理解の下に，そのような憲法解釈を不適当とする理由を述べている．したがって，本判決は，出訴権を定める法律あるいは規則がなくとも，誰もが出訴しうるという説を否定した意味をもつ．しかし，最高裁に抽象的規範統制の権限があるかないかの争点については，全体の論旨としてはそれを否定するニュアンスが強いものの，「現行法上」(傍点参照)はそのような権限がないと述べているために，現在は法律の定めがないから権限を行使できないが，法律で出訴権者等必要事項を定めれば権限の行使が可能になるとも読める．この点につき学説は，憲法81条自体は独立審査の可能性を認めているが，そのために法律により必要事項を定める必要があるという説と，法律がなくとも憲法上出訴が可能であるという説が分かれている．前者の説をとっても，現実には法律の定めはないから，現時点においては，付随審査としてのみ運用されている．したがって，本書では付随審査をめぐる憲法訴訟上の諸問題を考察対象とすればたりよう．ただし，

この点の理解の違いが，付随審査制(権利保障型)を基本としつつも現代国家の要請に応えて憲法保障型の要素も解釈により可能な限り採り入れていこうとする場合に，影響することはありうる．

5　違憲審査権の運用の仕方——司法消極主義と司法積極主義

　制度の運用は，制度の理念に従うべきものである．違憲審査制度はいかなる理念を実現するために導入されたのであろうか．この制度の採用が，明治憲法の運用において明らかとなった欠陥を修正するために行われたのであれば，日本国憲法がこの制度により目指した目的は具体的に確定しうるが，日本国憲法による採用はそのような内発的要請から行われたものではない．ゆえに，付随審査制の母国アメリカにおける議論を一般論レベルで参照することから始める以外にない．その場合の着眼点は，この制度が日本国憲法が依拠する立憲主義の基本原理とどのような理論的関係にあるのかである．立憲主義の基本原理としては，①人権の保障，②法の支配，③権力分立，④国民主権の4原理が重要である．これらの原理との関係を押さえておこう．

人権の保障との関係　付随審査制は，権利保障型の違憲審査制度であり，立法や行政が憲法の保障する人権を侵害した場合には，憲法に照らしてその立法・行政を審査し，人権侵害の救済を行うことが想定されている．ヨーロッパ大陸諸国の近代段階においては，人権保障の中心的役割を担ったのは議会であり，議会が人権制限立法を人権侵害には当たらないと判断して制定した以上，司法裁判所はその法律の違憲審査権を有さなかった．明治憲法も基本的にはこの考えを「法律の留保」原則として採用していた．日本国憲法は，プロシア憲法に由来する明治憲法の「法律の留保」原則を改め，司法裁判所に人権侵害を救済することを可能とするために議会立法を審査する権限を与えたのであり，人権保障を一歩進めたものと評価することができる．したがって，日本国憲法の採用した付随審査制は，人権保障原理と整合的ということができる．

法の支配との関係　この点については，既に述べた．現代の法の支配は，実定法(制定法)の段階構造を前提に，下位規範が上位規範に反していないかどうかを裁判所が審査し，実定法秩序の持続を確保することを

目的とする原理であり，日本国憲法が立法の違憲審査を導入することにより，この原理の制度化を深化させたのである．

権力分立との関係 　現代憲法を理解するためには，権力分立の原理もロックやモンテスキューにより提示された考えに止まっていることはできない．
　現代憲法における権力分立の最も重要な機能は，政治を法により統制することを可能にする制度原理であるということにある．したがって，国家権力は，まず政治を行う権力とそれを法により統制する権力とに分立されねばならない．現代政治の役割は，社会の要求する積極的な政策を立案・決定し実定法規範として定立することであり，法の役割は，この政治活動を枠づけ統制することである．これを法秩序の観点から捉えれば，政治機関が法秩序の創造・形成を担当し，裁判所が法秩序の維持を担当するということになる．しかし，裁判所は，近代段階におけるように，「法を語る口」として「阻止する権力」を行政に対して行使するにすぎないわけではない．本務を法秩序維持に置くとはいえ，法律を「阻止する権力」を獲得して，政策形成，法秩序形成に対しても一定の作用を及ぼすのである．違憲審査制の導入は，権力分立との関係では，このことを意味している．ただし，裁判所が政治による政策形成に対して作用するといっても，それはあくまでも「阻止する権力」を通じてであるにすぎないことを忘れてはならない．

　要するに，違憲審査制の導入は，統治機構の全体構造が現代国家の課題に応えるために必要となった権力分立の再編成を意味するのである．政治活動の必要性が増大すればするほど，その法的統制の必要性も拡大するのである．法的統制を可能とするためには，政治活動自体が統制可能な法的衣を纏って展開されねばならない．法秩序の段階構造は，そのための道具の1つなのである．

国民主権との関係　日本国憲法は，デモクラシーの思想を国民主権原理として表明している．国民主権の最も重要な帰結は，国民が憲法を制定するということ，憲法制定権力を国民がもつということであり，このことが憲法の前文冒頭において「日本国民は，……この憲法を確定する」と表現されている．その国民が制定した(という建前の)憲法において，最高裁に違憲審査権が授けられている．したがって，違憲審査権は民主的な根拠に基礎づけられた権限ということになる．しかし，だからといって，その権限を活発に行

使することも民主的正当性をもつとは，必ずしも言えない．なぜなら，憲法は権力分立の原理の下に立法権と行政権も創設し，これらの権力にも民主的正当性を与えて三権を相互に抑制均衡させることにしているからである．しかも，憲法は代表制の採用を宣言しており(前文参照)，立法権を授けられた国会を「国権の最高機関」(41条)と位置づけている．そうだとすれば，国会が合憲と判断して制定した法律を最高裁が違憲審査し，最高裁の違憲判断を国会の合憲判断に優位させることに問題はないであろうか．国会議員は国民に直接選挙されているのに対し，最高裁判事はそうではない．ゆえに，一般論としては，国会の判断のほうが国民の意見をより正確に反映しており，デモクラシーの原理からは国会の判断が優先すべきだということにならないであろうか．しかし，制憲者は，そのことを承知の上で，最高裁に違憲審査権を与え，法律が憲法の保障した権利を侵害していないかどうかを審査する責務を課したのである．そうだとすると，法律が人権を侵害しているかどうかの判断に関しては，最高裁の判断が優位するというのが制憲者の意図ではないであろうか．法律の合憲性に関して最高裁と国会の判断が食い違ったとき，どちらが優先すべきかというこの問題こそ，アメリカの司法審査の歴史において中心的な論争点となってきたものである．その中から，司法積極主義(judicial activism)と司法消極主義あるいは司法の自己抑制(judicial restraint)という言葉が形成されてきた[21]．

　司法消極主義とは，裁判所が原則的には立法府の判断を尊重し，立法府の判断に対立するのはその判断が明らかに不合理というべき場合に限定する裁判所

---

[21] アメリカでは，違憲審査権が確立されてから当分の間は，基本的には連邦と州の関係に関する問題を別にすれば，消極主義的な運用をしてきた．この時期には，連邦法律を違憲とした例は極めて少ない．しかし，19世紀末頃から連邦政府による経済社会の規制が増大してくると，財産権と契約の自由を根拠にする積極主義の姿勢が顕著となり，特にルーズベルト大統領のニューディール政策と衝突する判決がいくつか出されることにより，政治部門との深刻な軋轢を生じた．その結果，連邦最高裁の側が譲歩する形で消極主義に転ずることになる．しかし，有名なカロリーヌ・プロダクツ事件判決(United States. v. Carolene Products. Co., 304 U. S. 144 (1938))の脚注4において，政治部門の判断を尊重するのは経済的自由の領域についてであり，精神的自由の領域については人権保障と少数者保護のために厳格な審査を行うことが宣言された．ここから「二重の基準」という考え方が発展していくことになり，1950年代後半に始まるウォーレン・コート(Warren Court)において精神的自由権および少数者差別の領域において積極主義の判決が多く出され，憲法訴訟論が急速な進展をとげた．日本がアメリカから憲法訴訟論を学び始めるのは，この時期のアメリカの憲法訴訟論であった．

の態度をいう[22]．これに対して，司法積極主義とは，裁判所が立法府の判断を尊重することを原則的態度とすることなく独自の立場から厳格な審査を行う態度をいう．結果的に司法消極主義においては違憲判決が少なくなり，司法積極主義においては違憲判決が多くなる．また，憲法判断に入るかどうかの点についても，司法消極主義の場合は憲法判断に入るのを可能なかぎり回避しようとする態度がみられ，訴訟要件を厳格に運用し，訴訟要件不成立を理由に却下して憲法上の争点に答えることを回避したり，本案に入っても憲法上の争点を回避する理論構成により事案の解決を行うことが多くなる[23]．

違憲審査のあり方として，消極主義と積極主義のいずれが好ましいか，あるいは，憲法の想定するものであるか，という問題については，一律にどちらかということではなく，消極主義で行くべき場合と積極主義で行くべき場合を区別し明らかにしていく考えをとるべきであるというのが，今日の通説的見解といってよい[24]．本書もこの考えを支持しており，後に詳しく論ずる予定である．

日本の最高裁は，違憲判決の数からいっても，憲法判断の回避への強い傾向からいっても，司法消極主義の立場を貫いてきたというのが，憲法学界の大方の評価といってよい[25]．人権侵害が争われた事件において，当初は，最高裁は，

---

[22] 司法消極主義の正当化の論拠については，高橋和之『憲法判断の方法』(有斐閣，1995年)53頁参照．
[23] 司法積極主義と消極主義を「入り口」の問題と「本案」の問題に分けて分析することが必要とする議論もある(樋口陽一『司法の消極性と積極性――日本国憲法と裁判』(勁草書房，1978年)参照)．これは，日本の最高裁の態度として，本案では極端な消極主義を貫いているが，憲法判断に入るかどうかのところでは，入る必要のない場合にまであえて入って(積極主義)，傍論的に合憲判断を行う(消極主義)という事例が見られ，入り口と本案で積極主義と消極主義がねじれているという現象があるからである．この結果，日本の最高裁は，人権保障のために違憲審査権を行使するというより，法律を合憲として権力を正統化することに傾斜しているのであり，違憲審査権のこの現実の機能を明らかにすることこそ憲法学にとって重要な課題であることを考えると，消極主義・積極主義を入り口と本案に分けて使う枠組のほうが優れているのではないかという考慮による．たしかに，違憲審査権には政治部門の権力を阻止して人権保障に奉仕する機能と同時に，政治権力を正統化する機能も果たすから，正統化機能を指摘することが重要な局面では，このような枠組は有用かつ重要である．しかし，かかる事例として挙げられるのは，1953年の皇居前広場事件判決における傍論と1967年の朝日訴訟判決の傍論が主要なものであり，その後は入り口と本案で積極主義と消極主義のねじれが生じた事例は見られない．今日の日本の最高裁判決を分析する場合には，特に入り口と本案を分けてこの用語を使用する必要はないであろう．
[24] 芦部信喜「憲法訴訟と「二重の基準」の理論」(『憲法訴訟の現代的展開』(有斐閣，1981年)65頁)は，消極主義・積極主義の問題を審査の厳格度の違いに結びつけて捉えている．
[25] ダニエル・H. フット／溜箭将之訳『裁判と社会』(NTT出版，2006年)は，日本の最高裁

公共の福祉論を多用し，規制目的を正当と判断するだけの抽象的な議論で合憲判決を書き続けた．しかし，学説の強い批判を受け，1960年代後半になると，規制目的と規制される人権との利益衡量の手法がとられるようになる．これによる人権価値への着目から，まず最初に公務員の労働基本権規制の領域で規制に対する違憲の疑いを前提に合憲限定解釈を試みる判決が現れ，最高裁の消極主義がある程度は変化に向かうのではないかとの期待を抱かせた．しかし，この傾向は数年しか続かず，最高裁判事の定年退職に伴う交代により多数派の変更が生じ，判例変更がなされて以前の消極主義に戻ってしまった．もっとも，判断手法の点では利益衡量に目的・手段審査の枠組を採用する判決も徐々に増え，学説が発展させた憲法訴訟論の影響もなかったわけではなく，違憲判決も1973年の尊属殺重罰規定違憲判決を嚆矢として若干数見られることになる．しかし，その内実はといえば，薬事法距離制限違憲判決(1975年)にせよ，森林法共有林分割制限違憲判決(1987年)にせよ，はたまた郵便法賠償責任制限違憲判決(2002年)にせよ，立法府との深刻な対立を生み出すような性格の事件でもなく，特に裁判所の積極性を感じさせるようなものではない[26]．

　この間の違憲判決で唯一政治部門との対立を予想しつつ統制を行った違憲判決としては，議員定数不均衡に関する1976年および1985年の2つの判決だけである．民主的プロセスに関わる憲法問題であり，裁判所が厳格に審査すべき領域の問題であるから，違憲判決に踏み切ったこと自体は賞賛に値するが，判決内容は，不均衡の許容限度を極めて緩やかなものにとり(最大較差が1対3未満であれば許されるとの推測がなされた)，違憲状態を解消するのに必要な合理的期間も相当長期間を予想させ，さらに違憲となっても事情判決的法理を援用し選挙は無効にしないという，最大限に立法府の立場を尊重するものとなっており，司法消極主義の枠内に留まっていると評さざるをえない内容である．

　最高裁のこうした消極主義的傾向を批判して，学説はアメリカの判例理論に

　　が積極的に法規範形成・政策形成を行ってきたことを指摘するが，ここでの「積極的」は，主としては私人間に適用される法規範の形成についてであり，政治部門の統制についての問題とは性格を異にする．最高裁が私人間に適用すべき法につき積極的な法形成・政策形成を行うことは，本来立法府が行うべきことをいわば代替・補完しているのであり，立法府の政策に対抗する意味をもつわけではない．佐藤岩夫「最高裁判所は変わったか」法律時報82巻4号46頁参照．
26)　同旨の評価をするものとして，奥平・前掲注17)参照．

学んだ「二重の基準論」の採用を要求し，特に精神的自由権の領域における厳格な審査の不在を問題としてきた[27]．ところが，1990年代頃から，学説に変化が生じ始める．ドイツの憲法訴訟論が精力的に紹介され，ドイツ的な枠組を使っての判例分析が提唱されるようになるのである，1960年代に開始される日本の憲法訴訟論は，基本的にはアメリカに学んだものであった．当時のドイツにおいては，憲法裁判所の判決が徐々に蓄積されてきており，その学問的分析も，部分的にはアメリカを参照しつつ，始まってはいたであろうが，まだアメリカの蓄積に比肩しうるまでには成熟していなかったと思われる．ところが，1990年代には，ドイツの憲法訴訟論は急速な進展をみせており，特に比例原則を基礎にする審査方法は，ヨーロッパ大陸諸国を席巻しつつあった．こうしたドイツの憲法訴訟論が，違憲審査制度の違いはあるものの，大陸法的思考を共通とすることもあって，日本にも影響を与え始めるのである．その結果，ドイツの三段階審査や比例原則の枠組により日本の判例を読み解くと，アメリカの審査基準論の枠組によるよりは，より正確に判例分析が行いうるのではないかと主張されるようになるのである．

　他方で，判例にも変化の兆しが現れた．それは2001年に出された司法制度改革審議会の意見書を契機とする．この意見書は，表現を控えながらも，違憲審査制度の運用実態が必ずしも期待された機能を果たしてこなかったのではないかという評価の存在することに言及したのである．審査方法につきアメリカ的枠組とドイツ的枠組を主張するいずれの立場においても，最高裁が消極主義にすぎるという理解は一致しており，それが意見書に反映されたと思われる．それが裁判所に対して何らかの影響を与えたものと推測されるが[28]，その後最高裁は，在外国民選挙権制限違憲判決(2005年)，国籍法違憲判決(2008年)，婚外子相続分差別違憲決定(2013年)，再婚禁止期間違憲判決(2015年)というように，政治部門の多数派と意見対立が予想される性格を有し，その意味で権利保護の観点からの統制という性格の強い事件につき，それまでの最高裁からは想像もできなかった短期間のうちに矢継ぎ早に違憲判決を繰り出し，「最高裁

---

27) 芦部信喜『憲法判例を読む』(岩波書店，1987年)参照．
28) 意見書の影響を指摘するものとして，滝井繁男「わが国最高裁判所の役割をどう考えるか」法律時報82巻4号50頁参照．

は変わった」と言われるほどの驚きと期待を与えることになったのである．とはいえ，定数不均衡判決や夫婦同氏強制合憲判決に見られるように，消極主義を堅持することもあり，最高裁が消極主義を脱皮したとまで評価するのは，まだ尚早であろう．この後の判例展開を待つ必要がある．

6 違憲審査制度改革論

　最高裁判所が一貫してとり続けてきた司法消極主義に対して，これを克服するための制度改革の提案もなされてきた．それを見ておくことも，問題の所在を理解するのに役立つと思われるので，ここで簡単に紹介しておこう[29]．

　最高裁判所の機構改革の問題が最初に登場したのは，最高裁が活動を始めた初期，1950年代初頭のことであった．このころ最高裁は，上告事件の激増により未済事件が堆積し[30]，1952年にはその数が7,759件という最高記録に達し，この情勢下に最高裁裁判官の負担軽減やそのための裁判官増員をめぐる機構改革問題が議論されるようになった．その結果，1953年1月には日弁連が法務大臣に改革案を建議し，法務大臣が法制審議会に改善案の審議を諮問するに至る．他方で，衆議院の法務委員会が独自の立場で1954年6月頃から最高裁の機構改革問題を審議しはじめ，同年10月には小委員会が改正要綱試案を決定するに至る[31]．

　こうした動きに対応して，最高裁は1954年9月の裁判官会議において改革に関する意見を決定して公表した[32]．それまでの経験を踏まえた改革案であるとして提示されたが，その骨子は，次の3点に要約されている．

---

29)　より詳しくは，笹田栄司『裁判制度』(信山社，1997年)参照．
30)　真野毅「最高裁判所の訴訟促進について」(ジュリスト3号(1952年)17頁)，および，同「最高裁判所機構改革の基本問題」(ジュリスト71号(1954年)2頁)によれば，「終戦後のわが国においても刑事犯罪が激増し，したがって最高裁判所に対する刑事上告事件数は，平常時とは比較にならないほどの上昇を示した．それに加えて，昭和25年には全国の下級裁判所に対して民事・刑事の事件につき審判の促進を実施せしめた関係上，最高裁判所に対する民事・刑事上告事件の数は，当然の結果としてさらに著しく増加せざるをえなかった」，という．
31)　以上は，真野・前掲注30)「最高裁判所機構改革の基本問題」，および，「最高裁判所機構改革問題について」日本私法学会『私法(第13号)』(1955年)における座長・我妻栄と報告者・兼子一の発言に依拠した．
32)　「資料：最高裁判所の機構改革について」ジュリスト70号(1954年)4頁参照．

①最高裁判所の審判範囲を，㋐憲法違反，㋑判例抵触，㋒法令の解釈適用で最高裁が重要と認めたもの，に限定する．

②最高裁は，全員の裁判官を以て構成し，その員数は9名ないし11名とする．

③一般法令違反を審理するために，別に上告を取り扱う裁判機関を設ける．

この案は，最高裁の裁判官を増員して小法廷を増やすことにより負担軽減を図ることを骨子とする日弁連案あるいは衆議院法務委員会案に対抗するものであった．その特徴は，②に集約的に現れている．つまり，最高裁は，それまでの経験上，裁判官数が15名では多すぎるから9名(ないし11名)に減員し，しかも大法廷と小法廷の区別をなくしてアメリカのように1つのみの法廷(one bench)とすることを提案しているのである．たしかに，最高裁の本意見書が述べるように，大法廷における「合議」の場合，15名全員が順次自己の意見を述べ，そこから合議により多数意見を形成していくには長時間を必要とするだろうし，細部で意見一致して多数を形成することもそれだけ困難となるから，勢い判決理由は抽象的内容とならざるをえないと思われる．こうした問題は現在にまで続いており，大法廷判決が激減してきたことの原因の1つとなったに違いない．最高裁は，活動初期に既にこの問題に気づいていたのである．しかし，減員して唯一法廷に変更すれば，裁判官の負担は増大するのではないか．この問題に対する解答が①と③である．①は，上告理由の制限により，上告事件数を抑えることを目的としている．刑事事件の場合は，刑事訴訟法で既に同旨の制限がなされているから(刑訴405条，406条)，ねらいは民事事件にあった[33]．しかし，たとえ上告理由の制限がなされても，上告理由に無理矢理関連づけて上告してくる件数は相当数に上るであろうから，上告理由に該当するかどうかをすべて唯一法廷で審査していては，負担は軽減されないであろう．そこで，③で設置が予定される，上告審として「一般法令違反を審理する裁判機関」が，上告理由に該当するかどうかを篩い分け，該当するものを最高裁に移送し，該当しないものは自ら審理するという方式を想定したのではないかと推測される．この点は，本意見書自体は，そのように述べてはいないが，本意見

---

[33] 実際，後の1996年の民事訴訟法改正において裁量上告の制度を導入することにより(民訴318条)，法制上はこの改革が実現されることになる．

書の作成に影響を与えたのではないかと推測される真野裁判官が，この裁判機関を「上告部」と呼び，「実質上の負担軽減いな負担調整のためには，どうしても上告部において，上告事件を一応ふるいにかけて，上告理由に該当しないこと……が明らかなものについては，上告部限りふるい落し，上告を棄却する制度を認めることは，われわれの経験上最も必要とするものである」と述べていることからの推測である．ただし，本意見書自体は，この篩い分けは，アメリカ合衆国最高裁のサーシオレーライのように，最高裁自身で行うことを考えていたのかもしれない．かりに真野裁判官の構想を採用するとした場合，それは憲法に違反しないかが問題となろう．憲法81条は，最高裁を合憲性を決定する終審裁判所と定めているから，もし上告理由に合憲性の問題が主張されている場合，①の㋐の要件への該当性判断が憲法判断であるとすると，上告部限りで最終判断することは許されないことになるのではないかという問題である[34]．

　なお，日弁連の提案や衆議院法務委員会の改正要綱案のように，裁判官の数を30名程度に増員することにより小法廷を増設するという場合，大法廷を全裁判官で構成することは困難となるから，裁判官の輪番制で大法廷を構成するか，あるいは，大法廷裁判官と小法廷裁判官を分けて任命することになるが，大法廷こそが憲法の想定する最高裁判所であるとすると，本意見書が指摘したように，いずれの案も最高裁判所を構成しない裁判官を一時的あるいは永続的に最高裁判所裁判官とすることになり，憲法違反となろう[35]．

　最高裁判所の減員案と日弁連や衆議院法務委員会の増員案の対立の背景には，

---

[34] 「違憲をいうが，実際には法令違反の主張にすぎない」という我が最高裁が常用するこの種の判断が憲法判断かどうかという問題である．最高裁自身が判断する限り，憲法問題であろうとなかろうと問題はないが，憲法問題であるとすると，上告部による「憲法問題ではない」という判断に対しては特別抗告を認める必要が生じよう．

[35] 真野裁判官は，現行の小法廷さえ最高裁判所とはいえず，憲法上は下級裁判所にすぎないと言うべきであり，小法廷を最高裁判所を構成するものと定めている裁判所法には問題があると述べている．真野・前掲注30)「最高裁判所機構改革の基本問題」参照．しかし，小法廷の構成は，最高裁判所規則が定めているから，小法廷は大法廷の委任により活動しているという理解も可能であり，小法廷を下級裁判所という必要はないと思われる(後述参照)．しかし，では同様に，全裁判官により構成する裁判官会議で大法廷と小法廷の構成と権限を定めれば，委任理論により正統化できるかというと，それはできないと思われる．全裁判官で構成する最高裁判所が，合憲性の決定を終審裁判所として行うことが憲法の要請であるからである．

実は，憲法の想定する最高裁の本来的な任務は何かについての見解の相違が存在した．最高裁には，司法裁判所の最上級審（上告審）という性格と，違憲審査を行う裁判所という二重の性格が与えられている．最高裁に憲法裁判所の役割も認めようとする説は，この2つの性格を併存的に捉え，後者に抽象的規範統制の権限を読み込もうとしたが，そうではなく，司法裁判所に通常の裁判権に加えて違憲審査権も与えられたが，最高裁はその終審裁判所であるという一元的な理解に立ったとしても，最高裁が明治憲法下においては大審院により担われた上告審の役割と，それとは性格を異にする違憲審査をする役割を担っていることに変わりはないのであり，この2つの役割のどちらが主たる役割と考えるかという問題に直面する．この問題につき，増員論はかつての大審院を参考にして，通常の上告審の役割こそ憲法が最高裁に期待しているものであるという憲法解釈を基礎にしていたのに対し，最高裁の減員論は，違憲審査こそ最高裁の本務であるという憲法解釈を基礎にしていたのである[36]．今日の目から見れば，当時の最高裁が問題の本質を正しく理解していたことに驚くが，もしこの理解を維持し，違憲審査権の制度改革と運用に生かす道を選んでいたなら，その後の極端な消極主義には陥らなかったのではないかと惜しまれる．しかし，未済事件の堆積問題が次第に解消していくのに並行して，機構改革の議論も次第に立ち消えとなり，最高裁の運用も通常の上告審としての任務の方に傾斜していく．そのことは，大法廷で扱う事件が大幅に減少していったこと，最高裁裁判官人事において通常の上告審事件に精通したキャリアの裁判官・検察官が重視されていくことに反映されている．

　この初期の機構改革問題は，未済事件の増大と裁判官の負担軽減の問題を契機としたが，次に改革問題が議論に上るのは，まさに最高裁の司法消極主義への批判の中からであった．それは，伊藤正己元最高裁裁判官が退官後出版した著書『裁判官と学者の間』において，日本で憲法裁判を活性化させるためには，通常の上告審と憲法裁判を切り離し，後者を憲法裁判所に委ねる方式の方がよいのではないかとの見解を公表したことに始まる[37]．伊藤元裁判官は，日本の

---

36)　岩田宙造「最高裁判所の機構改革について」ジュリスト70号（1954年）2頁，我妻栄他「座談会　最高裁判所の機構改革」ジュリスト72号（1954年）2頁参照．
37)　伊藤正己『裁判官と学者の間』（有斐閣，1993年）136頁．

最高裁の消極主義を生み出している背景として,「和」の精神を尊ぶ精神風土によりチェック・アンド・バランスの意識が後退していること,法的安定性を重視する傾向が強いこと,日本の裁判制度が憲法感覚を育てるような構造になっていないこと,大法廷と小法廷の分担のあり方,理想の裁判官像として民刑事の事件処理能力に優れていることが重視されていることなどを指摘し,現在の消極主義的な違憲審査権の行使に満足しえないというのであれば,大陸型の憲法裁判所制度に切り替えるべきだと主張したのである.これは,現在の消極主義の背景となっている諸要因を取り除くのは困難であり,別の違憲審査制度にするほうが活性化への改善が容易だという判断に基づくものと思われる.しかし,この点の判断には,異論もあろう.たしかに,消極主義の背景は,突き詰めれば結局,憲法感覚に優れた裁判官を最高裁にリクルートすることが困難になっているということに行きつくことを考えれば[38],これまでとは別の資源から人材をリクルートすることが容易となるであろう別の制度に切り替えた方が早道だというのも,分からないわけではない.したがって,この提案に特に異論をもつわけではないが,しかし,憲法裁判所制度が日本においてうまく機能しない可能性もないわけではないことを考えると[39],先を急がないで,現行制度の下で改善を模索する価値もあるのではないかとも思う.司法制度改革審議会意見書も,最高裁裁判官の任命過程の透明化の必要性を述べ,裁判官任命諮問委員会の制度も参考にして検討することを勧告している.これこそまず試みることではないかと思う.

7 本書の対象・方法・構成

本書の目的は,人権侵害の救済を求める憲法訴訟を主たる対象にして,その訴訟技術上の諸問題を説明することにある.したがって,人権の実体論や制度改革論に主題的に立ち入ることはしない.

付随審査制を前提に,通常の刑事・民事・行政訴訟が各訴訟法に従って進行する過程で提起される憲法上の争点につき,その審査のあり方と救済方法に見

---

[38] 永田秀樹「ヨーロッパの憲法裁判所と日本の憲法裁判所構想」法律時報70巻1号36頁参照.
[39] 芦部信喜「講演 憲法学における憲法裁判論」法学協会雑誌113巻8号1頁参照.

られる諸問題を説明するのが課題であり，そこで，通常の訴訟法学が訴訟過程を「訴訟要件(入り口)―本案審理―判決(救済方法)」に分けて捉えているのに対応して，本書においても，入り口における憲法問題，本案審理の方法に関連して生じる憲法問題，救済方法に関して生じる憲法問題に分けて全体を構成する．ただし，本案審理に関して論ずる審査の方法の問題は，分量的に他の部分より大部となるので，便宜上 2 つに分けることにした．そこで，全体の構成は，次のようになる．

　序章　憲法訴訟の意義
　第 1 章　憲法訴訟の成立要件
　第 2 章　違憲審査の方法(1)――審査対象の確定
　第 3 章　違憲審査の方法(2)――利益衡量と審査基準論
　第 4 章　違憲判決の種類・効力・救済方法

　本書の叙述にあたっては，体系性を重視した．権力を統制し，権利保護を実効的に実現するには，体系性を具えた緻密な手続論が不可欠と考えるからである．体系とは，全体を構成する諸概念・諸理論の相互間の関係が明確にされて全体の中に位置づけられ，全体が秩序づけられた構造を形成していることをいう．そう考えて，概念の明確な定義に心がけた．その際，基本的にはアメリカの憲法訴訟論を参考にした．しかし，アメリカにおける概念規定と必ずしも同一ではない．日本の判例分析に役立つように必要な修正を加えたところも少なくない．本書で提示した体系は，もちろん 1 つの暫定的な提案にすぎない．読者による批判・教示を得てより説得的な内容に改善していきたいと考えている．

第1章
憲法訴訟の成立要件

　日本国憲法の定める違憲審査制度は，司法権の行使に付随して審査がなされる付随審査制であるとされ，現行法上そのように運用されている．したがって，違憲審査権を行使するためには，前提として，事件が司法権の範囲内のものとして成立する必要がある．そこでまず最初に，司法権とはいかなる権力であるかを考察し，司法権の及ぶ限界を明らかにする必要があり，ここではそれを司法権の概念あるいは定義の問題として検討する(第1節)．しかし，司法権の定義に該当する事件であっても，憲法上の他の規定や原理が司法権の行使を禁止していることがあり，この場合に，事件は司法権の範囲外のものとされる．これは，司法権の概念自体から生じる内在的限界に対して，外在的限界と呼ぶことができよう(第2節)．司法権の限界内の事件は，現行法上，刑事事件・民事事件・行政事件に区別されており，それぞれに対して司法権を行使するための手続法が定められている．刑事訴訟法，民事訴訟法，行政事件訴訟法である[1]．各訴訟法は，事件が成立するための要件を定めており，訴訟要件と呼ばれるが，訴訟要件が充足されない限り，裁判所は事件を取り上げて審査しない．その意味で，訴訟要件は司法権の行使を制限する意味をもつ．そうだとすれば，訴訟法の定める訴訟要件が憲法に反していないかどうかが問題となる．ここで最も重要な役割を果たすのが「裁判を受ける権利」であり，裁判を受ける権利との関連で訴訟要件の合憲性を検討しておく必要がある(第3節)．司法権の範囲内に属し合憲的な訴訟要件を充たした事件において違憲審査が可能となるが，憲法81条は違憲審査の対象を列挙しているので，何がこれに該当するか，該当しない国家の行為は違憲審査の対象外となるのかといった問題が生じる(第4節)．

---

[1] 特に断らない限り他の法律で定めている手続法あるいは手続規定(たとえば，非訟事件手続法，家事事件手続法など)も含めた意味で理解されたい．

第1節　司法権の内在的限界

1　司法権の定義

1.1　通説による司法権の定義

通説によれば，司法権とは，「具体的な争訟について，法を適用し，宣言することによって，これを裁定する国家の作用」を行う権能である[2]．憲法76条1項は，「すべて司法権は，最高裁判所及び法律の定めるところにより設置する下級裁判所に属する」と規定し，これをうけて裁判所法3条1項は，「裁判所は，日本国憲法に特別の定のある場合を除いて一切の法律上の争訟を裁判し，その他法律において特に定める権限を有する」と規定している．通説によれば，この裁判所法のいう「法律上の争訟」とは，当事者間における権利義務あるいは法律関係の存否に関する具体的な争いを指し，憲法の司法権を確認した内容を意味するという．つまり，憲法上の司法権を裁判所法が「法律上の争訟」と表現したものであり，両者は同一内容を意味しているというのである．

では，裁判所法3条1項の定める「その他法律において特に定める権限」とは何か．これは，司法権以外の権限で法律が裁判所に委ねた権限だということになる．通説によれば，たとえば行政事件訴訟法の定める客観訴訟(民衆訴訟と機関訴訟)がその例である．客観訴訟とは，取消訴訟を典型とする抗告訴訟が主観訴訟と呼ばれるのに対比されるもので，主観訴訟が公権力による自己の個別具体的な権利利益(主観的権利)の侵害に対する救済を求めて提訴する訴訟形態であるのに対し，客観訴訟は公権力の違法な行使に対し一般的抽象的な利益しかもたない個人が住民や選挙民の資格で公権力行使の適法性を確保するために提訴する訴訟形態である．通説によれば，行政事件訴訟法における主観訴訟は，司法権に属する事件であるのに対し，客観訴訟は司法権には属さない訴訟形態だというのである[3]．

---

[2]　清宮四郎『憲法Ⅰ〔第3版〕』(有斐閣，1979年)335頁．
[3]　裁判所法3条1項は，「法律上の争訟」と「その他法律において特に定める権限」を対照させるから，後者は「争訟」性のないものを意味するニュアンスが強い．そうだとすれば，客観訴訟を前者ではなく後者に含めることには違和感が残る．

判例も通説と同じ見解を採用している，というのが通説の判例理解である．司法権とは何かを真正面から判断した判例は存在しないが，憲法81条の定める違憲審査権を行使しうるのはいかなる場合かが争点となった判決の理由中で司法権に関する判断を行っている．その代表的先例とされるのは，先にも見た警察予備隊違憲訴訟判決（最大判昭和27年10月8日民集6巻9号783頁）である．そこにおいて最高裁大法廷は，次のように判示した．

「……わが裁判所が現行の制度上与えられているのは司法権を行う権限であり，そして司法権が発動するためには具体的な争訟事件が提起されることを必要とする．我が裁判所は具体的な争訟事件が提起されないのに将来を予想して憲法及びその他の法律命令等の解釈に対し存在する疑義論争に関し抽象的な判断を下すごとき権限を行い得るものではない．」

この判示において最高裁が「司法権が発動するためには具体的な争訟事件が提起されることを必要とする」と述べた点に着目して，通説は最高裁も司法権を具体的な争訟事件を裁定するところに見ていると理解したのである．

1.2 通説に対する疑問

私は，通説の司法権理解に対して以下に述べるような疑問をもち，司法権を「適法な提訴を待って，法律の解釈・適用に関する争いを，適切な手続の下に，終局的に裁定する作用」を行う権限と定義することを提案した．通説との主要な違いは，司法権の定義から「具体的な権利義務又は法律関係の存否」の争いとか具体的事件性という表現に込められたいわゆる「事件性の要件」を取り除き，「法律の解釈・適用に関する争い」と表現を変えた点にある．日本国憲法の司法権の定義には，事件性の要件は不要であり，無いほうが憲法の整合的解釈を可能にするし，判例の整合的解釈も可能となると考えるのである．以下に私が通説に対して抱いた疑問を説明したい．

通説の定義に対し私が抱いた最大の疑問は，憲法が行った三権の権限分配を法律により変更することが許される根拠は何かという問題である．憲法が裁判所に与えた権限が司法権であると解し，「その他法律において特に定める権限」（客観訴訟はこれに属するとされる）は司法権に属さないというのであれば，法律

により司法権以外の権限を裁判所に与えることを意味するが，そのようなことは憲法上許されるのかという疑問である．通説によれば，「客観訴訟」は司法権には属さず，法律により与えられた権限だということになるが，そのようなことが憲法上許されるのか．

　司法権は，いうまでもなく立法権・行政権と並ぶ憲法上の権力であり，いわゆる三権分立の原理の構成要素である．三権分立，すなわち国家権力の三権への配分に関し，通説は，立法を「法規を制定する作用」と定義し[4]，行政と司法はともに国法の執行作用に属するが，行政は執行作用から司法を除いたものであり，結局行政とは，「立法でも司法でもない一切の国家作用である」と定義される[5]．行政の「控除説」と言われる解釈である．これによれば，客観訴訟の裁定は司法権に属さないというのであるから，憲法上は行政権に配分されているということになるはずである．憲法が行ったこの権限配分を法律により変更しうるという根拠は何か．こういう疑問である．

　憲法が行った権限配分を法律により変更するには，2つの問いに答えねばならない．1つは，それが許される根拠は何かであり，もう1つは，許されるとした場合に，限界はあるのかという問題である．後者の問題については，佐藤幸治教授が1つの解答を提示している．佐藤教授によれば，「法律によりどのような権限も裁判所に付与しうるかといえば，疑問である．付与される作用は，法原理部門としての裁判所のあり方にふさわしく，裁判による法原理的決定になじみやすいものでなければなら」ないが[6]，客観訴訟はこの要請を充たすというのである[7]．法原理部門，法原理的決定とは何かという点で，難しい問題

---

4)　清宮・前掲注2)204頁.
5)　清宮・前掲注2)300頁.
6)　佐藤幸治『日本国憲法論』(成文堂，2011年)587頁.
7)　佐藤教授が客観訴訟を司法権の範囲内のものと考えているのか，範囲外のものと考えているのかは，実ははっきりしない．佐藤教授によれば，裁判所法3条にいう「一切の法律上の争訟」は，「少なくとも憲法にいう『司法権』(事件・争訟)をすべて包摂している」(佐藤・前掲注6)585頁)が，「いわゆる司法権」には，「核(コア)，中間領域，外周」があり，憲法にいう司法権は，その「核」にあたり，「その核の延長として裁判所が自らの職責と考えるものや立法府が政策的に裁判所に求めた裁判作用が『中間領域』を形成するのであり，それらが訴訟の実体……をともなっている限り，裁判所法にいう『一切の法律上の争訟』と観念してよい」(佐藤・前掲注6)588頁)．そうすると，裁判所法にいう「一切の法律上の争訟」は，核である憲法上の司法権と中間領域を含むことになり，司法権の範囲より広いという理解になる．そして，客観訴訟は中間領域に属するのであろうから，憲法の司法権には属さないが，

を提起するのではないかという懸念はあるが[8]，基本的な考え方について私には特に異論はない[9]．私の疑問は，むしろ前者であり，前者の解決が後者に先行すべきであると考えるが，この点につき佐藤教授は，「立法府が，司法権を行使する裁判所にふさわしい権限として立法政策上付与するものがありえ」[10]るとして，立法政策上付与することが可能であることを前提としてしまい，憲法上なぜ可能と考えるかの説明はない．

2 整合的な説明の試み

通説は，憲法上行政権に属する権限を法律により司法権に移転させたと説明するが，そうだとすると，移転が許されるとする説明がない限り内部的な整合性を欠くといわざるをえない．整合的説明をするためには，司法権あるいは行政権の概念を修正する必要があるのではないか．そのためには，三権分立の原理の理解も修正する必要があるのかもしれない．

2.1 司法権を考察する2つの観点の区別

司法権・立法権・行政権の概念を考える際に，区別すべき2つの観点がある．1つは，三権相互の関係をどう理解するかという観点であり，「ヨコの関係」

裁判所法の「法律上の争訟」に属すということになる．非訟事件のように「その他法律において特に定める権限」に属するのではなく，「法律上の争訟」に位置するのである．しかし，以前には，佐藤教授は客観訴訟を「その他法律において特に定める権限」と理解していたのではないであろうか．たとえば，佐藤『憲法訴訟と司法権』(日本評論社，1984年)においては，「……この「客観訴訟」の場合には，憲法上の「事件性」の要件，それから流出する「当事者適格」の問題は，基本的には妥当せず，どのような範囲において認めるかは立法政策に委ねられている」(133頁)と述べているが，これは，客観訴訟は事件性の要件を充たしていないが，法律で認めることは可能だということを含意していたのではなかろうか．それとも，客観訴訟の理解ではなく，「法律上の争訟」の理解を変えたにすぎないということなのだろうか．

[8] この点を指摘するものとして，野坂泰司「憲法と司法権」法学教室246号42頁(2001年)参照．

[9] 法律により授権しうることを前提として，それが裁判所の性格に反するようなものであってはならないことは当然であるが，その点の判断は立法府の裁量に委ねても「司法権」の範囲内の権限である限り，特に問題は生じないのではないか，というのが私の判断である．法律による授権の限界を考える場合には，2つの問題がある．1つは，憲法が想定する司法権の性格に反するような権限を授けることはできないということであり，もう1つは，立法権を放棄あるいは移譲するような授権であってはならないということである．たとえば，国会は行政をコントロールする権限を有するが，それを裁判所に全面的に移譲するような授権は許されないのである．

[10] 佐藤・前掲注6)588頁．

と呼ぼう．いま1つは，各権力と国民との関係という観点であり，「タテの関係」と呼ぼう．2つの観点から考察した各権力の概念がぴったりと一致することが理想であり，従来の議論は，2つの観点を意識的に区別することはなかったが，両観点を考慮に入れた解答として各権力を定義してきたと思われる．つまり，司法権についての通説の定義は，ヨコの関係における定義であると同時にタテの関係における定義でもあったのである．しかし，この2つの観点からの定義を一致させることは，実は容易な作業ではない．2つの観点は，それぞれが異なる目的を基礎にするから，異なる定義となることは十分に予想される．したがって，最初は2つの観点のそれぞれから各権力がどのように定義されるかを考察し，その上で両観点からの定義の内容を比較し統合をめざすというアプローチをとることにしよう．

ヨコの関係　　三権のヨコの関係は，三権の相互関係においてそれぞれの権力にいかなる権限が配分されているかの問題に関する領域であり，三権分立の原理により規定される関係である．したがって，三権分立の原理をどのように理解するかにより各権力の担当する作用についての理解が異なってくる．三権分立原理は，国家権力を立法権・行政権(執行権)・司法権に分割して相互に抑制・均衡させ，それによって国民の権利の国家による侵害を防止しようという考えをいう．

なぜこの三権に分割されるかというと，それは国家権力の行使を「法の支配」の下におき，そのことを通じて国民の権利を保障しようとするからである．三権分立原理のねらいは，私の理解では，法の支配を組織化・制度化することにある[11]．法の支配は，国家権力の行使を法に従って行わせることを意味するが，それにより国民の権利が保障されるためには，第1に，法を制定する機関と法を執行する機関を分離する必要がある．だが，法を執行する段階で，法の解釈・適用に関して争いが生じた場合に，それを裁定する第三者機関も必要となる．こうして，法の支配の制度化の要請から，法定立機関・法執行機関・法裁定機関の分離が必要となるのである．立法権・行政権・司法権の区別は，これに対応している．さらに，法の支配により国民の権利を保障するには，第2

---

11)　高橋和之『立憲主義と日本国憲法〔第4版〕』(有斐閣，2017年)24頁以下，同『国民内閣制の理念と運用』(有斐閣，1994年)309頁以下参照．

に，権力が従うべき法の内容が，権利を保障するものとなっていなくてはならない．これを実現するために，法定立の場面に諸権力が介入し相互にチェック・アンド・バランスを行うように制度が設計される．立法過程に内閣が法律案の提出と法案の説明によって介入し，裁判所が制定された法律を違憲審査し「阻止する権力」を行使するなどがその例である[12]．

以上を頭に置いて通説の司法権の定義を考察したとき，そこでの事件性の要件は，いかなる機能を果たすことが期待されているのであろうか．それは，立法権・行政権との関係で司法権の活動領域を限定する機能を果たすものと想定されている．すなわち，まず第1に，司法権は受動的な権力と理解されている．自ら積極的に法の争いを探し出し，法の意味を確定し正しい法執行を決定するとしたら，立法権や行政権との衝突が絶えないことになり，司法権の優位状態を生み出すであろう．こうならないために，事件が提起されて初めて司法権を発動しうるとするのであり，この意味で，事件性の要件は司法権の受動的性格を表現しているのである．第2に，訴訟が提起されても，それが具体的な権利義務の存否に関する争いでない限り，司法権は発動できないと限定する．抽象的な法的争いの提起を受けて司法権が発動されると，やはり立法権や行政権の活動を制約する程度が増大するのである．司法権発動の前提となる提訴は「具体的事件」の提訴でなければならないとして，司法権の活動範囲を限定しているのである．

事件性の要件が，ヨコの関係で，以上2点において三権のバランスを確保する機能を担っているとすると，この機能を他の方法で確保することなしに事件性の要件を司法権の定義からなくすことはできないことになる．司法権の受動性は，私の定義ではとりあえずは「適法な提訴を待って」として取り込んでいる[13]．では，抽象的な争いを口実に介入することを阻止する機能はどうか．こ

---

[12] 法が権利保障的な内容となるための制度戦略には，法定立の場面にチェック・アンド・バランスを組み込む方法と，法の適用を受ける国民に法定立への参加を組み込む方法がある．参加は，権力担当者と国民の間のチェック・アンド・バランスの組み込みであると同時に，国民の中に存在する諸勢力間のチェック・アンド・バランスの組み込みでもある．

[13] この受動的性格を司法権の定義に採り入れることは，これまでにもなされてきた例がある．たとえば，田中二郎『行政法総論』(有斐閣，1957年)は，「司法は，当事者間に具体的な事件に関する紛争のある場合に，当事者からの争訟の提起を前提として，何が正しい法であるかを判断することによって，その紛争を解決する作用である」(40頁)と定義しており，

の点は，国家権力と国民の関係というタテの関係を見ることにより検討してみよう．

タテの関係　憲法は，国家権力の組織に関する原理・ルールを規定するのみならず，国家権力と国民の関係を規律する原理・ルールも規定している．国家は国民に対して立法権・行政権・司法権を行使する．これに対抗して国民は人権を保有する．したがって，国民との関係で各権力を理解するには，国民の人権保障との整合性を考慮する必要がある．たとえば，立法権を「法規を定立する権力」と定義してきたのは，国民の人権を制限するには法律が必要であるという原理との整合性を考慮しているためである．司法権との関係で問題となる人権は，「裁判を受ける権利」である．司法権を具体的な権利義務又は法律関係の存否を判断する作用と解するとき，裁判を受ける権利とはどのような関係が想定されているのであろうか．裁判を受ける権利は，国家が国内平和と治安維持のために自力救済を禁止した代償という側面をもつ．したがって，裁判を受ける権利を認めるべきであるような事件は，当然司法権の範囲内に属すると解すべきであろう．事件性の要件と裁判を受ける権利は，同じ問題を異なる観点から見ているにすぎないのである．したがって，両者の範囲は一致する．

　こう考えれば，問題は簡単となる．従来の通説は，両者の関係を真正面から論ずることはなかったが，両者の一致を暗黙の内に前提としてきたと思われる．しかし，事件性の要件と裁判を受ける権利の範囲が本当に一致するのかは，一つの問題である．かりに一致しないと考えた場合，どのような関係と理解することになるであろうか．もし事件性の要件が裁判を受ける権利より狭いならば，裁判を受ける権利は認められるのに，事件性の要件を充たさないから裁判を受けえないという事件が存在することになる．しかし，憲法の最も重要な目的が人権の保障にあり，統治機構のルールもそのためのものであるとするならば，統治機構のルールにより人権が制限されるという思考法は，憲法の目的と整合

これを受けて芦部信喜〔高橋和之補訂〕『憲法〔第6版〕』(岩波書店，2015年)は，「当事者間に，具体的事件に関する紛争がある場合において，当事者からの争訟の提起を前提として，独立の裁判所が統治権に基づき，一定の争訟手続によって，紛争解決の為に，何が法であるかの判断をなし，正しい法の適用を保障する作用」(336頁)と定義している．

しないといわざるをえない．統治機構のルールは，人権保障と整合的に解釈されるべきなのである．したがって，事件性の要件を充たす範囲は，裁判を受ける権利が認められる範囲と等しいかそれより広いと解さねばならない．裁判を受ける権利が認められる事件は，当然，司法権の範囲内のものとされねばならないのである．そうだとすれば，訴訟が提起されたとき，それが司法権の範囲内の事件かどうかを判断するには，裁判を受ける権利を認めるべき事件かどうかを判断すれば十分であり，事件性の要件を充たすかどうかを判断する必要はない．裁判を受ける権利があるのかどうかを判断するのと，事件性の要件を充たすかどうかを判断するのでは，私の感覚では，前者の問題設定のほうが問題の焦点がより鮮明に意識できるのではないかと思う．ゆえに，タテの関係では，事件性の要件は裁判を受ける権利により置き換えうるということになる．

では，翻って，ヨコの関係ではどうか．ここでは事件性の要件により，司法権が抽象的な事件の裁判を通じて立法権・行政権の権限領域に侵入してくる危険が防止されていた．しかし，司法権が裁判を受ける権利に応えて権力を発動するとき，立法権や行政権は，それは事件性の要件を充たさず立法権や行政権に対する侵害となるから許されないと主張しうるのだろうか．当然に人権保障が優先するはずであり，裁判を受ける権利がヨコの関係の権力バランスを崩すといった主張は，認められるべきではない．そして，裁判を受ける権利にもとづく提訴は，当然，「適法な提訴」であるから[14]，事件性の要件が果たしていたこの機能が裁判を受ける権利により代替される以上，それは，実は，「適法な提訴を待って」という要件に吸収されているのである．「適法な提訴を待って」という要件は，司法権の受動性と扱う事件の具体性を自動的に確保するものとして設定されているのである．

2.2 通説の立場からの説明の試み

私の司法権定義における「適法な提訴を待って」という要件が，このように従来の事件性の要件が果たしていた機能を吸収するためだけのものであるなら，

---

[14] 裁判を受ける権利により提訴が憲法上保障されている事件につき，実定訴訟法がそれを受け入れる訴訟形態を定めていない場合にも，提訴は違法ではなく適法と考える．訴訟法の欠缺こそが違憲であり，何らかの救済方法が案出されなければならないのである．同様の問題を「基本権訴訟の可否」の問題として論ずる棟居快行『人権論の新構成』(信山社，1992年)294頁参照．

わざわざ事件性の要件を「適法な提訴を待って」というフレーズで置き換える必要はないのではないか．たしかに，裁判を受ける権利が事件性の要件（＝司法権）と一致し，事件性の要件が「適法な提訴を待って」に一致するなら，その通りである．しかし，問題の出発点は，客観訴訟をどう理解するのが適切かであった．通説は，それを事件性の要件を充たさないから司法権（＝法律上の争訟）には属さないと考え，したがって法律により司法権に授権された権限であると説明してきた．しかし，そうすると三権の分配に関する通説と整合するのかが問題となった．つまり，行政権概念の「控除説」からは客観訴訟は司法権に属さないから憲法上は行政権に属することになるが，憲法が定めた権限分配を法律で変更することが許されるのかという疑問である．これが通説に内在する問題点だったのである．

これに対する解答は，様々な形で試みられている．それらは，基本的には司法権の概念を変更するか，あるいは，権限分配の考え方を変更するかのいずれかである．

2.2.1　司法権概念の修正

司法権の概念を変更する立場は，通常，事件性の要件の意味を変えることによりそれを行う．すなわち，司法権の本質的要素として事件性を保持しつつ，事件性の内容を拡大して客観訴訟までそこに含める理解を提唱するのである[15]．これは，アメリカの判例における「事件及び争訟」（合衆国憲法3条）の理解に近い．日本国憲法の司法権がアメリカ憲法の影響下に制定されたことを考えると，考慮に値する解釈である．アメリカでは，「納税者訴訟」（taxpayer's suit）は，少なくとも地方レベルの問題に関する限り，「事件及び争訟」の要請を充たすとされており，これを参照すれば，日本の地方自治法の定める「住民訴訟」は，事件性の要件を充たすという解釈も可能となろう．しかし，アメリカの納税者訴訟は，法律により創設された訴訟形態ではない．憲法上司法権に属する訴訟として判例により認められた訴訟形態なのである．アメリカには，大陸法的な主観訴訟と客観訴訟を区別する議論は存在しない．その意味で，大陸法的な法思考を基本にしている日本とはまったく異なる土壌において納税者訴訟は形成

---

15)　浦部法穂『憲法学教室〔全訂第2版〕』（日本評論社，2006年）323頁以下，野坂・前掲注8）42頁，渋谷秀樹『憲法〔第2版〕』（有斐閣，2013年）638頁．

されたのである．その議論を日本に導入しようというのであれば，相当詰めた形で行う必要がある．たとえば，かりに地方自治法に住民訴訟の規定がなかったとしたら，それでも住民による訴訟提起を認めるのか．認めるとすれば，現在法律で定めていない国レベルでの住民訴訟に対応する「国民訴訟」も認めるのか，いかなる論理によって認めあるいは認めないのか．法律で定めなければ民衆訴訟は認められないというのであれば，それでも司法権に属するといえるのか．また，それでも司法権に属するとするのは，何のためか．それは，おそらく，一方で，行政権に配属されたものを法律で司法権に移し替えるのではないから憲法に反しないと説明し，他方で，司法権に属するのであるから，行政権や立法権がそれを行使することは許されないと主張するためであろう．しかし，前者については，司法権に属する権限を法律により行使可能とするという説明は，立法権が決定権をもつ点で，結局は行政権に属する権限を法律により司法権に移し替えるのと大差ないのではないかという疑問があるし，後者については，法律があろうとなかろうと客観訴訟が対象とする争い自体は存在するのであり，法律がない場合には実際上行政権により裁定されているのではないのかという疑問がある．さらに，司法権に通説のいう具体的事件と客観訴訟的な事件の両者が事件性の要件を充たすものとして存在するとすれば，両者の違いは何かという問題も生じる．客観訴訟が法律なくしては行使しえないものだとすると，通説のいう具体的事件については，法律なくしても裁判しうると考えるのか．あるいは，法律がないとすれば，立法不作為の違憲となると考え，その場合の対処方法を別途考えるというのか．このように，司法権の概念を拡張する方向で解決策を見出そうとする考えに対しては，様々な問題が生じうるのであり，それに対する解決案の提示なくしては，賛成するのを躊躇せざるをえない．

2.2.2 権限分配の理解の変更

司法権の本質を事件性の要件に見る通説的立場を維持しながら，三権の権限分配を見直すことにより問題を解決しようとする立場もある．この立場は，通常，国家権力のすべてが三権のいずれかに分配されているという前提を修正する．これには，2つの説明が区別されうる．1つは，三権のいずれに属するかが未定のものの存在を認め，とりあえずそれは最高機関である立法権に帰属す

ると推定し，最終的には立法権の決定に委ねられるとする[16]．もう1つは，複数の権力に暫定的に競合して帰属するものの存在を認め，それについては法律により帰属を確定することが憲法により予定されているとする．特に行政と司法の区別については，それぞれの本質的部分は明確であるとしても，境界領域は明確には定まっておらず，「一応は行政に属すると考えられるものであっても，合理的理由があれば，立法で司法権に介入せしめることも必ずしも否定されていない」[17]と説明される．憲法で権限分配をした段階で，法律による変更が可能な領域を残したと理解するのである．

　いずれの説明も，憲法による三権への配分が，その本質的部分については法律により変更不可能なものとしてなされているが，憲法自体が配属を決定せず，あるいは，暫定的な帰属を決めただけで，法律による決定に委ねた部分が存在し，客観訴訟はそのような領域であると説明する．確かにこれも1つの説明方法ではある．しかし，法律による決定あるいは変更の限界はどこにあるのか，つまり，本質的部分とそれ以外の部分の区別をどう行うかの説明がないと，憲

---

16) 中川丈久「行政事件訴訟法の改正――その前提となる公法学的営為」(公法研究63号124頁(2001年))の主張する「同心円」説も，基本的はこの説の1つと理解できよう．中川教授によれば，憲法は三権の概念を「一定の幅をもって伸縮しうる概念」として規定しており，司法権の概念は，「その外周(最大領域)とコア(最小領域)の間に，中間領域が広がるという，いわばドーナツ(同心円)構造をとると考える」ことができるのであり，「憲法76条1項が「司法権」を裁判所に独占させているのは，コアが放棄されてはならないという意味においてである(「立法権」の国会独占の意味を想起されたい)」という．しかし，憲法は国会を唯一の立法機関と規定し，すべて司法権は裁判所に属すると定める．もし立法権や司法権の概念が伸縮可能なものだとすれば，立法権を国会に，司法権を裁判所に独占させる意味はなくなろう．にもかかわらず，伸縮可能なものとして解釈すべきだというのであれば，その論拠を示す必要があろう．憲法解釈の論拠は，通常，憲法を支える理念・原理に求められる．三権の分割を支える原理として最も重要なものは，権力分立であるが，三権を伸縮可能な概念として解釈すべきだという理由は，この原理とどのように関連しているのであろうか．定義自体は論者の自由かもしれないが，解釈論における定義は，規範設定を意味するから，それを基礎づける規範・原理からの正当化が必要ではないであろうか．ともあれ，「事項」に基づく同心円構造の理解は，私の立場からは，「タテの関係」の問題であり，「ヨコの関係」における司法権の定義には関係のない問題である．とはいえ，タテの関係からは，出訴権の内容を同心円的な構造で捉えることは可能である．ちなみに，中川説に賛成するものとして，佐藤・前掲注6)588頁．笹田栄司「司法権の構造的理解と新たな「裁判」解釈」(北大法学61巻2号1頁)も好意的である．宍戸常寿「司法のプラグマティク」(法学教室322号24頁)も同心円説を援用するが，しかし，民事事件・刑事事件・行政事件・憲法事件のそれぞれについてはコアと中間領域を考えており，それが司法権自体の構造を反映するものと考えているのかどうかは，必ずしも明確ではない．司法権を4つの事件の重なり合ったものというイメージで捉えているようだからである．

17) 雄川一郎『行政争訟法』(有斐閣, 1957年)47頁参照．

法による権限分配が空洞化しないのかという疑問を禁じえない.

3 司法権の定義の再構成

3.1 再構成の視点

　私のとった戦略は，司法権の概念と三権の配分の両者を見直すものである．問題の出発点が，従来の事件性を中心とする司法権概念は行政概念の控除説を含む権限分配と整合しないという点にあったことを考えれば，三権の配分に関する通説の見直しは避けて通ることができない．この問題を考える場合，立憲君主政モデルと国民主権モデルの区別が重要である．

3.1.1 立憲君主政モデル

　立憲君主政モデルとは，立憲君主政を基礎づけた考え方を理念型的に構成したものである．立憲君主政の出発点は，君主が主権者として国家の全権力を統括するという体制であり，そこに立憲主義の導入を図り，君主の権力を制限するために立法権と司法権を分離独立させたのがその基本構造である．そこでは議会の参与する立法権は，国民の権利を制限しあるいは義務を課す法律に対する議会の同意権を核心とし，そのことを通じて君主の立法権を制限する．司法権は，君主の名において，しかし君主から独立して，民事事件と刑事事件の裁判を行う権力である．こうして，内容(事項)を特定された立法権と司法権が君主の権力から分離され，後に残った君主の権力が行政権とされる．これが立憲君主政モデルにおける三権の権限分配の特徴なのである．行政権を立法権と司法権を控除した残りであると定義する「控除説」は，このモデルに対応している．

　このモデルにおいて「行政事件」は，どこに位置づけられるのであろうか．民事事件と特に区別しないで民事事件に含めて理解すると，司法権に属するということになる．これがイギリス型であった．これに対して，民事事件とは異なると考えれば，司法権には属さないから，控除説により行政権に属する．これがドイツ型であった．

　このモデルにおける各権力の定義の特徴は，各権力が対象とする「事項」の特質に着目していることである．立法権は「法規」の定立を核心とし，司法権は刑事事件，民事事件あるいは行政事件という具体的事件の裁判を内容とする．権限分配を「事項」配分と考える場合，国家が扱うべき全事項を三権に分配し

ようとすれば，控除説は避けえない．三権すべてを事項別に定義し，国家の扱う全事項を漏れなくカバーするような定義を見つけることは至難の業だからである．しかも，国家が扱うべき事項は，時代とともに変化する．そうだとすれば，新たに国家が引き受けるべき事項の受け皿を用意しておく必要がある．それは立法権か行政権しかないであろう．したがって，いずれかを控除説的に定義する以外にないのである．立憲君主政モデルでは，歴史的成立事情からいっても行政権を控除説で理解するのが通常であるが，理論上は立法権を控除説で定義することも不可能ではない．それに似るのが国民主権モデルであるが，しかし，国民主権モデルは，実は「事項」別配分という発想自体を転換するのである．

3.1.2 国民主権モデル

国民主権モデルは，1789年のフランス革命により成立する憲法体制を参考に構成されるモデルである．このモデルでは，出発点は主権者国民が全権力をもつと想定される．ここでは，立憲主義の導入は，まず代表制の導入として現れる．主権者が自ら権力を行使する直接民主政は，近代以降の大規模国家では実際上不可能だからである．そこで，主権者として憲法制定権力をもつ国民は，憲法を制定して議会，執行機関，裁判所を組織し，立法権，執行権(行政権)，司法権の三権を授与する．ここで代表制の中心機関となるのは議会であり，「国民代表」としての議会が行使する立法権に優位が与えられる．執行権は法律の執行を任務とし，法律に服する．司法権は民事事件と刑事事件を法律により裁定する権力として組織される．

ここでの三権の区別は，それが対象とする「事項」によってではなく，国家権力が行使される過程を「法定立—法執行」という段階構造として捉える視点からなされていることが重要である．国家権力には「公益」を実現すること以外に事項的限定はない．したがって，段階構造のトップにある立法権に事項的限定はない．立法権は，憲法の枠内で公益が要請する限りいかなる事項も自己の任務として引き受け，それを実施するのに必要な立法を行うことができる．しかし，自らそれを執行することはできない．執行は執行権に委ねられるのである．ここでの執行(あるいは行政)は，「法律の執行」であるから，法律の解釈・適用として現れる．その解釈適用に争いが生じた場合，どうするか．立法権が

裁定することも，執行権が裁定することも，権力分立を空洞化する危険がある．裁定のための第三者機関が必要である．しかし，行政が正しく法律に従っているかどうかの争い，つまり行政事件は，フランス革命後の裁判制度においては，歴史的事情[18]から司法権に含まれないとされた．したがって，この争いを裁定するのは，行政機関自身であり，最終的には執行権の長が裁定することになる．今日の言葉で言えば，行政不服審査の申立しかできなかったのである．しかし，執行権の長に裁定案を答申する機関(フランスのコンセイユ・デタの訴訟部)が裁判所としての独立性を獲得することにより，行政裁判制度が確立される．この行政裁判所は，行政の法律適合性(légalité)を審査することを目的としており，客観訴訟も扱った．より正確には，フランス行政法学の通説では，行政裁判の性格は，主観訴訟ではなく，客観訴訟であると理解されていたのである．

　イギリスの「法の支配」がコモンロー裁判所によるコモンローの支配として確立され，行政も私人と同様にこれに服したのに対し，ここでの「法の支配」は，司法権が法律に従って裁判を行うこと(「法律適合性(légalité)の原理」)と，行政権が法律に従っているかどうかを行政裁判所が審査するという2点において確立されるのである．ここでは，司法裁判所による市民法の支配と，行政裁判所による行政法(市民法とは異なる原理を基礎とする)の支配という二重構造で実現されるのである．

3.1.3　日本国憲法の場合

　明治憲法は，立憲君主政を原理とする憲法であった．ゆえに，司法権は民事事件と刑事事件に限定され，事件性の要件を内容とする権力であった．また，行政権は控除説で理解されたのである．行政事件は行政裁判所の権限に属したが，行政裁判は基本的には行政権に属すると考えられていた．これに対して，日本国憲法は国民主権を原理とする立憲民主政の憲法である．そうだとすれば，三権の理解も，立憲君主政モデルによってではなく，国民主権モデルにより行

---

[18]　1789年のフランス革命をリードした勢力は，アンシャン・レジームにおいて高等裁判所(パルルマン)を中心とする裁判官達が自己の特権を擁護するために国王が提示する改革案の実施を妨害したことから，裁判所に対する大きな不信を抱いていた．そのために，裁判官の役割を議会の制定する法律を忠実に執行することに限定し，法律の解釈さえ許さず，法律の解釈に疑問が生じたときには議会に判断を求める制度を定めた．後の破棄裁判所の淵源である．同じ事情から，裁判所は国民と行政の間の争いの裁判権をもたないとした．後の行政裁判所の淵源である．

うべきであろう．その場合の三権の解釈図式は「法定立―法執行―法裁定」である．立法権・行政権・司法権は，この図式に対応した権力として理解される．もちろん，日本国憲法は憲法に裁判規範性を認めたから，法秩序の段階構造としては，「憲法―法律―命令」となり，下位の法形式は上位の法形式に従わねばならず，その点の争いを裁定するのが司法権の「司法審査権」ということになる．この構造を踏まえた各権力の定義が「立法とは，憲法の下に於ける始源的法定立である」，「行政とは，法律の執行である」，「司法とは，法の執行に際して生ずる法的争いの裁定である」というものである．この定義は，国家権力が国家の任務を遂行するに際して採るべき法形式の性質と段階構造における位置に着目する視点からなされたものであり，各権力の扱う「事項」には着目していない．日本国憲法の定める立法・行政・司法は，「事項」には関係のない概念だからである．

　日本国憲法は，国会・内閣・裁判所がもつべき権限「事項」については，立法・行政・司法の概念とは関係なく，明文で定めている．たとえば，国会は内閣総理大臣の指名権を有し(6条)，国政調査権をもつ(62条)が，これらは明らかに「立法」には属さない．内閣は衆議院解散権をもつと解されているが，それが「行政」概念に含まれるからだと説明することは的はずれの議論であろう．裁判所も，規則制定権(77条)をもつし，司法行政権も有すると解されているが，これらが司法権概念に含まれないのは明らかであろう．権力間のチェック・アンド・バランスに関係する権限は，このように特別の明文規定で定められているが，それらは三権の定義自体には関係がないのである．ここでの三権の区別は，権力分立が法の支配の組織原理であるという観点から理解されねばならないのである．

　なお，ここでの三権の定義は，したがって司法権の定義は，ヨコの関係に着目してなされている．この定義に欠けているのは，司法権の受動的性格である．この受動性とタテの関係における「裁判を受ける権利」との関係を組み込んだのが「適法な提訴を待って」というフレーズなのである．

3.2　裁判所法との関係と司法権の定義のさらなる修正

　問題の出発点は，客観訴訟と司法権の関係をどう理解するかであった．このためには司法権の概念を見直すだけでは適切な解決は困難であり，むしろ日本

国憲法が採用している権力分立の理解の見直しが重要ではないかと考え，上に述べたように国民主権モデルでの再構成を考えた．しかし，ここで翻って考えてみると，裁判所が行使している権限は，実は司法権と客観訴訟に尽きるわけではない．たとえば，氏の変更には家庭裁判所の許可が必要であるし(戸籍法107条の2)，成年後見人や破産管財人の選任を行うこともあるが，これらは「当事者間の権利義務の存否」の争いとは言えないだろう．そうだとすれば，通説のいう司法権には含まれないが，法律に基づき裁判所がそうした任務を行うことは憲法に反するとは考えられていない．それは，裁判所法3条1項のいう「その他法律において特に定める権限」であるというのが通説の説明ということになるが，司法権に属さないこれらの権限を法律で裁判所に与えることがなぜ許されるかの説明が，実はここでも必要なのである．

　憲法が裁判所あるいは最高裁判所に与えている権限としては，司法権の他に，違憲審査権(81条)，最高裁の規則制定権(77条1項)，最高裁の司法行政権(77条1項)，下級裁判所裁判官指名のための名簿の最高裁による作成(80条1項)，令状の発布(33条，35条)がある．これを受けて裁判所法が裁判所の権限に関する一般的規定を置いている．しかし，裁判所法は憲法上の権限を個別に採り上げてそれに対応する規定を置いているわけではないから，憲法上の権限と裁判所法の定める権限がどのように対応しているかは，必ずしも明確ではない．もしかしたら，憲法上の権限で裁判所法には定められていないものが存在するかもしれない．たとえば，令状を発行する権限は，明示的には定められていない．それは刑事訴訟法に委ねている可能性が強いが，しかし，かりに法律上定めがなくとも，憲法に定めがある以上，その権限が裁判所にあることに疑問はなく，裁判所としてはたとえば最高裁判所規則により対処すればよい．問題は，憲法に定めのない権限を法律で規定している場合である．裁判所法3条1項は，裁判所の権限として，①「法律上の争訟」と②「その他法律において特に定める権限」を規定する．判例によれば，法律上の争訟とは，「当事者間の具体的な権利義務ないし法律関係の存否に関する紛争であつて，かつ，それが法令の適用により終局的に解決することができるもの」であり[19]，これは憲法の司法権

---

19) 板まんだら事件判決(最3判昭和56年4月7日民集35巻3号443頁)．

に対応すると理解されている．そうすると，②の権限は司法権以外を指すことになるが，かりに②が憲法上の権限に対応しないものを含んでいるとすれば，憲法に挙げられていない権限を法律により裁判所に与えることが許されるのかという問題になる．具体的には，法律上の争訟が具体的な権利義務に関する存否の争いだというのであるから，少なくとも，㋐「具体的」とは言えない争い，㋑「争い」ではない事件は，司法権以外の憲法上の権限に対応していない限り，憲法を超える権限を法律により与えたということになる．㋐の典型が客観訴訟であり，㋑には名前の変更や成年後見人選任の場合，非紛争的非訟事件といわれるものなどが含まれることになる．

　客観訴訟については，これを司法権に属するとする解決方法を提案したわけであるが，この場合に，法律上の争訟の意味も司法権の新しい概念に対応させて，法律上の争訟を客観訴訟を含むものに定義し直すことも考えられる．その方が裁判所法のいう「争訟」と「その他」という表現にも素直にマッチする感じがある．しかし，判例上「法律上の争訟」概念が確定されて定着していることを考慮すれば，ここには手を付けないというのも十分ありうる選択である．その場合には，客観訴訟は②の「その他法律において特に定める権限」ということになる．私の定義からは，客観訴訟は司法権に含まれるが「裁判を受ける権利」には属さないので，法律による出訴権の付与が必要となり，その意味で②に属することになるのである．

　これに対して，㋑は，私の司法権の定義からも，司法権の範囲内の権限であるとすることは困難である．そうすると，法律により授権することは許されるのかという問題に直面する．しかし，私の場合は，他方で三権分立の捉え直しにより，行政の控除説を採らないので，憲法による権限分配を変更するという問題にはならない．法律により一定事項の処理権限を裁判所に与えるにすぎず，憲法が立法府に与えた権限を行使しているにすぎないのである．法律の執行権限は内閣にあるというのに，それを裁判所に与えるのは憲法に反しないのかという問題はありうるが，内閣は法律の執行権を独占的に与えられているのではなく，立法府が一定事項に関して例外的に他の適切な機関に委託することは許される．これは，独立行政委員会との関連で論じられた問題と同様である．このように私は考えていた[20]．

しかし，㋑に属する権限には様々なものがあり，しかもその権限行使に際しても違憲審査権の行使が必要となる場合がありうるのではないだろうか．ところが，違憲審査権は司法権の範囲内で行使されると考えられてきた．そうだとすると，㋑の権限行使に際しては違憲審査は行いえないことになる．それでいいのだろうか．「争い」という場合，通常，対立する利益を有する当事者の存在が想定されている．ところが，事件によっては，一方当事者のみの存在で裁判所が権限行使をすることが許されている．たとえば，仮処分の場合，破産の場合，人身保護請求の場合などである．これらの場合，実質的な争いの存在を前提にして当事者対立的な構造を擬制するという説明も可能かもしれないが，氏の変更に対する裁判所の許可などは，こうした擬制も困難であろう．「争い」の擬制の可能な場合だけ司法権に含めて違憲審査を許容すると考えるのであろうか．それとも，司法権の範囲内というのを変更して，裁判所の権限の行使に付随して違憲審査をすると解釈し直すのがよいのであろうか．憲法第6章は「司法権」ではなくて「司法」の章であるから，第4章が「国会」，第5章が「内閣」の章であることを考慮すると，第6章の「司法」は「司法府」の意味であろう．そうだとすれば，「司法府＝裁判所」の権限行使に付随して違憲審査権を行使すると解釈することは，それほど困難ではない．しかし，私は，先に提示した司法権の定義を訂正し，そこから「争い」を削除したいと考えるに至った．憲法76条にいう司法権とは，「適法な提訴を待って，適正な手続により法の解釈・適用を終局的に確定し，実効的救済を与える作用」である，というのが新たな私の定義である．

3.3 制憲者の意図と判例

憲法が裁判所に授権した司法権を三権分立原理との関係でどのように理解するのがより整合的かについて私の見解を述べたが，しかし，それは従来の通説的見解が憲法解釈として成立しえないとか，現実に裁判所が行使している権限には憲法が許容しないものがあるといったことを主張しているのではない．現状に何か憲法違反と言うべき問題が存在することを新しい解釈によって指摘しようというのではなく，現状を憲法的に説明するより適切な方法がありうるの

---

20) 高橋・前掲注11)『立憲主義と日本国憲法〔第4版〕』388頁参照．

ではないかという主張にすぎない．その違いが将来生じるかもしれない新しい問題への対処の仕方で違いを生み出す可能性はあろうが，当面は現状の説明の仕方のいわば「組み替え」にすぎない．そうだとすれば，もし現状のあり方が制憲者の想定していたものであり，いわば「原意」そのものであるとか，あるいは，憲法制定以来の最高裁判決が現状を通説的見解により正当化してきており，それが判例として確立されているというのであれば，あえてそれに異論を唱えて「新奇な」見方を主張する実益はないかもしれない．そこで，以下に制憲者の「原意」が何であったのか，および，最高裁判例がどのようになっているのかを見ておくことにしよう．

3.3.1 制憲者の「原意」

この問題をここで本格的に論ずる準備はない．制憲議会における議論を手懸かりにおおよそのところを探るに止めざるをえない．

明治憲法の下においては，57条の定める司法権は民事と刑事の事件を指すものと解され，行政事件は61条の予定する行政裁判所の管轄とされていた．日本国憲法には，行政裁判所を予定する規定はない．では，明治憲法下で行政裁判所が扱っていた行政事件は，日本国憲法の下ではどうなるのか．行政事件が司法権には属さないとすれば，憲法上当然に司法裁判所が管轄権を有するということにはならない．ゆえに，行政事件を裁判所により解決するためには，行政機関が終審として裁判することができない以上(76条2項)，法律により司法裁判所の権限とする以外になくなる．その場合には，憲法に掲げていない権限を法律により授権しうるかという問題に直面するはずである[21]．しかし，制憲者達は，必ずしもそうは考えなかったようである．行政事件も司法権に属すると解した．それを前提として，行政裁判所を設置しないで行政事件を司法裁判所の権限とすることが妥当かどうかという憲法政策の議論を行っている[22]．行政事件も憲法上司法権に属するという解釈になれば，行政事件を裁判する権限を法律により司法裁判所に授権するという問題は生じない．しかし，行政事

---

21) 美濃部達吉は，司法権を従来通り民事・刑事の事件の裁判権と解し，行政事件は法律により司法裁判所に与えたと解した．しかし，法律により授権することが可能かどうかという問題意識はなかったようである．美濃部達吉『日本国憲法原論』(有斐閣，1948年)457頁参照．
22) 清水伸編著『逐条日本国憲法審議録 第三巻』(有斐閣，1962年)472頁以下参照．

件を取り込んだ「司法権」は，従来通りの概念ではありえないのではないか．明治憲法下の行政裁判所が行っていた「行政事件」には，権利侵害に関するものだけでなく，今日の言葉でいう民衆訴訟も機関訴訟も含まれていた[23]．そうだとすれば，日本国憲法における司法権概念は，従来の民事事件・刑事事件を含むだけのものではなく，上述の行政事件すべてを総括しうる概念として再構成される必要があったはずである．ところが，制憲議会においては，司法権の概念をどう理解するかについての議論は，真正面から行われた気配がない[24]．司法権の概念をどう定義するかは，判例・学説の議論に委ねようとしたものと思われる[25]．少なくとも，制憲者に明確な理解はなかったということができよう[26]．

3.3.2 判例の立場

判例は日本国憲法の司法権をどのように解してきたのであろうか．司法権の判例として通常挙げられるのは，警察予備隊違憲訴訟判決[27]である．関連する部分を引用すると次のように判示している．

---

23) 美濃部達吉『行政法撮要 上巻〔改訂増補第3版〕』(有斐閣，1931年)487頁以下参照．
24) 手持ちの審議録で見る限りでの判断であり，この点の立ち入った検証は今後の研究に残したい．ただ，興味を惹くのは，金森国務大臣が日本国憲法の司法に関して，違憲立法審査権まで持つことになったのであるから従来の司法とは異なるより広いものとなったのであり，行政事件を引き受けるとしても妥当ではないということはないとの趣旨を答弁していることである(清水・前掲注22)473頁)．司法の概念が変わったということは意識されていたのである．
25) 当時の理解としては，行政事件が司法裁判所の権限となる以上，その手続は基本的には民事訴訟法によるのであり，民事訴訟法では不都合な点だけを行政事件の特例として定めればよいということであったようだ．「座談会 行政事件訴訟法」ジュリスト259号(1962年)26頁，36頁参照．行政事件訴訟特例法では，抗告訴訟と客観訴訟が区別して規定された．行政事件が客観訴訟を含むことは当然と考えられていたのであるが，それが司法権とどういう関係になるかという問題意識は窺えない．
26) 野坂泰司教授は，私のような司法権の理解を支える根拠は，制憲議会の議論には見られないと批判し，高見勝利教授も野坂教授の批判を引用している．しかし，制憲議会で問題の存在自体が自覚されていなかったのであるから，その点に関する議論がないのは当然である．逆に，野坂教授の提示するような理解を支える根拠も，制憲議会の議論から見つけることはできないであろう．野坂教授の批判に対する私の応答は，高橋和之「権力分立論再訪」(佐藤幸治先生古稀記念論文集『国民主権と法の支配 上巻』(成文堂，2008年)3頁所収)で行ったが，結局は憲法解釈に際して制憲者の意図をどのように扱うかの問題が背後にあると思う．私は，制憲者が意識的・自覚的に与えた解釈に反する解釈は，原則的には許されない(それを許せば，立憲主義は成り立たない)が，制憲者による意識的・自覚的解釈が存在しないところでは，時代の変遷により新しい解釈を行うことは許されると考えている．
27) 最大判昭和27年10月8日民集6巻9号783頁．

「……わが裁判所が現行の制度上与えられているのは司法権を行う権限であり，そして司法権が発動するためには具体的な争訟事件が提起されることを必要とする．我が裁判所は具体的な争訟事件が提起されないのに将来を予想して憲法及びその他の法律命令等の解釈に対し存在する疑義論争に関し抽象的な判断を下すごとき権限を行い得るものではない．けだし最高裁判所は法律命令等に関し違憲審査権を有するが，この権限は司法権の範囲内において行使されるものであり，この点においては最高裁判所と下級裁判所との間に異るところはないのである(憲法76条1項参照)．……」(傍点著者)

これは，憲法81条の定める違憲審査権は司法権の範囲内で行使されるものであるという解釈を前提に，ではここでいう司法権とは何かを判示したものであると理解され，そのために司法権とは何かに関するリーディング・ケースとされてきたものである．しかし，厳密には，「司法権が発動するためには具体的な争訟事件が提起されることを必要とする」(傍点著者)と述べており，司法権とは何かを述べたわけではない．司法権を「発動」しうる条件を述べたものにすぎないと理解することも可能なのである．もっとも，この判示の趣旨が，司法権を発動しうるのは「具体的な争訟事件が提起され」た場合だけだということであれば，発動条件も司法権概念を構成する要素と理解すべきだということになろう．しかし最高裁は，この判決以降，多くの客観訴訟において，それが司法権に含まれるかどうかを論ずることなく，法律の定めに従っている限り有効な訴訟の提起と扱い，しかもそこで憲法問題が提起されていれば違憲審査権を行使してきた[28]．本判決が述べるごとく違憲審査権の行使が司法権の範囲により限定されるとすれば，これら客観訴訟も司法権に含まれることを最高裁は認めてきたことになる[29]．こうした一見矛盾する最高裁の態度を整合的に説明しようとすれば，警察予備隊違憲訴訟判決は司法権の発動条件を「具体的な争

---

[28] 典型的な事例としては，住民訴訟により政教分離違反を争った事件を挙げることができる．
[29] 最高裁は，客観訴訟においてのみならず，「非訟事件」においても違憲審査権を行使している．たとえば，非訟事件訴訟手続における非公開手続が憲法82条の裁判公開原則に反しないかに関する決定(最大決昭和41年12月27日民集20巻10号2279頁)．もし警察予備隊違憲訴訟判決の判旨が違憲審査権の行使を司法権の範囲に限定するものであったなら，非訟事件も司法権に属することを認めたことにならないであろうか．

訟事件の提起」に限定したのではなく，当該事件で問題となった条件の１つに言及したにすぎないのであり，客観訴訟は他の発動条件が存在する事例であると説明するか，あるいは，司法権の発動条件は「具体的な争訟事件の提起」に限定されるが，客観訴訟も「具体的な争訟事件の提起」を充たすものであり司法権に属すると説明することになろう．前者の説明は，司法権そのものとその発動条件を区別し，発動条件には事件性の要件を充たす提訴の場合だけでなく事件性の要件を充たさない提訴の場合もありうると考える．ここでは司法権そのものの定義はなされておらず，したがって客観訴訟を司法権に含めるかどうかは判例上未解決のままに残されていると考えることになろう．しかし，かりに客観訴訟は司法権には含まれないとすると，司法権以外の権限を法律により裁判所に与えることが許される根拠は何かを説明しなければならなくなろう．逆に客観訴訟も司法権に含まれるとすると，その権限の発動になぜ法律が必要なのかを説明しなければならないであろう．こうした点について，判例はいまだ確立した見解を構成してはいないのである．したがって，私の見解が判例に反するということにはならないと思われる．

3.4　諸外国の状況

　学説の理解に問題があり，判例も必ずしも確立されているわけでもないとすると，日本国憲法における司法権をどう理解するかは，依然としてオープンな問題として残っているということになる．問題の核心は，司法権を三権の権限分配と整合的に理解するにはどのように定義するのがよいかである．この問題を新たに考え直してみるとすれば，歴史的・比較憲法的な状況を参照することは不可欠の作業である．比較憲法史の観点からは，権力分立の２つのモデルが問題を考えるのに重要であることを既に述べたので，ここではそれを繰り返さない．また，私の問題意識の観点から現在の諸外国憲法の状況を詳細にフォローするということも，いまだに果たせないでいる．ここでは，アメリカとドイツの状況について簡単に触れるにとどめざるをえない．

3.4.1　アメリカ合衆国

　日本国憲法の司法権がアメリカの影響を受けて規定されたことを考えると，アメリカにおいて司法権概念がどのように理解されているかは気になるところである．アメリカ合衆国憲法は第３条第２項で「司法権は，……一切の事件

(cases)及び……一切の争訟(controversies)に及ぶ」と規定する．ここから司法権の及ぶ範囲は事件・争訟に限定されると解され，具体的に何が事件・争訟に該当するかが争われてきた．しかし，事件・争訟の意味そのものを問題とするよりは，「司法判断可能性」(justiciability)という観点から問題が設定され，司法判断可能性を構成する諸理論として原告適格(standing)，事件の成熟性(ripeness)，勧告的意見(advisory opinion)の禁止，政治問題(political questions)の法理が形成され，提起された訴訟を裁判所が採り上げるかどうかを司法判断が可能かどうかの問題として検討してきた[30]．合衆国最高裁判例によれば，司法判断可能性がないとされる場合には，事件・争訟性がないとされる場合と，裁判所が賢慮(prudence)に基づき自制する場合が含まれるとされており，憲法上の事件・争訟からくる限界が何かは必ずしも明確ではなく，今日に至るまで論争が続いている．それでも，事件・争訟が「対立する当事者」(adverse-party)の存在を概念の核にするという点では一致があったように見えたが，最近それに疑問を呈する議論も現れている[31]．それによれば，裁判所は，令状請求，後見人決定，国籍取得の審査，保全手続などに際して，現実に一方当事者だけから(ex parte)の請求に応じて裁定を下す作用を行っており，これが裁判所の権限に属さないという議論はなされてこなかった．そうだとすると，裁判所は争訟的な事件と非争訟的な事件の両者を扱っており，これが憲法上許されることの説明が必要である．そのためには，「事件」(cases)に非争訟的事件を含めて解するのがよい．「争訟」(controversies)は，対立する当事者の存在を含む概念であるのに対し，「事件」は必ずしもそうではないからである．このように解釈することにより，現実に司法権が扱っている事件のすべてをその権限内に含めることが可能となる，というのである．

---

30) アメリカにおける司法権の範囲と司法判断可能性の関係は，憲法上の司法権の範囲に属する事件・争訟を裁判所が「自制」により限定したものが司法判断可能性の範囲ということになる．しかし，どこまでが司法権の限界の問題で，どこからが自制の問題かは明確ではない．なお，アメリカにおけるスタンディング理論の判例を分析したものとして，高橋和之「事件性の要件と原告適格——スタンディングに対する「憲法上の要請」」芦部還暦記念論文集『憲法訴訟と人権の理論』(有斐閣，1985年，高橋和之『憲法判断の方法』(有斐閣，1995年)に収録)参照．本論文執筆以降，アメリカでは判例・学説の多様な展開が見られ，多くの論文が産出されているが，フォローして再考する余裕はなかった．

31) James E. Pfander & Daniel D. Birk, Article III Judicial Power, the Adverse-Party Requirement, and Non-Contentious Jurisdiction, 124 Yale L. J.(2015).

この新たに提起された問題点が，今後アメリカでどのように受け止められていくかは，予測できないが[32]，日本にも同様の問題は存在するから，日本としてはどう考えていくのがよいか，参照すべき問題提起であろう．日本で考える場合，司法権が2つの「対象事項」をもつものとしたのでは，司法権の本質を捉えたことにはならない．司法権が2つの性格を異にする事項を対象とするというのであれば，両者に共通する性格から司法権を定義する必要が生ずるのではないか．アメリカのように憲法が「司法権は事件及び争訟に及ぶ」と規定している場合には，事件と争訟の概念を考察することにより司法権の意味を捉えていくというアプローチは理解しやすいが，日本国憲法は司法権を事件あるいは争訟といった概念との関係で規定しているのではない．ゆえに，司法権そのものの法的性質を究明する必要があろう．

3.4.2 ドイツ

国民主権を採用し立憲君主政モデルを否定しているドイツ基本法では，憲法裁判所，行政裁判所，労働裁判所等の様々な裁判所の共通の性格として「法を宣言する」(Rechtsprechung)という観念を抽出している．

アメリカのプラグマティックな思考からは，対象事項から司法権の意味解釈を抽出しようとするのに対し，大陸法的思考を基礎とするドイツでは，司法権の概念を原理からあるいは司法作用の法的性質から演繹しようとする．日本国憲法がアメリカの司法制度を導入したとはいえ，日本の伝統的法思考がドイツ的であることを考えると，司法権に想定される本質的作用を定義するというドイツ的なアプローチのほうが分かりやすいのではないか．とはいえ，立憲君主政モデルが権力の対象事項から権力の定義を行ったことを考慮すると，日本で対象事項による規定という発想をとると，戦前的な立憲君主政モデルの思考に後退する危険を招くのではないかと危惧される．法の支配についても，大陸法的な(実質的)法治国家概念を基礎に，英米的な思考法の長所を取り入れ調和させていくというアプローチが良いのではないかと思う．たしかに司法制度についてはアメリカ的なものを導入したのであるが，政治制度に関しては議院内閣

---

32) 前掲注31)論文を批判するものとして，cf. Ann Woolhandler, Adverse Interests and Article III, University of Virginia School of Law Public Law and Legal Theory Research Paper Series 2016-41.

制であってアメリカ的ではない．したがって，全体のバランスの中で司法権を捉えていく必要があると思う．

4 司法権の新定義の意味と特徴

司法権とは，適法な提訴を待って，適正な手続により法の解釈・適用を終局的に確定し，実効的な救済を与える作用である．

4.1 「適法な提訴を待って」の意味

この定義の意味を理解するには，その基礎に組み込まれているいくつかの仕掛けを想起する必要がある．まず第1に，この定義は，司法権そのものと司法権を発動する条件を分離して捉えていることである．第2に，この分離を司法権が作動するヨコの関係とタテの関係に対応させ，ヨコの関係(司法権そのものの法的性格)とタテの関係(発動条件)を統合したものとして設計されている．三権の定義は，基本的にはヨコの関係の問題であると述べたが，司法権についてもヨコの関係こそがその本質的な意味の在処である．しかし，「適法な提訴を待って」という部分は，主としてタテの関係から考察されている[33]．従来の司法権における事件性の要件が果たしていた機能は，ヨコの関係においては司法権の発動条件を限定することにあり，タテの関係においては「裁判を受ける権利」の保障範囲を画定することにあった[34]．司法権の範囲を「裁判を受ける権利」を超える部分にまで拡大して捉えようとする場合には，タテ関係において「裁判を受ける権利」を超える「適法な提訴」を構成して組み込めば，それによりヨコ関係における受動性の確保の機能は果たされる．したがって，事件性の要件は，ヨコの関係でもタテの関係でも必要なくなるのである．

裁判所への出訴が「適法」であるのは，まず第1に，「憲法上の権利」(「新しい人権」も含む)の侵害に対する救済を求める場合である．「憲法上の権利」は，当然，出訴権を内包する．かりに実定訴訟法が憲法上の権利の侵害に対する適

---

[33] 「主として」と述べたのは，ヨコの関係と無関係ではないからである．つまり，ヨコの関係においては，司法権は受動的権力であることが要請されていると解するが，それをタテの関係における「適法な提訴を待って」により確保しているのである．

[34] 佐藤・前掲注6)584頁は，事件性の要件が自己決定権を保障する機能を果たしているという．この観念の批判として，長尾一紘「司法権の現代的課題——司法権の観念をめぐって」法学教室253号7頁(2001年)参照．

切な訴訟形態を準備していないとすれば，違憲の立法不作為というべきであり，裁判所は適切な訴訟形態を「創造」して救済を与える義務を負う[35]．

　適法な提訴の第2は，「法律上の権利・利益」の侵害に対する救済を求める場合である．立法府は法律により様々な権利を創設する権限を有する．憲法32条の「裁判を受ける権利」は，そうした権利利益の侵害に対する裁判的救済を保障した規定である[36]．なお，ここで法律上とは，形式的意味の法律に限定されない．たとえば，実定法秩序が認める慣習法により権利利益となっているものも含む．

　適法な提訴の第3は，法律が出訴を認めている場合である．立法府は，権利を設定しないで，出訴権だけを認めることが許される．この場合の出訴は，自己の権利利益に関する救済を求めるものではなく，公共的な利益に関する裁判所の判断を求めるものであるが，立法府はそれが立法政策として適切と考えれば，憲法の他の規定に反しない限り，そのような出訴権を認めることが許される．行政訴訟法上の客観訴訟といわれているものが，この例である．

　「適法な提訴」として私が考えているのは，このようなものである[37]．それは「事項」的に捉えられるものであり，憲法上の権利をコアにその周囲に法律上の権利利益があり，さらにその外側に手続上の出訴権があるという具合に，同心円的にイメージすることも可能であろう[38]．

4.2　司法権の法的性質の定義

　この定義の第3の仕掛けは，司法権の定義を司法権の向かう対象あるいは「事項」(matières)に着目するのではなく，司法権の法的性質(nature juridique)に着目して行っていることである．そして，この視点の転換を可能にしているのは，三権分立の目的と解される法の支配についての一定の理解と，立憲主義の

---

35) 棟居快行「「基本権訴訟」の可否をめぐって」前掲注14)『人権論の新構成』285頁所収参照．
36) 渋谷・前掲注15)637頁は，私の司法権概念は，権利が出訴権に依存するから，アクチオ的な裁判観であると批判する．しかし，私は，出訴権がある場合しか権利は存在しないと述べているのではなく，権利があれば当然出訴権があると述べているのである．
37) 佐藤・前掲注6)588頁は，「適法な提訴」とは何かと疑問を投げかけている．批判のポイントが何かを正確に理解はできないが，とりあえずこれが私の考えていることだと答えておきたい．高橋・前掲注11)『立憲主義と日本国憲法〔第4版〕』411頁以下参照．
38) 中川・前掲注16)の述べる同心円説は，私の立場から位置づけると，タテの関係の問題ということになり，司法権の本質に関する定義とは異なる平面の問題となる．

2つの歴史的モデルとの関係づけである．

　権力分立原理は，近代立憲主義の支柱の１つを構成したが，それが君主政原理を基礎に導入される場合と，国民主権の原理を基礎に導入される場合に対照的な特徴を示すことになった．それは，理念型的に立憲君主政モデルと国民主権モデルに構成される．立憲君主政モデルは，三権の理解をそれぞれの権力が担当する「事項」に着目して行った．立法とは法規の定立作用であり，司法とは民事・刑事の裁判作用であった．そのために，残された全事項の受け皿として行政の控除説が必要となったのである．これに対して，国民主権を基礎に構成される国民主権モデルにおいては，国家権力が行うべき「事項」には公益として必要なことという以外に限定はない．三権の区別は，国家権力が国民の意思に基づき引き受ける諸事項を遂行する際にとるべき法形式の区別であり，分配される事項により概念規定されるものではない．国家権力の行使は，法の支配の下に行われねばならない．三権の区別は，この法の支配を可能にするために行われるのである．

　法の支配を権力機構に組み込むためには，まず法定立と法執行を区別する必要がある．そして，法執行は定立された法の執行として，法定立の作用よりも効力的に下位になければならない．こうして，法定立と法執行が効力の強さによる上下の段階構造を形成するものとされる．法の執行は上位の法の授権の枠内で行わねばならないのである．さらに，ここが重要であるが，法の執行は，同時に上位の法の枠内での法定立でもあると理解される．上位法が一義的な内容を定めている場合には，執行するのみで法定立は介在しえないが，通常は複数の解釈が可能であり，その限りで法定立が解釈の選択として行われると解するのである．上位法の執行は，通常は同時に法の定立でもあるのである．こうして，法の具体化のプロセスは，「法定立→法執行＝法定立→法執行」が連鎖する何段階かのプロセスと観念されるのである．法の具体化の過程で，法執行が上位法の授権の枠内で行われたかどうかにつき争いが生じうる．その裁定を法定立機関と法執行機関とは異なる第三の機関に行わせる必要があり，法裁定機関が分立されることになる．法の支配の観点からは，立法・行政・司法は，このように法定立・法執行・法裁定という性質の作用と理解されるのである．

　実定法秩序の段階構造は，憲法を頂点にするから，そこでの立法権とは，憲

法の授権の範囲内での法定立であり，憲法の「執行」(具体化)である．立法権には発動条件は特にないから，公益に属する限りいかなる「事項」でも立法者が必要と考えた事項を立法化することができる．このことを踏まえて，立法権を「憲法の下における始源的法定立の権限」と定義している．始源的とは，憲法の具体化のプロセスにおいて，最初に来るべき法定立という意味である．行政権は，法律の執行と定義される．権力の発動条件としては，法律による授権が不可欠である．そして，司法権は，「法の解釈・適用の終局的裁定」と定義される[39]．以前の私の定義から「争い」を削除し，「解釈・適用」に改めている．当事者対立構造を有しない事件も司法権に含める意味である．終局的とは，司法権が行った解釈と適用は原則的に誰も変更できないという趣旨である．この要件が必要なのは，解釈・適用は司法権の独占ではないからである．立法権も行政権も行う．しかし，司法権が行った場合には，それが終局的であるということである[40]．

第 2 節　司法権の外在的限界

　司法権の定義に該当しない事件は裁判所の権限には属さず，当然，付随審査制である違憲審査も行いえない．しかし，司法権の定義に該当すれば，その事件の解決に付随して常に違憲審査を行いうるかというと，必ずしもそうではない．憲法上の他の原理により裁判所の権限が及ぶべきではないとされる場合があるからである．そのような事件は司法権に属さないと説明することもできる

---

39)　法裁定は，法の解釈の確定であるから，法解釈を行うのであり，ゆえに，法定立を行う．高見勝利『芦部憲法学を読む』(有斐閣，2004 年)270 頁は，私の司法権概念は司法の法創造を捉えていないと批判するが，法解釈＝法定立を通じて法創造を行うのである．裁判所は，憲法と法律に拘束される(憲法 76 条 3 項)から，法創造といっても終局的には憲法により根拠づけなければならない．したがって，法創造をする場合，それを法解釈として説明しなければならないのである．
40)　長尾・前掲注 34)は，立法権や行政権も終局的な決定を行うから，これは司法権のメルクマールにはならないという．たしかに，立法権あるいは行政権が権限を独占する事項については，その決定が最終的となる．そのように事項の権限分配がなされている以上，当然のことである．ここで問題としているのは，司法権の法的性質であり，行政権の行う法律の解釈・適用と司法権の行う解釈・適用の性質の違いを問題にしているのである．あらゆる事項に司法権が最終的決定を行うわけではないのは，司法権があらゆる事項について権限を配分されているのでない以上当然のことである．

し，あるいはまた，司法権に属するが他の憲法規定により権限行使が禁止されると説明することもできるが，いずれにせよ，違憲審査が司法権の行使に付随して行われるものである限り，それらの事件において違憲審査権を行使することはできない．さらに，事件が司法権に属し，かつ他の憲法上の原理により制限もされていないが，裁判所が一定の理由により審査権の行使を控えることがある．それが許されるのかどうか，憲法上の職責の放棄として許されるべきではないという考えもありうるが，許されるとすればどのような場合にどのような理由により許されるのか．この問題も，審査権の外在的限界に位置づけて，必要な限度で触れておく．

1 憲法上の諸原理との調整

1.1 国際法上の限界

日本国憲法は，「条約及び確立された国際法規」の誠実な遵守を謳っている（98条2項）．したがって，条約に対して違憲審査権は及ぶとはいえ，「条約及び確立された国際法規」が合憲である限り，それが日本国の司法権の及ばないものとしている場合には，その事件に司法権は及ばない．その例として，国際慣習法として確立し外交関係に関するウィーン条約で明文化された外交特権や，日米安保条約6条に基づく地位協定により在日米軍基地および公務中の構成員・軍属に認められている特権があり，特権の限度で日本の裁判権が及ばないことになる．

1.2 立法権および行政権との関係における限界

国会が組織する弾劾裁判所による裁判官の弾劾裁判は，性質的には司法権の定義に該当するが，憲法が弾劾裁判所に専属させたものであり，裁判所の権限からはずれることになる．議員の資格争訟の裁判(55条)も，各議院の専権であり，司法権の限界を構成する[41]．

---

41) ここでいう資格争訟の裁判は，公選法の定める当選訴訟と区別される．議員の資格は，法律で定められることになっており(44条)，法律の定めた資格要件を充たしていなければ，選挙で当選人と決定することはできない．ゆえに，立候補から当選決定に至る過程で，当然そのチェックがなされる．この過程で生じた資格に関する争いは，選挙に関する争いであり，公選法の定める当選訴訟により裁判所が審査することになる．44条の規定はこれを排除するものではない．しかし，一旦当選決定がなされ確定した後に生じた資格の有無に関する争いは，議院のみが裁判しうるのである．宮沢俊義〔芦部信喜補訂〕『全訂日本国憲法』（日本評

また，明文規定があるわけではないが，日本国憲法が依拠する三権分立原理の下で，各権力は権限行使について他権力から干渉を受けることなく自律的・自治的に決定すべき固有領域を有すると解される．院内の秩序維持に関する事項や議事手続に関する事項の決定が憲法以下のルールに従ってなされたかどうかは，原則として議院が自律的に判断すべきことであり[42]，同様のことは閣議決定についても言えよう．ゆえに，司法権は他権力の固有領域に属する事項について法適合性の判断はできない．固有権をもつ権力の決定が終局的とされるのである．

しかし，このことは，かかる事項に関係する事件に司法権が一切立ち入ることができないという意味ではない．その逆で，司法権は他権力の自律的決定を受け入れ，それを前提として事件を解決すべきであるということである．司法権が法適合性の判断をなしえないという意味で司法権の限界をなすが，司法権が事件の審査自体を行えないという意味での限界ではなく，他権力の決定をそのまま受け入れて審査するという意味での司法権の限界なのである．ちなみに，立法権について立法裁量が語られ，国会は権力分立原理に基づき立法裁量権を有するから，立法裁量に属する事項については司法権の権限は及ばないといわれることがある．しかし，憲法は立法権に固有領域に属する事項以外につき裁量権を与えていると解する根拠はない．特に，人権制限立法や人権内容形成立法につき立法裁量が語られる場合，立法府が裁量的に人権を制限したり内容形成をしたりしうるかの印象を与えるが，それは憲法が人権を保障した精神に真っ向から対立する思考法と言わざるをえない．人権領域において立法裁量という言葉は使うべきでないと思う[43]．では，行政裁量はどうか．立法府は，法律により内閣に一定の裁量的権限を与えることは，憲法により禁止されていない．権限委任として許される範囲に止まる限り，行政権に裁量権を授けることは許される．ゆえに，行政が授権された裁量の範囲内に止まっている限り，司法権

論社，1978年)414頁参照．
42) 院内紀律に関する決定や議事手続に関する決定が少数派の自由な活動を封じる目的でなされているような場合には，院に対して憲法が想定している民主的な熟議が阻害されているのであるから，そうした決定を自律権に委ねることは背理となる．
43) 判例に「立法裁量である」という表現が使われることがあるが，それは立法府の固有権に属するから審査しえないという意味ではなく，審査権限はあるが，立法府の判断を尊重して緩やかな審査しか行わないという趣旨にすぎない．一種の自制である．

はそれを受け入れて判断する以外にない．しかし，行政活動が授権された裁量の範囲内にあるかどうかの審査は，法律に適合しているかどうかの審査であり，ゆえに，行政裁量は司法権による審査の限界をなすわけではない．

1.3 結社の自由から生じる司法権の限界

1.3.1 総　説

憲法21条は，結社の自由を保障する．結社の自由は，結社する（私的団体を結成する）・しないの自由を含むのみならず，結成した結社の組織・管理・運営に関する内部問題につき国家からの制約・干渉を受けず自律的・自治的に決定を行う自由も含む．内部問題の処理についてのルールは，自生的に成立することもあれば，人為的に制定されることもあろう．いずれにせよ，こうしたルールは，通常は国家の定める法秩序が規律する法律関係あるいは権利義務の関係との関連をもたないので，その解釈・適用をめぐって生じる争いは，裁判所が扱うべき「法律上の争訟」とは考えられていない．たとえば，団体への加入や除名，団体の役職への就任や罷免に関する争いなどは，通常は，結社の自由の保障の下に団体が自律的・自治的に解決する問題であり，国家の干渉は許されないと考えられている．もちろん，結社の自由も，その行使が「公共の福祉」を害する場合には，国家はそれを規制しうる．しかし，その場合に国家が踏むべき手順は憲法上定められており，国家はまず立法権により結社の自由の弊害を除去するための法律を制定し，その法律に基づき行政権が介入するのである．この場合の司法権の役割は，この規制をめぐって刑事事件あるいは行政事件として提起される訴訟の裁判をし，その訴訟に付随して必要ならば関係法律やその解釈・適用が結社の自由を侵害しないかどうかを審査することである．この審査を通じて司法権は結社の自由を保護する任務を果たすのであり，この任務の遂行においては，司法権による審査に限界はない．

これに対して，私的団体の内部紛争が裁判所に持ち込まれる場合には，問題の構造がまったく異なる．ここでは，司法権は，立法権・行政権が国家権力として私的団体の内部問題に介入するのを審査する立場にあるのではなく，自らが国家権力として私的団体の内部問題に介入する．たとえば，除名や解任の有効性に関する争いが裁判所に持ち込まれた場合，団体としては，結社の自由の名において国家権力たる司法権に対して団体の内部問題に干渉すべきでないと

主張するであろう．これに対して，処分を争う団体構成員の側は，裁判を受ける権利を主張し，裁判所の介入を求めるであろう[44]．ここでは，結社の自由と裁判を受ける権利という憲法上の権利が裁判所に対して主張されており，裁判所としては，この2つの権利を調和させる解決を求められている．

これは，実は，私人間効力論と同じ構造の問題である．団体と構成員の間の関係は私人間の関係であり，ここに憲法が適用されることはない．しかし，裁判所が私人間の争いを裁定するために介入することは，司法権自体が一方当事者の「憲法上の権利」を侵害することにならないかという問題を提起するのである．たとえば，メディアによる名誉毀損の争いを考えると，そこでは，司法権が介入しメディアに不利な判決を出すことはメディアの表現の自由を侵害しないかという問題が生じるのである．しかし，この場合は，建前上は平等な私人の間の問題であり，その争いを裁定するのが司法権の役割とされているために，司法権の限界の問題を提起するとは考えられていない．これに対して，団体と構成員の間の争いの場合は，理論上は私人間の争いの裁定であり，その限りでは特に違いはないが，団体と構成員の関係は平等な私人間の関係ではなく，団体が構成員に対して「事実上の権力」(紀律権)を行使するという関係であり，その団体が自己の「支配空間」への国家(司法権)の介入を結社の自由の名において阻止するとイメージされるために，司法権の限界あるいは審判権の限界の問題とされてきたのである．しかし，憲法理論上は，ここでの裁判所の役割は，私人間効力論の場合と同様に，司法権が直面する複数の憲法上の権利の衝突を調整することであり，そこで対立している権利の違いが異なる調整の仕方を要求してということにすぎない．団体とその構成員の対立の問題としてより具体的に言えば，ここで司法権が直面している憲法上の権利は，他の人権とは異なる特質をもつ結社の自由であり，この自由権により団体がその内部問題の自律的・自治的決定を保障されるために，裁判所はそれを尊重しなけれならない限度において，自らの判断を制約されることになるのである．

団体の内部問題の裁判所による解決を求める側は，「裁判を受ける権利」を

---

44) 団体構成員が出訴する場合を想定してこう述べたが，逆の場合もある．つまり，団体が出訴することもあり，この場合には，構成員が団体の内部問題への不介入を主張し，団体が裁判を受ける権利を主張するという関係になる．

根拠に裁判所の介入を求める．しかし，団体内部の争いが裁判を受ける権利の保護対象となるためには，その争いが民法を中心にした私法により権利あるいは法的利益とされているものに関わっていなければならない[45]．団体構成員の団体からの除名や団体の役職への就任・解任をめぐる争いなどは，それらの「地位」に私法上の権利利益(たとえば役職の報酬や経済的特典など)が結びつけられていない限り，団体が自律的・自治的に解決すべき純粋な内部問題であり，裁判を受ける権利の対象である「法律上の争訟」を構成しないのが普通である．したがって，そのような争いが裁判所に提訴されても，不適法として却下されることになる．視点を換えて言えば，結社の自由により裁判所の干渉から保護されるべき自律的・自治的決定は，裁判を受ける権利あるいは法律上の争訟の範囲外とされることにより，保護されるのである．

　問題は，団体内の「地位」が私法上の権利利益と結びつけられている場合である．この場合には，地位の喪失は権利利益の喪失につながるから，純粋な内部問題として裁判所は係わりをもたない，というわけにはいかない．裁判所は，権利利益を失う者からの訴えを裁判を受ける権利の保障として採り上げざるをえないのである．このような争いは，通常，失われる権利利益の回復を求める給付訴訟として提起される．その限りでは，法律上の争訟を構成する．しかし，その請求の前提問題として[46]，団体内部の地位の否定が内部のルールに反するのではないかが争われることになる．法律上の争訟である以上，裁判所にはそれを裁定する義務がある．したがって，その裁定に必要な限りで前提問題にも立ち入らざるをえない．しかし，前提問題そのものは，団体の内部問題であり，団体の自律的・自治的決定を可能な限り尊重しなければならない．こうして，裁判所は裁判を受ける権利と結社の自由の調整問題に直面することになり，裁判所はどの限度でかかる問題に立ち入ることが許されるかという問題としてこの調整が図られることとなるのである[47]．裁判所がどの程度立ち入ることが適

---

[45] 裁判を受ける権利の保護対象は，①憲法上の権利の侵害，②法律により創設された権利あるいは法的利益の侵害の場合であるが，私人間であるから，「憲法上の権利」の侵害は問題にならない．

[46] 地位そのものの確認請求は，通常は法律上の争訟を構成しないとされるが，しかし，地位の確認がそれに付着した様々な権利関係を包括的に解決するのに適している場合には，確認の利益が認められるというのが，民訴法学の通説的見解であり，「前提問題として」と述べたのは，それを否定する意味ではない．

切かは，具体的には団体に認められるべき自律性の程度(それは友好団体なのか思想団体なのかなどの団体の性格に依存しよう)や，失うことになる権利利益の性質(生活の糧なのかどうかなど)などに依存するから，一般的な線引きを行うことはできないが，抽象的には次のように考えることができよう．

まず第1に，自律的決定の尊重が問題であるから，団体としての自律的決定であることの論証は不可欠である．自律的決定であると言いうるためには，決定が団体の事前に定められた実体的・手続的ルールに従ってなされたことの論証が必要である．その際，裁判所としては，そのルールが公序良俗に反しないかどうかの審査はしうる．しかし，そのルールの解釈適用が適正になされたかどうかの審査に関しては，団体の自律的判断が尊重されるべきであり，そこに「著しい不合理」が認められない限り，団体の自律的判断を受け入れるべきである．たとえば，ルールの適用の基礎となった事実がまったく存在しない場合などは，実体的あるいは手続的に「著しく不合理」な解釈適用というべきであろう．また，処分の内容がルール違反の程度に照らし著しく均衡を欠く場合も適正な解釈適用とはいえないであろう．しかし，裁判所の審査は，「著しく不合理」かどうかに限定されるべきであり，抽象的には，そこに結社の自由と裁判を受ける権利の調和点を探るべきである．

一般的・抽象的には以上のように考えることができるが，具体的な介入の限度は，団体の性質や権利利益の性質などに応じて異なりうるから，当面は個別事例ごとに総合的な判断をする以外になかろう．しかし，長期的には，アドホックな判断とならないようにするために類型化を行っていく必要がある．現段階で判例上類型化が可能な領域は，政党の場合と宗教的結社の場合である．宗教的結社の場合は，結社の自由のほかに，政教分離の問題も関係するから後で述べることにし，ここでは政党に関する判例を見ておく．

1.3.2 政　　党

最高裁の先例となっているのは，共産党袴田事件判決[48]である．

---

47) 結社の自由のために内部問題に立ち入らない場合，内部決定を尊重し本案判決を行うのであり，その点で，法律上の争訟には当たらないとして却下する場合と異なる．両者を「審判権の限界」と述べることがあるが，意味がまったく異なるので注意が必要である．後者は，審判の対象に属さず却下判決となるのに対し，前者は，自律的・自治的決定を審判しないで受け入れて本案判決をするのである．

共産党袴田事件

【事案の概要】　Yは長い間X政党の幹部として活躍し，X所有の家屋に居住していたが，Xの他の幹部達と意見を異にするに至り，党から除名処分を受けた．これに基づきXがYに対して，所有権に基づく家屋の明け渡しを求めたのが本件である．Yが抗弁として除名処分の無効を主張したために，政党結社の自由に基づく内部自治の範囲が争点となった．一審，二審ともにX勝訴．Yが上告．

【判旨】　判決は上告棄却であったが，理由として以下のように判示した．

まず政党の意義につき，次のように述べる．政党は「国民がその政治的意思を国政に反映させ実現させるための最も有効な媒体であって，議会制民主主義を支える上においてきわめて重要な存在であ」り，したがって，「政党に対しては，高度の自主性と自律性を与えて自主的に組織運営をなしうる自由を保障しなければならない」のであり，「右のような政党の性質，目的からすると，自由な意思によって政党を結成し，あるいはそれに加入した以上，党員が政党の存立及び組織の秩序維持のために，自己の権利や自由に一定の制約を受けることがあることもまた当然である」．そして，この判示に続けて次のように論ずる．すなわち，「右のような政党の結社としての自主性にかんがみると，政党の内部的自律権に属する行為は，法律に特別の定めのない限り尊重すべきであるから，政党が組織内の自律的運営として党員に対してした除名その他の処分の当否については，原則として自律的な解決に委ねるのを相当とし，したがって，①政党が党員に対してした処分が一般市民法秩序と直接の関係を有しない内部的な問題にとどまる限り，裁判所の審判権は及ばないというべきであり，他方，②右処分が一般市民としての権利利益を侵害する場合であっても，右処分の当否は，当該政党の自律的に定めた規範が公序良俗に反するなどの特段の事情のない限り右規範に照らし，右規範を有しないときは条理に基づき，適正な手続に則ってされたか否かによって決すべきであり，その審理も右の点に限られるものといわなければならない」(①②は著者が挿入)．

原判決が正当に認定した事実によれば，「Xは，自律的規範として党規約を有し，本件除名処分は右規約に則ってされたものということができ，右規約が

---

48)　最3判昭和63年12月20日判タ694号92頁．

公序良俗に反するなどの特段の事情のあることについて主張立証もない本件においては，その手続には何らの違法もないというべきであるから，右除名処分は有効であるといわなければならない」．

【コメント】 判旨の中の①と②の部分は，後述の「部分社会論」の考え方に類似した表現を使っており，それに関する判例の引用はなされていないが[49]，その考えを基礎にしたものと思われる．ともあれ，①の部分は，純粋に内部的な問題は裁判を受ける権利の保護範囲に属さず，ゆえに「法律上の争訟」には当たらないから，裁判所の審判権は及ばないという趣旨を述べたものと理解できる．そこでいう「一般市民法秩序」とは民法を中心とする私法秩序を含意し，それと「直接の関係を有しない」とは，私法により権利あるいは法的利益とされている権利利益の侵害という問題を含んでいないという意味であろう．それに対して，②で述べているのは，この権利利益の侵害の問題を含んでいる場合である．本件は，X政党の所有しYが居住・占有する建物の明け渡し及び賃料相当損害金の支払をXがYに請求した訴訟であり，訴訟物は法律上の争訟に当たるが，請求の理由がYに対する除名処分によりYは本件建物の利用権を失ったというものであり，Yが抗弁として除名処分の無効を主張しているために，政党の内部問題である除名処分の有効性が前提問題として生じているのである．これをどう扱うかにつき，判旨は②の部分で，右処分の当否は，ⓐ「当該政党の自律的に定めた規範が公序良俗に反するなどの特段の事情のない限り右規範に照らし」，ⓑ「適正な手続に則ってされたか否かによって決すべきである」と述べているが，ⓐ部分の「自律的に定めた規範」には，実体的規範(処分事由を定めた規範)と手続的規範(誰がいかなる手続で処分をするかを定めた規範)があり，「公序良俗に反するなどの特段の事情がない限り」はこの両者にかかると理解すべきであろう．つまり，自律的規範が実体的にも手続的にも公序良俗に反するものであってはならず，その点の審査は裁判所が行うべきことを判示しているのである[50]．したがって，たとえば実体的規範が公序良俗に反す

---

49) 本判決には，いかなる先例も引用されていない．先例がないのであれば新判例であり，本来大法廷で判断すべきものではないかと思われるが，第3小法廷で判決している．
50) 本判旨を手続の審査に限定したと読んで批判するものに，竹下守夫「団体の自律的処分と裁判所の審判権」書研所報36号1頁，50頁(1990年)がある．これに対し，上田轍一郎・判例評論370号31頁，34頁(判例時報1324号)は，実体についても公序良俗に反しないこ

る作為・不作為を命じている場合には，その規範に違反したことを理由とする処分は無効とされることになろう．次の⑥にいう「適正な手続に則って」とは，定められた規範に従ってという趣旨であり，特に手続規定に限定したと読む必要はないと思われる．ゆえに，たとえば実体規範の定める処分要件に該当する事実の認定の仕方や実体規範の解釈適用の仕方が不合理な場合は，「適正な手続に則って」とはいえないという判断も可能と思われる．

かりに本件判旨をこのように読むことができるとすると，自律的規範を公序良俗に反しない限り尊重するが，その解釈適用の仕方については，かなり踏み込んだ審査を行うという印象である．しかし，本件では，Xが「自律的規範として党規約を有し，本件除名処分は右規約に則ってされた」ということが原判決により正当に認定されているので，最高裁としてはそれを前提に結論を出せばよかったのであり，それ以上に自律的規範の解釈適用の仕方に立ち入る必要はなかった．したがって，その点についてどのような審査をすべきかは判断されていないと理解しておくべきであろう．つまり，自律的規範の解釈適用に関して，どの程度団体による自律的判断を尊重するかまでは判断されていないという理解である．

本判決以降，政党の内部紛争の審査が問題となった最高裁判例は存在せず[51]，自律的解釈適用をどの程度尊重するかは判例上決着がついていないと

とが要求されていると読む．渡辺康行「政党の内部自治と司法審査」『憲法判例百選II〔第5版〕』418頁参照．

[51] 本判決に依拠したかに見える最高裁判決に，日本新党繰上当選無効訴訟(最1判平成7年5月25日民集49巻5号1279頁)に関する判決がある．これは，参議院議員の選挙につき拘束名簿式の比例代表制が行われていた時期に生じた事件である．日本新党は，比例選挙の結果4議席を獲得して名簿の上位4名が当選したが，その後名簿上5位に載せられていたXが党から除名され，党により選挙長に除名届がなされたために，Xは選挙で確定された名簿上の地位を事実上失うこととなった(公選法98条参照)．その後に名簿上位で当選した議員が衆議院議員選挙に立候補したために日本新党の参議院比例選挙に基づく議席に欠員が生じ，Xを除いた名簿上の順位に従って繰上当選人が決定された．これを不服としてXが当選無効訴訟を提起し，その中で党による除名処分の無効を主張したのである．除名届により名簿上の地位を失わせるという制度は，選挙民が選挙により「確定」(あるいは「承認」)した順位を事後的に政党が変更するものであるから，政党の自主的決定に委ねられるべきものではない．名簿上の順位を選挙後に政党が自由に変更しうるとしたら，その変更に従って当選した議員は「国民により選挙された議員」(憲法43条参照)とは言えないであろう．最高裁は，拘束名簿式比例代表制が憲法の要請する直接選挙の原則に反するのではないかという主張に対して，名簿上の順位は政党により決定されるが，選挙民はその順位を知った上で投票をするのであるから，直接選挙の原則に反するわけではないと判示している(最大判平成11年

いうことである．

1.4 宗教団体の内部紛争と司法権の限界

1.4.1 総　説

　宗教団体内部の紛争の解決に司法権が介入しうるかという問題も，従来「司法権の限界」あるいは「審判権の限界」として議論されてきた．宗教団体も憲法20条の信教の自由の保障を受けるが，その保障内容として宗教的結社の自由が存在するからである．しかし，宗教的結社の自由は，結社の目的が宗教にある点で特殊性を有するが，保障の構造自体としては憲法21条の結社の自由と同じであり，そこで述べたことがここでも基本的には妥当する．したがって，純粋に宗教団体の内部的な争い，たとえば住職の地位や法主の地位への就任や罷免をめぐる争いは，私法により規律される権利義務の関係とは異なるから，「法律上の争訟」を構成せず，原則的には裁判所の審判権の対象とはならない．しかし，宗教団体内部の地位などが，たとえば報酬請求権(給料)や団体所有の建物等の使用権(居住権)などの具体的な権利義務と結びついている場合には，これらの権利義務関係をめぐる「法律上の争訟」を解決する前提問題として「地位」の存否の判断が不可欠となるため，その審判が許されることになる．しかし，その場合にも，団体の自律的決定を尊重しなければならないから，審査は自律的決定が存在するかどうかと，内部のルールの解釈適用に著しい不合理がないかどうかの2点に限定されるべきだということになる．

　しかし，宗教団体の場合は，次の2点で一般の団体の場合と違いがあるのではないかが問題となる．第1に，団体の目的が構成員の内心の核心をなす世界観に関係しているから，一般の団体の場合よりも司法権(国家権力)の介入はさらに厳格に制限されるべきではないか．第2に，宗教団体への国家権力の介入は，政教分離原則によってもさらに制限されるのではないのか．第1点は，宗

11月10日民集53巻8号1577頁)．選挙後に政党がその順位を自由に変更することを認めるとすれば，この判決と整合するかも疑わしい．除名届により名簿上の地位を失わせるという制度との関連では，政党による除名は政党の自律的決定の問題と解することはできず(そう解すると直接選挙の原則に反して違憲ではないかという問題が生じる)，裁判所による全面的な審査の対象となると解さねばならない．もちろん，その結果除名処分が無効と判断されたとしても，自律的な党内処分として除名が失効するわけではなく，除名届の法的効力が失われるだけである．高橋和之「国民の選挙権 vs. 政党の自律権」ジュリスト1092号(1996年)53頁，同・平成6年度重要判例解説19頁(1995年)参照．

教的結社の自由からの制限であるのに対して，第2点は，政教分離原則からの制限であり，両者は制限のあり方を異にする．従来の判例・学説でも，両者の違いは暗黙の内に了解されてはいたであろうが，しかし，憲法上の根拠としては20条をまるごと引用し，20条が定める信教の自由と政教分離を特に区別することなく論じてきたように思われる．たしかに，どこまでの介入が許されるかは，最終的には両者を含めた総合判断に帰着するから，区別して論ずることにあまり意味がないように見えるかもしれない．しかし，可能な限り分節的な衡量を考えようという立場からは，可能な限り区別した分析を行うべきではないかと思う[52]．

　宗教団体の内部問題をめぐる紛争の大部分は，団体の構成員に対する紀律権行使に関係している．ここでも主として団体による統制処分を頭に置いて以下に判例・学説の動向を見ていくことにする．判例と学説は，相互にフィードバックしながら展開するから，全体の流れを見るには両者を別々に見ることは必ずしも適切ではないが，ここでは便宜上まず判例を見，次に学説を検討することにする．

1.4.2　判　　例

種徳寺事件　統制処分に関する最高裁の最初のリーディング・ケースとなったのは，種徳寺事件判決[53]であった．

　この事案は，ここでの議論に必要な限りで要約すると，次のようである．包括宗教法人曹洞宗Yに属する末寺である種徳寺の住職であったXは，住職を被包括宗教法人の代表役員とすることを定めるYの規則(宗制)により宗教法人種徳寺の代表役員でもあったが，私生活上の不行跡から葬儀法要等の寺の任務に支障をきたしたために，住職の任免権限をもつYにより住職罷免の処分を受け，宗教法人種徳寺の代表役員の地位も失った．そこで，XがYに対し住職の地位の確認を求め(A事件)，YがXに対し寺院の建物や境内等の引き渡しを求めた(B事件)．原審は，両事件を併合審理しA事件に対して，住職の地位は宗教上の地位であり，その確認請求は法律上の争訟には当たらないとしてXの請求を却下し，B事件に対しては，住職の罷免処分を有効と判断してY

---

52)　分節的な衡量と総合的な衡量の区別については，251頁参照．
53)　最3判昭和55年1月11日民集34巻1号1頁．

の請求を認めた．Ｘは上告して，①住職は宗教法人の代表役員となることになっているから，住職たる地位は法律上の地位でもある，②Ａ事件では住職たる地位を法律上の地位ではないとして却下しながら，Ｂ事件では引き渡し請求の前提問題である住職罷免処分を法律上の争いとして請求を認容するのは矛盾しており，理由齟齬の違法があると主張した．これに対して，最高裁第3小法廷は，①につき，Ｘは，住職としての地位に基づき財産的活動をしていること，あるいは，その権限を有することを主張・立証しなかったから，住職としての宗教上の地位のみの確認を求めたものと理解せざるをえないと応え[54]，②については，引き渡し請求という法律上の争訟を判断する前提問題として「住職たる地位の存否を判断する必要がある場合には，その判断の内容が宗教上の教義の解釈にわたるものであるような場合は格別，そうでない限り，その地位の存否，すなわち選任ないし罷免の適否について，裁判所が審判権を有するものと解すべきであり，このように解することと住職たる地位の存否それ自体について確認の訴を許さないこととの間になんらの矛盾もない」（傍点著者）と判示した．

　この判決のポイントは，宗教上の地位の存否の審判も，法律上の争訟を解決するための前提問題としてなら，その判断が宗教上の教義の解釈にわたるものでない限り，裁判所が行うことができるとした点である．本件では，処分権限について争いはなく，権限の行使が適正な手続に従ったのかと，および処分事由は存在したのかが主たる争点となっており，その争点の判断に教義の解釈に関わるものはなかったのである．では，本判決により留保された「教義の解釈にわたる」場合とは，どのような場合であろうか．この点に関わる先例として通常引用されるのは，板まんだら事件判決[55]である．

板まんだら事件　創価学会Ｙの会員であったＸらは，Ｙが御本尊「板まんだら」を安置するための正本堂の建立を企画し資金の募集をしたのに応じて寄附をしたが，その後寄附には重要な要素の錯誤があったと

---

54)　Ｘが宗教法人種徳寺を相手に代表役員の地位の確認を求めれば，その前提問題として住職の地位の存否を判断することになったであろうが，本件ではＹを相手に住職の地位確認を求めたために，このような判断になったのであろう．
55)　最3判昭和56年4月7日民集35巻3号443頁．

して無効を主張し，Yに不当利得の返還を請求した．錯誤の理由は，「板まんだら」が偽物であることが判明したこと，および，募集に際しては正本堂完成時が広宣流布の時にあたり正本堂は事の戒壇になると称していたが，正本堂が完成すると，正本堂はまだ三大秘法抄，一期弘法抄の戒壇の完結ではなく広宣流布はまだ達成されていないと言明したということであった．最高裁は次のように述べて，法律上の争訟性を認めた原審判決を破棄し，不適法として却下していた一審判決を是認した．

「本件訴訟は，具体的な権利義務ないし法律関係に関する紛争の形式をとつており，その結果信仰の対象の価値又は宗教上の教義に関する判断は請求の当否を決するについての前提問題であるにとどまるものとされてはいるが，本件訴訟の帰すうを左右する必要不可欠のものと認められ，また，記録にあらわれた本件訴訟の経過に徴すると，本件訴訟の争点及び当事者の主張立証も右の判断に関するものがその核心となつていると認められることからすれば，結局本件訴訟は，その実質において法令の適用による終局的な解決の不可能なものであつて，裁判所法3条にいう法律上の争訟にあたらないものといわなければならない．」

本判決は，通常，種徳寺事件判決が留保した「その判断の内容が宗教上の教義の解釈にわたるものであるような場合」に該当する事例についての判断であると理解されている．そのために，事案自体は宗教団体内部の統制処分に関するものではないが，この判決後に裁判所に係属した多くの統制処分に関する事件の判決に大きな影響を与えることになった．それを考慮してここで採り上げたのであるが，統制処分の場合と事案の構造を異にすることに注意しておく必要がある[56]．本件は，創価学会内部の紛争という面もあるかもしれないが，学

---

[56] 宗教団体の内紛に関する先例として，通常，種徳寺事件判決と並んで本門寺事件判決（最1判昭和55年4月10日集民129号439頁）も挙げられる．しかし，この事件は，統制処分が争われた事件ではなく（前住職により選任されたと主張する者と，檀家総会で住職に選出された者が住職の地位を争った事件），また，教義の解釈に関連する事件という性格付けも与えられていないので（学説上は，住職選任ルールの欠けるときに裁判所が適正な住職の選任手続を「条理」により判断するということは，宗教団体の性格や教義と関係なしにできるのかという疑問がないわけではないが，判決はそれと関係なくできると判断して本案判決を

会の決定に従って会員に寄附が「強制」されたという問題ではないし，決定に従わなかったことを理由としての統制処分という問題でもない．寄附というものは，団体所属会員が団体に対してしたものでも，法律上は対等な私人の立場で行うものなのである．ここには会員が従うべき団体の自律的・自治的決定という問題は存在しない．ゆえに，自律的・自治的決定の「尊重」という問題も存在しない．裁判所としては，寄附に瑕疵があったかどうかを団体の自律的決定とは関係なく，自ら判断しなければならないのである．その際に，教義の解釈問題が関わってくれば，教義に関する団体側の自律的解釈を尊重するのではなく，自ら教義の解釈を行わねばならない．しかし，それは裁判所の権限外の問題であるとすれば，訴訟を「法律上の争訟」に当たらずとして却下するのはやむをえないであろう．もっとも，ここでは，不適法却下ではなく，本案を主張・立証責任のルールに従って判断するという選択もありうる．本判決の寺田意見が採った立場であり，本件では錯誤の主張者に立証責任があるが，裁判所が教義の判断をしえないために錯誤の主張者がその立証に失敗したと考え，請求を棄却すべきだというのである．後述のように，学説上にも有力な支持が存在する．しかし，主張・立証責任のルールが働くのは審判権があることを前提にするが，本件は錯誤の有無の判断が教義に関わるから審判権がないという事案ではないのかという疑問もこの説に対して提起されている．

　判例が以上のような状況にある中で，日蓮正宗の内紛を契機として多くの統制処分をめぐる事件が提起されることになる．紛争は，日蓮正宗の法主に選任されたと称して管長の地位に就き，「充て職」規定により包括宗教法人日蓮正宗の代表役員となった Y_1 と，この宗派に所属する僧侶で末寺（被包括法人）Y_2 等の住職である X らの間で生じ，この宗派の信徒の集まりである創価学会の活動に対する評価をめぐる両者の対立を契機としていた[57]．この紛争に関連し

した），ここでは採り上げない．
57）　参考までに，紛争の概要について，蓮華寺事件一審判決の述べるところを紹介しておこう．「宗教法人創価学会（「以下創価学会」という.）は，日蓮正宗の教義を信仰する宗教法人であつて，創価学会の会則上，日蓮正宗を外護するものとされているが，創価学会が急成長を遂げる中で，日蓮正宗と創価学会との間に対立が生じるようになつた．そして，創価学会の現状に批判的な僧侶は，昭和 52 年ころから，創価学会を批判し，日蓮正宗の教義に従つた正しい信仰を確立することを標榜するいわゆる正信覚醒運動を行うようになり，被告も右

て提起された訴訟の主要な形態と争点は，次の3つに整理できる．第1は，XらがY_2を被告に提起した代表役員の地位確認の訴えであり，その前提問題として，住職の地位あるいは僧籍を剥奪する処分の効力が争われ，その無効理由として，処分を行った管長は法主に選任されておらず，したがって管長の地位にはないから処分権を欠くのではないかが争われた．第2は，Y_2がXを被告に，Xが占有する寺院等の引き渡しを求める訴訟であり，Xが占有権原を欠く理由として管長による住職の罷免処分あるいは僧籍剥奪の擯斥処分が主張された．第3は，XがY_1に対し，管長の地位不存在の確認を求めた訴訟である．争点は，いずれの類型においても，終局的には法主(管長)への選任があったかどうかに帰着する．

蓮華寺事件 これらの訴訟の中で最高裁が最初に判示したのは，蓮華寺事件であった．この事件は，上記の第2類型と第1類型の2つの事件からなる．第2類型事件では，包括宗教法人日蓮正宗がXに対し，日蓮正宗がXを僧籍剥奪処分に付したことに伴い，Xが蓮華寺Y_2の住職たる地位ひいてはY_2の代表役員及び責任役員たる地位を失い，Y_2所有の建物の占有権原を喪失したとして，所有権に基づきその明け渡しを求めたのに対し，Xは，本件処分は日蓮正宗の管長たる地位を有しない者によってなされ，かつ，日蓮正宗宗規所定の懲戒事由に該当しない無効な処分であると主張して，Y_2の請求を争った．他方，この事件に対抗して提起された第1類型事件では，XがY_2に対して，上記の処分は上記の理由により無効な処分であるとして，XがY_2の代表役員及び責任役員の地位にあることの確認を求めた．両事件の争点

運動に加わつた．右僧侶らは，右運動の一環として，創価学会を退会した日蓮正宗の信者を集めて，昭和53年8月から昭和55年1月までの間，4回にわたり全国檀徒大会と称する会を開催した．Y_1も，前法主Nが遷化した後に開催された第3回及び第4回の全国檀徒大会に法主として出席したが，その後，創価学会が反省を示していると評価して，創価学会に対する批判を止めなければならないと判断し，正信覚醒運動の中心人物らと対立するようになつた．そして，昭和55年8月24日宗務院の中止命令に反して第5回全国檀徒大会が開催されたので，Y_1は，同年9月24日，Xを含め第5回全国檀徒大会に関与した者201人を懲戒処分に付し，右対立は激しくなつた．そこで，Xをはじめとする正信覚醒運動の参加者の代表者は，同年12月13日，Y_1に対し，Y_1が血脈相承を受けた事実の有無等を明らかにすることを求める質問状を送付し，更に，昭和56年1月11日，141名の連署で，Y_1に対し，Y_1に対する血脈相承はなかつたものとみなす旨及びY_1が行つた懲戒処分は無効である旨の通告状を送付し，ここに至り，初めて，Y_1が血脈相承を受けていないと主張するようになつた．」(大阪地判昭和59年9月28日判タ541号165頁)

は同一で，処分の効力の有無である．それは処分者が処分権の帰属する管長の地位に内部のルールに従い適法に就任していたのかどうかに依存する．管長には法主に選定された者が就くことになっていたから，結局，法主に選定されていたかどうかの争いとなった．そして，次期法主となるべき者は現法主が「血脈相承」という宗教上の儀式により選ぶことが伝統となっていた．血脈相承とは法主の有する宗教上の特別の力を承継させるものされていたが，法主と次期法主との2人だけで他者の立ち合いなしに口頭で行われる秘伝であった．この血脈相承が現実にあったかどうかが，本件の争いの焦点となったのである．しかるに，それを判断するには，血脈相承とは何かが問題となるが，その判断には教義の解釈も絡むのではないかが問題となった．一審判決は，種徳寺事件判決に依拠して管長の地位の存否の判断に入り，その際前提問題としての血脈相承の存否については，宗教上の儀式の社会的事実の側面は教義に関係なく判断できるという立場をとり，周辺的な諸事実から「推認」して管長への選定があったと認め，その上で，懲戒事由の存否（「異説」を唱えたかどうか）の点については，団体の自律的決定を尊重し，Y_2の明け渡し請求を認め，他方で X の地位確認請求は棄却した．控訴審判決58)は，争点が教義の内容に深く関わっているから法律上の争訟に該当しないとして両事件とも却下した．最高裁第2小法廷は，次のように判示して両事件とも上告を棄却した（平成元年9月8日民集43巻8号889頁）．

【判旨】 第2類型の事件である寺院等の明け渡し請求訴訟の判旨を以下に抜粋する．第1類型の事件である代表役員地位確認訴訟の判旨もほぼ同じである．

① 「裁判所がその固有の権限に基づいて審判することのできる対象は，裁判所法3条にいう「法律上の争訟」，すなわち当事者間の具体的な権利義務ないし法律関係の存否に関する紛争であって，かつ，法令の適用により終局的に解決することができるものに限られ，したがって，具体的な権利義務ないし法律関係に関する紛争であっても，法令の適用により解決するに適しないものは，裁判所の審判の対象となり得ないというべきである（最高裁昭和51年(オ)第749号同56年4月7日第3小法廷判決・民集35巻3号443頁〔板まんだら事件判決——著

---

58) 大阪高判昭和61年5月6日判時1207号61頁．

者〕参照）.」

　②「宗教団体における宗教上の教義，信仰に関する事項については，憲法上国の干渉からの自由が保障されているのであるから，これらの事項については，裁判所は，その自由に介入すべきではなく，一切の審判権を有しないとともに，これらの事項にかかわる紛議については厳に中立を保つべきであることは，憲法20条のほか，宗教法人法1条2項，85条の規定の趣旨に鑑み明らかなところである（最高裁昭和52年（オ）第177号同55年4月10日第1小法廷判決〔本門寺事件判決——著者〕……前記昭和56年4月7日第3小法廷判決〔板まんだら事件判決——著者〕参照）．かかる見地からすると，特定人についての宗教法人の代表役員等の地位の存否を審理判断する前提として，……宗教上の教義，信仰に関する事項をも審理判断しなければならないときには，裁判所は，かかる事項について一切の審判権を有しない以上，右の地位の存否の審理判断をすることができないものといわなければならない（前記昭和55年4月10日第1小法廷判決参照）．したがってまた，当事者間の具体的な権利義務ないし法律関係に関する訴訟であっても，宗教団体内部においてされた懲戒処分の効力が請求の当否を決する前提問題となっており，その効力の有無が当事者間の紛争の本質的争点をなすとともに，それが宗教上の教義，信仰の内容に深くかかわっているため，右教義，信仰の内容に立ち入ることなくしてその効力の有無を判断することができず，しかも，その判断が訴訟の帰趨を左右する必要不可欠のものである場合には，右訴訟は，その実質において法令の適用による終局的解決に適しないものとして，裁判所法3条にいう「法律上の争訟」に当たらないというべきである（前記昭和56年4月7日第3小法廷判決参照）．」

　③「本件においては，……本件擯斥処分の効力……の判断をするについては，被上告人Xに対する懲戒事由の存否，すなわちXの前記言説が日蓮正宗の本尊観及び血脈相承に関する教義及び信仰を否定する異説に当たるかどうかの判断が不可欠であるが，右の点は，単なる経済的又は市民的社会事象とは全く異質のものであり，日蓮正宗の教義，信仰と深くかかわっているため，右教義，信仰の内容に立ち入ることなくして判断することのできない性質のものであるから，結局，本件訴訟の本質的争点である本件擯斥処分の効力の有無については裁判所の審理判断が許されないものというべきであり，裁判所が，上告人

Y_2 ないし日蓮正宗の主張，判断に従って X の言説を「異説」であるとして本件擯斥処分を有効なものと判断することも，宗教上の教義，信仰に関する事項について審判権を有せず，これらの事項にかかわる紛議について厳に中立を保つべき裁判所として，到底許されないところである．したがって，本件訴訟は，その実質において法令の適用により終局的に解決することができないものといわざるを得ず，裁判所法 3 条にいう「法律上の争訟」に該当しないというべきである．」

【コメント】 判旨①は，裁判所の審判権が裁判所法の定める「法律上の争訟」に限定されることを述べた部分である．そこで板まんだら事件判決が引用されているのは，この事件が「法律上の争訟」の 2 つの要件，すなわち①「当事者間の具体的な権利義務ないし法律関係の存否に関する紛争であって」，かつ，②「法令の適用により終局的に解決することができるもの」の内の②の要件に欠けるとされた事例であり，本件も②を欠くと考えたからだと思われる．なぜ②を欠くかというと，前提問題に教義の解釈に関わる問題が含まれていると考えたからである．そうだとすると，これは種徳寺事件判決が留保した問題に当たるということになるはずである．したがって，前提問題が教義に関わることを論じた判旨②の部分では，当然種徳寺事件判決が引用されるであろうと予期する．ところが，判旨②で引用されたのは，本門寺事件判決と板まんだら事件判決である．種徳寺事件判決の引用はない[59]．これは，何を意味するのであろうか．本門寺事件も板まんだら事件も，宗教団体内部の統制処分に関するものではない．本件は，統制処分に関する事件であり，そうだとすれば，同じく統制処分であった種徳寺事件を先例として使う発想になるのが普通ではないであろうか．そうしなかったのは，統制処分の問題であることは重要ではないと考えたからではないかと思う．それがどこに影響するかというと，本件を団体の自律的決定の尊重の問題としては捉えないというところにである．その意

---

[59] 本判決が種徳寺事件判決にまったく言及していないわけではない．抜粋を省略したが，判旨①と②に挟まれた段落において宗教法人法上の代表役員という法律上の地位と宗教団体内部の宗教上の地位の関係を論じたくだりで「宗教団体内部における宗教活動上の地位としての宗教上の主宰者である法主，管長又は住職たる地位（これらの地位が法律上の地位でないことについては，最高裁昭和 51 年(オ)第 958 号同 55 年 1 月 11 日第 3 小法廷判決・民集 34 巻 1 号 1 頁参照）……」として，括弧書きのなかで引用している．この引用の仕方からは，本件の論点との関連は見えない．

味を説明しよう．

　本件の争点は2つあった．1つは，法主＝管長に適法に選任されているかどうかであり，もう1つは，処分事由（「異説」の言明）が存在したかどうかである．ところが，判旨③が本件の争点に対する解答であるが，そこでは後者の論点しか判断されていない．そして，異説かどうかの判断は教義の解釈に関わるから，法律上の争訟とは言えないとして却下したのである．しかし，かりに宗教団体の自律的・自治的決定を尊重すべきことが憲法の要請であるとすれば，それは教義の解釈についても当てはまるのではないのか．異説であるという判断が自律的・自治的になされたとすれば，それを「尊重」しなければならないのであり[60]，教義の解釈が必要になるから法律上の争訟には該当しないという論理にはならないのではないか[61]．そうだとすると，異説について自律的・自治的決定が存在するかどうかが先決問題となるはずである．そして，自律的・自治的決定が存在するかどうかは，管長の適法な選定があったかどうかと不可分なのである．管長が処分権限を有するのであるから，管長が適法に選任されていることが，団体の自律的・自治的決定が存在すると言うための最低限の条件なのである[62]．にもかかわらず，判旨がこの争点の判断を避けたのは，団体の自律的・自治的決定は尊重しないという意味であろうか．しかし，本判決の少し前に出された共産党袴田事件判決[63]においては，政党の統制処分に関して自律的決定を尊重すべき旨を判示している．そうすると，宗教団体についても教義に関しない内部問題の争いについては自律的決定を尊重するが，宗教上の教義に関する場合には，そもそも法律上の争訟に該当しないから審判自体をしない

---

60) 本件の一審判決（大阪地判昭和59年9月28日判タ541号165頁）は，そう考え，「宗教団体の教義に関する事項については国の機関である裁判所がその内容に立ち入って実体的な審理，判断をすることは許されないものというべく，宗教団体の内容において教義に関する事項について自治的に決定する方法が定まっている場合には，右自治的決定方法に基づく決定を尊重すべきである」と述べている．
61) 教義の解釈の正しさは法によって決められないが，誰の解釈を正しい解釈とするかは法により決めることのできる問題である．それは，憲法解釈の正しさは法により決められないが，法により最高裁の解釈を正しい解釈と扱うことに決めていることと同じである．
62) 竹下守夫・判例批評（民商法雑誌102巻3号105頁，126頁），竹下・前掲注50)45頁が，「処分機関の権限の存在は，……自律的処分の効力を尊重するための絶対的前提要件である」と指摘するのも，この意味であろう．
63) 最3判昭和63年12月20日判タ694号92頁．

のであり，ゆえに，自律的決定の尊重という問題自体が生じないという理解なのであろう．そうすれば，本件が団体内部の統制処分の問題であるということも関係なくなり，先例として種徳寺事件判決ではなく，本門寺事件判決と板まんだら事件判決が引用されたことも理解できる．また，管長の適法な選定があったかどうかの争点には触れずに，異説かどうかの争点だけで法律上の争訟ではないとしたことも理解できる．2つの争点はいわば併存しており，どちらで決着を付けることもできるから，前者の争点については「かりに適法な選任があったとしても」という仮定を言外に含めて[64]，いずれにせよ他方の異説かどうかの争点で教義の解釈が必要となるから，不適法却下とならざるをえないわけである．

　本判決の論旨に従えば，たとえ訴訟物が法律上の争訟であっても，前提問題に教義の解釈が絡んでくれば，裁判所は審判しないことになる．しかし，訴訟物が法律上の争訟として構成しうるということは，法律上の争いが現実に存在するのであり，それを放置するのは「裁判を受ける権利」の侵害とならないのか．学説の多くはこのような疑問をもち，法律上の争訟として争いに決着を付けうる理論的な方法を工夫しており，最高裁判決にも学説の批判と同旨の反対意見が付されているものもいくつか現れている[65]．学説については後ほど紹介することにして，判旨②についてもう1つ気になる点を指摘しておきたい．

---

[64] 谷口安平「法律上の争訟」(『民事訴訟法判例百選』4頁)は，「仮に管長が正当にその地位にあるとしても」との「仮定を言外にのべている」と理解し，この争点の判断を避けたのは，管長の地位不存在確認を求める別件が最高裁に係属中であるために意識的に避けたのではないかと推測している．

[65] 第1類型と第2類型に属する事件の判決が平成5年に各小法廷から出され，すべての小法廷が基本的には第2小法廷の蓮華寺事件判決と同趣旨の判断をした．①最3判平成5年7月20日判タ855号58頁，②最2判平成5年9月10日判タ855号58頁，③最1判平成5年11月25日判タ855号58頁．①には佐藤・大野反対意見が，③には味村反対意見と三好反対意見が付されている．佐藤・大野反対意見は，自律的決定が存在するならそれを尊重すべきであるから，原審に差し戻すべきだとする．味村反対意見は，異説かどうかの判断は自律的決定を尊重すべきことを述べ，この点について上告棄却とすべきことを述べるが，管長が適法に選任されているかどうかの争点については，「前示したところ及び本案記録に徴し明らかである」と述べるのみで，詳細は不明である．「前示したところ」が自律的決定を尊重するということを指すならば，自律的決定をどう認定するかが問われるが，その点については原審でも正面から争点とされてはいなかったようである．同じ問題は，三好反対意見にも見られる．異説であることは自律的に決定されているから，それを尊重すべきと述べるが，管長が適法に選定されているかどうかについては，「記録によれば……日蓮正宗においては阿部日顕が管長の地位にあるものとされていることが明らか」と述べるにとどまる．

判旨②は,「宗教団体における宗教上の教義,信仰に関する事項については,憲法上国の干渉からの自由が保障されているのであるから,これらの事項については,裁判所は,その自由に介入すべきではなく,一切の審判権を有しないとともに,これらの事項にかかわる紛議については厳に中立を保つべきであることは,憲法20条……の趣旨に鑑み明らかなところである」と述べる.これは,卒然と読めば,裁判所が宗教上の教義,信仰に関する事項の審判権をもたないのは,憲法20条の要請であると読める.しかし,憲法20条は,信教の自由と政教分離原則の両者を規定している.政教分離原則が裁判所に教義に関する審判権を制約しているというのであれば,分からないわけではない.しかし,信教の自由が審判権を制約するとしたら,それは何を意味するのか.ここで問題になるのは,信教の自由の保障内容における宗教的結社の自由であろう.宗教的結社の自由は,結社する,しないの自由のみならず,結社が内部事項を自律的・自治的に決定する自由も含む.しかし,この自由権があることにより,この自由権を国家権力が尊重する義務を負うために,国家がこれに「干渉」あるいは「介入」することが許されないのであろうか.周知のように,この自由権も絶対的権利ではない.「公共の福祉」のために必要があれば,「介入」すること,すなわち「制限」することは許される.もちろん,裁判所が「公共の福祉」を掲げて「介入」することは許されない[66].人権の制限には,法律が必要である.法律が公共の福祉に必要と判断して制限規定を制定したとき,行政がそれに従って介入するのであり,このとき裁判所の役割は,法律の合憲性を判断し,介入の要件の成立に関する行政の判断の適法性を審査し,問題がなければ法律の定めた結論を出すことである.この司法権の作用には,「限界」はない.裁判所は完全な審判権を有するのであり,それが人権保護の役割を負う裁判所の任務である.この任務を結社の自由に対する「介入」とは言わないであろうし,結社がこの「介入」からの自由をもつこともない.したがって,ここで考えている裁判所の「介入」は,法律による介入に対する審査ではない.

---

[66] この点,松浦馨「民事訴訟による司法審査の限界」新堂幸司編集代表『紛争処理と正義』(有斐閣出版サービス,1988年)1頁,15頁が,「公共の福祉」を理由に介入しうるかを論ずる点は,憲法学上の用語法としては違和感がある.混乱をさけるためには,「公序良俗」などの私人間に適用される原則に限定すべきであろう.

では，宗教団体に対する司法権の「介入」とは何か．宗教団体における統制処分との関係で言えば，統制主体たる団体とその構成員である被処分者との間の「私人間」の争いを裁定することである．宗教団体は，結社の自由により，団体の内部問題である統制処分を自律的・自治的に決定することが保障されている．それが純粋に内部的問題であれば，具体的な権利義務に関する争いではないとして「法律上の争訟」性を否定されるが，内部問題が具体的な権利義務に関する争いの前提問題となっている場合には，それを判断することができる．しかし，その場合，団体の自律的・自治的決定を「尊重」することが要求される．では，「尊重」するとは何を意味するのか．ここでは，争いの解決を裁判所に求めた者の「裁判を受ける権利」と団体の結社の自由（自律的・自治的決定権）が裁判所の調和させるべき利益として並立している．「尊重」ということの意味が，この調和のための衡量において自律的・自治的決定権を多かれ少なかれ考慮するということだけであれば，裁判所の通常の作用であり，「審判権の限界」を語るような問題は存在しない．しかし，ここでの裁判所による「尊重」は，自律的・自治的決定を「制限」しないということではなくて，自律的・自治的決定の内容を受け入れて，それを基礎に判断するという意味であろう．そうだとすると，受け入れねばならない限度で審判権が制約されることになる．自由権に「介入」してはならず，「尊重」しなければならないとは，このことを意味するのである．しかし，それは自由権を超える．決定内容の受け入れを要求するのであるから，一種の国務請求権である．結社の自由との関係で審判権の制約があるとすれば，それは自治権に由来する「国務請求権」の結果なのである[67]．

　信教の自由（宗教的結社の自由）に由来する裁判所の審判権の限界が，このよう

---

67) 自治権は，大学の自治であれ，地方自治であれ，私的自治であれ，自治主体の決定を受け入れてもらう権利を含む．私的自治の核心を構成する契約の自由は，契約内容を受け入れてもらう権利を内包するのである．自治と自由は，重なる部分もあるが，積極的な要求を含むかどうかで違いがあるのである．そうだとすると，自由権により自治権を全面的に根拠づけることはできなくなる．学問の自由は，なぜ大学の自治を含むのか，結社の自由は，なぜ結社の自治権を含むのか，経済的自由は，なぜ私的自治の基礎と言えるのかといった問題が生ずることになる．しかし，妨害排除を核心とする自由権が，場合によっては国家の積極的行為の請求も含むという理解は，避けた方がよいとすれば，この請求権を憲法上のものではなく，法律上のものと構成する可能性も検討してみる必要があろう．

な性格のものとすれば，それは教義の解釈は法によっては決められないという問題とは異なる．訴訟物であれ，その前提問題であれ，教義そのものの争いは法により裁定することはできない．ゆえに，法律上の争訟とはならないとされているのである．法律上の争訟ではないことにより，司法権の外にあるものとして裁判所の審判権の限界とされているのである．これに対して，結社の自由に由来する限界は，法律上の争訟に該当する争いについての限界である．両者は，裁判所の審判権が及ばないとされる理由も範囲も異なる[68]．にもかかわらず，判旨②は，先に引用した文章に続けて，「かかる見地からすると」と繋げながら，「宗教団体内部においてされた懲戒処分の効力が請求の当否を決する前提問題となっており，その効力の有無が当事者間の紛争の本質的争点をなすとともに，それが宗教上の教義，信仰の内容に深くかかわっているため，右教義，信仰の内容に立ち入ることなくしてその効力の有無を判断することができず，しかも，その判断が訴訟の帰趨を左右する必要不可欠のものである場合には，右訴訟は，その実質において法令の適用による終局的解決に適しないものとして，裁判所法3条にいう「法律上の争訟」に当たらないというべきである」と判示している．この部分は，宗教上の教義に関わるために法律上の争訟に該当しないことを述べているのであり，宗教的結社の自由により自律的・自治的決定を尊重しなければならないから審判権の限界となるという問題とは異なるはずなのに両者を結びつけ，自律的・自治的決定の尊重という問題までも法律上の争訟の問題に包摂してしまったのである．その結果，自治的決定がどこまで及ぶかの問題(教義の解釈にも及ぶのかの問題)を棚上げし，法律上の争訟の問題に解消してしまった．理論上は，両者は異なる問題であるから明確に区別した上で，教義の問題には自律的決定の尊重は及ばないとする理由を真正面から説明すべきであった．

　もっとも，読み方によっては，教義に関する自律的決定を全面的に排除したわけではないという理解も不可能ではない[69]．なぜなら，教義の解釈にかかわ

---

68) 両者の違いを指摘するものとして，新堂幸司「宗教団体内部の紛争と裁判所の審判権(四・完)」法学教室26号7頁参照．
69) そのような読み方をするものとして，長岡徹・判例評論377号58頁(判例時報1346号)，魚住庸夫・平成元年最高裁判所判例解説(民事編)286頁参照．

る場合も，それだけで法律上の争訟に該当しないと述べているのではなく，「その判断が訴訟の帰趨を左右する必要不可欠のものである場合には，右訴訟は，その実質において法令の適用による終局的解決に適しないものとして」法律上の争訟性が否定されると述べているからである．これは，たとえ教義に関する自律的・自治的決定を尊重する解決が不可能でないとしても，そのような解決が適切でない場合には「法律上の争訟」に該当しないと考えるべきだと理解する可能性も残しているように見える．かりにそうだとすると，教義の自律的・自治的決定を尊重する解決が適切でない場合とは，いかなる場合であろうか．それは，政教分離原則に反する場合ではないかと思う．判旨②が前段で「裁判所は，その自由に介入すべきではなく，一切の審判権を有しないとともに，これらの事項にかかわる紛議については厳に中立を保つべきである」と述べたとき，「紛議に対する中立」で無意識的に考えていたのは，政教分離の問題ではなかったかと思う．判例も学説も，この問題には信教の自由と政教分離の両方が関わっているということを意識し指摘してはいたが，両者の関わり方の違いを明確に分析してはこなかった．しかし，裁判所の審判権の限界という問題を考える場合，両者の違いを明確に区別すべきではないかと思う．宗教的結社の自由から来る限界問題の尽きるところで，政教分離原則からの限界が始まるのである．教義の自律的・自治的決定を尊重する解決が可能でも，そうすることが政教分離原則に反するがゆえに，裁判所が法的解決を回避すべきである場合が存在しうるのである．判旨②は，そのように読むべきではないかと思う．

日蓮正宗管長事件　次に第3類型の訴訟である日蓮正宗管長の地位不存在確認請求事件[70]を見ておこう．この事件では，Xらが，Y_1(被上告人阿部日顕)は被上告人日蓮正宗(以下「日蓮正宗」という．)の代表役員及び管長の地位にないことの確認を求めた．日蓮正宗においては，代表役員は，管長の職にある者をもって充て，管長は，法主の職にある者をもって充てるものとされているので，Y_1が代表役員及び管長の地位にあるか否かを審理，判断するには，前提問題として，Y_1が法主の地位にあるか否かを審理，判断することが必要となった．そこで最高裁は，「日蓮正宗においては，法主は，宗祖

---

70) 最3判平成5年9月7日民集47巻7号4667頁．

以来の唯授一人の血脈を相承する者であるとされているから，Y_1が法主の地位にあるか否かを審理，判断するには，血脈相承の意義を明らかにした上で，同人が血脈を相承したものということができるかどうかを審理しなければならない．そのためには，日蓮正宗の教義ないし信仰の内容に立ち入って審理，判断することが避けられないことは，明らかである．そうであるとすると，本件訴えは，結局，いずれも法律上の争訟性を欠き，不適法として却下を免れない」と判示した．

法主が適法に選定されたのかどうかという本件の争点は，蓮華寺事件で懲戒処分の効力を判断するに必要な前提問題として提起されていた争点と同一であるが，蓮華寺事件判決では懲戒事由における「異説」の争点の方で決着が付けられたために，判断されないで終わったものである．蓮華寺事件のコメントで触れたように，もし教義の解釈に関する教団の自律的・自治的決定が存在すれば，それを「尊重」することが宗教的結社の自由の要請であるという憲法解釈を採用していたなら，処分者に処分権限があったかどうかに関係する本件の争点は，自律的・自治的決定があったかどうかに関わるから，「先決」問題となったはずのものであった．それが本事件まで先延ばしにされ，漸く判断されたのである[71]．蓮華寺事件判決を支配したと思われる最高裁の考え，すなわち教義の問題については教団の自律的・自治的決定を尊重しないという考えからすれば，本件の結論は当然であろう[72]．しかし，これに対して学説の多くは，それでは裁判を受ける権利への配慮に欠けるとして批判していた．本件でも大野正男裁判官が学説の批判に呼応する反対意見を書いている．

大野裁判官によれば，たしかに法主選定の「直接事実」である血脈相承は，裁判所が判断すべき事項ではないが，しかし，選定を「推認」させる「間接事

---

[71] 本判決を解説する滝澤孝臣・平成5年最高裁判所判例解説(民事編)728頁は，注(24)で，「蓮華寺事件判決では，懲戒事由の存否のほか，懲戒権原の有無も争われているが，同判決では，懲戒事由の存否を宗教問題であるとして，法律上の争訟性を否定している．私見では，懲戒権原の有無，すなわち，Y_2(本書ではY_1——著者)の地位の存否が宗教問題であるとして，法律上の訴訟性を否定するほうが説得的であるように思われる」と述べている．

[72] 本件は，先例として本門寺事件判決だけを引用している．宗教上の地位への選任があったかどうかが前提問題で問われているという点で両者は共通するから，その限りでは妥当な引用である．しかし，本門寺事件判決は，宗教活動上の自由に介入しない限り審理判断できるとし，現実に行われた選任手続を条理により適正であると判断した．これに対し，本件では，選任の手続に教義の解釈が必要な要件が含まれており，判断できないとした．

実」(例えば，就任の公表，披露，就任儀式の挙行など)，あるいは選任に対する日蓮正宗内の自律的決定ないしこれと同視し得るような「間接事実」(例えば，責任役員らによる承認，新法主による儀式の挙行と列席者の承認など)は教義の内容にわたるものではなく，裁判所にとって判断可能な「社会的事実」であり，これらの事実の存否の認定により選定の存否を判断することが可能であるという[73]．

学説の配置状況　宗教団体内部の統制処分をめぐる争いに裁判所の審判権が及ぶのか，及ぶとしてどの限度でかという問題に関する学説の配置状況は，私なりの視点から整理すると，次のように理解できる．

結社の内部紛争，特に統制処分の効力が絡んでいる紛争の場合，袴田事件判決が判示したように，結社の自律的・自治的決定の尊重が認められている．しかも，袴田事件判決がそうであったように，自律的・自治的決定の存在自体は争いの対象になっておらず，その決定を行った手続あるいは決定内容の不当性の争いが中心である場合，その点についての自律的決定を原則的に尊重し，裁判所は最低限必要な審判だけを行うのである．しかし，かりに自律的・自治的決定の存在自体が争いの対象となれば，自律的・自治的決定を尊重するための前提自体が争われているのであるから，裁判所は団体側の言い分を「尊重」することはできず[74]，自らその存在の有無を判断することになろう．以上の点は，宗教的結社についても妥当する．しかし，宗教的結社の場合は，争いが宗教的な教義解釈の争いと絡んでいることがある．その場合には，たとえ訴訟物

---

[73] 大野反対意見が学説の「主張立証説」(間接事実論)に立ったのか，それとも「自律決定受容説」(外形的事実論)に立ったのかは，判断が難しい．本判決の直前の日蓮正宗第二次処分事件判決(最3判平成5年7月20日)では，団体の自律的決定を尊重すべきだとする趣旨の佐藤・大野反対意見が書かれている．この事件では，争いの中心が「処分事由」の有無であったので，団体の自律的決定を尊重するという論理がありえたのである．ところが，本件では，佐藤裁判官は多数意見に加わり，大野裁判官だけが反対意見を書いている．本件は団体の自律的決定の有無が争点になっており，自律的決定の尊重を直ちには適用しえない事件であり，そのために大野裁判官は「間接事実による推認」という論理をとり棄却を主張した．ところが，佐藤裁判官は多数意見の却下判決に賛成したのである．7月20日判決の場合は，「間接事実」論か「外形事実」論かを決める必要がなく，自律的決定の存在を前提にして棄却を主張できたが，自律的決定の存在自体が問題となった本件では，そもそも自律的決定の存在の認定が可能か，可能だとして「間接事実」論で行くのか「外形事実」論で行くのかという問題が生じるのであり，ここで大野裁判官は「間接事実」論を採ったが，佐藤裁判官は認定不能論を採ったということなのであろう．

[74] 自律的・自治的決定の存在自体を自律的・自治的決定に委ねるとしたら無限後退に陥って論理破綻となろう．

が法律上の争訟として構成されていても，その解決に必要な前提問題が教義解釈に絡んでいれば，全体として法律上の争訟に当たらないとするのが判例である．これに対して，学説の多くは，法律上の争訟として構成されている争いに解決を与えないで不適法却下するのは，裁判を受ける権利の侵害となると考え，可能な限り本案審理をしうる理論的な工夫をしようとしている．その方法の1つが，自律的・自治的決定の尊重は，教義解釈に対しても妥当すると考えるものである．したがって，教義の争いにつき教団の自律的・自治的決定が存在する場合には，原則的にはそれを尊重する解決を図るべきだということになる．

判例およびこれを支持する学説は，団体の自律的・自治的決定でも教義の解釈に関しては尊重せず，かといって裁判所が教義解釈を行うことはできないから，法律上の争訟性を欠くことになるとする．ゆえに，争点の中に1つでも教義の解釈が含まれていれば，それにより法律上の争訟性が否定されることになる．そのような争点が複数あれば，そのいずれによって法律上の争訟性を否定してもよい．争点間の「先後」関係はないのである．これに対して，教義の解釈の自律的・自治的決定の尊重を認める学説においては，教義に関する自律的・自治的決定が存在するかどうかが「先決問題」となる．その存在が確認されて初めて，その尊重が可能となるからである．ここで難しい問題となるのは，この先決問題に教義の解釈が絡んでいる場合である．教義の解釈が絡んでいるから法律上の争訟とはならないとしたのでは，結果的に判例と同じになってしまう[75]．そこで本案の審査を可能にするために様々な理論的提案がなされることになった．基本的には，教義の問題には立ち入らず，裁判所の扱うことのできる，教義の「周辺的事実」に着目する点で共通であるが，その事実を訴訟法理論のなかでどのように性格付けるかにより学説は大きく2つに分かれた．

1つは，民事訴訟法の通常の準則に従って主張・立証することを考える立場である[76]．もちろん直接事実は教義と絡まっており立証することはできないが，

---

[75] 先後関係を認めている点では，判例と異なる．この違いが現れたのは，蓮華寺事件であった．判例は，これを懲戒事由の有無の判断が教義に関連するから法律上の争訟に当たらないとしたが，「先後」関係を認めれば，まず内規に基づく適法な選任があったかどうかを判断すべきであったということになる．この論点で，法律上の争訟性が否定されれば，結論は同じであるが，かりに適法な選任が何らかの理論的工夫により認められれば，懲戒事由の有無は自律的・自治的決定の尊重により解決しえたのである．

周辺的事実を「間接事実」として立証し，そこからの「推認」により認定すると主張するのである[77]．管長事件を例に採れば，血脈相承という直接事実は証明できないが，血脈相承があったと宣言された当初には団体内部で特に異論なく承認されており，法主への就任の儀式も行われたとか，異論が出てきたのはそれから1年以上もたって後に処分の効力の争いが生じてからであるなどの「間接事実」から適法な選任の事実を「推認」するというのである．しかし，選任が血脈相承という宗教的儀式によりなされるという内規があるとき，こういった「間接事実」だけにより宗教的概念である「血脈相承」があったと認定(推認)できるのかという疑問は残ろう．

いま1つの立場は，宗教団体自身が決定を受け入れている場合には，それを自律的・自治的決定と認めてその決定内容を尊重しようというものである[78]．たしかに，団体自身が特定の決定を団体自身の自律的・自治的決定として受け入れているならば，それを尊重するのが宗教的結社の自由の保障からの要請といえよう．しかし，ここでも問題は，団体自身が「団体の決定」として受け入れていることをどのように立証するかである．団体の決定というためには，通常はそのための手続(処分権者が誰かも含まれる)に従って決定がなされることが必要である．ところが，その手続が教義の解釈に絡んでいるのであるから，「団体が受け入れている決定」が「団体の決定」であることの論証はできない．

---

76) この立場を代表するのは，中野貞一郎教授と竹下守夫教授である．中野貞一郎「宗教団体の自律と裁判所の審判権」(判例タイムズ704号76頁)，竹下・前掲注62)(判例批評104頁)参照．なお，板まんだら事件の寺田裁判官の反対意見がこの立場から書かれている．
77) ただし，中野・前掲注76)は，「間接事実」による「推認」という思考はとっていないようにもみえる．血脈相承には社会的事実としての側面があるから，それを直接事実として主張・立証すればよいという考えのようである．そのために，間接的認定を自律的受容論の考えと捉えている．
78) この立場の代表者は，新堂幸司教授である．新堂「審判権の限界——団体の自治の尊重との関係から」(『講座 民事訴訟② 訴訟の提起』(弘文堂，1984年)1頁)参照．民事法学説としては，この説が多数のようであり，松浦・前掲注66)，伊藤眞「宗教団体の内部紛争と裁判所の審判権」判例タイムズ710号4頁，高橋宏志「審判権の限界について」法学教室119号90頁などがこれに属する．新堂・上掲は，「団体の自律的決定がなんであるかについては，団体の所定機関が所定の手続に従って一定の決定を行ったという一連の外形的事実の主張・立証によって容易に判明するのが通常であろう」と述べるが(22頁)，管長事件は「所定の手続」の内容が狭義の解釈に絡んでおり，容易な判明を許さない，否，裁判所による決定を許さないのではないかという問題を含んでいるのである．このために，「外形的事実の主張・立証」という論理では片づかなくなるのである．

では，どうするのか．新堂教授は，管長事件を例にとって，「法主として選任されたという事実が，団体構成員の間で，確信されているかどうかという事実——これは心理的事実にかかわるけれども，教義内容にかかわるものではない，その意味では立証可能な事実——を基礎にして，……法主に選任されたかどうかの事実を判断することが許されるべき」であると論じる[79)]．立証の対象事実が内規の定める要件事実から団体構成員の確信へと変更されるのである[80)]．しかし，なぜこのように立証の対象を変更することが正当化されるのであろうか．おそらくは紛争解決の必要性（裁判を受ける権利の保障），宗教的結社の自由等々の総合的な利益衡量ということであろうが，許される理由と限界が提示されないと，多数派が形成した既成事実を承認するだけに終わる危険が生じよう[81)]．

　自律的決定の存在が確定されれば，その決定内容を「尊重」し（受け入れ），後は最低限の審査しかしないという点では，学説に大きな対立はない．決定権の行使が適正に行われたかどうかにつき最低限必要な審査のみをするということでほぼ一致している．ただし，最低限の審査は手続の公正さに限定されるのか，実体の適切さも含むと考えるのかで意見が分かれているが，手続・実体双方について「著しい不合理」がないかどうかを審査すると考えるべきであろう．

---

79) 新堂・前掲注78) 23頁．
80) 伊藤眞「宗教団体の内部紛争に関する訴訟の構造と審判権の範囲」（宗教法10号154頁）は，「立証主題の変更」を指摘する．しかし，重要なのは，教義に関する場合にはかかる変更が許される，とすることの理由の説明ではないだろうか．それは別にして，この立証対象の違いは，私には，団体の実在説と擬制説に関係しているように感じられて興味を惹かれる．擬制説に立てば，団体の意思・行動が個人のそれをはなれて存在するとは観念できない．特定個人の行為を団体の行為とみなすためには，内規に従って個人の行為の団体への帰属を行わねばならず，ゆえに内規の定める要件事実の論証が必要となる．中野・前掲注76)が自律結果受容論を批判する文脈で「宗教団体の自律とは何か．自治とは何か．宗教団体なりその機関を構成する個人の意思・行動を離れ，そういうものが存在するのであろうか」と疑問を提起しているのは，このような意味ではないであろうか．これに対し，自律結果受容論に立つとされる論者は，団体の実在を前提にして，実在する団体の自律的決定が存在するかどうかを問題にする．この観念においては，団体の意思・行動が存在するためには個人の意思・行動を法により団体に帰責させることが必要だとは考えない．団体の意思は実在するのであり，それを認定するのに内規の定める要件事実の問題に立ち入る必要はないと考えている．新堂・前掲注78)がいうように，団体の意思は（法とは別次元の）構成員の「確信」として実在するのである．立証対象の違いは，このような団体観の違いに由来しているように，私には思える．
81) 高橋宏志「宗教団体内部の懲戒処分と裁判所の審判権（蓮華寺事件）」（私法判例リマークス1990, 203頁, 209頁）は，自律的決定内容の実質がたとえ多数派の擁護となるにすぎないとしても，紛争解決の必要性のほうが大きいと論ずる．

とはいえ，教義内容については，ことの性質上「著しく不合理」かどうかの審査は行いえず，自律的決定をそのまま受け入れる以外にないであろう．

　宗教団体の自律的・自治的決定の存在を認定できなかった場合，どうするか．ここで学説は，再び2つに分かれる．1つは，主張・立証責任の原則に従い，立証に失敗した側の敗訴とする立場である．この立場が，教義の解釈と間接事実は分離しうるという前提に立ち，間接事実による立証を主張するものである以上，その立証に失敗すれば敗訴となるのは当然である．しかし，失敗の理由が，実は教義と間接事実の分離が不可能であったという場合はどうするか．その場合にまで立証責任を果たさなかった場合と同視するとすれば，それは理論上問題があるのではないか．主張・立証責任のルールは審判権の存在を前提とするのではないか．教義と不可分に絡まっている場合は，審判権が存在しないのであるから，主張・立証責任が作用する場合ではないのではないか，という疑問がある[82]．この点を重視する立場では，法律上の争訟にあたらず不適法却下とすべきだと主張する．

宗教的結社の自由と政教分離の区別　このような学説の分布状況を前に，民事訴訟法学の素養のない私には，どの立場が適切かを判断することはできない．それは民訴法学における議論に委ねることにし，憲法学の立場から言えることを1つだけ指摘しておきたい．それは，この問題との関連で宗教的結社の自由と政教分離をどう区別するかという問題である．判例のコメントの中で触れたように，教義に関する教団の自律的・自治的決定の尊重は，宗教的結社の自由からの要請である．しかし，自律的・自治的決定の存在が確認されたとしても，常に本案審理を行うとは限らない．自律的決定を尊重して本案の解決を行うことが政教分離原則に反するという場合には，裁判所の審判権は否定されうるのである．この場合は，理論上は法律上の争訟性はあるが，政教分離という憲法の他の原則により制限されるという性質の問題である．宗教的結社の自由が要請するのに，政教分離がそれを制限する形となり，信教の自由と政教分離が対立するときには，通常は信教の自由を優先させ

---

[82]　新堂幸治「宗教団体内部の紛争と裁判所の審判権——最近の最高裁判決を材料にして」同編著『特別講義民事訴訟法』(有斐閣，1988年)166頁，竹下・前掲注50)56頁)は，この点を指摘する．

るという考え方[83]から見ると，逆のように見えるかもしれないが，ここでの「尊重」が自由権的ではないことから生じていると理解できよう．政教分離原則による国家(裁判所)の介入の制限であるから，通説からは目的・効果基準(281頁参照)により判断することになろう．裁判所の介入は紛争解決のためであるから，目的は，当然，世俗的である．問題は，その効果であるが，日蓮正宗管長事件の場合のように，宗派の内部を二分するような教義の争いに裁判所が事実上決着を付ける形になるとすれば，特定宗派の宗教を助成し，あるいは抑圧する結果となると言わざるをえない場合も生じよう．判決からは，裁判所がそのようなことに気を遣っていることが窺えるが，そうだとすれば，それは信教の自由ではなく，政教分離の問題と理解すべきではないであろうか．そうだとすると，この種の事件で「法律上の争訟」に当たらないとして却下される場合に，宗教的結社の自由に基づき自律的・自治的決定を尊重するために司法権の立ち入りが否定される場合と，政教分離により否定される場合の2種があることになる．裁判所としては，いずれにせよ不適法却下するのであるから，いずれの場合かをいちいち明確にする必要はないとしてその点の判断を回避しがちであろうが，衡量されるべき利益状況が異なるから，それぞれを分節して判断すべきであろう．

1.5 部分社会論について

部分社会論とは，社会の内部には，全体社会からはある程度独立した自律的・自治的な部分社会が存在し，独自の法秩序を生みだしており，全体社会の一般的秩序の担い手である司法権はそうした特別秩序を尊重し，その内部問題には介入すべきではないという法思想をいう．これはいわゆる「米内山事件」の最高裁決定[84]で田中耕太郎裁判官が表明した個別意見に由来する．

米内山事件 米内山事件とは，県議会議員米内山氏が議会により除名されたので，その取消と執行停止を求めた事件である．原裁判所が執行停止を認めたので内閣総理大臣が当時の行政事件訴訟特例法10条2項但し書き(現行訴法27条1項参照)の定める「異議」を述べたが，裁判所は内閣が提

---

83) たとえば，剣道授業不受講事件判決(最2判平成8年3月8日民集50巻3号469頁)がその例である．
84) 最大決昭和28年1月16日民集7巻1号12頁．

示した異議の理由につき，法が理由の明示を要求しているのに，抽象的理由を述べるのみで明示されているとは言えないから不適法とした．そこで被申立人議会が最高裁に特別抗告をしたのであるが，これに対し多数意見は，行政事件訴訟特例法が内閣総理大臣の異議は裁判所による執行停止決定以前に行うべきと定めていると解されるのに，なされたのは決定後であったから不適法であるとして，原裁判所とはまったく異なる理由で特別抗告を棄却した．これに対して，田中耕太郎意見は，そもそも裁判所には議会の懲戒処分の審査権がないと考えるべきだと主張した．その理由として述べられた考えが部分社会論と呼ばれるようになるのである．田中少数意見は，次のように論じている[85]．

① 「……(地方自治)法及び会議規則に違反し懲罰を科すべきものなりや否や又如何なる種類又は程度の懲罰(戒告，陳謝，出席停止又は除名，出席停止の日数)を科すべきやは，議会が終局的に定むるところによるものである．」

② 「以上の結論の理論的基礎としては，これを法秩序の多元性に求めなけ

---

[85] 部分社会に関する見解は，本判決から7年あまり後の最大判昭和35年3月9日(民集14巻3号355頁)における田中・斎藤・下飯坂補足意見においても述べられている．参考までに引用しておく．

「およそ社会の法秩序は，大は国際社会の法から小は市町村，学校，会社，クラブの法にいたるまで，はなはだ多種にわたり，多元的に構成されている．各の社会は自己の法によって，その存立を確保している．その中国家は人類社会の現段階において，最も完全な社会であり，その主権の下にある種々の地域的および機能的な部分社会を自己の法秩序で以て統合している．

国家内における社会としては，例えば機関的関係において国家に隷属し，しかもある程度の独立を維持する裁判所や国会のようなものがあるし，国立大学をふくめて学問的協同体であり，その故に高度の自治を享有する大学や，ある区域の住民の福祉のための地方自治体がある．これらは各自治的な法秩序をもっていながら，多少の程度において国家の法秩序とつながりをもっているのである．そしてこのつながりがどの程度のものであり，またどの点に存するかは国家の立法政策如何にかかつている．

かような理由から，国家法はつねにその支配を国家内における，大小のあらゆる社会の内部まで及ぼすものではなく，また国家の司法はこれらの社会内に存する自治的な法の実現に協力するものとはかぎらない．

つまり理論的に「法」の範疇に属する規範がすべて国家の裁判所によつて実現されるものと考えるべきではない．もしそう考えるなら，それは国家万能主義の誤謬に墜ちるものである．法規範の実現は必ずしも裁判だけによるものでなく，社会の成員の法意識や道徳や習俗律によることが大である．かりにその実現が不完全であつても，その法規範は「不完全法規」であるにとどまる．何等かの違法状態が存在する場合につねに国家司法権の発動によつて関係者が救済を要求し得るものではないのである．救済を要求し得るのは，国家がその使命の達成の見地からとくに問題を重要視して，これを自己の裁判権に服せしめた場合にかぎるものと見るべきである．」

ればならない．凡そ法的現象は人類の社会に普遍的のものであり，必ずしも国家という社会のみに限られないものである．国際社会は自らの法を有し又国家なる社会の中にも種々の社会，例えば公益法人，会社，学校，社交団体，スポーツ団体等が存在し，それぞれの法秩序をもつている．法秩序は社会の多元性に応じて多元的である．それ等の特殊的法秩序は国家法秩序即ち一般的法秩序と或る程度の関連があるものもあればないものもある．その関連をどの程度のものにするかは，国家が公共の福祉の立場から決定すべき立法政策上の問題である．従つて例えば国会，地方議会，国立や公立学校の内部の法律関係について，一般法秩序がどれだけの程度に浸透し，従つて司法権がどれだけの程度に介入するかは個々の場合に同一でない．要するに国会や議会に関しても，司法権の介入が認められない純然たる自治的に決定さるべき領域が存在することを認めるのは決して理論に反するものではない．そうして本件の問題である懲罰の事案のごときは正にかかる領域に属するものと認められなければならない．」

③「要するに裁判所は国家やその他の社会の中に「法の支配」を実現する任務を負担するものであるが，それが関係し得る事項には一定の限界がある．……裁判所が関係する法秩序は一般的のもののみに限られ，特殊的のものには及ばないのである．もし裁判所が一々特殊的な法秩序に関する問題にまで介入することになれば，社会に存するあらゆる種類の紛争が裁判所に持ち込まれることになり，一方裁判所万能の弊に陥るとともに，他方裁判所の事務処理能力の破綻を招来する危険なきを保し得ないのである．裁判所は自己の権限の正しい限界線を引かなければならない．」

④「本件は司法と行政との限界に関する問題として現われて来ているが実はそれよりも一層根本的な法秩序相互の関係の問題に関連しているのである．」

地方議会の議員の懲戒処分の司法審査については，その後判例は除名処分の審査は行うが出席停止等の除名処分以外の懲戒処分は議会の内部問題として立ち入らない態度を採るに至る[86]．これに対して，田中耕太郎意見は議会の懲戒処分には一切立ち入るべきでないとしたのである．問題は，その理由である．

田中意見は，本件の背後に単なる「司法と行政の限界に関する問題」を超える「一層根本的な法秩序相互の関係の問題」を見ている（意見④）．つまり，「法秩序の多元性」の問題であり，それに対応した国家の法秩序＝一般的法秩序から区別される特殊的法秩序の識別である（意見②）．そして，裁判所が関与するのは一般的法秩序であり，特殊的法秩序には介入すべきではないと説くのである．問題は，その根拠は何かである．社会の中に特殊的法秩序が存在することの認識に異論を唱えるものはいないであろう．しかし，特殊的法秩序に関係する問題には国家の裁判所は関与すべきでないと法的に主張をするのであれば，そのための法的根拠をしめす必要がある．そして，その法的根拠は最終的には憲法に求める以外にないはずである．しかるに，田中意見から直接読みとれる根拠としては，司法権が特殊的秩序にまで関係するなら，一方で「裁判所万能の弊に陥る」とともに，他方で「裁判所の事務処理能力の破綻を招来する」（意見③）という叙述以外にないが，これは実際上起こりうる不都合を述べただけで法的根拠としては薄弱である．おそらく部分社会の中で自生する法規範は国家の法秩序により尊重されなければならないという法思想がこの主張を支えていると推測されるが，それを自然法論として唱えるだけでは違憲審査のための法理論とはなりえない[87]．違憲審査制は実定憲法上の制度であり，その権限行使

---

86) 最大判昭和35年10月19日民集14巻12号2633頁．村議会議員の出席停止処分に関する事件であるが，除名処分の場合と区別し，本件では議会の自治に委せるべきであり裁判所は立ち入らないとした．
87) 事実の存在から法規範を導出する思考法は，田中裁判官の砂川判決における補足意見にも現れている．砂川判決の原審判決が刑事特別法の違憲審査を行ったのに対して，それは不必要な議論であると主張して次のように述べている．「私は，かりに駐留が違憲であつたにしても，刑事特別法2条自体がそれにかかわりなく存在の意義を有し，有効であると考える．つまり駐留が合憲か違憲かについて争いがあるにしても，そしてそれが違憲であるとしても，とにかく駐留という事実が現に存在する以上は，その事実を尊重し，これに対し適当な保護の途を講ずることは，立法政策上十分是認できるところである．」／「およそある事実が存在する場合に，その事実が違法なものであつても，一応その事実を承認する前提に立つて法関係を局部的に処理する法技術的な原則が存在することは，法学上十分肯定し得るところである．違法な事実を将来に向つて排除することは別問題として，既定事実を尊重し法的安定性を保つのが法の建前である．それによつて，ある事実の違法性の影響が無限に波及することから生ずる不当な結果や法秩序の混乱を回避することができるのである．かような場合は多々存するが，その最も簡単な事例として，たとえ不法に入国した外国人であつても，国内に在留するかぎり，その者の生命，自由，財産等は保障されなければならないことを挙げることができる．」
　　法的安定性のために既成事実を尊重すべきだとする主張と，部分社会の特殊的秩序を尊重すべきだという主張には，通底するものがあると思われる．

の正当化は，実定憲法に根拠を置くものとしてなされねばならない．憲法に根拠をもたない論拠，あるいは，憲法を超える自然法による根拠付けが認められることになれば，実定法秩序と法治主義は崩壊するであろう．この点は，米内山事件判決における真野裁判官の意見が指摘し，田中意見を激しい論調で厳しく批判している[88]．

部分社会論が自然法論を基礎に置く限り，違憲審査のための理論としては成り立たず，承認できない．違憲審査権に限界を設定しようというのであれば，その根拠は憲法の定める原理・ルールに求める以外にない．そして，憲法の原理・ルールによりそれが正当化しうる場合には，それで十分であり，部分社会論に訴える必要はまったくないのである．

田中裁判官の唱えた部分社会論は[89]，国家の一般的法秩序の内部に存在する特殊的法秩序に対しては，司法権の介入を認める明文の法律がない限り，立ち入らないという理論として主張されたのであり，具体的には，議会における懲戒処分に対しては，除名処分を含めて一切審査の対象とはならないとされていた．しかし，かかる意味の部分社会論は，最高裁の多数意見となることはなかった．判例は，除名とその他の懲戒処分を区別したのである．したがって，部分社会論はやがて消えていく運命にあるかに見えた．

---

[88] 真野意見は，次のように論じている．「法秩序は多元性であつても，一国内の法秩序である限り憲法に特例の規定がない場合には，法律上の争訟はすべて最後には裁判所の裁定に服すべきものである．もし，その所属団体の処理の仕方が違法（単なる妥当の問題でなく）であつても，団体の構成員は団体の特殊な法秩序の故に，終局的にも裁判所に出訴して救済を求めることが出来ず，ただだだ歯を食いしばつて泣寝入りをする外ないとすれば一国内の随処に局局部部の支離滅裂の破綻を生じ，国民の不平と不満を招来することは必定である．かくては，一国の統一した円満な法秩序は，ついに具現するに由なく，法治国家・立憲国家の実は失われてしまうように至ることは火を見るよりも明らかである．この意義において一国内の法秩序は，本来最後には一元化さるべきものであり，また実にこの一元化の保障があることによつてのみ一国の法秩序・法支配は，充実し完備し統合されてゆくのである．されば，いくら空疎な法秩序の多元性を力説してみたところで，違法な除名処分が裁判所に出訴できないという見解の理論的基礎づけとならないことは識者を待たずして明白である．」

[89] 昭和28年決定における田中少数意見には「部分社会」という言葉は現れていない．それが現れるのは昭和35年判決における田中・斎藤・下飯坂意見においてである．なお，部分社会という言葉により通常想起するのは，全体社会の内部で「自生的」に生成する，たとえば地域共同体のような社会ではないかと思われるが，田中裁判官等のいう部分社会には，議会等の法により設置された制度・団体も含められていて，違和感が残る．

富山大学事件　ところが，それは，1977年に，従来の判例の立場を説明するものとして小法廷判決で復活する．富山大学科目単位取得及び専攻科修了認定事件判決[90]である．事案は，教授会が年度途中に授業科目担当教授の授業担当を停止する措置をとり，その代替措置を学生に指示したことに始まる．授業担当停止措置に抗して，その教授は授業を継続し，何人かの学生がそれをとり続け，その教授の実施した試験を受け合格の判定をえた．しかし，受講者は単位の認定をうけられず，また学生の1人は専攻科修了の認定を受けられなかったので，学部長あるいは学長に対して単位を認定しないことの違法確認あるいは認定すべき義務の確認，専攻科修了の認定をしないことの違法確認あるいは認定すべき義務の確認を求めた．

まず，単位認定請求にかかる最高裁判決は，次のように述べている．

「裁判所は，憲法に特別の定めがある場合を除いて，一切の法律上の争訟を裁判する権限を有するのであるが(裁判所法3条1項)，ここにいう一切の法律上の争訟とはあらゆる法律上の係争を意味するものではない．すなわち，ひと口に法律上の係争といつても，その範囲は広汎であり，その中には事柄の特質上裁判所の司法審査の対象外におくのを適当とするものもあるのであつて，例えば，一般市民社会の中にあつてこれとは別個に自律的な法規範を有する特殊な部分社会における法律上の係争のごときは，それが一般市民法秩序と直接の関係を有しない内部的な問題にとどまる限り，その自主的，自律的な解決に委ねるのを適当とし，裁判所の司法審査の対象にはならないものと解するのが，相当である(当裁判所昭和34年(オ)第10号昭和35年10月19日大法廷判決・民集14巻12号2633頁参照)．そして，大学は，国公立であると私立であるとを問わず，学生の教育と学術の研究とを目的とする教育研究施設であつて，その設置目的を達成するために必要な諸事項については，法令に格別の規定がない場合でも，学則等によりこれを規定し，実施することのできる自律的，包括的な権能を有し，一般市民社会とは異なる特殊な部分社会を形成しているのであるから，このような特殊な部分社会である大学にお

---

[90] 最3判昭和52年3月15日民集31巻2号234頁，280頁．

ける法律上の係争のすべてが当然に裁判所の司法審査の対象になるものではなく，一般市民法秩序と直接の関係を有しない内部的な問題は右司法審査の対象から除かれるべきものであることは，叙上説示の点に照らし，明らかというべきである.」

　本判旨が引用している昭和35年10月19日最高裁判決は，地方議会議員の出席停止処分に関する事件であったが，そこでは次のように判示されていた.「一口に法律上の係争といっても，その範囲は広汎であり，その中には事柄の特質上司法裁判権の対象の外におくを相当とするものがあるのである．けだし，自律的な法規範をもつ社会ないしは団体に在つては，当該規範の実現を内部規律の問題として自治的措置に任せ，必ずしも，裁判にまつを適当としないものがあるからである」．本判決の判示内容はこの昭和35年判決とほとんど違いはないが，自律的社会につき「特殊な部分社会」という表現を用いている点に田中意見の影響を感じさせる．また，「一般市民社会」や「一般市民法秩序」という表現も新しく使われたものである．昭和35年判決では，地方議会議員の除名処分と出席停止処分で扱いを異にする説明として，「議員の除名処分の如きは，議員の身分の喪失に関する重大事項で，単なる内部規律の問題に止らないからであつて，本件における議員の出席停止の如く議員の権利行使の一時的制限に過ぎないものとは自ら趣を異に」すると述べられていた点を，「一般市民法秩序と直接関係する」かどうかの問題として再構成したのである．しかも，本件は議員の懲戒処分ではなく，大学における単位取得の問題であるから，両者を包摂する「部分社会」という概念を受け入れ，「自律的な法規範を有する特殊な部分社会における法律上の係争のごときは，それが一般市民法秩序と直接の関係を有しない内部的な問題にとどまる限り，その自主的，自律的な解決に委ねるのを適当」とすると定式化したのである．こうして「部分社会」論が判例理論として成立した．この理論により，単位認定は一般市民法秩序に直接関係しないとして，司法権による審査が拒否されるのである．

　専攻科修了認定請求の事件も，この理論を基礎に決定される．この事件では，原審判決が本請求を不適法であるとして却下した一審判決を破棄差し戻していたが，本判旨は次のように述べて原審の判断を認容している．

「思うに，国公立の大学は公の教育研究施設として一般市民の利用に供されたものであり，学生は一般市民としてかかる公の施設である国公立大学を利用する権利を有するから，学生に対して国公立大学の利用を拒否することは，学生が一般市民として有する右公の施設を利用する権利を侵害するものとして司法審査の対象になるものというべきである．そして，右の見地に立つて本件をみるのに，大学の専攻科は，大学を卒業した者又はこれと同等以上の学力があると認められる者に対して，精深な程度において，特別の事項を教授し，その研究を指導することを目的として設置されるものであり（学校教育法57条），大学の専攻科への入学は，大学の学部入学などと同じく，大学利用の一形態であるということができる．そして，専攻科に入学した学生は，大学所定の教育課程に従いこれを履修し専攻科を修了することによつて，専攻科入学の目的を達することができるのであつて，学生が専攻科修了の要件を充足したにもかかわらず大学が専攻科修了の認定をしないときは，学生は専攻科を修了することができず，専攻科入学の目的を達することができないのであるから，国公立の大学において右のように大学が専攻科修了の認定をしないことは，実質的にみて，一般市民としての学生の国公立大学の利用を拒否することにほかならないものというべく，その意味において，学生が一般市民として有する公の施設を利用する権利を侵害するものであると解するのが，相当である．されば，本件専攻科修了の認定，不認定に関する争いは司法審査の対象になるものというべく，これと結論を同じくする原審の判断は，正当として是認することができる．」

しかし，いずれの判旨も，本件が自律的規範を有する「特殊な部分社会」であることを憲法論的に説明することなく，ほとんど前提にした上で議論を進めている．その限りでは，田中意見と同様の，自然法論的あるいは既成事実受容的議論といわざるをえない．憲法論としては，当該「部分社会」が憲法を頂点とする法秩序の中で自治と自律性を承認された団体・集団であることの説明がまず先行すべきであろう．それなしに自律的規範を有する特殊な部分社会であると断定することは許されない．実定法秩序の内部で自治・自律性を有していることの法的根拠が必要なのである．そして，その根拠を説明しようとすれば，

事件ごとに問題となる「部分社会」の違いに応じて様々であることに気づく．たとえば議会が自律性をもつことの法的根拠と大学が自治・自律性をもつことの法的根拠は異なるのである．そして，それぞれの根拠に応じて司法権の審査が及ぶ範囲も異なってこよう．その違いを無視あるいは軽視して部分社会というような包括的な概念を用い，一般市民法秩序と直接関係するかどうかというような抽象的な基準で判断することによっては，事例ごとに異なりうる諸利益を適切にバランスさせることは困難ではないであろうか．自律性の法的根拠が異なれば，それに関連した利益の性質や重要さも異なりうるのである．そして，自治・自律性の根拠が同定されれば，それを部分社会と呼ぶかどうかは，どうでもよいことである．重要なのは，部分社会かどうかではなく，自治・自律性をいかなる法的根拠によりもっているのかなのである．部分社会論がこの点を見失わせるとしたら，速やかに放棄する方がよい．

2　自己抑制

2.1　統治行為論

2.1.1　総　　説

統治行為とは，国家のあり方や統治の基本に関わるような高度に政治的性格をもつ国家行為のことで，このような行為を裁判所による審査の対象にすべきかどうかをめぐる議論を統治行為論と呼んでいる．もともとはフランスの行政裁判制度の発展の過程で，行政裁判所の審査の対象とならない行政行為を統治行為 (acte de gouvernement) として区別したことに始まるといわれる．フランスでは，大革命後，国民と行政の間の争いは司法裁判所の管轄には属さないとされ，したがって国民は行政に対する不満を裁判所で争うことはできなくなり，上級行政庁に今日いうところの行政不服審査を申し立てる以外になかった．ところが，ナポレオン・ボナパルトの下で政府補助機関として設置されたコンセイユ・デタ (Conseil d'Etat) の一部局であった「訴訟部」が不服審査申立に対する裁定案の諮問を受けて答申することを専門的任務とするようになり，次第に通常の行政から独立し裁判所的性格を確立していくことになる．当初は，行政の首長が裁定を最終決定する権限を留保しており，この段階の行政不服審査は「留保裁判」(justice retenue) と呼ばれたが，第三共和政に至ってこの留保を廃止

し，裁定権をコンセイユ・デタに完全に委譲し，こうして行政裁判所が確立する．この段階の行政裁判が「委任裁判」(justice déléguée)と呼ばれた．そして，この独立の行政裁判所へと脱皮する段階で，行政に対する審査を控えるべき領域として統治行為論がコンセイユ・デタの判例として形成されるのである．当時のフランスには違憲立法審査権は存在しなかったから，統治行為は執行府の行為に対してのみ言われた[91]．

他方，18世紀に立法をも対象とする司法審査を確立していたアメリカ合衆国においては，高度に政治的であるがゆえに司法審査を控えるべきではないかという問題は，執行府(大統領)の行為に対してのみならず立法行為についても生じ，それをめぐって「政治問題の理論」(doctrine of political questions)といわれる判例理論が形成されてきた[92]．

戦前の日本には，行政裁判制度が採用されており，かつ，出訴しうる事項につき厳しい限定のついた「列挙主義」が採用されていたので，実際上統治行為を問題とする必要はなかった．しかし，戦後の日本国憲法の下では，行政事件に対する「概括主義」が採用されたうえに，立法に対する違憲審査が認められることになったので，アメリカと同様な形で高度に政治的な問題について司法審査を行うべきかどうかの問題が生じることになったが，それを指す用語としては，大陸法の影響が継続し，統治行為論という表現が一般に使われている．

日本国憲法に統治行為論に関する明文の規定があるわけではない．ゆえに，統治行為論を認めようとする場合には，その憲法上の根拠をどう説明するかという問題になる．明文の規定がない以上，憲法の諸条文を基礎づけている原理に遡って解釈論を展開する以外にないが，そうなると，これを否定する側も，明文規定がないというだけでは説得力を欠くことになるから，やはり憲法上の原理に遡って議論をすることになる．この問題に関係する憲法原理としては，裁判を受ける権利の外に，法の支配，権力分立，国民主権の原理が通常援用される．これらの諸原理の組み合わせからなる総合的判断により立場が決定され

---

[91] 当時のフランスの統治行為論について，宮沢俊義『憲法と裁判』(有斐閣，1967年)73頁以下，雄川一郎『行政の法理』(有斐閣，1986年)23頁以下，金子宏「統治行為の研究(一)——司法権の限界に関する一考察」国家学会雑誌71巻8号1頁参照．
[92] 金子宏「統治行為の研究(三)」国家学会雑誌72巻2号1頁参照．

るが，その中のいずれの原理を強調するかにより立場の違いが生じるのである．各説の考え方の特徴を際だたせるためにあえて単純化すると，次のような議論の仕方になる．

統治行為否定説　統治行為論を否定する論者は，当然，裁判を受ける権利と法の支配の原理を強調することになる．憲法が政治権力の組織・運用に関する規範である以上，それが規律する対象が政治的性格をもつのは当然であり，政治的だからといって違憲審査を行えないことになるとすれば，憲法による政治権力の統制は崩壊するであろう．憲法により司法府に違憲審査権が授けられた以上，それを忠実に行使することが三権分立の原理からの帰結であるし，憲法制定権者(主権者)の命令でもある．したがって，日本国憲法の下において統治行為という概念の成立する余地はない．もちろん立法権や行政権が自律的あるいは裁量的に決定すべき問題に司法権が介入すべきでない場合が存在することは確かであるが，それらは憲法が権力分立の原理により他権力の固有の領域として配分しているから介入が禁止されるのであり，統治行為だからではない．統治行為論否定説はこのように説明する．

統治行為肯定説　これに対して，統治行為論を肯定する立場は，法の支配の原理は司法権の任務が法的な領域に止まることを要求するのであり，純粋に政治的な領域に踏み込むことまで要求する原理ではなく，したがって高度に政治的な統治の基本問題には司法権は介入すべきではないと主張する．しかし，その根拠の説明に際して，権力分立の原理を強調する内在的制約説と国民主権(民主制)の原理を強調する自制説が対立する．内在的制約説は，統治行為は憲法上政治部門(立法権あるいは行政権)の固有の権限として配分されており，最初から司法権の権限外の問題であると説明する．これに対し，自制説は，憲法上審査権はあり，ゆえに審査する職責もあるが，裁判官の「賢慮」により審査権行使を自制し，政治部門の判断と最終的には主権者国民による判断に委ねるのが適切であると説明する．

　統治行為論肯定説にとって最大の問題は，裁判を受ける権利との関係をどう説明するかである．特に刑事事件における「裁判を受ける権利」(37条)との関係は深刻である．統治行為を理由に違憲審査を行わず，したがって適用法令を合憲と前提して，有罪判決を下すことは重大な人権侵害であり，なぜそれが許

されるのかにつき納得のゆく説明が求められるのである．この説明責任を重視する場合，内在的制約説より自制説の方がよい．なぜなら，裁判所としては，審査の権限と職責があるのに権限行使を自制すべき場合だというのであるから，職責を果たさないことの厳格な正当化が必要となるからである．

統治行為論を自制説で理解する場合には，統治行為は法的には司法権の限界を構成しないという理解になる．裁判所は，事案を審査する権限はあるが，自制すべきだと考えた場合には，政治部門の判断を受け入れ，それを前提にして本案判断をすることになる．

2.1.2 判　　例

統治行為論を正面から認めた判例は存在しない．しかし，学説上統治行為論に関係する事例として議論されている判例はいくつかある．1つは，警察法改正無効事件[93]であり，そこでは警察法改正が適法になされたかどうかが争われた．この事件の判決では，最高裁は国会の議決が適法かどうかは，国会の自律的・自主的判断に委ねられるべき事項であると判示している．学説も，一般に，これを統治行為の判例とは考えていない．もう1つ統治行為が問題となりうる事例として，定数不均衡の問題があったが[94]，最高裁はこれに対し審査権が及ぶものとしている[95]．

ここでは通常統治行為論に関する判例として議論されている砂川判決[96]と苫米地判決[97]を見ておくことにする．

---

93)　最大判昭和37年3月7日民集16巻3号445頁．事案は次のような内容である．1954年の第19回国会で戦後導入された市町村警察制度を改正し，都道府県警察に編成替えする法律が制定されたが，その際になされた会議延長の決議が与野党対立の「乱闘国会」の中で強行され，怒号のために議長の声も聞こえないような状態であったが，議長は延長決議が正式になされたと宣言し，反対する野党欠席のまま法案が議決されたというものである．本件は，この警察法改正を受けて，大阪府議会が必要となった追加予算の決議をしたところ，これに基づく支出の違憲・違法を主張して提起された住民訴訟である．最高裁は，警察法改正は「両院において議決を経たものとされ適法な手続によつて公布されている以上，裁判所は両院の自主性を尊重すべく同法制定の議事手続に関する所論のような事実を審理してその有効無効を判断すべきでない」と判示した．

94)　アメリカ合衆国最高裁判例は，当初これを「政治問題」として立ち入ることを避けていたが，有名なベーカー判決（Baker v. Carr, 369 U. S. 186 (1962)）により審査をするに至った．高橋和之「議員定数配分の不平等」奥平康弘・杉原泰雄編『憲法学4——統治機構の基本問題』（有斐閣，1976年）130頁参照．

95)　最大判昭和51年4月14日民集30巻3号223頁．

96)　最大判昭和34年12月16日刑集13巻13号3225頁．

砂川判決

【事案の概要】　本件は，1957年に米軍立川飛行場の拡張のため砂川町の収用地域で行われた測量に反対するデモ隊の一部が飛行場の柵を破壊して数メートル基地内に立ち入ったために，「日本国とアメリカ合衆国との間の安全保障条約第3条に基く行政協定に伴う刑事特別法」(以下「刑事特別法」と呼ぶ)2条に基づき起訴された刑事事件である．一審は，米軍を日本に駐留させることは憲法9条2項に違反するから，この駐留を保護するために軽犯罪法より重い処罰を定める刑事特別法2条は憲法31条に違反すると判断し，したがって無罪と判示した．これに対して検察側が最高裁に飛躍上告．争点は，①駐留米軍は，憲法9条2項の禁止する「戦力」に該当するか，②米軍の駐留を認める(旧)安保条約は，日本国憲法が依拠する平和主義に反しないか．

【判旨】　破棄差し戻し

①「同条項〔9条2項——著者〕がその保持を禁止した戦力とは，わが国がその主体となつてこれに指揮権，管理権を行使し得る戦力をいうものであり，結局わが国自体の戦力を指し，外国の軍隊は，たとえそれがわが国に駐留するとしても，ここにいう戦力には該当しないと解すべきである．」

②「アメリカ合衆国軍隊の駐留が憲法9条，98条2項および前文の趣旨に反するかどうかであるが，その判断には，右駐留が本件日米安全保障条約に基くものである関係上，結局右条約の内容が憲法の前記条章に反するかどうかの判断が前提とならざるを得ない．」／「本件安全保障条約は，前述のごとく，主権国としてのわが国の存立の基礎に極めて重大な関係をもつ高度の政治性を有するものというべきであつて，その内容が違憲なりや否やの法的判断は，その条約を締結した内閣およびこれを承認した国会の高度の政治的ないし自由裁量的判断と表裏をなす点がすくなくない．それ故，右違憲なりや否やの法的判断は，純司法的機能をその使命とする司法裁判所の審査には，原則としてなじまない性質のものであり，従つて，一見極めて明白に違憲無効であると認められない限りは，裁判所の司法審査権の範囲外のものであつて，それは第一次的には，右条約の締結権を有する内閣およびこれに対して承認権を有する国会の判

---

97)　最大判昭和35年6月8日民集14巻7号1206頁．

断に従うべく，終局的には，主権を有する国民の政治的批判に委ねらるべきものであると解するを相当とする．そして，このことは，本件安全保障条約またはこれに基く政府の行為の違憲なりや否やが，本件のように前提問題となつている場合であると否とにかかわらないのである．」／「……アメリカ合衆国軍隊の駐留は，憲法9条，98条2項および前文の趣旨に適合こそすれ，これらの条章に反して違憲無効であることが一見極めて明白であるとは，到底認められない．そしてこのことは，憲法9条2項が，自衛のための戦力の保持をも許さない趣旨のものであると否とにかかわらないのである．」

【コメント】　判旨①は，憲法9条2項が保持を禁止した「戦力」をわが国政府が指揮・管理する軍隊に限定する解釈を行い，アメリカ政府が指揮・管理する軍隊はこれに該当しないと判断した部分である．この限りでは憲法9条に関する審査権を行使している点が注目される．これに対し，判旨②は，アメリカの軍隊が9条2項の戦力には該当せず，その意味で9条2項に反しないとしても，アメリカ軍を日本領土内に駐留させることが，憲法9条，98条2項，および，憲法前文の依拠する平和主義の精神に反しないかという争点に対する判断である．この点につき，判旨は「純司法的機能をその使命とする司法裁判所の審査には，原則としてなじまない性質のものであり，従つて，一見極めて明白に違憲無効であると認められない限りは，裁判所の司法審査権の範囲外のもの」と述べており，これが統治行為論に関係する部分ということになるが，そこには裁量論との混合があると指摘されてもいる．裁判所の審査には「原則としてなじまない」と述べる部分は統治行為論を想起させるが，「一見極めて明白に違憲無効であると認められ」る場合には審査すると述べる部分は裁量論を想起させるというのである．おそらく「一見極めて明白」かどうかという定式は，通常の裁量論よりはるかに広く裁量の範囲を設定している印象を与えるから，通常の裁量論を超える限度で統治行為論が付加されているという理解となるのであろう．しかし，「一見極めて明白」に違憲かどうかの判断は必要であるから，その点の説明責任は要求されることになる．本件は刑事事件であるから，純粋な統治行為論を採ることは困難な事例であった．裁量論を採用したのは，このことも一因であったと思われるが，さらに判旨の中で「アメリカ合衆国軍隊の駐留は，憲法9条，98条2項および前文の趣旨に適合こそすれ」と

合憲論をにじませたのも，この点の配慮があったと思われる[98]．

苫米地事件 【事案の概要】 1952年に吉田内閣が衆議院の「抜き打ち」解散を行った．解散の憲法上の根拠としては，当時，69条を根拠とすべきであり，この場合には衆議院による不信任決議の存在が前提となるという説と，内閣は適当と考えるときにはいつでも7条を根拠に解散を行いうるという説が存在したが，本件解散は不信任決議なしに7条に基づき行われた．そこで，衆議院議員であった苫米地氏がこの解散を違憲・無効と主張し議員歳費を請求したのが本件である．一審判決は，7条解散も許されるという解釈を前提に，7条が要求する内閣の「助言と承認」の有無を審査し，助言を欠いたから違憲・無効な解散であったと判断した．これに対し，二審は，「助言と承認」は一体として存在すればよいのであり，本件では承認の段階までにすべての閣僚の同意が整っていたから解散は合憲であったと判断した．苫米地氏が上告し，7条解散は許されないこと，かりに許されるとしても助言を欠いたと主張した．

【判旨】 上告棄却

「……わが憲法の三権分立の制度の下においても，司法権の行使についておのずからある限度の制約は免れないのであつて，あらゆる国家行為が無制限に司法審査の対象となるものと即断すべきでない．直接国家統治の基本に関する高度に政治性のある国家行為のごときはたとえそれが法律上の争訟となり，これに対する有効無効の判断が法律上可能である場合であつても，かかる国家行為は裁判所の審査権の外にあり，その判断は主権者たる国民に対して政治的責任を負うところの政府，国会等の政治部門の判断に委され，最終的には国民の政治判断に委ねられているものと解すべきである．この司法権に対する制約は，結局，三権分立の原理に由来し，当該国家行為の高度の政治性，裁判所の司法機関としての性格，裁判に必然的に随伴する手続上の制約等にかんがみ，特定の明文による規定はないけれども，司法権の憲法上の本質に内在する制約と理解すべきものである．」／「……衆議院の解散は，極めて政治性の高い国家統治の基本に関する行為であつて，かくのごとき行為について，その法律上の有効

---

98) 佐藤・前掲注6)648頁もこの点を指摘している．

無効を審査することは司法裁判所の権限の外にありと解すべきことは既に前段説示するところによつてあきらかである.」

【コメント】 判旨は,内閣の解散行為を包括的に司法権の審査の対象外とした.統治行為という表現は用いなかったが,そこで表現された考え方は,権力分立を強調しており内在的制約説に近い.しかし,解散という制度は,議院内閣制においてチェック・アンド・バランスを構成する重要な要素であり,解散を定める憲法条文の解釈を司法権が回避することは,憲法の定めた統治機構の保障という,司法権に期待される重要な責務の放棄ではないであろうか.一審・二審とも,7条解散が許されるか,および,7条の「助言と承認」とは何を意味するかという憲法解釈を行っている.最高裁判決に付された少数意見(小谷・奥野意見,河村意見,石坂意見)も,解散を審査の範囲外に置くことに反対し,憲法解釈として7条解散が許されるべきであること,「助言と承認」は一審の言うように別々に存在することが要求されるのではなく,一体的に解すべきことを論じている.このような解釈を前提にするならば,事実として「助言と承認」があったかどうかは,内閣の自主的な判断を尊重すればよいであろう.にもかかわらず多数意見が,あえて統治行為論的な論理に訴えたのは,当時,学説においては,解散を69条の場合,つまり,不信任決議があった場合に限定する解釈が有力に唱えられていたという事情が影響したのかもしれない.しかし,解散をいかなる場合に,いかなる手続で行いうるかは,統治機構の重要なルールであり,この点についての有権的解釈を回避することは,重要な職責の放棄であり許されるべきことではなかったと思う.結果的に7条解散が認められることになり,そのこと自体は憲法解釈として妥当であると考えるが,解散問題には司法権は一切立ち入らないというメッセージを伝えたことが,その後の恣意的と思われる解散の横行を許すことになったのではないだろうか.

以上見たように,統治行為論的な論理を認める判例として,砂川判決と苫米地判決が存在するのであるが,司法権の介入する場合があることを留保した砂川判決の方が,政治部門に対する警告という点では,優れているというのがこの問題に関する私の感想である[99].

---

99) 苫米地判決型の統治行為論は,その後下級審で使われたことがないが,砂川判決型のそれは,憲法9条との関係で下級審により援用されたことがある.長沼ナイキ訴訟控訴審判決

2.2 憲法判断回避

裁判所が憲法判断を回避するという問題は，裁判所に審査権のあることを前提にした「自制」の問題であり，司法権の限界の問題ではない．しかも，通常憲法判断の回避が問題になるのは，本案における争点に関してであるから，違憲審査の方法との関連で第2章で扱うのが適切であり，「自己抑制」の問題ではあるがここでは扱わないことにする．

第3節　司法権の限界と訴訟要件

1　前節のまとめと本節の課題

日本国憲法が立法権・行政権・司法権の権限分配において想定している司法権とは，「適法な提訴を待って，適正な手続に従い法の解釈・適用を終局的に確定し，実効的救済を命ずる権限」であり，法の解釈・適用の終局的確定をその本質とし，適法な提訴の存在を権力の発動条件とする．ここで「提訴」とは，憲法上「裁判を受ける権利」を根拠に提起された訴訟と法律が提訴を認めた訴訟を想定している．裁判を受ける権利に基づき憲法上当然に出訴が認められる場合としては，「憲法上の権利」の保護を求める場合と，法律が定めた権利利益の保護を求める場合が含まれる．「憲法上の権利」は，それ自体が出訴権を内包しており，裁判を受ける権利を根拠に出訴すると考える必要はないが，法律上の権利利益については，その出訴権が裁判を受ける権利を媒介に憲法上保障されているのである．法律上の権利利益を定めるのは立法府の権限であるが，権利利益が法律上認められた以上，その保護を求めて出訴することが憲法上裁判を受ける権利により保障されるのである．したがって，「適法な提訴」には，①「憲法上の権利」に基づく場合，②立法府が定めた法律上の権利利益に基づく場合（これは憲法の「裁判を受ける権利」を媒介にする），③法律が特に出訴を認めた場合の3種が含まれている．このうち，①と②が通説のいう「事件性の要件」に対応する場合であり，③は事件性の要件を充足しない場合に対応してい

（札幌高判昭和51年8月5日行裁例集27巻8号1175頁），百里訴訟第一審判決（水戸地判昭和52年2月17日判時842号22頁）参照．ただし，これらの判決における砂川判決型の統治行為論の援用を著者が支持するということではない．

る．この③を司法権の範囲内に含めたのが，新機軸ということになる．

　裁判所は，この司法権につき，憲法が予定している制限(限界)を除きそのすべてを行使する．それを裁判所法は，ⓐ法律上の争訟とⓑその他法律において特に定める権限に分けて確認した(裁判所法3条1項)．ここで「法律上の争訟」とは，判例によれば，㋐当事者間の具体的な権利義務ないし法律関係の存否に関する紛争であって，かつ，㋑法令の適用により終局的に解決することができるものとされている[100]．通説・判例は，これを「具体的事件」あるいは「事件性」の要件を充たす場合とし，それを憲法の司法権の範囲と一致するものと解しているが，私の解釈では，「法律上の争訟」は「裁判を受ける権利」の保護対象を指し，したがって上記の①と②に対応しており，ⓑ「その他法律において特に定める権限」が③に対応する．ⓑを司法権の範囲内に含めることにより，ⓑの権限が法律により憲法の権限配分を変更するものではないことを確保しているのである[101]．

　裁判所は，憲法により配分された司法権を国民に対して行使するが，現行法は，司法権が行う裁判の種類を刑事事件・民事事件・行政事件に分類して，その手続を刑事訴訟法・民事訴訟法・行政事件訴訟法を中心に定めている．すべての事件は，司法権の範囲に属するものでなくてはならず，そのことを確保するための要件が各訴訟法の訴訟要件として定められている．司法権の範囲内かどうかは，国民の側からみれば，「適法な提訴」かどうかに依存する．裁判所法の定める2つの分類のうち，ⓑ「その他法律において特に定める権限」に関しては，適法な提訴かどうかは当該法律の定める要件に該当するかどうかの問題であり，憲法上「裁判を受ける権利」の保障の及ぶ事項に関する問題ではないから，出訴権を認めること自体が合憲である限り，「裁判を受ける権利」による違憲審査の問題は生じない．これに対して，ⓐ「法律上の争訟」(=「裁判を受ける権利」)について各訴訟法が定める訴訟要件は，「法律上の争訟」に該当することを確認する役割を果たす．つまり，訴訟要件を充たせば「法律上の争

---

100)　板まんだら事件判決(最3判昭和56年4月7日民集35巻3号443頁)参照．
101)　法律で出訴権を認めることが違憲でないことは，立法権の定義を基礎に確保している．立法権には事項的な限定はないのであり，憲法に反しない限り何でも規定できる．出訴権の創設との関連で生じる憲法上の限界としては，①立法権の権限放棄とならないか，②司法権の性質に反する事項を授権することにならないか，である．

訟」性が確認されるのである．そのことは，訴訟要件を充たす範囲は「法律上の争訟」の範囲と等しいか，あるいは，それより狭いことを意味する[102]．そして，狭い場合は，訴訟要件は「法律上の争訟」(＝裁判を受ける権利)を制限していることになり，「裁判を受ける権利」の制限として正当化しうるかどうかの審査が必要となる．裁判を受ける権利に当たる事件は，憲法上裁判を受けることが保障されているのであるから，法律の定める訴訟要件がそれを裁判所の権限外に放逐しているとすれば，違憲の疑いが生じうるのである[103]．

訴訟要件の違憲審査 そこで重要となるのは，「裁判を受ける権利」による訴訟要件の違憲審査をどのように行うかである．従来の議論でも，訴訟要件が裁判を受ける権利に反してはならないことは意識されてきたが，その点をどのように審査すべきかにまで掘り下げた議論は管見の限り見あたらない．しかし，人権による違憲審査が問題である以上，この点を明らかにするのが憲法学の課題といわねばならない．

裁判を受ける権利と訴訟要件の審査 違憲審査の方法については，後に詳しく論ずるので，ここでは深くは立ち入らず，裁判を受ける権利の審査に関係する限りで私の見解を述べておきたい．

まず，裁判を受ける権利の性格をどう理解するかであるが，通常この権利は国務請求権あるいは受益権とされ，国家の積極的行為を請求するものである点で自由権と異なると説明される．この性格規定から，裁判を受ける権利の具体的内容は，法律の定めに待つ部分が存在し，多かれ少なかれ立法裁量を認めざるをえないと説かれる．しかし，裁判を受ける権利の具体的な現れ方は，刑事事件の場合と民事事件・行政事件の場合では，かなり異なる．

刑事事件の場合は，裁判なしに刑罰を科されることのない保障が核心をなし，

---

[102] 訴訟要件は，裁判所が本案の判断をすることのできる事件を同定する役割を果たすものである．そうだとすれば，裁判所の権限が憲法上「法律上の争訟」に限定されない以上，訴訟法が「法律上の争訟」を超える事件を訴訟要件で認めたとしても，憲法上の問題は生じないし，また，裁判所法上も「その他法律において特に定める権限」を含む訴訟要件を定めたと解すればすむことである．しかし，ここでは裁判を受ける権利による審査の問題を指摘することを目的としているので，この問題には立ち入らない．
[103] 逆に訴訟要件が裁判を受ける権利により保障されていない事件を裁判所の権限内に取り込んでいても，「裁判を受ける権利」違反の問題は生じない．法律により出訴を認めたにすぎないという理解になる．つまり，訴訟要件が裁判所法3条1項の「法律上の争訟」を超えて「その他法律において特に定める権限」まで含めているということなのである．

ゆえに自由権的な性格が強い．実際，日本国憲法は 37 条で刑事被告人の裁判を受ける権利を保障しているが，これは人身の自由の 1 つと位置づけられていて，その性格は自由権であると理解されている．したがって，その保障内容は憲法上確定しており，立法による内容形成が必要とは考えられていない．たしかに，裁判を受けるためには裁判制度が確立されている必要があり，どのような裁判制度を組織するかについては，立法府による決定に待たねばならない部分が存在するが，しかし，その制度は裁判という名に値するものでなくてはならず，広い立法裁量が認められるというものではない．のみならず，少なくとも自由権的側面における「裁判を受ける権利」の保障内容(裁判なしに刑罰を科されることはない)は明確であり，ここに立法裁量の問題が生じる余地はない．この意味での「裁判を受ける権利」をめぐる違憲審査は，「厳格審査基準」(234頁参照)により行うのが原則だというのが通説である．

　他方，民事・行政事件の場合は，裁判を受ける権利は，裁判というサービス(国務)を要求する権利であり，国家の積極的行為を要求する点で立法裁量に委ねられる範囲が広くなるといわれる．しかし，裁判を受ける権利は，自力救済が禁止された見返りに保障された権利といわれることがあるように，社会契約論の「物語り」からすれば，自然状態において有する自然権が侵害された場合に個々人が当然に有する「自力救済の自由」という自然権が社会契約により放棄され，その代わりに社会(国家)が自然権(＝人権)の保障方法として設定した権利なのであり，もともとは自由権に起源を有する性質のものである．したがって，権利利益の侵害が存在する場合にはいつでも，裁判を受ける権利が存在すると考えねばならない．裁判を受ける権利とは，権利利益の保護に必要な法の解釈適用に関して裁判所の判断を受ける権利であり，権利利益の侵害あるいはその差し迫った危険が存在する限り常に具体的権利として成立するのである[104]．裁判を受ける権利が成立しているときに，何らかの理由で裁判を受けられないとすれば，それは裁判を受ける権利の「制限」であり，公共の福祉による制限として正当化しえない限り，違憲といわねばならない．

　問題は，この正当性をいかなる厳格度で審査すべきかである．裁判を受ける

---

104)　裁判を受ける権利の「保護領域」は，このように理解することができる．

権利の性格を法律による内容形成が必要な国務請求権であり，広汎な立法裁量が認められる権利であると解釈すると，違憲審査基準は立法裁量を尊重する「緩やかな基準」による審査(敬譲審査，232頁参照)でよいということになるが，上述のように，この場面で問題となる裁判を受ける権利に関する限り憲法上内容が確定しており，立法府が行いうるのはそれを「制限」することだけであって，裁量的な内容形成の余地はない[105]．ゆえに，特に立法府の判断を尊重すべき理由はなく，少なくとも「通常審査」(231頁参照)が必要な憲法上の権利ということになる．のみならず，裁判を受ける権利は，「基本権を確保するための基本権」といわれるように[106]，権利保障にとって極めて重要な権利である．しかも，ある意味では司法権という国家権力の行使に参加する意味をもつ点で，政治領域において立法権に参加する意味をもつ参政権や表現の自由に対応する性格をもつ．したがって，参政権や表現の自由の制限が厳格審査を必要とするのと同じように，司法権への参加権である裁判を受ける権利の制限も厳格な審査を必要とすると考えることもできる．そうだとすると，裁判を受ける権利の制限の審査基準は，少なくとも「通常審査」であり，むしろ厳格審査に近い審査基準が適用されねばならないことになる．ということは，目的審査においては，制限の目的が「重要な公益」以上の「不可欠の公益」に近い国家利益を実現することにあることが論証され，手段審査においては，その目的を達成するために必要最小限の方法であることが論証されねばならないということである．ここから，同一の目的を達成するための手段として，裁判を受ける権利を制限する程度がより少ない実現可能な方法が存在する限り，現実に採用されている方法は違憲と考えるべきだという結論が生じる．

　訴訟要件は，本案の判断をえるために具えなければならない条件である[107]．

---

105) 訴訟要件が裁判を受ける権利の保障範囲を具体化するという理解を採ると，それをどの様に定めるかは立法裁量の問題だという思考になりやすい．これは，裁判を受ける権利の国務請求権的性格を強調する理解である．これに対して，訴訟要件は裁判を受ける権利を制限するものと理解するのは，裁判を受ける権利の保障範囲が憲法上確定されていることを前提とする構成である．憲法上確定されていれば，法律で定める訴訟要件は，それを確認するか制限するかのいずれかになる．確認する趣旨の訴訟要件は，憲法問題を提起しないが，制限する趣旨の訴訟要件の場合は，制限の正当化を必要とするのである．
106) 鵜飼信成『憲法』(岩波書店，1956年)90頁参照．
107) 新堂幸司『新民事訴訟法〔第5版〕』(弘文堂，2011年)235頁参照．

本案の判断を受けることが，裁判を受ける権利の内容であるから，訴訟要件は裁判を受ける権利を制限するものということになる．より正確には，訴訟要件には，裁判を受ける権利に該当しない事件を排除する機能を果たすものと，裁判を受ける権利の保護領域に属するが一定の理由により本案判断を阻止し，その意味で裁判を受ける権利を「制限」する機能を果たすものが存在するが，ここでは両者の区別にこだわらず，前者も広い意味での「制限」に含めて考えることにする108)．そこで訴訟法の定める訴訟要件のすべてにつき，裁判を受ける権利の制限として正当化しうるかどうかを厳格に審査することになるが，ここでは訴訟要件のすべてにつきそれを行う余裕はないので，特に司法権の限界に関係する訴訟要件に焦点を絞って，刑事・民事・行政事件訴訟法の定めるところを見ておくことにしよう．

2 刑事訴訟

司法権の限界に関係する訴訟要件として通常問題になるのは，訴えの利益や原告適格などであるが，刑事事件の場合は，国(検察)が被告の犯罪の処罰を求めて起訴をするから，通常はこういった訴訟要件が問題となることはない．刑事事件について問題が生じうるとすれば，それは統治行為との関係である．統治行為が司法権の限界とされる場合，それは事件につき本案判断をしないという意味ではない．そうではなくて，政治部門の法的判断を受け入れて事件の処理をするということであり，本案判断を行うのである．したがって，通常，結論は有罪判決となる．しかし，適用罰条の違憲性が争われているときに，統治行為論を援用して政治部門の合憲判断を受け入れ有罪判断をすることは，裁判を受ける権利の否定にならないであろうか．刑事事件で罰条の違憲性が争われているとき統治行為論を援用するのであれば，その場合には「被告人に対して裁判権を有しない」(刑訴338条1号)として公訴を棄却するとか，あるいは，免訴の規定(刑訴337条)を準用するとかの工夫をして事件を処理すべきではない

---

108)　保護領域に属さない事件は，裁判を受ける権利の保護を受けないから，制限の正当化の問題には直面しないが，保護領域の線引きの正当化は必要であり，議論の仕方としては，保護領域を広く取り，保護の対象に含めた上でその制限と構成する方が実際的だと考えるからである．

だろうか．そうでないと，裁判なしに刑罰を科すのに等しく，裁判を受ける権利の制限として正当化は困難ではないかと思う．砂川事件最高裁判決が日米安保条約の合憲性を強くにおわせる判断を書き込んだのも，その点についての裁判所の判断を曖昧にしたまま有罪判決を書くことの重大性を感じていたからではないであろうか[109]．

3　民事訴訟

司法権を私人間の争いを裁定するために発動する場合が民事訴訟である．民事訴訟法学では，この民事訴訟の目的は何かという問題を論じてきている．様々な視点から諸説が提案されており，いずれも民事訴訟が果たしている重要な機能の一側面を捉えているから，どの説に与するかは，結局はどの側面を重視し，どの視点にたつかに依存しよう[110]．いずれの説が適切かは民訴法学における議論に委ねるとして，憲法学の視点から何か言えるとすれば，民事訴訟が国民に対して司法権を行使する場面の1つであり，憲法上司法権に期待されている役割が権利保障であるとすれば，民事訴訟の目的(役割)も，憲法論としては，憲法の保障する権利の保護に求めるのが素直な理解ということになろう[111]．いずれにせよ，この議論は，主としては，ヨコの関係において裁判所に配分された権限をタテの関係においてどの様に行使すべきかとか，それがどのような機能(役割)を果たしているかといった問題に関わっており，ヨコの関係の問題である司法権の権限分配には直接関係しないことに注意が必要であ

---

109) 有罪とするためには，安保条約の合憲性を示唆せざるをえなかったことを指摘するものとして，佐藤・前掲注6)648頁参照．
110) 民事訴訟の目的として，たとえば権利保護や法秩序維持，紛争解決などが主張されているが，これらは司法権の役割以前に国家の役割であり，司法権は立法権・行政権とともにこの役割を分担するのである．したがって，この役割分担を捉えるには，まず三権分立の目的と三権の相互関係を理解する必要がある．三権の分立が法の支配を確立するためであるとすれば，この目的のために司法権がどのような役割を果たし，その司法権の行使の一分野としての民事訴訟がどのような目的かを考えるという順序となる．
111) この意味で，憲法学の視点からは，竹下守夫「民事訴訟の目的と司法の役割」民事訴訟雑誌40号1頁(1994年)の説く権利保護説が最も分かりやすい．青山善充「民事訴訟の目的と機能」(伊藤眞・山本和彦編『民事訴訟法の争点』(ジュリスト増刊，有斐閣，2009年)4頁)は，民事訴訟の目的は実定民事訴訟法内在的に捉えるべきであり，その点から竹下説は憲法を根拠とするから外在的理解であると批判するが，現行民事訴訟法が憲法の下にある以上，憲法の制約をはなれて存在しえないのであり，憲法の要請に応える内容に規定されていると理解するほうが，法秩序全体の捉え方としてはよいのではないかと思う．

る[112].

　裁判所法3条1項は，裁判所の権限（司法権）を①法律上の争訟と②「その他法律において特に定める権限」の2種に分けた．両者の区別は，既述のように，出訴権が憲法上当然にある場合と，特に法律により認められた場合の違いと理解することができる．したがって，これを国民の側から捉えると，①は「裁判を受ける権利」に対応した権限，②は法律により特定の立場にある国民に法律が特に出訴権を与えた場合に対応するという理解になる．民事訴訟法は，基本的には①に属する訴訟を規律する手続法であり[113]，その訴訟要件は「裁判を受ける権利」の保障範囲に属する事件を選別し，あるいは「裁判を受ける権利」の制限が正当化される場合を選別する要件を含むことになる[114]．そのような役割を果たす主要な訴訟要件としては，訴えの利益と当事者適格が最も重要である[115]．しかし，民事訴訟法学においては，裁判所法の定める「法律上の争訟」も訴訟要件と理解しているようであるから[116]，以下では，①法律上の争訟，②訴えの利益，③当事者適格につき，裁判を受ける権利の観点からどのように分析すべきかにつきコメントしておきたい．

---

112)　この意味で，竹下教授が自説に整合的な司法権概念として佐藤幸治「現代国家と司法権」（『現代国家と司法権』（有斐閣，1988年）所収論文）を引用するのは，必ずしも適切ではない．なぜなら，佐藤教授の司法権概念は，主としては権限分配の問題として論じられているからである．もっとも，逆に言えば，佐藤教授の司法権概念がタテとヨコの区別をせず，タテの関係における司法権の特徴を司法権概念に取り込んでいることの証左とも言える．
113)　②に属する事件を含んでいる可能性がないわけではないし，含むことが許されないわけでもない．たとえば，「団体訴訟」とか「集団訴訟」と呼ばれる訴訟形態を民事訴訟法において規律することはありうるが，しかし，通常，このような訴訟形態を認める場合には個別の法律において規定されるであろう．たとえば，消費者契約法12条の定める適格消費者団体による差止請求訴訟．したがって，当該法律の定める要件に従って訴訟を提起することになり，そのような出訴権を立法すること自体に憲法上の問題が存在しない限り，いまここで論じようとしている訴訟要件に関する問題は生じない．したがって，ここでは立ち入らない．
114)　訴訟要件には様々な目的があるが，竹下守夫「訴訟要件をめぐる二，三の問題」司法研修所論集65号1頁（1980年）が整理をしていて示唆に富む．
115)　それ以外の訴訟要件も，憲法論としては，「裁判を受ける権利」の制約という意味をもっており，安易に立法裁量とすることなく，常に厳密な正当化を考える必要があるが，ここでは「訴えの利益」と「当事者適格」に限定して，コメントしておく．
116)　たとえば，新堂・前掲注107)226頁は，訴訟要件の1つとして「裁判所に審判権があること」を挙げ，その内容（限界）として，「具体的争訟性の存在」と「請求内容が法律的にその当否の判断ができるものであること」を挙げているが，これは判例が「法律上の争訟」の内容として述べるものと同じであろう．私自身は，法律上の争訟と裁判を受ける権利は同じものを異なる観点から捉えたものと理解する．そして，訴訟要件は，裁判を受ける権利を制限するものと位置づける．

3.1 法律上の争訟

判例・通説によれば，裁判所法3条1項の定める裁判所の権限としての「法律上の争訟」は，①権利義務に関する具体的な争いであり，②法の適用により解決しうるものでなくてはならない[117]．このいずれかを欠く事件は，法律上の争訟を構成せず，裁判所の権限外であり，本案判決をすることなく訴えを却下することになる．私の枠組から捉えると，この法律上の争訟とは，裁判を受ける権利の保障範囲に属するかどうかの問題である．裁判を受ける権利の保障範囲に属する限り，既述のように，自動的に司法権の範囲に属すると解することになるから，事案が法律上の争訟かどうかはそれが裁判を受ける権利の保障範囲に属するかどうかを判断すればよい．

裁判を受ける権利に属する訴訟には，2種が存在した．1つは，憲法上の権利の侵害が主張される場合である．2つは，法律が権利利益と規定したものの侵害を主張する場合であり，これは憲法上の「裁判を受ける権利」により当然出訴権が認められる．それを判断するに際して，事案が裁判所による判断を必要とする程度にまで「成熟」しているかどうかや，法を適用して解決しうるかどうかが考慮されるのであり，その点で「法律上の争訟」を構成するかどうかとほぼ同様の諸要素が考慮されるが[118]，憲法論としては，それを「裁判を受ける権利」の観点から審査すべきだということである．そのためには，「裁判を受ける権利」の保障がいかなる保障であるかにつき，憲法学において一層の検討が必要である．

「裁判を受ける権利」は，権利利益の侵害もしくはその重大な危険に対して裁判所による実効的な救済を受ける権利である．したがって，実定法上認められた権利利益が侵害されていること，あるいは，侵害される危険が具体的に生じていることを主張して，その実効的な救済を求める訴えは，「裁判を受ける権利」の保護領域に属するものというべきである．しかし，保護領域に属する事案であるというだけでは，本案判決を求めるのに十分ではない．事案の解決のためには本案の判断が必要でありかつ可能である場合に，国家（裁判所）には

---

117) 板まんだら事件，本書71頁参照．
118) 憲法の保障する「裁判を受ける権利」の保障範囲と裁判所法の「法律上の争訟」が同一であり，異なる観点から見ているにすぎないと考える本書の立場からは，当然のことである．

本案判決をする義務(「裁判を受ける権利」に対応する義務)が生じると解される[119]．以上の2点が確認されてはじめて当該事案における「裁判を受ける権利」の具体的成立が確認されることになる．しかし，「裁判を受ける権利」が成立する場合でも，その制限が正当化される場合がありうる．その場合には，本案判決を拒否されてもやむをえないということになるが，問題は，この正当化をどのように行うかである．「裁判を受ける権利」と対抗する利益としては，被告の応訴の負担を軽減・免除することと，何らかの「公益」(たとえば裁判所の負担の軽減など)が考えうるが，被告の負担も広い意味で「公益」の1つに含め，裁判を受ける権利と公益の対抗と構成し，その衡量により公益のほうが裁判を受ける権利に優位する場合には，制限が正当化されると考えることになる．その場合に，この衡量を事件ごとの個別的な利益衡量として行うのではなく，審査基準論の枠組に従って行うことが重要である．つまり，目的審査と手段審査を少なくとも厳格審査に近い審査基準により行うのである．このような審査手法に従うことにより，「諸般の事情の総合的考慮」などと表現される審査に内在する恣意性を回避しうるのである．

3.2 訴えの利益

訴えの利益は，本案判決をすることの必要性と実効性を問う要件であり，原告の立場，被告の立場，裁判所の立場を考慮して判断されるといわれる[120]．そうすると，これを裁判を受ける権利の観点から構成しなおすと，そこで考慮される利益状況からは権利制限の正当化論における問題状況と似ていることに気づく．そうだとすれば，民事訴訟法で「訴えの利益」があるかどうかを問題にする場面は，裁判を受ける権利の制限を確認し，その制限に正当性があるかどうかを検討する場面と理解しうるようである．したがって，憲法学からは，訴えの利益が否定された事例につき，それが裁判を受ける権利の制限として正当化しうる場合かどうかを審査基準論の枠組に従って検討することが今後の課題ということになろう[121]．

---

119) 自由権の侵害の場合は，国家の「介入・侵害」の有無が問題とされるが，国務請求権の性質をもつ裁判を受ける権利の場合は，国家の積極的行為の必要性・可能性が問題となるのである．
120) 新堂・前掲注107)246頁以下．
121) 谷口安平「訴の利益——民事訴訟と行政訴訟」(公法研究37号116頁)は，「訴えの利益

民事訴訟では，訴訟類型として給付訴訟・確認訴訟・形成訴訟が区別されている．このうち給付訴訟は，「原告が給付を請求できる地位にあるのに現に給付を受けていないと主張する訴えであるから，現在の給付の訴えであることだけで，本案判決を求める利益がある[122]」とされ，訴えの利益の有無が問題となることはほとんどない．また，形成訴訟は，形成要件が法律により定められ，訴訟提起しうる場合が法律上明確に定まっている訴訟であるから，これまた訴えの利益が問題となることはほとんどない．これに対し，確認訴訟の場合は，確認の対象は無限に広がる可能性があるから，真に紛争解決のために必要かつ実効的な場合に限定する必要がある．訴えの利益という概念がこの限定のために使われることになるが，実際上は，それは「確認の利益」に吸収され，確認の利益の有無として論じられる．実効的救済の観点からは，もし給付訴訟が可能な事案なら，その方がより実効的救済と言えるから，確認の利益は否定されることになろう．したがって，確認訴訟における確認の利益が認められる場合は，給付訴訟が困難かあるいは紛争の包括的解決が困難であり，かつ，確認によって紛争の(包括的な)解決が可能な場合ということになろう．しかし，可能な程度には幅がある．どこで線引きをするかの問題となるが，これを「裁判を受ける権利」の制限論として構成すれば，特定の線引きを裁判を受ける権利の制限と構成し，その制限の正当性を目的審査・手段審査の枠組で厳格な審査基準を適用して判断することになる．

3.3　当事者適格

　当事者適格は訴えの利益と表裏一体の問題であり，訴えの利益の有無は本来特定当事者の間について判断されるべきものである．したがって，原告について当事者適格がないとされるのは，原告の裁判を受ける権利の制限であり，憲法論としては，その制限の正当化を問うことになる．

なる訴訟法上の概念は，裁判制度の利用を規制・抑制する概念である」と指摘する．裁判を受ける権利は「裁判制度を利用」する権利であるから，訴訟要件は「裁判を受ける権利」を制限するものであるということであろう．訴えの利益は，裁判を受ける権利の保障を受ける対象を指す概念として使うことも可能であろうが(裁判を受ける権利のある事件は訴えの利益があると論ずる)，「訴えの利益」を欠くときには，「裁判を受ける権利」がないとしてこの語を使うときは，訴えの利益は裁判を受ける権利の制限を意味するものとなる．
122)　新堂・前掲注107)265頁．

4 行政事件訴訟

4.1 総　説
4.1.1 裁判所法と行政事件訴訟法の関係

　日本国憲法においては，行政事件も司法裁判所の権限に属することになった．したがって，行政事件も憲法および裁判所法の定める通常裁判所が管轄する．しかし，行政事件が通常の民事訴訟とは異なる面を持つとの理解の下に，民事訴訟法とは異なる規律を必要な限度で定めている．それが行政事件訴訟法である．行政事件訴訟法に定めのない事項については，「民事訴訟の例による」(行訴法7条)と規定されているので，行訴法は一般法である民事訴訟法に対する特別法の地位にあるという理解になる．しかし，明治憲法の下においては，大陸法の影響下に，司法裁判所とは別系統の行政裁判所が存在していたために，戦後の日本国憲法がアメリカ型の司法制度を採用したにもかかわらず，戦前に慣れ親しんでいた行政訴訟についての考え方が存続し，戦後の行政事件の扱い方にもそれが継承されたといわれる．アメリカでは，通常の民事訴訟とは異なる扱いを必要とする場合には，個別問題ごとに個別法を制定して対応するというのが原則的であるが，戦後日本では，行政事件というカテゴリーを設定して，それに適用される手続の・一・般・法を制定したのである．

　行政事件訴訟法は，行政事件の種類として，①抗告訴訟(3条)，②当事者訴訟(4条)，③民衆訴訟(5条)，④機関訴訟(6条)を定めている．行政法学においては，これを主観訴訟と客観訴訟に分類し，①と②を前者に，③と④を後者に属するものと説明している．そして，裁判所法3条の定める裁判所の権限との対応関係として，主観訴訟は「法律上の争訟」に，客観訴訟は「その他法律において特に定める権限」に対応するというのが通説であり，判例もおそらくそのように考えていると思われる．しかし，憲法論上はこれとは異なる理解も可能であり，より広い視野から検討してみる必要があるかもしれない．

　そもそも憲法上の司法権を裁判所法の「法律上の争訟」と同視することに問題があることは，先に説明した．裁判所法3条1項が司法権に属する権限を書いたとすれば，「法律上の争訟」と「その他法律において特に定める権限」の両者が司法権に属すると解さなければ，後者の権限を法律により裁判所に「移

転」したことになり，憲法上問題が生じるのである．したがって，裁判所法3条1項は，司法権の範囲を確認した規定と解することになる．しかし，それを国民との関係(タテの関係)に視線を移しながら，出訴権の性質の違いに着目し2種に分けて確認したのである．

　他方，裁判所が国民との関係で行使する司法権(の対象)は，前に述べたように，事件の性質の違いに着目して刑事事件・民事事件・行政事件に分類され，それぞれの手続法として刑事訴訟法・民事訴訟法・行政事件訴訟法が制定されている[123]．ここで裁判所法と各訴訟手続法の関係が問題となるが，各訴訟手続は特定事項の事件についての司法権行使の手続を定めるものであり，裁判所法の定める「法律上の争訟」に属する事件のみについての手続を定めているわけではないことに注意が必要である．行政事件訴訟法についていえば，そこに定められている「客観訴訟」が法律上の争訟でないことについてあまり異論はないと思われるが[124]，さらに「主観訴訟」といわれる訴訟類型も必ずしも「法律上の争訟」に限定されるものではないのである[125]．換言すれば，主観訴訟は法律上の争訟に，客観訴訟は特に法律が定めた権限に対応すると解さなければならない理由は，法文上は必ずしも存在しない．行政事件を裁判する権限は憲法により与えられているのであり[126]，裁判所法による授権によるのではない．憲法により与えられた権限の行使の仕方が行政事件訴訟法により定められているのであり，これを裁判所法との関係としていえば，裁判所3条1項で確認した裁判所の権限(法律上の争訟を裁判する権限ととその他法律の定めた権限)を行政事件について定めたのが行政事件訴訟法なのであり，必ずしもそこに定め

---

[123] 実際には，これら各々はさらに細分化されて，民事事件についていえば，訴訟事件と非訟事件等々の区別がなされ，対応する手続法が制定されているが，ここでは細部には立ち入らないで議論を進める．

[124] 憲法上の司法権を法律上の争訟と同一視し，客観訴訟もそれに含まれると解する説が若干存在する．40頁参照．

[125] ここで検討しているのは，法律の解釈の可能性の問題であり，可能な解釈の中で，立法者意思等を含む解釈上考慮すべき諸事情すべてを考慮した結果いかなる解釈が妥当かという問題ではない．後者の問題は，専門家の研究に委ね，準備のない私が不用意に立ち入ることは避けたい．

[126] 小早川光郎「抗告訴訟の本質と体系」(雄川一郎他編『現代行政法大系4』(有斐閣，1983年)所収)は，「抗告訴訟の裁判権は，行訴法ではなく裁判所法3条に基づいている」(146頁)と述べるが，「憲法に基づいている」というべきであろう．

られた抗告訴訟，たとえば取消訴訟は「法律上の争訟」の枠内の権限であると解さねばならない理由は，法律の文言上は存在しないということである．

4.1.2 裁判を受ける権利からの出発

裁判を受ける権利を出発点において行政事件を考えれば，国家の違法な行政活動により権利利益の侵害を受け，あるいはその重大な危険に直面する国民は，裁判所による実効的な救済を受ける権利をもつ．実効的救済の内容は，権利侵害が生じている場合についていえば，原状回復措置と回復しえない部分についての金銭賠償ということになろう．原状回復としては，権利侵害を生みだした違法な行政活動の効力を否定し，行政活動の行われる前の状態に戻すことが内容となり，それを実現するための「救済方法」が判決で命じられることになる．その救済方法の違いにより，請求の趣旨も類別化されうるが，救済方法については裁判官の法創造を柔軟に認めるべきであろう．しかし，本案の中心は，①権利利益の侵害の有無と②違法性に置かれることになる．ここで権利利益の侵害とは，実定法秩序全体との関連で権利利益と認められたものの侵害を意味する．この場合，実定法秩序は憲法を頂点とする段階構造を形成して存在しており，それにより保護されている権利利益には，憲法上の権利も含む．しかも，憲法上の権利は，憲法自体が「新しい人権」の創造を認めているから，一定の社会状況の中で新たに憲法による保障の必要性が認められる権利も含む(たとえば，プライバシーの権利)．さらに，民法 709 条の「法律上保護される利益」に見られるように，法律上「権利」と明定されていなくとも保護の対象となる利益が存在する．民法 709 条のこの規定は，その歴史的由来からして，固定的ではなく時代の変遷に対応して法的保護の範囲に新たに入ってくる利益の存在も想定されている[127]．さらには，憲法上「新しい権利」として認められるに

---

127) 民法を中心とする私法規定は，私人間の規律を目的とするものであり，私人と国家の関係には適用されないのではないか，私人と国家の法関係は，それを定める法律が存在して初めて成立するのであり，そのような法律がない限り国家が私人の権利義務を侵害することは理論上起こりえないのではないか，という疑問があるかもしれない．しかし，法律は私人間のみならず国家に対しても適用される，その意味で全方位的であるのが原則であり，国家が法律の適用から免れるためには，そのための法的根拠が必要である．この点は，憲法が国家を名宛人とし，私人をも拘束するためには，特別の根拠が必要であることと対照をなす点であり，注意が必要である．国家に法律が適用される限りで，法律の定める権利義務関係が私人と国家の間でも成立し，国家による権利利益の侵害も生起する．

至っていない，その意味で抽象的権利の段階に止まっている利益も，法律の解釈に影響を与えることは否定されず，場合によっては法律により具体的権利利益となったことが認められるということも，否定されていない．実定法秩序全体により認められた権利利益とは，実定法秩序自体が静的ではなく動的な性格をもつことから，時代とともに変化しうるものと想定されているのである．時代の変化に対応する責任は，第一次的には立法府にあるが，しかし，裁判所にもその権限と責務は否定されていないのである．

　権利利益の侵害と違法性が確認されれば，実効的救済を与える義務が裁判所にはある．それが裁判を受ける権利からの要請である．最も実効的と思われる救済のあり方は，原状回復措置と損害賠償を同一の訴訟の中で判断する方法であるが，行政事件訴訟法は，これとは異なる救済方法を定めた．特定の性質をもつ4つの類型の事件を行政事件として一般の民事訴訟から区別し，行政事件訴訟法でそれぞれの類型の特徴と訴訟要件を定めている．このうち客観訴訟は，特に法律で定める訴訟形態であり，その訴訟要件につき特に問題が生じることは少ないのでここでは立ち入らない．主観訴訟の中で当事者訴訟の訴訟要件についても，既に見た民事訴訟の場合とほぼ同じような議論になるので，ここでは省略し，抗告訴訟につき主として取消訴訟に焦点を当てながら，その訴訟要件を見ておくことにする．司法権の限界という問題と最も深く関わるのは，（広義の）訴えの利益の有無であるが，行政事件訴訟では，それを①処分性，②原告適格，③（狭義の）訴えの利益により判断している[128]．

4.2　処　分　性

　行政事件訴訟法3条2項は，取消訴訟の対象となる行政の行為を「行政庁の処分その他公権力の行使に当たる行為」と定めるが，これに該当するとされる場合に処分性があるといわれ，そののような行政の行為を行政処分と呼ぶ．これを判例は「直接国民の権利義務を形成しまたはその範囲を確定することが法律上認められているもの」であり，「これによつて権利，利益を侵害された者の救済については，通常の民事訴訟の方法によることなく，特別の規定による

---

[128]　アメリカで司法権と関連して論じられるジャスティシャビリティ（justiciability）の問題のうち，成熟性（ripeness）が処分性に，スタンディング（standing）が原告適格，ムートネス（mootness）が狭義の訴えの利益の問題に対応する．

べきこととしたのである」と説明している[129]．つまり，行政処分は，①行政が国民の権利義務の形成・確定を契約等の相手方の同意なしに行いうることが法律により授権された行為であり，かつ，②その行為の法的効果(権利義務の形成・確定という効果)は取消訴訟によってしか停止させることができないと法律上想定されている行為だというのである[130]．

先に，違法な行政活動により権利利益を侵害された者は裁判を受ける権利により実効的救済を受ける権利をもつことを確認した．権利侵害行為が行政処分である場合の排他的救済方法として，取消訴訟が制度化されているのである．

処分性があるかどうか，つまり行政処分かどうかを判断することは，2つの重要な機能を果たすといわれる[131]．1つは，裁判を受ける権利の保障が及ぶかどうかの確定である．この点は，「法律上の争訟」を構成するかどうかの判断と重なる．処分性を充たせば，当然に「法律上の争訟」性も充たすことになると一般には解されている．しかし，処分性は，「法律上の争訟」性を判断する場合とは若干異なる視点から分析を行うのであり，それが「具体的事件性」とは異なる「成熟性」という言葉に込められている．つまり，争いが裁判所で取りあげるのに適する段階にまで成熟しているかどうかという視点である．たとえば，判例によれば，立法がなされたというだけの段階では，行政によるその執行が予定されたにすぎず，原則としてまだ成熟するに至ってはいないし，執行段階でも行政内部の準備的行為(通達・訓令の伝達)にとどまっている限り，いまだ成熟性を欠き，また，同様に，計画の決定段階ではまだ早く，計画の実施段階の決定に至ってはじめて成熟するに至り，処分性が認められるというのである．要するに，立法(決定)から執行(実施)に至る間には複数の行為が介在することが普通であるが，その一連の諸行為のどこで成熟したと考えるかという問題である．従来の判例では，国家あるいは裁判所の利益の側に寄り添って成熟時点を決定するという傾向が強く，国民が実効的な救済をうるには成熟時

---

129) 最1判昭和39年10月29日民集18巻8号1809頁．『行政判例百選II〔第6版〕』(北原仁執筆)324頁参照．
130) ①は，行政処分を授権する個別の法律規定の解釈から生じる効果であるが，②は，明文の法律規定があるわけではなく，行政事件の特質に関する「一般理論」からの帰結として述べられているものと思われる．兼子仁『行政法総論』(筑摩書房，1983年)196頁は，「条理解釈」と述べる．
131) 大橋洋一『行政法II〔第2版〕』(有斐閣，2015年)55頁以下参照．

点が遅すぎるという批判があった．特定国民に対する国家的決定が完結するまで成熟性を認めない傾向が強かったのである．そうではなくて，国民の裁判を受ける権利という観点から成熟時点を考える必要があるのである．

処分性の判断が果たすもう１つの機能が，訴訟類型の振り分けである．成熟性の確認により裁判を受ける権利（法律上の争訟）の存在が確認されると，次に何が実効的救済かを決定する必要が生じるが，それは訴訟の諸類型からの選択としてなされることが予定されている．訴訟の形態の選択としては，大分類としては民事訴訟と行政事件訴訟の選択がある．行政事件訴訟については抗告訴訟と当事者訴訟が区別されており，処分性は抗告訴訟の中の取消訴訟に該当する類型の指標なのである．この意味は二重であった．

一方で，行政処分を争うには，取消訴訟が利用できるということであり，他方で，取消訴訟でしか争えないということである．そうだとすると，「裁判を受ける権利」からは，取消訴訟は権利侵害の救済方法として実効的といえるのかが問題となる．取消訴訟以外に利用できないということは，もしそれが権利利益の侵害の救済として不完全のものである場合には[132]，裁判を受ける権利の制限を意味するのであり，制限の目的および手段の目的適合性に関して厳密な正当化を必要とする．行政活動の中から行政処分という行為を区分けしそれを取消訴訟という特別の訴訟類型に排他的に割り当てる目的（公益）は何か，現行の取消訴訟がその目的と適合的内容となっているのか等々の問題に，安易に「立法裁量」に逃げることなく，答えなくてはならないであろう．さらに，国民の権利利益を侵害する行政活動で処分性を否定された行為については，「裁判を受ける権利」が成立している以上，公法上の当事者訴訟あるいは民事訴訟による救済が可能でなくてはならないが，もし取消訴訟の否定が救済の否定につながったり，あるいは，他の訴訟形態の救済が可能でもそれが取消訴訟と比較して実効的救済と言えないとすれば，やはり裁判を受ける権利の制限として

---

[132] 権利利益の侵害の救済の基本は，原状回復であるが，取消により法的効果を否定するだけで原状回復が完成するとは限らない．たとえば，損害が残ることも十分考えうる．ゆえに，可能な限り完全な原状回復を実効的救済として制度化するなら，１つの訴訟で両者を請求しうるような制度設計のほうが実効的救済として望ましいということになる．現行法でも，国家賠償請求を併合することは可能であろうが，実効的救済を受ける権利の観点からは権利の制限であり，正当化が必要であろう．

正当化が必要となる[133]．こうした問題につき，行政法学でも様々な観点から論じられているが，憲法学の課題としては，これを「裁判を受ける権利」の制限の正当化という枠組で再構成し，行政法学の議論との対応を付けていく必要があり，それが憲法学と行政法学の対話を可能とするための前提作業ではないかと思う．

4.3 原告適格

違法な行政活動により権利利益を侵害された国民には，裁判を受ける権利が保障されている．救済を受けるためには，当然，権利利益の侵害と違法性の論証が必要となる．違法な行政活動が「行政処分」の性格をもつときには，その違法性を確定するための訴訟類型として取消訴訟の利用が強制されている．取消訴訟がこの場合の実効的救済方法であるとして，その訴訟を提起するには，「取消しを求めるにつき法律上の利益を有する」ことが要求されている（行訴法9条1項）．取消訴訟を提起しうる資格は「原告適格」と呼ばれるが，原告適格を有するためには，「法律上の利益」が必要とされるのである．では，ここでの「法律上の利益」とは何か．

裁判を受ける権利からの考察　裁判を受ける権利を出発点として考えると，違法に権利利益を侵害された者は，当然その救済を求めて裁判所に出訴することができなければならないから，行訴法9条1項の「法律上の利益を有する者」とは，権利利益を侵害された者を意味するという解釈がまず思考にのぼる．その場合，権利利益の法的根拠としては，2つの解釈がありうる．1つは，実定法秩序全体を構成しているいずれかの条文であり，それが表明している原理あるいは準則により権利利益として承認されているという場合である．実定法秩序において承認されている権利利益が侵害された場合には，裁判を受ける権利が認められねばならないから，取消訴訟はこのような権利利益の侵害が行政処分によりなされた場合の救済方法として定

---

133) 今回の改正で公法上の当事者訴訟の活用という方向が打ち出されたが，これが実効的な救済として機能するかどうかは，これからの問題である．行政法学においては，当事者訴訟の活用は混乱をもたらすのみであるから，取消訴訟と民事訴訟の2類型の選択として運用すべきだという見解もあるが，3類型からの選択と2類型からの選択のどちらが実効的救済により適合的か，実効的救済を実現するために各類型をどのような内容に構成し，どのように振り分けるのがよいかにつき，憲法学の側からも発言していくことが必要である．

められた訴訟形態であり，原告適格を認められるのはこのような権利利益の侵害を受けたものであるという解釈は，最も素直な解釈といえよう．しかし，その場合に生じる問題は，取消訴訟はこのような権利利益の侵害の実効的救済といえるのかである．

　取消訴訟は，違法な行政処分の取消を求める訴訟である．行政処分が違法となるのは，通常，行政処分の根拠規定に違反した場合である．根拠規定がここでの権利利益を保護している場合には，これを侵害する行政処分は根拠規定違反となり，取消が認められるから，取消により原状回復が可能な限り実効的救済を受けられることになろう．しかし，侵害された権利利益が根拠規定により保護されていない場合はどうか．この場合には，行政処分は実定法秩序が保護する権利利益を侵害するが，根拠規定には反しないということが起こりうるかもしれない[134]．その場合には，合法的な行政処分により生じた権利利益の侵害であるから，損失補償の問題と考えるのであろうか．それとも，実定法秩序全体との関連で保護されていると評価されるような権利利益を侵害する行政処分は，根拠規定との適合性如何に関係なく違法と評価されるべきであり，取消を認められねばならないと考えるのであろうか．かりにそうだとしても，取消により原状回復が十分になされうるのかどうかの問題は残ろう[135]．

　権利利益の根拠を実定法秩序全体に着目して考える見解に対して，それは取消訴訟を行政処分という特殊な行為に特化した救済方法として規定している行訴法の考え方とは，必ずしも整合しないという理解もありうる．この立場は，取消訴訟は違法な行政処分によって侵害された利益の救済を目的とするもので

---

[134] 権利利益の根拠規定が憲法である場合には，それを侵害する行政処分はたとえ「合法」でも違憲であり，取り消されるべきものではないであろうか．そもそも「違憲だが合法」という論理が認められるかどうかも疑問である．これに対して，権利利益の根拠規定が法律である場合には，法律間の抵触という問題となろう．そうだとすれば，処分の根拠規定が優先する場合には，権利利益は法的根拠を失うことになるから権利利益の侵害はなくなり，権利利益の根拠規定が優先する場合には，それを侵害する行政処分は違法となるのではないか．そうすると，権利利益を侵害するが根拠規定には反しない行政処分などというものは，想定できないというべきかもしれない．

[135] 実効的救済という観点からは，取消による原状回復と，原状回復が不可能なものを含めて生じた損害の賠償が必要であるが，処分の効力を否定して現状を回復する方法として取消訴訟に排他的管轄を与えたために，損害賠償については別の手続（併合が可能だとしても）の使用を強制されるが，この負担は正当化されるのか．

あり，そこで救済の対象となっている利益は，行政処分の根拠規定が保護している利益と理解すべきであると考える．行政処分の根拠規定は，行政処分が適法になされるための要件を定めており，そのことを通じて国民の一定の利益を保護している．ゆえに，適法要件に反することにより処分が違法となると同時に，保護された利益を侵害するのである．そうだとすれば，行政処分の取消を求めうる者は，行政処分の根拠規定が保護している利益を有する者であり，その利益が9条1項の「法律上の利益」と理解すべきだと考えるのである．しかし，この解釈に立つと，たとえば憲法により保護された利益を侵害されても，その利益を処分の根拠規定が保護していない場合には，救済を得られないことになる．行政処分を争う方法は，取消訴訟に限定されているからである．しかし，そうだとすると，裁判を受ける権利の侵害ということになろう．そこで，合憲解釈を試みるとすれば，2つの可能性が考えうる．1つは，「法律上の利益」を拡大し，このような場合も含むように解釈し直すことである．これは，上で述べた解釈に合流しよう．もう1つは，行政処分を争う原告適格が認められない場合には，他の訴訟形態により争うことが可能であると解するものである．行政処分に対する訴訟形態を取消訴訟に限定した点を見直す意味をもつ．今回の改正で公法上の当事者訴訟の活用を図ったことは，この方向を展望したと理解することも可能であろう．

取消訴訟の性格　以上の検討は，裁判を受ける権利を出発点に置き，違法な権利利益の侵害に対する救済方法という観点から現行取消訴訟の論理を辿ったものである．しかし，取消訴訟の目的が違法な権利侵害に対する救済であるという理解は，行政法学の通説および判例によっては必ずしも採用されていない．もし違法な行政処分による権利利益の侵害の救済が訴訟の目的なら，権利利益の侵害の有無と行政処分の違法性は「本案」の問題となるはずである．しかし，通説・判例は，取消訴訟の目的(訴訟物)を行政処分の違法性判断に置き，権利利益の侵害の問題を原告適格の問題として訴訟要件に位置づけている．処分が違法かどうかだけが本案の問題だという理解は，客観訴訟的理解というべきであろう[136]．裁判を受ける権利に基づく訴訟は，本案

---

136) この点は，主観訴訟・客観訴訟をどのような意味で使うかという用語法の問題でもある．両者の区別を本案に着目して行うか，原告適格に着目して行うかの違いである．

において主観的権利を争うものである．本案において客観法違反かどうかしか審査しないというのであれば，原告適格も本案の目的に適合的に理解されるべきではないであろうか[137]．つまり，客観法違反を主張・立証するに適した立場にいるものこそが，取消について「法律上の利益」をもつ者ということになるべきなのである．もちろん，権利利益を侵害された者がそのような適格性をもつことは認めえよう．しかし，ここでの「法律上の利益」は，それに限定されない，それより広い観念と理解しうることになる．このことは，取消訴訟が裁判を受ける権利に基づく救済方法に限定されないことを意味する．「裁判を受ける権利」(＝法律上の争訟)を超える領域にまで踏み込んでいる訴訟という理解になるのである．そう解したとしても，憲法上の問題は生じない．法律上の争訟を超える部分については，行訴法が出訴権を認めたのであり，この出訴権は「その他法律において特に定める権限」(裁判所法3条1項)に該当すると理解すれば足りる．

　ここで私が述べているのは，取消訴訟の性格を裁判を受ける権利の枠内で理解すべきであるとか，それを超える性格をもつものと解釈すべきだということではなく，いずれの解釈も憲法上は可能であるということにすぎない．その上で，どの解釈が妥当かは，行訴法立法者の意思・理解や立法事実の変化等も含めて総合的な判断を必要とする問題であり，行政法学者の議論に委ねるのが適切であろう．憲法学にとって重要なのは，裁判を受ける権利に最も適合的な訴訟のあり方を常に検討していくことであり，これこそが憲法学に課された今後の課題である．

4.4　訴えの利益(狭義)

　訴訟を提起した時点においては処分性も原告適格も存在し適法な訴訟として係属したが，訴訟係属中に生じた事情により本案判断をすることが不要あるいは無用となった場合，どうするかというのが，ここでの問題である[138]．その

---

[137]　判例が取消訴訟の原告適格(行訴法9条2項の「法律上の利益」の解釈)を行政処分の根拠規定が保護する利益と解するのも，本案を違法性の判断に求めることと関係があるように思われる．本案を客観訴訟的に理解する以上，客観訴訟の性格上出訴権者を法律の定める者に限定する必要がある．争いの本体が行政処分の根拠規定への適合性であるとすれば，それを争うに適した者は，根拠規定が保護する利益の主体でなくてはならない．ゆえに，「法律上の利益」とは，根拠法規の保護する利益である．このような推論を基礎にするように思われる．

ような事情として，たとえば，取消を求めていた行政処分が行政庁により撤回されたとか，建築確認を近隣住民が争っているうちに建築が完成してしまったとか，免許停止処分を争っているうちに免許停止期間が終了してしまったというような場合が指摘されている．このような場合，(狭義の)訴えの利益が失われたとして本案判断に入らず訴訟を却下するのが判例である．憲法訴訟の領域でこの問題に関する代表判例とされているのは，皇居前広場事件判決[139]と朝日訴訟判決[140]である．

皇居前広場事件では，5月1日メーデーに皇居前広場で集会する許可を求めたところ不許可とされたのでこの取消を求めたところ，一審では勝訴したが，控訴審は審理係属中に5月1日が過ぎてしまったので法律上の利益が消失したとして請求を棄却し，最高裁もこの判断を認容して上告を棄却した．しかし，本最高裁判決は判決理由の末尾に「なお，念のため」で始まる括弧書きの「傍論」を付し，そこで本件不許可が違法でないとする本案判断を行っている．

他方，朝日訴訟は，生活保護法に基づき生活扶助を受けていた原告が実兄から送金を受けることになったことを理由に生活扶助の廃止と保護変更の決定を受けたので，これを不服として争った事件である．一審では勝訴したが控訴審では敗訴となり上告した．ところが，上告審に係属中に原告が死亡し，相続人が訴訟承継を主張したが，最高裁は保護受給権を一身専属的であり相続の対象とはならないものと解して訴訟承継を認めず，訴訟の終了を宣告した．しかし，ここでも本判決は，訴訟承継を否定する判示の後に「なお，念のために」と続ける括弧書きの「傍論」を付し，本件の厚生大臣の裁定には裁量権の踰越・濫用は存在しない旨を判示した．

要するに，両判決とも訴訟は訴えの利益を失った(アメリカ判例の用語を用いれば「ムートになった」)と判断したのである．にもかかわらず，あたかもムートとはならない例外的場合であるかの如くに，傍論とは言え本案判断を行ったので

---

138) このような問題は，アメリカでは「事件がムート(moot)となったかどうか」の問題として論じられている．ムートネス(mootness)の法理と呼ばれているが，司法判断可能性(justiciability)を構成する問題の1つとされている．ムートネスの法理については，野坂泰司「訴えの利益とムートネスの法理」芦部信喜編『講座憲法訴訟 第1巻』(有斐閣，1987年)183頁参照．
139) 最大判昭和28年12月23日民集7巻13号1561頁．
140) 最大判昭和42年5月24日民集21巻5号1043頁．

ある.

　裁判所が傍論で憲法判断を述べることは,「勧告意見」の表明となりうるから, 日本国憲法のように勧告意見の制度を採用していない憲法の下では許されないのではないかという疑問もある. しかし, 事案にまったく無関係な「傍論」ではなく, 事案の結論には直接関係しないとはいえ事案に密着した内容の傍論である場合には, そこで憲法判断を述べることも許されると考えるべきであろう. 許されないとすると, 判決理由と傍論は常に明確に区分けしうるわけではないので, かえって困難な憲法問題を生み出すことになりかねない. 特に最高裁の場合, 下級審判例を含む判例全体の体系的・整合的な展開に配慮すべき責務を有するから, 当該事案の結論には直接関係しないが, 事案に関わる諸問題で下級審に一定の指針を与えておきたいと考えることもあろう. その許容性は否定されるべきではない. しかし, 最高裁のまったくの自由裁量に委ねるべきではなく, 適切な傍論と不適切な傍論の識別は,「傍論」に接するごとに議論していく必要がある. そのような議論を通じて一定のルールが形成されていく可能性もあるのである.

　アメリカ最高裁の判例理論は, 訴訟係属後に当該事案の事件・争訟性が失われても, 類似の事案が繰り返し生じる可能性があるような場合, 訴訟がムート（訴えの利益なし）となったとして却下すれば重大な憲法問題に関して結局裁判所の判断がなされない状態が続くことになりかねないことを配慮して, このような場合には当該事件をムートとはしないで, 本案判決をすることにしている.「ムートネスの法理」といわれるもので, 日本でもこれを参照すべきことを示唆する見解もある[141].

---

141) 佐藤・前掲注6) 633頁参照. この理論を参考に皇居前広場事件を考えると, ここでの傍論は「「繰り返されるが, 審査は免れる」という事情にかかわるものとして, 憲法判断をしたことが肯認されうる」(佐藤・前掲注112)『現代国家と司法権』216頁参照)という評価も可能となろうが, これに対し, 朝日訴訟判決の傍論は, 訴訟の終了を宣言した上でのものであるから, 皇居前広場事件とは「次元を異に」するとして強い疑念が表明されている(同上216頁). 次元を異にするという指摘が何を意味するかは明示されていないが, 原告の死亡により訴訟が終了した以上, 原告が二度と類似の問題に直面することはありえず,「繰り返されるが, 審査は免れる」という事情にないということであろうか. しかし, 皇居前広場事件判決の傍論に関連して原田尚彦「行政事件訴訟における訴えの利益」(公法研究37号79頁, 107頁)は, 同一の原告について繰り返し起こりうる危険があるという場合には事前予防的差止訴訟に代わる意味で認めうるとしても, 原告とは関係なく一般に類似の処分が繰り返さ

たしかに，傍論の適切さをムートネスの法理に照らして評価することも1つの考えであろうが，ムートネスの法理を支えている論理には，事件・争訟性の要請と賢慮(prudence)に基づく自制の2つがあるといわれ，上の両事件で問題となるのは自制のほうであることに注意が必要である．事件・争訟性の要請とは，憲法の定める司法権の限界問題であり，当初存在した事件・争訟性が途中で失われたと解するのであれば，憲法上ムートとなる以外にない[142]．したがって，ムートとならないとされる場合は，事件・争訟性の存在を前提にする．ということは，「繰り返されるが，審査を免れる」という場合には，事件・争訟性は存在すると解されているのである．ゆえに，本案の判断はしうるのであるが，自制によりしないこともありうるというのが，ムートネスの法理の意味と考えられる[143]．

わが国の場合には，司法権の概念は憲法76条の条文上事件性を要件とはしていないので，出訴時点で適法な出訴があれば，その後に事件性が失われたとしても，裁判所が権限を当然に失うわけではない．しかし，また，当然にもつともいえない．法律が明文で権限を失うと定めていない限り，法律の解釈の問題であり，判例の展開に委ねられていると理解できよう．

このような理解を前提に皇居前広場事件判決と朝日訴訟判決の傍論を検討すると，どうなるであろうか．提訴段階では，両事件とも適法に訴訟が係属した．ゆえに，憲法上は司法権の範囲内のものとなっており，司法権の発動条件は一旦は整ったのである．たしかに，その後の事情で当該事件に関して原告が当初有した「裁判を受ける権利」は消失した．したがって，裁判所が本案判断を拒否したからといって，裁判を受ける権利の侵害とはならない．しかし，逆に，本案判断をすべきでないと考えるべき理由はあるのか．裁判を受ける権利がない場合でも，法律により出訴を認めて司法権の発動を可能とすることができるとすれば，裁判を受ける権利が失われたときに司法権の発動を禁止することも

れるおそれがあるということだけでは，これを阻止するために訴えの利益の残存を認めることは困難である，と述べている．
142) 事件・争訟性は事件最初から終了まで存続しなければならないとされている（佐藤・前掲注6)633頁)．
143) アメリカ判例の正確な内容を理解するのは困難であるが，事件・争訟の観念がわが国のそれより柔軟であり，「繰り返されるが，審査を免れる」ような状況の場合には，事件・争訟性は失われないと考えられているのではないかと想像する．

法律により行いうると解することができよう．法律が明示的に禁止していない場合には，最高裁の判断に委ねられ，権限を行使するか「自制」するかを最高裁がその都度決定すると解することができるのではないか．もちろん，その都度の選択が適切であったかどうかは，評価の対象となるのであり，その議論を通じて適切なルールを形成していくことを考えることになる．

では，皇居前広場事件判決と朝日訴訟判決で最高裁が「傍論」を書いたとき，それを支えていた論拠は何であったと推測しうるか．両者の共通点は，いずれも合憲判断を行っていることである．理屈の上では，傍論で違憲判断を行うことも許されないわけではない[144]．しかし，最高裁判例には，そのような事例はない．強固な司法消極主義的態度を貫いてきた最高裁が結論に関係しない傍論でわざわざ違憲判断を述べるということは，想定しがたいことである．したがって，傍論で憲法判断を述べるとすれば，今後も合憲判断の場合に限定されるであろう．合憲判断でも，皇居前広場事件のように，「繰り返されるが審査は免れる」というような場合には，最高裁が一定のメッセージを発しておく必要を感じることもありえよう．しかし，朝日訴訟のように，類似の争点を後の事件で審査することが十分にありうる場合にまで傍論で合憲判決をするのを見ると，そこでの憲法判断の目的は審査を免れることに対処するためというよりは，合憲判断をすることにあったと推測する以外にない[145]．以上の推測があたっているとすれば，傍論で憲法判断をすることについての最高裁のポリシーは，合憲判断をしたい場合にはするが，違憲の疑いのある場合は回避することを選ぶというものであり，恣意的で政治的性格が強く，濫用ともいうべき傍論の活用法と評すべきであろう．

---

144) 実際，下級審判決には，傍論で違憲判断あるいはその疑いの表明をした判決がいくつか存在する．たとえば，首相の靖国神社公式参拝事件の高裁判決（大阪高判平成 17 年 9 月 30 日訟月 52 巻 9 号 2979 頁）やイラク特措法事件の高裁判決（名古屋高判平成 20 年 4 月 17 日判時 2056 号 74 頁）．しかし，私は，下級審が傍論で違憲判断をすることは，控えるべきだと考えている．本書 198 頁参照．
145) より根源的な理由としては，最高裁には大陸法的発想を基礎に法的安定性を重視する傾向が強く，判例の積み重ねからルールが熟成するのを待つという英米法的な事件処理の手法に習熟していないことが指摘できるのではないかと思う．英米の判例法主義の考え方につき，本書 345 頁以下参照．

第4節　違憲審査の審査対象

　憲法81条の定める違憲審査権は，司法権を発動しうる場合に司法権の行使に付随して行使しうるが，その違憲審査の対象につき憲法81条は「一切の法律，命令，規則又は処分」を挙げている．これは審査の対象をこの列挙事項に限定したのであろうか，それとも例示したにすぎないのであろうか．憲法の下にある一切の国家行為が憲法に従うべきだというのが立憲主義の要請である．そのことを制度的に担保するものとして違憲審査制度が導入されたのであるから，司法権の行使に際して必要となる一切の審査を行いうると考えるべきである．したがって，審査の対象を限定すべきではなく，ここに挙げられた国家の行為は単なる例示と解すべきである．憲法81条の書きぶりからいっても，最高裁が終審裁判所であることが主眼となった規定となっており，審査対象を限定するという意味は薄いと思われる[146]．通説も，一切の国家行為が審査対象となると解している．しかし，いくつかの点で議論があるので，検討しておきたい．

1　条　　約

　条約は81条の列挙には入っていない．これは，条約を違憲審査の対象から除外するためというより，国家間の約束事の効力を国内裁判所が審査することは適切でないという考慮があったためと思われる[147]．たしかに条約の国際法上の効力は国内裁判所には審査できないが，日本国憲法の解釈として，条約は

---

146)　制憲議会に提案された原案では，1項「最高裁判所は，終審裁判所である」，2項「最高裁判所は，一切の法律，命令，規則又は処分が憲法に適合するかしないかを決定する権限を有する」となっていたが，制憲議会で現行の81条のように修正されたのである．その結果，最高裁が違憲審査権を行使する終審裁判所であることを強調する文章となり，審査権の対象を限定するニュアンスは小さくなった．
147)　憲法98条においても，1項で憲法違反の法律等が効力を有しないことを定めた後，2項で条約につき「誠実に遵守」すべきことを命じているが，ここにも憲法違反の条約の(国際法上の)効力を憲法で語ることは適切でないという判断が現れている．もっとも，81条と98条において条約に特別な配慮をしていることを1つの根拠に，条約は違憲審査の対象としないというのが憲法の趣旨だと解する説もある．たとえば，清宮・前掲注2)375頁，宮沢・前掲注41)673頁参照．

法律により国内法へと転換されなくとも直ちに国内法的効力をもつと解されており，特に自力執行力をもつとされる条約の場合はそのまま国内にも適用されると解されている．ゆえに，条約と憲法の関係に関する通説である憲法優位説からは[148]，条約の国内法上の効力が憲法の下にあることは当然であり，違憲審査権が及ぶと解すべきである．ただし，国内法上違憲とされたとしても，国際法上の効力がなくなるわけではない．国際法上のルールに従って国家が約束した義務を履行することになる．

　条約が違憲審査の対象となることを説明するために，条約を「法律」あるいは「処分」に含めるとする解釈もあるが，81条の列挙は例示にすぎないと解すれば足りよう．

　判例も条約が違憲審査の対象となることを認めている．そのリーディング・ケースとされているのは砂川判決である[149]．この事件においては，「安全保障条約3条に基く行政協定に伴う刑事特別法」の合憲性が問題となったが，最高裁は，次の2つの論点を設定して答えている．

　①日米安保条約に基づいて日本に駐留する米軍は，憲法9条の禁止する「戦力」に該当するか．これに対しては，米軍は「わが国がその主体となつてこれに指揮権，管理権を行使し得る戦力」ではないので，9条の禁止する「戦力」には該当しないと判示した．

　②アメリカ合衆国軍隊の駐留が憲法9条，98条2項および前文の趣旨に反するかどうか．この点を判断するには，「右駐留が本件日米安全保障条約に基くものである関係上，結局右条約の内容が憲法の前記条章に反するかどうかの判断が前提とならざるを得ない」と述べて，安保条約の合憲性の判断に移るが，結論的には，安保条約は「高度の政治性を有するもの」であり，それが「違憲なりや否やの法的判断は，純司法的機能をその使命とする司法裁判所の審査には，原則としてなじまない性質のものであり，従つて，一見極めて明白に違憲無効であると認められない限りは，裁判所の司法審査権の範囲外のもの」であるとし，その上で「アメリカ合衆国軍隊の駐留は，憲法9条，98条2項およ

---

148) 通説は，憲法優位説であるが，条約優位説も有力に主張されている．宮沢・前掲注41) 814頁参照．
149) 最大判昭和34年12月16日刑集13巻13号3225頁．

び前文の趣旨に適合こそすれ，これらの条章に反して違憲無効であることが一見極めて明白であるとは，到底認められない」と判示した．

①の判旨は，憲法9条の規定する要件に該当しないというのであるから，安保条約が憲法9条に反するかどうかを判断するまでもないという趣旨に理解することになろう．そうすると，①においては，条約の違憲審査は行われていないという理解も可能である．②においては，条約の審査が前提問題であると述べているから，条約の違憲審査が可能かどうかを真正面から争点に掲げて論じているわけではないが，可能であることを暗黙の前提にしたように読める．ところが，結論的には，「一見極めて明白に違憲無効」でない限り，違憲審査権の範囲外だとしたのであるから，本件で条約の違憲審査をしたのかどうかは，必ずしも明確ではない．本判決は統治行為あるいは政治問題の理論に関する先例ともされており，この点は既に検討したが，かりに本判決を統治行為であるから審査をしないと判断したものと理解すれば，条約の審査はなされなかったことになる．しかし安保条約が「一見極めて明白」に違憲かどうかの審査はしたのであるから，審査しうることを当然の前提としているとも読むことができる．本判決自体からは，いずれが本意であるのか決しがたいが，その後の最高裁判例に条約の違憲審査を否定する判決は存在しないので，条約の違憲審査は可能であるというのが判例であると理解することができると思われる．

2 条 例

条例も81条の列挙には含まれていない．憲法94条は，地方公共団体が「法律の範囲内で条例を制定することができる」と定めるから，条例が法律の範囲内にあるかどうかの審査は想定されている．法律の範囲内とは何を意味するかにはここでは立ち入らないとして，法律が合憲である場合には条例がその法律の範囲内であれば条例も合憲であるから，条例が法律の範囲内かどうかだけの判断で足り，条例自体の合憲性を判断する必要はない．問題は，法律が違憲の場合あるいは法律とは無関係に自治事務に関して条例を制定した場合である．この場合には，条例自体の合憲性が問題となりうる．憲法81条が条例を挙げなかったのは，このような場合に違憲審査を否定する趣旨であったのだろうか．違憲審査権が憲法保障のための制度として導入されたことを考えれば，法律よ

りも下位の法形式とされた条例を違憲審査から解放する目的で意識的に列挙から除外したと解するのは不自然である．そもそも地方自治自体が憲法により創設された制度であり，地方自治の表現である条例が憲法に服することは当然であろう．

制憲当時においては，地方自治は行政の地方分権と観念されていた．したがって，条例も「命令」の一種と考えられた可能性はある．今日では，地方自治は地方政治の中央政治からの自治と観念されている．そのために，地方議会の制定する条例を国会の制定する法律に対応するものと位置づけ，81条の法律に含めて解釈する見解が有力となっている．81条の列挙のいずれかに含めて理解しようというのであれば，命令に含めるより法律に含めるのが妥当であろう．

関連して，地方自治法は議会の定める条例と首長の定める規則を自治体の立法の法形式として区別している（地方自治法14条，15条）．両者とも憲法94条の条例に含まれると解するのが通説であるが，憲法81条との関連では，地方首長の定める規則を81条の命令に含めるか規則に含めるかの議論がある．憲法81条の規則は，憲法上の規則を指すと解すべきであり，議院規則(58条2項)と最高裁判所規則(77条)をいう．中央の行政機関の制定する規則は，命令に含まれる．地方議会の条例を法律に含めるのであれば，首長の制定する規則は命令に含めることになろう[150]．しかし，上述のように，これらを81条のいずれかに含めなければ審査対象とはならないと考える必要はない[151]．

3 立法不作為

憲法81条は違憲審査の対象を列挙するが，それらは文面上は国家の作為を表現するように読める．では不作為は審査の対象とならないと考えているのであろうか．法律学においては，不作為も作為義務がある場合には作為と同様に合法・違法を問題とする．国家行為の違憲審査も作為のみならず不作為も含めて対象となると解すべきである．もっとも，法律以外については，不作為が違憲かどうかの問題の前に違法かどうかの問題となるであろうし，合法である不

---

150) 宮沢・前掲注41)669頁，671頁．
151) 佐藤功『憲法(下)〔新版〕』(有斐閣，1984年)1047頁参照．

作為が違憲かどうかの問題を提起するということはほとんど想定できないから論ずる実益はない．これに対して，立法の不作為は，違憲審査の対象としていくつかの問題を提起するので，ここで簡単に触れておく．

立法義務の違反　立法の不作為が違憲審査の対象となるためには，まず立法義務の存在を確認する必要がある．立法の不作為が違憲とされるのは，憲法上立法義務が存在する場合に限定されるからである．憲法上立法義務が存在するのは，明文で立法を要請している場合か，あるいは，憲法解釈上立法を要請していると解することができる場合である．前者の例としては，憲法4条2項(天皇の国事行為の委任)，17条(国家賠償請求権)，26条1項(教育を受ける権利)，29条2項(財産権)，40条(刑事補償)，47条(選挙の制度)，64条2項(弾劾裁判所)，66条1項(内閣の構成)，67条2項(首相指名に関する両議院協議会)，73条4号(公務員制度)，76条1項(下級裁判所の設置)，79条5項(裁判官の定年)，84条(租税)，90条2項(会計検査院の組織・権限)，92条(地方自治)，93条1項(地方議会)，2項(長・議員の直接選挙)，95条(特別法の住民投票)が存在する．現在では，各条の要請に対応する法律が定められているので，憲法が明文で要請している立法の不存在という事態は存在しない[152]．

立法を要請する明文規定はないが，解釈上立法義務が存在すると解すべき場合としては，2つを挙げることができよう．憲法規定が法律による具体化を当然に予定していると解しうる場合であり，憲法25条1項の生存権がその典型である．現在では生活保護法等の具体化法が制定されており，必要な立法の不存在という問題はない．もう1つ解釈上立法義務が存在すると解すべき場合として挙げうるのは，違憲法律が改正(廃止を含む)されていないという事態である．最高裁判所の判決(決定を含む)で違憲と判断されてそれが確定した場合，国会議員は憲法を尊重し擁護する義務を負っている(99条)から，違憲法律を改正する義務を負うと解される．最高裁の法律違憲の判断からは，99条を媒介に立法者の立法(改正)義務が生じると解されるのである．さらに，最高裁判所

---

[152] 憲法改正(96条)のための国民投票に関する法律は，2007年に「日本国憲法の改正手続に関する法律」が制定されるまで存在しなかった．これを立法義務を履行しない立法不作為であるとする立場もあったが，96条が法律制定を義務づけているかどうかは，微妙な問題である．国民投票の実施手続を改正発議ごとに定めることが予定されているという解釈もありうるからである．

の違憲判断がまだないという場合でも，改正義務の生じることがありうる．それは，法律が制定当初は合憲であったが，その後の「立法事実」153)の変化により違憲となったという場合である．定数不均衡の問題がその例であるが，定数配分が「違憲状態」となった時点から改正義務が生じると解すべきである．その根拠は，ここでも憲法の尊重・擁護義務に求められる．

相当の期間の経過　立法義務が存在すると言うだけで立法の不作為が直ちに義務違反となるわけではない．立法には，その準備や憲法の定める手続を踏むために一定の時間が必要である．必要な時間の長さは事例ごとに異なるであろうが，事例に必要と解される「相当の期間」が経過しても立法が行われなければ，その不作為は立法義務違反となる．定数不均衡の場合には，この期間が「合理的期間」と呼ばれている．違憲状態となってから合理的期間が経過すると違憲となるとされているのである(本書342頁参照)．

立法義務違反の正当化事由　立法義務が存在し，立法義務の成立から「相当の期間」経過しても立法がなされないときには，立法義務違反であり，ゆえに通常は違憲ということになる154)．しかし，立法義務違反が直ちに違憲とはならない場合もありうる．立法義務を果たしえないことに正当な理由がある場合である．

通常の立法不作為の問題は，立法が必要なのに立法をしないという場合を想定している155)．しかし，立法はされているが，その内容が憲法の想定するレベルに達していないという場合にも，不十分・不備の部分を捉えて立法不作為ということがあり156)，このような意味で立法の不作為を論じるときには，「相

---

153) 立法事実については，本書181頁参照．
154) 芦部・前掲注13)385頁参照．
155) かつて憲法25条の生存権に関して立法不作為が論じられた．しかし，実際には生活保護法等の法律は立法されていたのであり，立法不作為という議論は，25条1項の法的性質を論ずるための講学上の仮定にすぎなかった．つまり，憲法25条1項はプログラム規定に過ぎないのか，それとも法的効力をもつ規定なのか，後者とした場合，生存権を具体化する法律が制定されないときには裁判上の救済を受けうるのかどうかが議論されたのである．この点で抽象的権利説と具体的権利説が対立し，後者は立法がなされないときには立法不作為違憲確認訴訟を提起しうると主張し，それに関連した立法がなされた場合でも，不十分な内容ならば，不十分な限度において立法不作為違憲確認訴訟を提起しうると主張したのである．
156) 立法の不作為が問題になるのは，人権について言えば，社会権や国務請求権，選挙権の

当の期間」とは別に正当化事由の有無を考えることが有効となることがある．たとえば，選挙権の保障は選挙権行使の実質的機会の保障を含むと解した場合，何らかの理由で投票所に赴いて自書投票ができない有権者にとって，投票所における自書投票とは異なる利用可能な投票方法が制度化されていないことは，立法不作為であり選挙権の侵害ではないかということになる．しかし，これは立法不作為と考えるよりは選挙権の制限と構成して，その制限の正当化事由を審査した方が立法不作為が違憲かどうかと問題設定するより問題へのアプローチが容易になるであろう．制限が正当化される場合には，この立法不作為が正当化されたということになる．立法不作為が常に権利の制限と構成しうるとは限らないが，可能な限りそのような構成を検討するのがよいと思う．

以上から立法の不作為も違憲審査の対象となることが理解されたと思うが，現実に立法不作為の違憲を訴訟で争おうとすると，どのような訴訟形態で違憲の争点を提起するかに関して難しい問題が生じる．この点は，第4章で違憲に対する救済方法の問題として論ずる．

4 判　　決

裁判所の判決(決定も含めた広義の判決の意味で使う)は，81条で違憲審査の対象として明示されていない．裁判所が判決の内容を決定するに際して依拠した法令あるいはその適用の合憲性判断を誤ったという場合には，通常，上訴により再審査される．もし上級審で合憲性に関して異なる判断がなされれば，判決の内容も当然訂正される．したがって，判決が違憲審査の対象となるかどうかを特に問題とする必要はない．だから81条は判決を違憲審査の対象として挙げていないのだという説明もある．しかし，判決の違憲性がそこで依拠した法令の文面上あるいは適用上の違憲性に起因するのではなく，他の理由による場

ように当該人権の享受に法律による制度設計が必要な種類の人権に関してである．自由権については，立法の不作為という問題は生じない．自由権は憲法上内容が確定されていると解しており，自由権に関する立法は自由権の規制(制限)として現れる．立法がないことは，自由権の規制がないということであり，そのことにより公益の害されることのありうることは別にして，自由権の享受にとって特に問題は生じない．これに対して，憲法上多かれ少なかれ法律による内容の形成が想定されている人権の場合，法律により形成された内容が憲法の想定するレベルに達していない場合には，達していない限度で「立法の不作為」を観念しうるのである．

合には，判決は違憲審査の対象でないとすると，たとえ判決そのものが違憲であっても，上告できないということになる．たとえば，高田事件(最大判昭和47年12月20日刑集26巻10号631頁参照)のように，裁判が極端に遅延し憲法37条の「迅速な裁判」の保障に反する有罪判決の場合は，依拠した法令(罰条)に違憲の瑕疵があるというのではなく，その判決自体が憲法の保障に直接反しているというのであるから，判決自体を違憲と主張して上告する以外にない．その場合に，判決は違憲審査の対象ではないとすると，このような上告は認められないということになろう．したがって，このような上告も認められるとするためには，判決も違憲審査の対象となるとする必要があるが，その説明として，81条の挙げている「処分」が使われている．判決も法令の解釈適用の結果として特定個人に対してなされる法的な行為であるから，行政上の「処分」と同様の性質をもつ．したがって，行政的な処分と同様に「処分」に含めて理解するのである．判例も，判決を処分に該当するとしている[157]．

5 国家の私法上の行為

最高裁は，国の行う私法上の行為には憲法の適用はないとしている．それを判示したのは，百里訴訟判決[158]である．

百里訴訟判決 【事案の概要】 細部を簡略化してポイントとなる事実関係を示すと次のようである．Xは，航空自衛隊基地の建設予定地内に農地および宅地を有しており，当初は基地建設反対派に加わっていたが，次第に反対運動に疑問を抱くようになり，本件土地を処分して移転したいと考えるにいたった．そこで本件土地を反対派の住民Yに売り渡し，宅地の所有権移転登記と農地の売買許可を停止条件とする所有権移転仮登記を行った．と

---

157) 最大判昭和23年7月8日刑集2巻8号801頁．兼子一・竹下守夫『裁判法〔第三版〕』(有斐閣，1997年)92頁注3は，この問題が生じたのは当時の民訴法応急措置法が「原裁判中における，法律・命令・規則または処分が憲法に適合するかしないかの判断を不当とする」場合を上告理由としていたためであり，現在は刑訴法(現行法405条)，民訴法(現行法312条)が，判決が憲法に反するときを上告理由と認めているので，問題とならないとの趣旨を述べている．たしかに，法律が認めていればそれに従って上告できるということになるが，もし憲法が判決そのものを違憲審査の対象と認めていないのであれば，法律で違憲審査の対象にすることが許されるかどうかという別の問題が生じよう．
158) 最3判平成元年6月20日民集43巻6号385頁．

ころが，Yが売買代金の支払いにつき債務不履行となったので，催告後売買契約を解除し，直ちに本件土地を国（防衛庁）に売り渡した．その上で，Xと国は，Yに対し所有権の確認と仮登記の抹消を求めて提訴した．これに対し，Yは，国の土地取得が憲法9条に反する自衛隊の基地を作ることを目的とするものであり，その目的のための国・X間の売買契約は憲法98条1項により無効であり，Xによる契約解除は無効であると主張した．一審・原審ともにYの主張を退けたので，Yが上告．

【判旨】　上告棄却

①「……憲法98条1項は，憲法が国の最高法規であること，すなわち，憲法が成文法の国法形式として最も強い形式的効力を有し，憲法に違反するその余の法形式の全部又は一部はその違反する限度において法規範としての本来の効力を有しないことを定めた規定であるから，同条項にいう「国務に関するその他の行為」とは，同条項に列挙された法律，命令，詔勅と同一の性質を有する国の行為，言い換えれば，公権力を行使して法規範を定立する国の行為を意味し，したがつて，行政処分，裁判などの国の行為は，個別的・具体的ながらも公権力を行使して法規範を定立する国の行為であるから，かかる法規範を定立する限りにおいて国務に関する行為に該当するものというべきであるが，国の行為であつても，私人と対等の立場で行う国の行為は，右のような法規範の定立を伴わないから憲法98条1項にいう「国務に関するその他の行為」に該当しないものと解すべきである．……そして，原審の適法に確定した事実関係のもとでは，本件売買契約は，国が行つた行為ではあるが，私人と対等の立場で行つた私法上の行為であり，右のような法規範の定立を伴わないことが明らかであるから，憲法98条1項にいう「国務に関するその他の行為」には該当しないものというべきである．」

②「……憲法9条は，その憲法規範として有する性格上，私法上の行為の効力を直接規律することを目的とした規定ではなく，人権規定と同様，私法上の行為に対しては直接適用されるものではないと解するのが相当であり，国が一方当事者として関与した行為であつても，たとえば，行政活動上必要となる物品を調達する契約，公共施設に必要な土地の取得又は国有財産の売払いのためにする契約などのように，国が行政の主体としてでなく私人と対等の立場に立

つて、私人との間で個々的に締結する私法上の契約は、当該契約がその成立の経緯及び内容において実質的にみて公権力の発動たる行為となんら変わりがないといえるような特段の事情のない限り、憲法 9 条の直接適用を受けず、私人間の利害関係の公平な調整を目的とする私法の適用を受けるにすぎないものと解するのが相当である。以上のように解すべきことは、最高裁昭和……48 年 12 月 12 日大法廷判決〔三菱樹脂判決——著者〕……の趣旨に徴して明らかである。」／「これを本件についてみると、まず、本件土地取得行為のうち被上告人 X が上告人 Y に対してした契約解除の意思表示については、私人間でされた純粋な私法上の行為で、被上告人国がなんら関与していない行為であり、しかも、被上告人 X は、上告人 Y が売買残代金を支払わないことから、上告人 Y との間の売買契約を解除する旨の意思表示をするに至つたものであり、かつ、被上告人国とは右解除の効果が生じた後に本件売買契約を締結したというのであるから、被上告人 X のした売買契約解除の意思表示は、被上告人国が本件売買契約を締結するについて有していた自衛隊基地の建設という目的とは直接かかわり合いのないものであり、したがつて、憲法 9 条が直接適用される余地はないものというべきである。」

　【コメント】　裁判所は、Y の債務不履行を認定している。ゆえに、債務不履行を理由とする X の契約解除は、当然に認められるはずである。このとき、契約解除の動機あるいは目的を問題にする必要があるのであろうか。たとえ憲法の趣旨に反するような動機・目的が X にあったとしても、Y の債務不履行が免責されるわけではないと思われる。そうすると、解除により所有権は X に戻るのであり、その後 X が本件土地をどのように処分するかについては、Y の関与すべきことではないと思われる。たとえ X と国の間の本件土地の売買が違憲であるとしても、Y はそれを主張しうる立場にないのではないか。ところが、本件では、国が Y に対して本件土地の所有権確認を求めている。それに対する反論として、X と国の間の売買契約が憲法に違反して無効であるから、国には所有権がないと Y が主張したのである。しかし、もし契約解除が有効であり、かつ、Y には X と国の間の売買契約に異論を唱える立場にないとすれば、国は Y に対して所有権の確認を求める利益がないのではないか。かりにこのような推論が成り立ちうるとすれば、裁判所は X の請求を認

容し，国の請求を棄却あるいは却下することで，憲法問題に立ち入る必要はなかったのではないか．私には，こんな疑問が残る判決であるが，民法に関する判例・学説上は，憲法判断に立ち入ることの必要な事例であったのであろうか．

ともあれ，最高裁は，Yの主張に応えて憲法判断に立ち入った．Yは，航空自衛隊の基地建設は憲法9条に反するから，基地建設を目的とする本件土地取得のための契約も違憲の行為であり，ゆえに憲法98条1項のいう「国務に関するその他の行為」に該当し無効であり，国は本件土地の所有権を取得していないと主張した．それに対する最高裁の応答が，判旨①である．問題は，この判旨の射程をどのように理解するかである．判旨自体は，憲法98条1項の「国務に関するその他の行為」の解釈を述べ，国が相手方と平等な立場で行う私法上の行為は，これに該当しないと判断したにすぎない．そうだとすると，私法上の行為は98条の適用外だとした先例にすぎないのであり，国の私法上の行為は違憲審査の対象ではないと述べた先例ではないということになるのであろうか．かりにそうだとすると，国の私法上の行為は，違憲審査の対象にはなるが，違憲でも98条1項の適用外であり，憲法上無効となるわけではないということになる．したがって，国の私法上の行為が違憲である場合にその効力をどうするかは，法律に委ねられているという理解となる．立憲主義の原理からは憲法の名宛人は国家であり，国家の行為は私法上の行為であろうと公法上の行為であろうと，憲法に違反してはならない．これが通説である．そうだとすると，私法上の行為も違憲審査の対象となると解するのが，立憲主義にはより適合的である．本件判旨①は，私法上の行為が違憲審査の対象となるかどうかには直接答えていないのであるから，本判旨を81条のもとに違憲審査の対象とはなるが，かりに違憲でも98条1項の適用は受けない，という意味に理解することも可能であろう．

しかし，判旨②と合わせて読むと，このような理解が成立するかどうか，疑問がないわけではない．判旨②は，Xによる契約解除が憲法9条に反するから無効であるというYの主張に応答すると思われる部分を抜粋したものである．このYの主張に対しては，Xの契約解除は私人間の問題であり，憲法9条の適用はないと答えれば，三菱樹脂判決の論旨と同一ということになる．ところが，三菱樹脂判決が引用されているのは，これとは異なる文脈においてで

ある．つまり，三菱樹脂判決のような私人間の関係ではなく，国と私人との間の私法上の関係の問題について，三菱樹脂判決に依拠したのである．そうだとすれば，国の私法上の行為に対しても憲法の適用はないと考えている可能性が否定できなくなる．そうなると，憲法の「私人間効力論」が，「私法関係効力論」に再定式化されたという意味をもってくる．国の私法上の行為は，憲法の規律を受けず，従って私法上の行為は違憲審査の対象とはならないということになるのである．

　判旨②がこのような意味をもつとした場合，それを正当化する根拠は何であろうか．国は，私法形式を用いて行為すれば憲法の適用を受けないということになるが，これを憲法の名宛人は国家であるという立憲主義の原理と整合的に理解するには，憲法自体に私法上の行為に対する適用除外を認める根拠規定が必要ではないであろうか．最高裁は，その根拠を98条1項に求めたのであろうか．しかし，この規定は，憲法が最高法規であり，それに反する国家の行為は無効であることを規定しているにすぎず，憲法の適用対象を限定した規定と解することは困難である．では，81条に根拠を求めえないであろうか．たしかに，81条には違憲審査の対象として「私法上の行為」は明示されていない．しかし，81条の列挙は単なる例示であり，国家のすべての行為が違憲審査の対象となるというのが通説であり，また，それが立憲主義の原理とも最も整合的な理解である．したがって，国家の私法上の行為も憲法の規律を受けると解し，81条の「処分」に含めて理解すべきであろう．その上で，純粋な私法上の行為については，憲法の適用が制限されることもあると解するのがよいのではなかろうか．少なくとも，国家の純粋な私法上の行為は，私法の規律を受け，私法規定自体が違憲でない限り，私法の規律にのみ服すると限定することは憲法の許容するところだと解するのである．

　もしかしたら最高裁は，私法上の行為が憲法の規律から除外される根拠を公法・私法の二元論といわれる考え方に求めているのかもしれない．かつては公法と私法が実定法超越的な思考枠組として峻別された．それに従えば，憲法は公法に属するから私法に干渉することはないとされるのである．しかし，憲法を頂点とする実定法秩序の内部で違憲審査が行われる以上，公法と私法の区別も憲法に根拠をもたねばならないはずである．超憲法的(自然法的)に設定され

た公法・私法の峻別論により違憲審査を行うことは，憲法が授権する違憲審査権に許されるはずがない．したがって，公法と私法を区別するにせよ，その根拠は憲法に求められねばならない．公法に属する法であれ，私法に属する法であれ，いずれも憲法に基づいて制定される．私法も憲法の下にあり，憲法の規律を受けるのである．したがって，私法上の行為は憲法の規律を受けないという命題は成り立たない．私人の私法上の行為が憲法の規律を受けないのは，私法上の行為であるからではない．私人は憲法の「名宛人」ではないからである．私人は憲法の名宛人ではないから，私人間の関係には，憲法は適用されないのである．しかし，国家は憲法の名宛人であるから，たとえ私法上の行為であっても，憲法の規律を受ける．国家が一方当事者となる法律関係は，私人間関係ではない．もちろん，その関係に私法が適用されることはある．憲法が許容する限り，国家と私人の関係を私法により規律することは許されるのである．この場合，違憲審査との関係で重要なのは，国家を一方当事者とする特定の関係に私法を適用することが憲法上許されるかどうかである．許されると解釈されたとき初めて，「私法上の行為であるから，憲法の適用はない」と表現することも許されよう．しかし，正確には，私法上の行為として行うことが憲法上許されるという憲法判断が先行しているはずである．本件の判旨に欠けるのは，まさにこの点の判断と論証である．そのために，公法私法峻別論が超憲法的に設定されているという印象を与えるのである．

6 私人間効力論

上の説明の中で，私人は憲法の適用を受けないと述べた．混乱を避けるために，ここで私人間効力論について簡単に触れておこう．

社会関係を規律するのは，法律である．法律を制定する権力を立法権と呼ぶが，立法権をはじめとする国家権力を規律するのが憲法である．この意味で，憲法は国家を名宛人とすると表現する．国家といっても，現実には国家の名において行為する人，国家権力の担い手をいうのであるが，その意味で憲法は国家権力の担い手を名宛人とするのである．社会関係は，私人間の関係と国家と私人の関係に分けることができる．前者をヨコの関係，後者をタテの関係と呼ぶこともあるが，いずれの関係も，その規律は法律により行う．しかし，タテ

の関係は，国家が一方の当事者となっているから，国家が憲法の拘束をうけることを通じて，この関係に憲法が適用される．しかし，他方の当事者である私人は，そこで国家権力を行使するわけではないので，憲法による拘束を受けるのではなく，国家が憲法による拘束を受けることを通じてその立場が保護されるのが通常である．その意味で，この関係で主として問題となるのは，憲法上の権利の規定である．私人は国家に対して憲法上の権利を主張することができるのである．これに対して，ヨコの関係における当事者は，いずれも私人であるから，憲法の適用は受けない．一方の当事者が他方の当事者に「憲法上の権利」を主張することはできないのである．両者の関係を規律するのは法律であり，憲法ではない．もちろん，法律自体は憲法の拘束を受ける．ゆえに，法律の内容が当事者の一方の「憲法上の権利」を侵害するようなものであれば，その法律は違憲であり，私人間の関係を規律することができなくなる．そのことにより当該当事者は「憲法上の権利」を保護されるのと同様の利益を得るが，それは「憲法上の権利」が適用された結果ではなく，法律が憲法の拘束を受けた結果である[159]．法律が憲法の拘束を受ける結果生じる私人間の効果を「憲法が間接的に適用された」と表現することもできよう．それは用語の使い方の問題であるから，誤りとは言えない．しかし，厳密には，憲法は私人間に直接的にも間接的にも「適用」されてはいない．憲法は国家を名宛人とし，私人は名宛人ではないという立憲主義の基本原理を維持する以上，私人間に憲法が間接的にであれ「適用」されると述べることは，論理の整合性を欠く．

　憲法の私人間効力に関する日本の通説は，間接適用説である[160]．それは次のようにいう．憲法は私人間には直接適用されることはない．私人間を規律するのは法律である．しかし，法律の一般規定を通じて憲法を間接的に適用することが可能である．その際，法律の一般規定として用いられるのは，民法90

---

[159] たとえば，違憲決定以前に存在した婚外子相続差別の場合，差別は当時の民法900条4号但し書きにより生じていたのであり，嫡出子が婚外子を差別していたわけではない．差別を行っていた法律が違憲とされることにより，婚外子は民法900条4号本文の適用を受けて平等な相続分を受けることになったのである．これを憲法14条1項が私人間に間接的に適用されたと呼ぶとすれば，その適用の意味は，事実上の効果が及んだという意味にすぎないであろう．憲法が適用されたのは法律（立法権）に対してであって，嫡出子に対してではないのである．

[160] 芦部・前掲注13）112頁参照．

条(公序良俗規定)と709条(不法行為規定)である.民法90条は「公序良俗」に反する法律行為は無効であると定める.民法は私人間の関係,つまりヨコの関係に適用される法律である.その公序良俗規定を用いて,私人間において「憲法上の権利」を侵害するような法律行為は公序良俗に反することがあると解釈することを通じて,憲法規定を「間接的」に私人間に適用しようというのである.

しかし,国家を名宛人とする憲法が民法の公序良俗規定を媒介させることにより,どのようにして私人をも拘束するものに転換するのであろうか.この思考上の操作が説明されないと,にわかには受け入れがたい.ドイツの間接効力説は,それを客観法という観念により行った.主観的権利としての基本権規定に客観法的側面を読み込み,憲法レベルで私人を拘束する論理を組み込んだのである.基本権の客観法的効力はヨコの関係にも及ぶが,そこでは主観的権利性はもたない.その客観的効力が私法の一般規定に読み込まれることを通じて主観的権利となるのである.ドイツの第三者効力説の思考操作をこのように読み解くことができるとすれば,日本の間接適用説には,この思考操作が欠けている.私は,それを全実定法秩序を支える「人権理念」として概念化した.日本社会を秩序づける全法秩序は,個人の尊厳とそこから派出する人権理念により基礎づけられている.この理念は全方位に放射するが,それが憲法に実定法化されて「憲法上の権利」となり,ヨコの関係を規律する民法に実定法化されて「民法上の権利」となるのである.ゆえに,民法の公序良俗規定は,「憲法上の権利」により解釈されるのではなく,この人権理念により解釈されるのである.そのことを民法2条の解釈基準が示している.「この法律は,個人の尊厳と両性の本質的平等を旨として,解釈しなければならない.」[161]

百里訴訟判決においても,私人間の問題が論じられている.憲法9条は,私人XY間に直接適用されることはないとしても,民法の公序良俗規定を解して「間接的に適用」されるのではないかという問題としてである.これに対し

---

161) 「個人の尊厳と両性の本質的平等」は,いうまでもなく憲法24条で使われている文言である.しかし,だから憲法がヨコの関係を規律する民法の解釈指針となると理解してはならない.たしかに,タテの関係では,民法は憲法のもとにあるから,憲法24条に反する内容を規定してはならない.しかし,ヨコの関係を規律するに際して民法を解釈する場合には,民法2条に従って解釈するのであり,憲法24条に従ってではない.法秩序の構造は,このように理解されなければならない.

て，判決はどう応えたか．判旨の関連箇所は，次のように述べる．

「憲法9条の宣明する国際平和主義，戦争の放棄，戦力の不保持などの国家の統治活動に対する規範は，私法的な価値秩序とは本来関係のない優れて公法的な性格を有する規範であるから，私法的な価値秩序において，右規範がそのままの内容で民法90条にいう「公ノ秩序」の内容を形成し，それに反する私法上の行為の効力を一律に否定する法的作用を営むということはないのであつて，右の規範は，私法的な価値秩序のもとで確立された私的自治の原則，契約における信義則，取引の安全等の私法上の規範によつて相対化され，民法90条にいう「公ノ秩序」の内容の一部を形成するのであり，したがつて私法的な価値秩序のもとにおいて，社会的に許容されない反社会的な行為であるとの認識が，社会の一般的な観念として確立しているか否かが，私法上の行為の効力の有無を判断する基準になるものというべきである.」

判旨は，憲法上の規範が「私法的な価値秩序のもとにおいて，社会的に許容されない反社会的な行為であるとの認識が，社会の一般的な観念として確立している」とき，ヨコの関係を規律するに至ると述べているのである．これが，憲法規範がヨコの関係の基準となることを説明するために最高裁が採用した思考上の操作と理解できよう．この操作を組み込むことによって，私人間への憲法無適用説にたつ判例(三菱樹脂判決)を維持しているのである[162]．ドイツでは，基本権の効力を私人間に及ぼすために客観法の論理を使った．ゆえに，憲法の間接適用説となったのである．これに対して，日本の最高裁は，一般的な社会意識の論理を用いた．ゆえに，無適用説となっている．私は，このいずれとも異なり，法秩序を支える全方位的な人権理念という論理を使うのであり，それ

---

[162] 私人間に憲法の適用を認めた判例は，私の理解では，存在しない．最高裁は，私人間無適用説で一貫している．これに対し，メディアによる名誉毀損が争われた損害賠償請求訴訟では，私人間の争いであるにもかかわらず，メディアの表現の自由が論じられているから，最高裁は私人間への少なくとも表現の自由の直接適用を認めているのではないかという疑問が提起されるかもしれない．しかし，この文脈での表現の自由の議論は，メディアと裁判所（の判決）の間の問題に対する応答であり，私人間の問題ではない．そのために，これらの判例では，私人間効力論に全く言及することなく，判決がメディアの表現の自由を侵害することになるかどうかを論じているのである．

ゆえに憲法の私人間無適用説となるのである．

　いずれの説に立っても，実際の結果が変わることはないであろう．説明の仕方の違いにすぎない．しかし，だから重要な憲法問題ではないと考えてはならない．ことは立憲主義の理解と憲法の観念に関わっているからである．この根本問題をないがしろにして，憲法理論の内的に一貫性と整合性をもった体系は構築できない．

7　憲法改正

　憲法 81 条の列挙は例示であり，国家の法的行為はすべて違憲審査の対象となると解すべきだと述べたが，唯一例外があるとすれば憲法 96 条の定める「憲法改正」行為である．96 条の定める改正手続に違反した改正が憲法違反であることは疑いない．では，改正手続に従いさえすれば，いかなる内容の改正も許されるのか．通説は，憲法改正には限界があると解している．憲法に定められた規範には，国民主権や人権保障などのように憲法の基本価値あるいは根本規範の意味をもつ規定があり，これらは憲法改正規定よりも上位に位置すると解すべきであるから，改正規定に依拠して改正することは法論理上は認められず，もし行えば法的には「改正」ではなく「革命」といわねばならないというのである．

　では，改正手続に違反した改正[163]，あるいは，改正権の限界を超えた改正が行われた場合，裁判所は違憲審査を行いうるのだろうか．憲法改正は国民投票により行われる．国民投票による承認は，主権者国民の承認を意味するのではないか．主権者の意思が表明された以上，これを審査しうる憲法上の権力は

---

[163]　たとえば，各議院の総議員の 3 分の 2 の賛成の計算に違反があったにもかかわらず国民投票にかけられ承認されたという場合，そこにおける瑕疵は国民投票により治癒されるのかという問題も生じる．この点で興味深いのは，1962 年のフランス第五共和制憲法の改正である．当時の大統領ドゴールは，当初の憲法で間接選挙とされていた大統領を直接選挙に変えることを考えたが，憲法の定める改正手続をとれば上院の同意が必要となる．ところが，上院の同意は得られそうにない．そこで，憲法改正を想定した規定ではなく法律の制定に関して使用することを想定していた国民投票制度を使い，改正を直接国民投票にかけ圧倒的多数の賛成を得た．これは改正手続の違反であるとして憲法院に提訴されたが，憲法院は国民が意思表明した以上，それを審査する権限はないとして，判断を回避した．井口秀作「レファレンダムによって承認された法律に対する違憲審査」辻村みよ子編集代表『フランスの憲法判例』（信山社，2002 年）383 頁参照．

存在しえない．こう考えれば，司法権による違憲審査は否定される．しかし，同じく「国民」と呼んでも，憲法制定権力をもつ主権者国民と憲法改正国民投票を行う国民では，まったく次元を異にする．国民投票を行う国民は憲法により定められた憲法上の機関としての国民である．この国民は，憲法を制定する，その意味で憲法に「先行」しその上位に位置づけられる主権者国民の下位にある．違憲審査権が憲法を制定した主権者国民により司法権に与えられたものであることを考えれば，憲法改正の違憲審査を行うことは主権者国民が司法権に委託した司法権の責務ではないか．こう考えれば，裁判所が国民の投票した憲法改正を審査することに問題はないということになる．もちろん，憲法上の機関としての国民は民主政治の観点からは裁判所よりもはるかに強い民主的正統性を有するものであるから，裁判所は違憲審査を特に抑制的に行うことが要請される．しかし，違憲審査権が否定されるわけではないと考えることもできるのである．

第2章
違憲審査の方法(1)——審査対象の確定

　違憲審査は，まず最初に，適法に提起された憲法上の争点につき，事案の解決に必要な争点を選択して判断すべき争点を確定し，次いで，その争点を利益衡量により判断する．そこで，本章において，判断すべき争点の確定に際して生じる問題を検討し，次章において，争点を判断する利益衡量の枠組を説明する．

第1節　事案審査の思考過程

　(1) 事件が訴訟要件を充たし本案の審理に入ると，そこで当事者から提起された様々な本案上の争点が審査されることになるが，その争点の中に憲法上の争点が存在するとき，憲法訴訟として本書の分析の対象となる．憲法上の争点も事案の解決に関係する法的争点であるから，その訴訟上の取扱も基本的には訴訟法の規律に従うが，憲法上の争点であることから他の争点とは異なる扱いが適切なこともある．そのような観点から，特に注意すべき問題点を採り上げて説明するのが，本章の課題である．そこで最初に，憲法訴訟が進行する中で裁判官が通常どのような思考を遂行するかを頭に入れておこう．

　(2) 事件の解決は，通常，事案に法を適用して結論を出すという方式でなされる．したがって，裁判官がまず行うことは，事案の事実関係の確認と適用すべき法令の意味の解釈である．事実関係の理解と法令の解釈に関しても争いが存在するのが普通であるから，裁判官はその点につき提起されている争点を頭に置き，事実関係と法令の解釈の双方に視線を何度も往復させながら，徐々に事実関係と法令解釈を確定していくことになる．この思考過程の中で，もし事実関係が法令の適用対象ではなく，適用の可能性がないという確信に至れば，

その段階で訴訟は終了し，争いに対する解決が判決として出されることになる．刑事事件ならば無罪判決であり，行政処分の取消訴訟なら取消請求の棄却判決となる．

　(3) 事実関係への法令の適用可能性がある場合には，その確定へ向かう思考過程と並行して，憲法上の争点についても思考を巡らせるであろう．憲法上の争点主張には，後に詳述するように，2つの型が区別される．文面上違憲と適用上違憲である．文面上違憲の主張とは，法令自体が憲法の保障する特定の人権を侵害するという主張である．法令の文言(文面)の解釈を前提に，解釈された意味での法令の全部または一部は，こうこうこういう理由で当該人権を侵害するから違憲であるという主張となる．これに対して，適用上違憲の主張とは，本事案(それを構成する行為・行態・状況等，以下「行態」と略す)は，当該人権規定により保護された範囲に属するものであり，これに当該法令を適用することは違憲であるという主張となる．ここでも裁判官は，法令の文面の憲法的評価と法令の適用が想定される事案の憲法的評価の双方に視線の往復を繰り返しながら，本件の解決として文面上判断と適用上判断のいずれが最も適切かを同時並行的に考え，少しずつその結論を固めていくことになる．

　(4) 最終的に結論が定まると，その結論を判決理由において説明(正当化)しなければならない．ここでは，法の論理に従った議論の順序と組み立てが重要となる．同時並行的に遂行した思考過程をそのまま文章化したのでは，焦点がぼやけたり非論理的になったりして，達した結論の説得力ある説明とはならないであろう．審査の過程で考えた多くのことが，結論に直接関係しないために排除され，結論に関係するものだけが，それを審査した現実の順序ではなく論理的な順序に従って配列され叙述されることにになる．よく文面審査においては事件の事実関係の審査は行わず法令の文面だけの審査がなされるとか，適用審査が原則であるが，適用審査から文面審査に移行あるいは転換することもあるなどといった説明がなされることがあるが，現実の審査過程と思考過程がそのように進行することはまずないであろう．法令解釈と事実認定も，文面審査と適用審査も，同時並行的に進行するのである．判決理由が採用した叙述の仕方から現実の審査の過程を推しはかるのは，誤解のもとと言わねばならない．

　かりに「司法事実」(判決事実，後述)の審査をしないで憲法判断をするとしたら，

付随審査制に違反して違憲の裁判ということにさえなりかねないのである.

(5) 以上に素描したのは, 付随審査制における違憲審査の通常のあり方である. 従来これを「適用審査」と呼んできたために, 文面審査と適用審査という対概念において使われる適用審査と区別がつかなくなり, 混乱を与えてきた. 混乱を避けるためには, この審査方法は「付随審査」と呼び, 適用審査は文面審査と対立する概念としてのみ使うのがよいのではないかと思う. また, 審査のあり方と判決の書き方の混同を避けるために, 後述のように, 適用審査・文面審査と区別して適用上判断・文面上判断という表現を本書では使う.

第2節　違憲の争点の提起とその制限

憲法訴訟とは, 憲法違反の争点(違憲の争点)が提起されている訴訟である. 付随審査制においては, 違憲の争点は通常の刑事・民事・行政訴訟において提起され, 事件の解決に必要な限度で判断されるものであり, 各訴訟法の定める争点提起に関するルールに従う. 憲法上の争点であることから特別の扱いを受けるということは原則的にはない. しかし, 例外的に特別の扱いが必要なこともないわけではないし, また, 特に憲法上の争点が各訴訟法においてどのように扱われているのかを通観することにより憲法訴訟の特質に関する理解が深まるということもあろう.

1　主張責任

訴訟法の議論が, 通常, 訴訟要件という「入り口問題」と本案の問題とに区別されていることから, 憲法上の争点も訴訟要件に関するものと本案に関するものに区別することができる. 訴訟要件に関する問題は, 第1章で扱ったので, ここでは本案に関して提起されるものを対象とする. 憲法上の争点は, 通常は, 攻撃及び防御の方法として主張されるものであるから, 刑事事件においては被告が提起し, 行政事件においては原告が提起し, 民事事件においては原告あるいは被告が提起することになる[1]. 違憲の主張であるから, 主張責任は違憲を

---

[1] 国家の行為が違憲であることの主張であるから, 民事事件の場合, 通常は, 私人間に適用される法律(立法行為)が違憲であることの主張となるが, まれには裁判所の行為(判決)が違

主張する側にある[2]．適法な主張があれば，裁判所は，後述の「判断回避」が許される場合を除き，判断する義務がある．違憲の主張がなければ，判断する義務はないが，法律問題であるから裁判所の職権事項に属し，判断することが禁止されるわけではない．ただし，判断することにより不利益を受ける当事者に「不意打ち」とならないよう，反論の機会を与えるなど公平性には配慮が必要である．

付随審査制における違憲審査は，事案の解決に必要な限度で行うものであるから，事案の解決に関係のない争点は，憲法上の争点であっても判断を受けることができない．しかし，事案の解決にいかなる審査方法を採用するかは，第1節で述べたように，審理の初期段階では不明のことが多いから，事案解決に関係しうる争点は早期に主張しておくべきである．裁判官が最終的に結論を得，それに合わせた審査方法(判決の構成方法)を決定した段階で，それに関係しない争点は不適法として判断が与えられないことになるのである．

2　違憲の争点の2形態

違憲の争点は，一般に次の2つの形を取る．第1に，自己に適用される法令は，違憲の瑕疵を有しており，違憲無効であるから適用できない，という法令違憲(後述の「文面上違憲」)の主張であり，第2に，自己の行為あるいは状態(行態)は，憲法により保障されているから，これに法令を適用することは許されない，という適用違憲(後述の「適用上違憲」)の主張である．法令違憲の主張は，違憲の争点を憲法の客観法的側面において構成しているのに対し，適用違憲の主張は，主観的権利の側面において構成している．付随審査制における司法権の役割は，国民の権利保障を主たる任務とすることからいえば，違憲の争点の形としては，自己の権利の侵害を直接の内容とする適用違憲の主張のほうが思考に馴染みやすいであろう．そこで，適用違憲の主張を起点に，法令違憲の主

憲であると主張されることもある．私人は，憲法の名宛人ではないから，私人の行為が憲法に反するという主張は成り立たない．私人間効力論(第1章)参照．民法900条4号(旧規定)の違憲の主張は前者の例であり，訴訟事件を非訟事件手続で裁判をするのは違憲であるという主張(最大決昭和35年7月6日民集14巻9号1657頁参照)は後者の例である．

[2]　ここでの主張責任は，後述の立法事実に関する「立証責任」(「挙証責任」といわれることもある)とは異なる．

張にどのような制限がありうるのかを整理してみよう．

　自己の主観的権利が侵害される，あるいは，侵害されたという主張は，常に争点として提起しうる[3]．それを救済することこそが，権利保障型の司法権の役割なのである．逆に，他者の主観的権利が侵害されるという主張は，原則的には許されない[4]．しかし，自己の主観的権利は侵害されることがないために適用違憲の主張はできないとしても，法令違憲の主張は許されるのではないか．というのは，もし法令が違憲無効であれば，誰に対しても適用されるべきでないのであり，そうであるとすれば，たとえ自己の行態自体は憲法上保護されていなくても，法令違憲が認められることにより自己にも法令は適用されなくなり，結果的に救済されるからである．したがって，憲法上保護されていない者にも，法令違憲の主張を認めてもよいのではないかという考えが生じる．裁判所としては，法令違憲により事案を解決しても，それは事案解決の方法の1つとして法理論上認めうるものであるから，付随審査制に反することはない．そこでもしこの主張を認め法令違憲の判断をした場合には[5]，結果的には他者の主観的権利の侵害の主張を認めたと同じになる．はたしてこのような主張を認めてよいのか．それが違憲の争点を提起する当事者適格の問題として議論されてきたのである[6]．

3　主張適格

　違憲の争点の主張適格が問題となる法令における憲法的瑕疵とは，法令の適用対象に合憲的適用部分（憲法上保護された行態を適用対象に含んでいない部分）と違憲的適用部分（憲法上保護された行態を適用対象としている部分）が存在するということである．そこで問題は，合憲的適用部分に該当する者が，法令違憲を主

---

[3]　ここでは主観訴訟を考えている．客観訴訟の場合，権利侵害を要件としない訴訟であるから，ここで論じるような主張適格の問題は生じない．
[4]　他者の主観的権利の救済を求めて訴訟を提起すれば，入り口において法律上の争訟に該当せずとして却下される．本案においても，かかる主張は原則的には認められないが，例外的に認められる場合があるかどうかを検討するのが，ここでの課題である．
[5]　そのような主張を認めた場合に，「主張適格」があるという．しかし，主張適格があるということは，裁判所に判断義務が生じるということでは必ずしもない．裁判所が判断することが許されるということである．
[6]　その代表的論考が，芦部信喜「憲法訴訟における当事者適格」（『憲法訴訟の理論』（有斐閣，1973年）55頁以下に収録）である．

張しうるかどうか，また，どのような場合に主張しうるかである．場合を分けて考えてみよう．第1に，法令のある条項の適用対象となっている者が他の条項の違憲性を主張する場合(3.1)，第2に，ある条項の適用対象となっている者が，それを自己に適用すると第三者の憲法上の権利を侵害する結果をもたらすから適用すべきでないと主張する場合(3.2)，第3に，ある条項の適用対象となっている者が，その条項には違憲的適用部分が存在するから違憲無効であり，ゆえに自己に対しても適用できないと主張する場合(3.3)である．

3.1 全体との不可分性

ある条項の適用対象となっている者が，その条項を自己に適用すべきでないことの理由として他の条項の違憲性を主張することが許されるかどうかは，適用条項と他の条項が可分か不可分かに依存するが，ほとんどの場合，適用条項と法令全体との可分・不可分性の問題に帰着している．そして，結論的には，法令全体が違憲であるという場合には適用条項と法令全体とは不可分とされ，法令全体の違憲性の主張，および，その根拠として他の条項の違憲主張が認められるが，逆に，法令全体が違憲であるということはないと解される場合には，適用条項と他の条項は可分であるとして，他の条項の違憲の主張は認められないのが通常である．

たとえば，農地法は農地の譲渡等の処分の場合(3条)あるいは賃貸借の終了等の場合(20条)には知事の許可を必要としていたが，許可を得ることなしに賃貸の終了を賃借人に通知し，裁判所に終了の確認を求めた訴訟において，地主が賃貸借の許可制の違憲の主張に加えて処分の許可制の違憲も主張したのに対し，判決は処分の許可制の違憲あるいは農地法全体の違憲の主張適格はない旨の判断をしている[7]．これは，農地の規制権限は政府にあるから，個々の規制につき違憲かどうかが問題となることはあるとしても農地法全体が違憲となることはない，という判断を前提にしていると理解すべきであろう．その場合には，農地法に定める個々の規制につき違憲かどうかを問題とすべきだということになり，ゆえに，本件の地主には賃貸借の規制以外の規制の違憲性を主張する適格はないという判断になったのである．

---

[7] 最大判昭和35年2月10日民集14巻2号137頁.

同様の意味をもつ他の判決として，食管法事件判決[8]がある．この事件は，戦後の食糧難の時期に闇で米を買い自宅に持ち帰る途中で検挙され，食管法違反で起訴された刑事事件である．被告は，憲法25条は「生活権」を保障しており，本件の行為は生活権の行使であるから，これを処罰する食管法は憲法に違反すると主張した．最高裁は，憲法25条は「生活権」を保障するものではなく，食管法は憲法25条に反しないと判断した．被告の主張は，食管法全体が「生活権」を侵害し違憲であるという趣旨であったと解されるから，最高裁の判断は食管法全体が違憲であるわけではないという趣旨と理解される．ところが，栗山茂裁判官は，多数意見が食管法全体の憲法判断をした点に異議を唱え，本件で問題となっているのは食管法9条の定める無許可運搬だけであるから，食管法全般(価格の調整，配合の統制等に関する条項も含む)の判断はする必要がないのであり，「かような判断の仕方は裁判所が違憲審査に関する権限をこえて，両院がなすべき判断をするのと同様であつて，第三院と化せんとするものである」と論難している．しかし，食管法9条だけ全体から切り離して合憲の判断をしたとしても，その場合には，食管法全体が違憲だということはない(たとえ食管法が規定する個々の規制につき違憲のものがあるとしても)という判断を前提としていると理解する以外にないのであり[9]，そうだとすれば食管法全体について判断するという選択も法的安定性のためにはありうるところであろう．

　適用条項と法令全体との可分性の問題は，法令全体が違憲かどうかの問題に依存するとすれば，法令全体が違憲かどうかは，何によって判断すべきか．憲法が一定事項を国家の管轄外のものとして禁止している場合には，その事項に関して定める法令は全体として違憲というべきである[10]．これに対し，憲法が禁止していない事項について定める法令は，法令に含まれる特定条項につき合憲性の問題は生じうるが，法令全体が違憲となることはないので，法令全体の違憲を主張することも，また，法令中の他の条項の違憲を主張することも，適

---

8) 最大判昭和23年9月29日刑集2巻10号1235頁．
9) 栗山裁判官としては，「食管法全体が合憲か違憲かはさておき，本条項に関する限り合憲である」という趣旨の判断だと考えているのであろう．適用上判断を選択する場合には，それもありうるが，文面上判断を選択する場合には，文面上合憲を前提としているという理解になろう．
10) 芦部・前掲注6)論文参照．

用条項とは可分であり，主張適格はないということになろう[11)12)]．

たとえば，自衛隊法が憲法9条に反するという主張は，前者のような性格の違憲主張である．したがって，自衛隊法に存在するある条項の適用が問題となったとき，自衛隊法全体と不可分であるとして自衛隊法全体の違憲性を主張する適格は認められる．恵庭事件(194頁参照)はこの典型例であり，自衛隊法121条が適用できない理由として自衛隊法全体の違憲の主張がなされた．起訴した検察側も，自衛隊法全体の合憲判断を得ることを意図したものと思われるのであり，自衛隊法全体の合憲性は別にして(本条項とは可分であり)，本条項による処罰は合憲であるという主張であったとは思われない[13)]．

3.2 第三者の権利の侵害(第三者の権利の援用)

ある条項の適用対象となっている者が，それを自己に適用すると第三者の憲法上の権利を侵害する結果をもたらすから適用すべきでないと主張することは許されるか．第三者所有物没収事件[14)]がこの類型に属する．

第三者所有物没収事件判決 被告人は密輸出を企てて発覚し関税法違反の未遂罪で有罪となり，犯罪の用に供した船と貨物の没収を附加刑として科されたが，その貨物の中に第三者の所有に属するものも含まれていた．第三者所有物の没収規定については，先例上[15)]，没収対象をそれが密

---

11) 公安条例による許可に付された諸条件につき，そのうちの1つの条件に反したとして起訴された事件において，他の条件の違憲性を主張する適格を否定した判例として，最3決昭和50年9月30日刑集29巻8号702頁参照．被告の趣旨は，条件全体が違憲であることの理由として他の条件の違憲性を争ったのであろうが，判決は諸条件を別々のものと解し，ゆえに個々の条件に憲法上の問題があるとしても条件全体が違憲となることはないという前提を採ったものと理解される．
12) 1つの条項の中に存在する複数の文言につき，可分かどうかが問題となることもあるが，議論の構造としてはある条項と法令全体の関係と同じである．たとえば，札幌税関検査事件判決(最大判昭和59年12月12日民集38巻12号1308頁)において「公安又は良俗に反する図画」が問題となったが，判決は公安と良俗を可分と考え，良俗についてのみ判断した．しかし，解釈上この全体が違憲ではないかという捉え方もありうるのであり，その場合には，本条項全体と良俗との関係という問題となる．
13) そのような構成が全く不可能であるわけではない．たとえば，田中耕太郎長官は，砂川判決(最大判昭和34年12月16日刑集13巻13号3225頁)において，安保条約の合憲性とは無関係に，現実に存在する事実状態を保護することも法理論として可能であると主張している．
14) 最大判昭和37年11月28日刑集16巻11号1593頁．
15) 最大判昭和32年11月27日刑集11巻12号3132頁．この判決は，関税法の第三者所有物の没収規定を憲法29条の財産権保障との関係でいわゆる合憲限定解釈を行った．

輸に供されるという点について悪意の所有者の所有物に限定する解釈がなされていたが，善意か悪意かを判断するための手続は存在しなかった．そこで被告は，上告趣旨として，第三者に告知・弁解，防御の機会を与えることなしにその所有物を没収することは憲法の保障する適正手続を侵害すると主張した．この事件は，第三者の権利の援用が許されるかという問題に関する先例と理解されているが，正確には，第三者の権利の援用が上告理由として認められるかどうかという問題に関する先例である．

　この問題は，実は本件の2年前に最高裁で争われており，その時には，第三者の権利の侵害を理由とする上告は適法な上告理由には該当しないとされた[16]．本件は，これを変更し，適法な上告理由と認めたのである．両判決の間に数人の裁判官の定年退職による交替があり，多数派と少数派が入れ替わった結果である．両者の判断を分けた根本的理由は，没収判決の効力をどう考えるか，当事者間だけの効力か一般的な効力か，より具体的にいうと，没収物が国家に帰属するのは，判決の当事者間だけに及ぶ効力か，それとも一般的・対世的な効力かに関する見解の違いである．通常の既判力と同様に，判決の効力は当事者間にしか及ばないと考えれば，第三者たる所有者には及ばないから，別訴で国家に対して所有権に基づき返還請求をすることができ，そこで善意か悪意かが争われることになる．これに対して，没収物は一般的効力として国家に帰属することになると解すれば，判決により第三者の所有権は法的に失われることになり，所有権に基づく返還請求はできなくなる．したがって，弁解・防御の機会を与えられることなく，つまり，適正手続なしに，所有権を剥奪されたことになる．昭和37年判決は，後者の解釈をとり，それゆえに，本件の没収判決は違憲であるとして破棄自判した．そのために，第三者の権利の援用を上告理由として認めることになったのである．

　本判決が何を判示したかについては，理解に混乱が見られる．反対意見が他者の権利の侵害を理由に上告することは認められないと主張したのに対して，多数意見は，上告人は占有権の剥奪や第三者から損害賠償を求められる危険に直面するから，自己の利益として「上訴の利益」があると反論している．たし

[16) 最大判昭和35年10月19日刑集14巻12号1574頁，1611頁．

かにそうではあるが，単なる「上訴の利益」では上告理由とはならない．上告理由としては，憲法違反の主張が必要なのであるが，憲法違反として第三者の憲法上の権利の侵害が主張されているのであり，それが上告理由として許されるかどうかが問題なのである．そもそも第三者の権利の援用は許されないとすれば，上告理由としても当然許されない．ゆえに，上告理由として許されるためには，その前提として被告に，第三者所有物の没収に対して，第三者の権利の侵害を主張することが許されねばならないだろう．したがって，本判決はそれを可能と考えたことになるが，それはどのような理由によるのであろうか．

まず第1に，この没収を認めると，第三者の所有権は防御の機会も与えられないまま完全に国家に帰属することになり，これは重大な憲法違反である．第2に，本人も自己自身の利益がかかっているから，他者の権利の主張だとしてもなおざりな主張となる危険は小さく，自己の利益と同様な真摯な主張を期待することができる．そうすると，第三者が自ら自己の権利を防御することが困難であり，かつ，本人に第三者の権利を主張することに利益がある場合には，第三者の権利の援用を認めることができ[17]，そのような場合には，それを上告理由とすることも認めるというのが，本判決の判決理由だと理解することができよう．

本件と類似する事例として，次のような事件を挙げることとができる．

杉本判決 第1に，第二次教科書訴訟一審判決(いわゆる杉本判決)がある[18]．この事件では，教科書検定不合格処分の取消を求めた原告が，教科書検定制度は児童生徒の教育を受ける権利または教師の教育の自由を侵害すると主張したのに対し，本判決は，それらは原告が不合格処分取消に対して有する利益とは直接関係のない利益であり，行訴法10条1項により主張が禁止されると判断している．要するに，行訴法上禁止された主張であるという判断であるが，もし憲法上は許されるべき主張であるとすると，それを行訴法が禁

---

[17] 芦部・前掲注6)『憲法訴訟の理論』68頁以下は，第三者の権利の援用が認められるかどうかを検討するために必要な要素として，アメリカ判例の分析から次の4点を抽出している．第1に，援用者の訴訟における利益の程度(被告か原告かなど)，第2に，援用される憲法上の権利の性格(精神的自由か経済的自由かなど)，第3に，援用者と第三者の関係(実質的関係か偶然的関係かなど)，第4に，第三者が独立の訴訟で自己の権利侵害を主張することが実際上可能かどうか，である．本件は，このうち第1と第4が重要ということになる．

[18] 東京地判昭和45年7月17日行集21巻7号別冊1頁．

止してよいのかという問題になるはずであろう．では，憲法上は許されるべき主張か．不合格処分により教科書として使えなくなることは，児童生徒の教育を受ける権利の侵害あるいは教師の教育の自由の侵害となるのか(論点①)．もし侵害となるとすれば，次に，児童生徒あるいは教師がそれを自らの権利の侵害として争う途が残されているのかが問題となる(論点②)．争うことが現行法制度上非常に困難であるなら，不合格処分によりこれらの第三者の権利が侵害される結果が生じ，かつ，著者にこれらの第三者の権利を援用する利益はあり，真摯な主張を期待できるから，著者に不合格処分が違法である理由の1つとして第三者の権利の援用を認めるべきだということになるであろう．論点①②についてどのような立場を採るべきかは，ここでは留保するが，議論の構造としては，このようになるものと思われる．

オウム真理教解散高裁決定 第2に，宗教法人解散命令事件の高裁決定がある[19]．これは，宗教法人法81条1項に基づき宗教法人オウム真理教に対してなされた解散命令決定に対する抗告審決定である．抗告人宗教法人は，抗告審で解散命令が信徒の憲法上の権利である信教の自由を侵害し違憲であると主張した．これを裁判所は，抗告人が第三者である信徒の憲法上の権利を援用するものと捉え，抗告人にその主張適格があるかどうかを検討する．本決定は，まず，「法令又はこれに基づく裁判等の国家行為により不利益を受ける当事者が，その効力を争う裁判上の手続において，この手続の当事者ではない特定の第三者の憲法上の権利が右国家行為により侵害されるとして，当該国家行為が憲法に違反する旨主張する適格(以下「第三者の憲法上の権利主張の適格」という.) を有するかどうかは，右特定の第三者の憲法上の権利の性質，当事者と第三者との関係，第三者が独立の手続において自らの当該憲法上の権利を擁護する機会を有するかどうか，当事者に対し第三者の憲法上の権利主張の適格を認めないときには第三者の権利の実効性が失われるおそれがあるかどうか等を考慮し，当事者に右適格を与えるのが相当と認められる場合は格別，そうでない限りは許されないものというべきである(最高裁判所昭和37年11月28日大法廷判決・刑集16巻11号1593頁参照〔第三者所有物没収事件判決——著者〕)」

---

19) 東京高決平成7年12月19日判時1548号26頁．

と述べる[20]．そして，この考えに従って，次に本件を検討し，以下のように述べる．

「自然人である個人の信仰が他者との連帯又は共同行為を通じて形成，維持されるものであって，他者との連帯又は共同して行われる儀式行事その他の宗教上の行為が個人の信教にとって必要不可欠なものであること等に鑑みると，宗教法人ないしは宗教団体とこれに属する信者との間には，信仰に関しては，特別な関係があるといえること，個々の信者の信教の自由が害されるときは，その信者の所属する宗教法人の弱体化を招来しその存立にも影響を及ぼすおそれがあるなど，信者個人の信教の自由と宗教法人の存在との間にも密接な関係があること，宗教法人に対する解散命令の手続において，当該宗教法人の信者は当事者となりえないから，信者が自らの憲法20条の規定に基づく信教の自由権を擁護する機会がなく，右権利の実効性が失われるおそれのあること等を考慮すると，宗教法人に対する解散命令の手続において，右宗教法人に対し，その信者の右信教の自由権については，当該解散命令によってそれが侵害される旨主張する適格を与えるのが相当とすべき事情があると考える余地がないではない．」

つまり，宗教法人が解散により宗教上の行為を行いえなくなると信者の宗教の自由も害されるという関係にあること，かつ，信者自身が抗告人の解散により自己の信教の自由を害されることを主張して権利を守ることが困難であることをほぼ認めているように解されるのである．そうだとすれば，第三者所有物没収事件判決が基礎にしたと同様の状況が存在するということになるし，本決定自身が第三者所有物没収事件判決を引用しており，この判決に依拠しているようなのである．ところが，本件決定は，この後に続けて，要旨次のような議論を展開する．すなわち，抗告人が第三者の権利を援用する場合には，第三者に代わってその権利を主張するのであるから，第三者が有する以上の権利を主張することはできない．ゆえに，援用が可能なためには，第三者が真に信教の

---

20) そこで考慮すべき事項として挙げられているのは，芦部説（前掲注17）参照）をほぼそのまま引用した内容である．

自由を有し，それが制約されるということが明らかにされなくてはならない，と．しかし，これは，主張適格の要件に実体的な第三者の権利の存在を要求するものであり，主張適格の問題と実体判断の問題の混同であろう．本件の場合，主張適格が認められれば，次の問題として，解散命令が信徒の信教の自由をどのように制約するのか，その制約は正当化されるものなのかどうかが検討されることになるのである．たしかに，解散命令によって信徒の信教の自由が制約されることなど全くないというのであれば，そもそも第三者の権利の援用という問題など生じない．したがって，第三者の権利の制約が生じることは，その権利の援用が認められるための，すなわち，主張適格を認められるための前提であるが，それがどの程度の制約かは，主張適格の問題ではないのである[21]．

　本件の場合，信者は宗教法人(宗教団体)の構成員と想定されていると思われる．これを一般化していえば，団体は構成員の憲法上の権利を援用しうるかという問題といえよう．そう考えた場合，団体は団体を結成した目的に関わる構成員の権利を対外的に主張しうるのは当然と思われる．それは，個々の構成員の結社の権利の内容でもあろう．結社するということは，結社(団体)が構成員の権利を代わって主張することに同意することを内包しているのである．そうだとすれば，それは第三者の権利の援用ではなく，構成員の権利のいわば代理主張であろう．したがって，団体と構成員の関係という場面では，少なくとも団体が対外的に構成員の権利を主張する場合には，第三者の権利の援用と構成する必要はないと思われる．

3.3　文面上判断

　ある条項の適用対象となっている者が，その条項には違憲的適用部分が存在するから違憲無効であり，ゆえに自己に対しても適用できないと主張するのは，文面上違憲の判断をすべきだという主張である．これが問題となるのは，過度の広汎性あるいは不明確性(「漠然性」あるいは「曖昧性」と呼ばれることもある)が問題となる法令である．過度に広汎な法令とは，人権の規制範囲に憲法上保護

---

[21]　本件の最高裁決定(最1決平成8年1月30日民集50巻1号199頁)は，第三者の権利の援用が許されるかどうかの問題には触れることなく，信者の信教の自由の制約が憲法上許されるかどうかにつき判断している．宗教法人が信者の信教の自由を援用しうるのは論じるまでもなく当然のことと考えたのか，それとも，かりに援用が可能だとしても，という趣旨で判断をしたのかは不明であるが，おそらく援用を認めうる事例と判断したのであろう．

された行態までも含んでおり，したがって，合憲的適用部分のみならず違憲的適用部分も存在する法令である．他方，不明確な法令とは，規制対象が不明確な法令であり，これには，何を規制しているのかが不明確な場合と，何を規制しているか自体は，少なくともその中核部分に関しては不明確ではないが，周辺部分につきどこまで規制が及ぶかが不明確という場合が区別される．前者は，その条項全体が違憲となるが，後者は合憲的適用が可能な中核部分と違憲的適用となる周辺部分を含むことになる．ここで問題とするのは，後者の場合であり，この意味での不明確な法令は，合憲的適用部分と違憲的適用部分を有する点で過度に広汎な法令と共通しており，実際にも，不明確性と過度の広汎性は同時に主張されることが多い．周辺部分が不明確な場合，適用範囲を拡大して運用する傾向が生じ，過度に広汎な法令と同じ問題を提起するからである．

　ここでの問題は，自己の行態が憲法による保護の対象には含まれず，その意味で，自己への条項の適用を違憲と主張しえない者が，当該条項が憲法の保護する行態まで規制対象に含んでおり，その意味で違憲的適用部分を含んでいることを理由に，法令（条項）全体の違憲を主張し，全体が違憲無効であるから自己に対しても適用できないと主張することが許されるかということである．過度の広汎性の場合と不明確性の場合で異なる点は生じないと思われるが，とりあえず別々に考察してみよう．

　過度の広汎性の法理　過度の広汎性の場合であるが，これは，まず第1に，合憲的適用部分と違憲的適用部分が法文の意味上可分かどうかに関係するであろう．可分かどうかは，合憲的適用部分だけでも法令の目的に照らして意味があるのかどうか，同じことだが，違憲的適用部分が失われれば法令の意味がなくなるかどうかに依存し，それは最終的には，立法者がその点をどう考えるかに依存するであろう．可分であれば，合憲的適用部分をできるだけ生かす処理をすべきであるから，法令違憲の主張適格を否定し，適用上合憲などの手法を使う処理をすることになる．これに対し，不可分の場合には，条項全体を違憲とする処理をすることになる．この場合には，結果的に，合憲的適用部分に該当する当事者が，憲法上保護された第三者の権利の援用を認められたかのような形になる．この場合の第三者が，第2類型における第三者の場合のように特定の第三者ではなく，本条項が適用されることのありうる

不特定の，あるいは仮想の，第三者であることから，両類型の違いを第三者が特定か不特定かの違いとして説明する立場もあるが[22]，両類型の違いの本質はそこにあるわけではない．本類型の本質は，主張適格のところで述べた第 2 類型の場合のように，第三者の権利の援用が認められるべきことにあるわけではなく，不可分性を理由に文面上違憲の判断が採られることの結果として，第三者の権利の援用が認められたかのように現れるにすぎない．したがって，この類型を第三者の権利の援用の問題と捉えるのは，必ずしも正しくはない．

この問題の本質は，可分性の問題であると述べたが，次の問題として，たとえ可分であっても，すなわち，立法者が合憲的適用部分だけでも意味があると考えているときでも，全体を違憲とすべき場合があるのではないかという問題がある．これが，表現の自由に対する畏縮効果(chilling effect)の除去という問題である．当事者の権利救済だけを考えれば，可分の場合には適用上判断(適用合憲あるいは適用違憲)で事件を処理しても，権利救済という目的に反することはない．しかし，憲法保障的機能を加味して考えると，当事者の権利救済を一歩越えて，憲法に違反する部分を早期に除去して憲法保障を実現するために，憲法上保護されていない立場にいる当事者による法令(条項)全体の違憲の主張適格を認めて，法令(条項)全体を違憲無効とするという処理をすべき場合もあるのではないか．これは，アメリカ合衆国最高裁判所の判例で認められている考えで，どのような場合にこの手法を採るべきかについては時代により広狭が存在するが，基本的には政治的な表現の自由の領域で使われている．日本には，これまでのところこのタイプの過度の広汎性を理由とする違憲判決は存在せず，その理論的展開は未発達であるが，考え方としては重要であり，判例における今後の展開が望まれる．なお，ここでも第三者の権利の援用は，結果的に生じるだけで，この手法の本質は，畏縮効果の除去が必要な領域かどうかであることに注意が必要である．

不明確性の法理　　不明確性の場合周辺部分に不明確性の瑕疵をもつ法令に対し，その行態が規制のコアの部分に属する者は[23]，法令の

---

22) 時国康夫「憲法上の争点を提起する適格」『憲法訴訟とその判断の手法』(第一法規，1996 年) 235 頁，戸松秀典『憲法訴訟〔第 2 版〕』(有斐閣，2008 年) 93 頁参照．
23) 不明確な部分に属する行為を行った者は，自己に適用する限りでの違憲の主張も，法令の

不明確性を理由に法令の全体としての違憲の主張をする適格は認められるか．この場合も，過度の広汎性の場合と議論の構造は同じである．したがって，合憲的適用部分に当たるコアの部分と違憲的適用部分に当たる周辺部分が可分であれば，コアの部分は残す処理（例えば適用上合憲判決）を図ることになり，不可分なら全体を違憲とする処理をすることになる．可分の場合でも，畏縮効果の早期の除去が必要な場合は，全体を違憲無効とする処理もありうる．全体を違憲とする処理をする場合には，不特定の第三者の権利の援用を認めたと同じ結果となるが，それは結果的にそうだというにすぎず，第三者の権利の援用を認めるべきだからそのような処理をしたということではない．

4 違憲の争点を提起する時期

憲法上の争点は，上告理由と関係することから[24]，その主張時期に一定の制限が生じうる．最高裁における憲法判断は，下級審において十分に論じられ，議論が煮詰まって最高裁の判断に適するまでに成熟していることが望ましい．そうだとすれば，下級審で主張もされなかった憲法問題が最高裁への上告理由において突如提起されたような場合，最高裁が直ちにそれに答えることが必ずしも望ましくないこともあろう．かといって，原審で主張されなかった憲法問題は，適法な上告理由とはならないという一般ルールを定立することには問題がある．原審判決に接して初めて生じたり，気づかされたりする憲法問題もないわけではないからである[25]．そもそも憲法問題の判断は法律問題として裁判所の職権事項であり，当事者の主張がなければ判断しえないという問題ではな

全体の違憲の主張も可能である．裁判所は，両部分が可分なら適用違憲，不可分なら法令違憲の判断をするのが通常であろう．
24) 刑訴405条は，上告申立ができる事由の1つとして「憲法の違反があること又は憲法の解釈に誤りがあること」（同条1号）を挙げている．また，民訴312条1項は，「上告は，判決に憲法の解釈の誤りがあることその他憲法の違反があることを理由とするときに，することができる」と定めている．
25) 原審で主張判断のない憲法問題については，最高裁は採り上げるべきではないという主張は，当初，栗山茂裁判官の少数意見により繰り返しなされた．食管法違反事件判決（最大判昭和23年9月29日刑集2巻10号1235頁）における栗山意見，加重逃走未遂事件判決（最大判昭和26年7月11日刑集5巻8号1419頁）における栗山意見，古物営業法違反事件判決（最大判昭和28年3月18日刑集7巻3号577頁）における栗山裁判官の意見参照．これらの判決における多数意見は，憲法問題を判断している．この問題について論じる田中和夫「違憲性主張の時期」（法律時報29巻11号52頁）参照．

い．しかし，逆に，違憲の主張がなくとも職権で判断する義務があると解するべきでもないであろう．原審で主張判断のなかった憲法問題については，最高裁には判断する義務はないが，当事者が原審で争点として主張しなかったことに相当の理由がある場合や，早期の解決が望まれる重要な憲法問題であると考える場合など特別の理由があれば，判断することが禁止されるわけではないと解される．もっとも，判断するには立法事実の調査が必要となるような違憲の主張は，原則として事実調べをしない最高裁としては，採り上げにくいであろう．そのような場合には，立法事実の調査のために差し戻すことも考えてよいのではないか．いずれにせよ，当事者としては，違憲の主張と立法事実の提出は，事実審の段階で行うことが望まれる．

5 禁反言を理由とする違憲主張の制限

違憲の主張の制限には，禁反言(クリーン・ハンド)の原則によるべきものもあると指摘されている[26]．たとえば，渋谷区長選任贈収賄事件判決(最大判昭和38年3月27日刑集17巻2号121頁)がその例として挙げられる．東京都の特別区長は，当初，公選制であった(旧地方自治法280条の2)が，昭和27年の改正により区議会が選出し都知事の同意を得ることになった．この制度の下に，区議会による選挙に際しての贈収賄に問われた被告が，区長の選出方法が地方公共団体の長の直接公選を定めた憲法93条2項に反して違憲無効であるから収賄罪は成立しないと主張した．このために，特別区が地方公共団体かどうかが問題となり，最高裁は特別区は地方公共団体に該当せず，区議会による選出を定めた規定は合憲であり有罪と判断した．しかし，本件はこのような重要な憲法問題を判断するに適した事例ではないから，禁反言の原則を適用して違憲の主張適格を否定する解決の方がよかったのではないかと指摘されている．

自転車競技法違反事件[27]も，類似の論点を含むものであったといえよう．この事件では，競輪選手に賄賂収受を禁止した自転車競技法23条違反で起訴された被告が，自転車競技法は賭博を許容するものであり憲法13条に違反し無効であると主張した．判決は，「適用法条についての具体的な論難ではなく，

---

26) 芦部・前掲注6)『憲法訴訟の理論』178頁参照．
27) 最3決昭和35年2月9日刑集14巻1号92頁．

適法な上告理由に当らない」として上告を棄却したが，禁反言の原則によっても説明しえたと思われる．

なお，許可制の下で許可の申請をしないで許可を必要とされている行為をして違反に問われた者が，許可制自体の違憲を主張しうるかが問題とされたことがある．新潟県公安条例事件判決[28]において，井上・岩松補足意見は次のように論じた．すなわち，本条例の定める許可制は，実質は届出制であり，届出をしないで集団行進を主導した者を罰することに憲法上問題はないところ，本件は許可申請をしないで集団行進を行った事例であるから，許可制を定めた1条が合憲かどうかに関係なく，許可申請 (=届出) をしなかった者を処罰することに憲法上問題はない，ゆえに許可制の合憲性判断は不要である，と．これは，許可の申請をしなかった者には，許可制（届出制）の違憲を主張する適格がないという主張を意味する．しかし，制度を違憲と考える者が制度の要請に従うことなど期待はできないから，制度の要請に従わなければ制度の違憲を主張できないなどという理屈は成り立たない．多数意見が許可制の違憲の主張に対して判断したのは正当である．許可申請もしないで許可制の違憲を主張するのは，クリーン・ハンドとは言えないなどといわれると，一瞬錯覚しそうになるが，禁反言の原則とは全く関係ないから（許可制を承認して許可申請をしたわけではない）注意しておこう．

では，許可の申請をしたが不許可となったにもかかわらず許可の必要な行為をして責任を問われた場合に，許可制の違憲を主張するのはどうか．教科書裁判第二次訴訟控訴審判決[29]がこの問題に触れている．判旨によれば，教科書検定により特許行為たる教科書合格処分をえてこの制度による利益を受けておきながら，不合格となったときこの制度は違憲であると主張するのは「禁反言の法理にふれるとの疑問がないとはいえない」と述べ，このことを（本件不合格処分を違法として取り消す判断をした後の）検定制度自体の違憲の主張の判断を回避すべき理由の強化に使っている．しかし，許可制度の合憲性に疑問をもちながら，制度が存在する以上許可なしに行為して刑罰等の危険を冒すよりは，とりあえず制度に従っておこうということは，法の許容する合理的な行動様式であ

---

28) 最大判昭和29年11月24日刑集8巻11号1866頁．
29) 東京高判昭和50年12月20日判時800号19頁．

り，このような場合まで禁反言の法理を持ち出すのは問題であろう．

第3節　違憲審査の対象と手法

1　違憲審査の対象

1.1　審査対象に基づく類型区別

　ある事例について生じうる憲法上の争点には，2つの主張が存在した．第1に，本件事例に適用される法令は「憲法上の権利」(たとえば表現の自由)を不当に規制しており違憲であるという主張，第2に，本法令の適用範囲に含まれる本件事例は，当該「憲法上の権利」により保護されており，本件事例への本法令の適用は違憲であるという主張である．違憲審査の対象という観点から捉えると，第1の主張は，法令を審査対象としており，第2の主張は，法令が適用される「行態」を審査対象としている．しかし，審査対象の点からは，もう1つ，法令の適用行為自体を違憲審査の対象とする場合が区別される．適用行為の審査は，通常は違法性の審査であり，理論上は第1あるいは第2の主張に還元できる．しかし，適用行為の根拠規定との関係では合法であるが，その適用の「仕方」が違憲であるという主張がありうる．つまり，本法令の本件事例への適用の仕方は，本法令が規制する憲法上の権利(たとえば表現の自由)とは別の憲法上の権利(たとえば平等条項あるいは適正手続条項)を侵害しているという主張である．この審査類型は，前二者とは構造を異にするので，「処分違憲型審査」と命名し，その特徴をここで合わせて検討することにする．

1.1.1　文面上判断と適用上判断

　第1の主張の場合，違憲審査の対象は法令(より具体的には，本件事例への適用条項)である．当該条項による「憲法上の権利」の規制が合憲か違憲かが審査・判断される．本書では，これを「文面上判断」と呼ぶ．法文のいわば文面(文言)を審査・判断するからである．これに対して，第2の主張の場合，審査の対象は当該法令が適用される具体的な事実関係であり，その事実関係を構成する行態が当該「憲法上の権利」により保護されているかどうかが審査・判断される．保護されている場合には，当該法令を本件事例に適用する限り違憲であると判断され，保護されていない場合には，本件事例に適用する限り合憲であ

ると判断される．これを「適用上判断」と呼ぶ．この用語法からは，文面を対象に合憲性の審査をする場合を文面審査，事例を対象に合憲性を審査する場合を適用審査と理解することになる．この用語法のポイントは，憲法的評価の対象の違いにより文面審査と適用審査を区別していることである．

用語法の錯綜　文面審査と適用審査という用語は，しかし，本書とは異なる意味で使われることも多い．それとの混乱を避けるために，本書では文面上判断と適用上判断という表現を使うことにしているが，その違いを理解しておくことが混乱を避けるために役立つと思われるので，ここで簡単に触れておくことにする．

本書と異なる最も重要な使い方は，芦部信喜教授によるものである．芦部教授は「文面判断の手法(アプローチ)」と「事実判断の手法(アプローチ)」を対置する30)．これは，文面審査と適用審査を後述の「立法事実」に基づく審査手法と関連づけて理解する用語法であり，区別のポイントを審査の対象ではなく，審査の「手法」に置いている．原則的に立法事実を審査しないで行う審査手法を文面判断のアプローチ，立法事実を基礎に審査する手法を事実判断のアプローチと呼ぶのである．本書では，審査の対象と手法は区別して考察した方が分かりやすいと考えるので芦部説の用語法には従っていない．その理由については，後に説明することにする(178頁以下参照)．

文面審査と適用審査の違いを審査の「範囲」の違いと理解する見解もある31)．論者により様々な説明の仕方が採られているが，ニュアンスの違いを無視してこの型に属すると考えられる見解の特徴を指摘すると，次のようになろう．

まず第1に，文面審査と適用審査の違いは質的な違いではなく，量的な違いにすぎないと考えている．適用審査とは，事件の具体的事実を審査対象とするが，具体的事実そのものを審査するというよりそれが属する事実の類型を審査

---

30)　芦部・前掲注6)『憲法訴訟の理論』96頁参照．
31)　土井真一「憲法判断の在り方」ジュリスト1400号(2010年)51頁参照．青井未帆「憲法判断の対象と範囲について(適用違憲・法令違憲)」(成城法学79号41頁)の伝える近時のアメリカ判例の動向も，適用違憲をこのように理解する方向に進んでいるようである(同上76頁参照)．そうだとすれば，その理由を探ることは，アメリカの憲法訴訟論の特徴を理解するのに示唆を与えてくれるかもしれないという予感がするので興味をそそられるが，今のところ私にはその研究を手がける余裕はないので，アメリカ連邦最高裁判例の動向をどう理解するかは，ここでは留保しておきたい．

するのであり，その類型は当該事件に密着した狭い類型として構成されることもあるし，より一般化した類型として構成されることもあり，後者の場合の類型は法令が適用対象として想定する全体に近づくであろう．そう考えれば，文面審査(法令審査と呼ぶこともある)と適用審査の違いは，類型化をどのレベルで行うかの違いであり，それは類型のカバーする範囲の広狭の問題と考えることができる，というのである．

これに対して，本書では，文面上判断(文面審査)と適用上判断(適用審査)の違いは，質的なものだと理解している．適用上判断の対象は，事件の具体的事実関係(行態)そのものであって，その類型ではない．たしかに，具体的事実そのものは認識しえない(「物自体」は認識できない！)から，判断対象の同定は事実の諸側面・諸特徴の摘示として行う以外になく，それを言語表現として行う必要から，多かれ少なかれ「類型化」が生じるのは避けえないが，目的はあくまでも審査対象そのものの同定であり，類型化ではない．審査の対象は，同定した事実関係に限定されているのであり，摘示されたような特徴をもつ当該行態が憲法により保護されている，あるいは保護されていないという判断を行うのである．それが法令の適用対象の類型として機能するのは，判決が先例として機能する段階になってからのことである．先例として理解する場合には，先例の射程を類型化により確定する必要が生じるからである．

この説の特徴の第2は，適用違憲の判断を法令違憲の判断の一種であると捉える点に現れる[32]．法令の適用対象に属する一類型が違憲であるということは，法令の適用対象に違憲的部分が存在するという判断であり，法令違憲と適用違憲は量的違いにすぎない，というのである．たしかに，第1節において見たように，適用上判断においては，法令が本事例に適用される可能性のあることを前提にしているから，適用違憲という判断は法令の適用可能性の範囲内に憲法により保護された事例が含まれているということを意味する．しかし，だからといって法令自体がたとえば部分違憲となるとは限らない．法令自体を審査したときには，合憲判断となることさえ理論上はありうる．たとえば，本件事例が極めて特殊例外的な性質のものである場合には，それを適用範囲から除外す

---

[32] 山本龍彦「「適用か，法令か」という悩み(前篇)」法学セミナー681号86頁，88頁(2011年)参照．

る合憲限定解釈が行われることも考えられるし、あるいはまた、法令の言語表現に極端な絶対的明晰さを要求することはすべきでないから、法令自体は合憲として、本件事例は適用違憲で救済しようという判断もありうるところである。要するに、法令自体を審査すれば、全面違憲、部分違憲、合憲限定解釈等の選択がありうるが、どれが適切かを決めるには未成熟であり、本件はとりあえず適用違憲で解決しておこうという判断もありうるのであり、この場合には、法令についての判断は回避されているのである。適用上判断の重要な特質は、この憲法判断の回避にあることを知らねばならない。したがって、適用違憲は法令違憲の一種とは限らないのである。適用違憲とは、本件のような「類型」的事実を適用対象に含む限りにおいて本法令は（部分的に）違憲であるという判断ではないのである[33]。

特色の第3は、付随審査制においては、適用審査が原則的な審査方法だとされることである[34]。付随審査制は具体的な事件を解決するに際して違憲審査をする制度であるから、具体的事件への法令の適用が違憲かどうかを審査する適用審査が原則であり、文面審査は例外的な審査と理解されねばならない、というのである。このような理解から、まず適用審査から始めて、そこで審査の対象とされた事件の類型が法令の適用対象の典型的なもの、あるいは、重要な部

---

[33] 文面上判断と適用上判断は、判断の対象の違いであり、両者が排他的関係にあるわけではない。ゆえに、事案によっては、両方の判断が行われることがありうる。特に、文面上合憲の判断の場合に、当事者が適用上違憲も主張しているときには、その点の判断をしないと判断の遺漏となることが起こりうる。また、特に下級審の場合は、上級審が異なるアプローチを採った場合への対策として念のために両方の判断を行っておくということもありえよう。しかし、そのような場合でも、理論上は、適用上判断自体は文面上合憲を前提とするものではない。

[34] もっとも、適用審査優先原則は、本見解からのみならず、いわばほとんどの立場から主張されている。これは、適用審査という言葉が、多様に理解されていることから生じているのである。私自身も、当初、適用審査が原則であると考えていた（高橋和之『憲法判断の方法』(有斐閣、1995年)55頁、178頁参照）。これは、適用審査を、①法令の事実関係への適用可能性を判断する思考過程と、②その事実関係の憲法的評価を行う思考過程を一体的に捉えた観念と理解していたからである。付随審査制においては、事件の成立が憲法審査の前提であるから、まず最初に①を行うことが必要となるが、適用審査を②と①の一体化したものと観念していたために、まず適用審査をするのが原則であるという誤った理解に陥ったのである。しかし、後になって、①と②は区別すべきと考えるようになった。適用審査は、②の問題である。しかも、憲法的評価は法令と事実の両者につき可能であるとすると、①を行った後、違憲審査としては法令を評価する文面審査と事実を評価する適用審査の両者が可能であるが、そのいずれが優先すべきかは付随審査制自体からは出てこないのである。

分を占めるような場合には，法令審査に「移行」するとか「転換」するのであると説明され[35]，事件の具体的事実(後述の「司法事実」)に関係なく法令自体を審査する文面審査は，極めて特殊例外的審査手法であるとされる．

　しかし，この見解が理解する「適用審査」は，文面審査と対置された適用審査というよりは，付随審査そのものを指しているように思われる．もしそうだとすれば，付随審査制においては適用審査が原則であるというのは，トートロジーにすぎない．第1節において見たように，付随審査制においては，法令の事例への適用を中心にして，法令の解釈と事実の認定，法令の憲法的評価と事例の憲法的評価が同時並行的に審理される．このことを理解すれば，付随審査制においては適用審査が原則だとは言えないことが容易に理解できよう．適用審査と法令審査(文面審査)は同時並行的に行われるのである．審理が進行するに従って，どの手法によりどのような結論とするのがよいかが徐々に固まっていくのである．結論が出れば，それに対応して適用上判断か文面上判断かも決まり，その論理に従って判決が書かれる．判決においては，当然，採用しなかった判断方法は捨てられ，判決文中には出てこない．結論が適用違憲であれば，適用上判断と適用審査の論理に従って判決が書かれるし，法令違憲(文面違憲)であれば，文面上判断と文面審査の論理に従った判決が書かれるのである．どちらを優先すべきかという原則など存在しない．付随審査制における違憲審査の要請には，事案の解決に適した違憲審査の方法を選ぶということ以外にない．まず適用審査を行うのが原則であり，そこから法令審査に進むことがあるにしても，適用審査を省いて文面審査(法令審査)を行うのはきわめて例外的である，と考えるのは，実際の審理のあり方に対応していないし，付随審査制の論理からそのような順序が要請されるということもない．たしかに，適用審査・適用違憲の方が付随審査制に馴染みやすいということはいえよう．しかし，それは立法府との軋轢が文面審査・文面違憲より小さいからということが基礎にあって生じることであり，事件の解決に付随して違憲審査をするという付随審査制の論理から生じることではない[36]．

---

35)　佐藤幸治『日本国憲法論』(成文堂，2011年)656頁，市川正人「文面審査と適用審査・再考」立命館法学2008年5・6号(321・322号)21頁参照．
36)　髙橋・前掲注34)193頁参照．

文面審査と適用審査の違いを，審査対象が立法行為か執行行為かに求める見解もありうる．執行行為は行政権が法律を「適用」する行為であることから，適用審査とは行政による法律執行行為の違憲審査をいうと理解するのである．本書の適用上判断が法律を適用される側に焦点を当てた観念であるのに対して，ここでの適用審査は，法律を適用する機関(執行機関)の行為に焦点を当てた観念である[37]．しかし，法律を執行(解釈適用)する行為が違憲となるのは，通常は法律が違憲である場合であり，法律の執行行為を違憲とする前に，法律が文面上違憲であろう．合憲の法律を違憲的に適用したとすれば，法律の許容範囲を超えたのであり，違憲である前に違法である．違憲である原因が行政機関にあることを明示するために，違法ではなくあえて適用違憲と判示するという選択はありえようが，そのことにより適用違憲に本来的な適用上違憲とは異なる意味を与えて議論に混乱を生じさせることは避ける必要があろう．本書では，混乱を避けるために，適用違憲を「適用上違憲」の場合に限定し，ここでの適用違憲は「違法」(法律違反)の問題と理解する用語法を採用する．したがって，行政機関の法律執行行為そのものの審査は適法性の審査であり，合憲性の審査ではなく，ゆえに適用審査とは呼ばない．

1.1.2　処分違憲型審査

行政機関の法律執行行為の違憲審査は，最初に述べた(167頁参照)憲法上の3つの争点の第3の主張に関係する．それは，法律の本件事例への適用の仕方が本法律の規制する人権とは別の人権を侵害するから，本件の法律適用行為は違憲であるという主張であった．この場合の審査は，実際上は，適用審査の場合と同様に，事件の事実関係の憲法的評価であるが，適用審査と異なるのは，法律の規制する人権による評価ではなく，それとは別の人権による評価である点である．たとえば，法律が表現の自由を規制している場合に，法律の適用対象である事実関係が表現の自由により保護されているかどうかを審査するのでは

---

[37]　憲法上「非」のある行為をしたのが立法府か行政府かを明らかにすることが重要だと考える立場(山本龍彦「「適用か，法令か」という悩み(後篇)」法学セミナー682号86頁，89頁(2011年))は，このような考え方を基礎にするものと理解しえよう．私自身は，違憲審査制度を国家行為の合憲性を判断する制度と考えており，特に違憲行為をした国家機関を同定し「非難する」ための制度とは考えていない．違憲行為をすれば，「非難」が生じるのが通常であろうが，それが違憲審査制度の目的とは考えないということである．

なく，たとえば平等原則あるいは適正手続原則を侵害する態様での法律適用が行われたから，その適用行為は違憲であるという主張をする場合である[38]．これを適用審査と呼ぶのは，本来的意味での適用審査とは法的構造を異にするから，議論の混乱を引き起こす危険がある．そこでこれを「処分審査」，審査の結果違憲と判断する場合には「処分違憲」と呼んで区別する見解もある[39]．適用審査と呼ぶか処分審査と呼ぶかは用語の問題であるにすぎないが，適用審査・適用違憲と呼ぶ場合には，その法的構造の違いは常に意識している必要があろう．

この型の審査については，後に判例を素材に詳しく論ずる(280 頁以下参照)．

1.2 判例に見られる判断手法

1.2.1 文面上判断を採用した判例

文面上判断とは，法令を対象とした憲法判断であり，文面上合憲と文面上違憲の判断がある．判例のほとんどが文面上合憲の判断であるが，付随審査制における文面上合憲判決は，あらゆる適用において合憲であるという趣旨ではないことに注意が必要である．当該事案との関連での合憲判断であり，当該事案への適用が前提となっており，それを含めた大部分の適用が合憲であるという趣旨の合憲ではあるが，将来例外的に適用が違憲となる場合のありうることが否定されているわけではないのである[40]．

---

38) 第三者所有物没収事件判決が，行政機関による法律執行行為ではなく裁判所の決定が審査対象ではあるが，違憲審査の構造としては，処分違憲の例である．そこでは，裁判所による没収判決が所有権者に適正手続を保障しないでなされたことを理由に違憲とされた．悪意の所有者から没収することを定める関税法の規定が財産権侵害かどうか(文面審査)，あるいは，所有者が憲法上財産権により保護された立場にあるかどうか(適用審査)が争点とされたのではなく，所有者に防御の機会を与えないで没収することが適正手続に反しないかどうかが問題とされたのである．
39) 駒村圭吾『憲法訴訟の現代的転回——憲法的論証を求めて』(日本評論社，2013 年)37 頁参照．
40) 松井茂記『日本国憲法〔第 3 版〕』(有斐閣，2007 年)120 頁参照．権利保障の目的からは，当該事案が法令の合憲的適用事例であることを確定すれば足りるのであり，他の事例への適用すべてが合憲であることまで確定する必要はない．もし，法的安定性等の理由から全面的に合憲であることを確定しておこうというのであれば，そのことを明示して，その趣旨の先例として機能するための配慮をするであろう．そのような配慮がなされていない限り，文面上合憲の判断は，以後の適用違憲の判断を排除するものではないと理解される．これに対し，文面違憲の判断は，あらゆる適用において違憲であるという判断と理解すべきである．そのような意図ではないならば，当該事案に限定する適用違憲の判断をしたはずであろうから．

文面上違憲の判断には，当該法令を全面的に違憲とする判断と部分的に違憲とする判断がある．判決理由から判断して当該法令の合憲的適用のありうることが想定されない場合が全面違憲判決である．それに対して，判決理由から判断して当該法令に合憲的適用部分と違憲的適用部分が存在し，両者を切り分けると本件は違憲的適用部分に該当するという趣旨に理解できる場合が部分違憲判決である．この用語法の定義においては，合憲的部分と違憲的部分が切り分けられているということが重要である．違憲的適用部分のみを画定し本件がその部分に包摂される事例であるという趣旨の違憲判断は，法令の残部についての合憲性が確認されていないので，本書では部分違憲判決とは呼ばないことにする．あるいは，不真正の部分違憲判決と呼ぶことにする．なぜこのように定義するかというと，不真正の部分違憲判決は，その性質が先例としての機能上適用違憲判決に近づくからである．なお，合憲限定解釈は違憲判決ではないが，違憲的部分を解釈により切り捨てて合憲的意味に限定するから，本書では文面上判断の一種と位置づける．

　文面上違憲判決は，これまでのところ10件存在するが[41]，そのうち郵便法賠償責任制限違憲判決[42]，在外国民選挙権制限違憲判決[43]，国籍法違憲判決[44]の3つが部分違憲の判決といわれている．この3つすべてが部分違憲という理解に異論もあるが，後に違憲判決の種類を説明する際に詳しく検討する予定である(317頁以下参照)．

　合憲限定解釈は，法令に違憲的適用部分の存在することを確認する判決であり，結論的に合憲判断ではあるが，法令の文面について裁判所の憲法判断が示される点で文面上判断と同質であり，しかも機能的には違憲判断に近いと言える．本書では憲法判断が示される点にその特徴を見るので，法文の意味を限定した解釈でも違憲的部分の存在可能性を指摘しないで，憲法適合的解釈とか体系的解釈等の名目により限定したにすぎない判決は，合憲限定解釈の判決とは考えない(202頁，321頁参照)．合憲限定解釈の判決として有名なのは，労働基

---

41) 後述337頁参照．
42) 最大判平成14年9月11日民集56巻7号1439頁．
43) 最大判平成17年9月14日民集59巻7号2087頁．
44) 最大判平成20年6月4日民集62巻6号1367頁．

本権に関する全逓東京中郵事件判決と都教組事件判決であるが，これらについても判断回避の方法や違憲判決の種類等を論じる際に説明することにする．

1.2.2 適用上判断を採用した判例

適用上判断は，法令の適用対象の憲法的評価であり，これにも適用上合憲と適用上違憲の判断がある．日本の最高裁は，適用上判断を必ずしも好まないようで，適用上違憲判決の先例は見あたらない．しかし，適用上判断の手法を知らないわけではなく，後述のように，少数意見の中で適用違憲の可能性に言及したものがいくつかあるし，また適用上合憲の先例も若干数存在する．したがって，適用上判断の手法を知ってはいるが，適用上違憲の手法には利点を見出していないというのが真実であろう．司法消極主義的な傾向の強い最高裁が立法府との軋轢が比較的小さい適用上違憲を活用しようとしないことは一見奇妙であり，学説にはなぜかといぶかしむ向きも多い．違憲審査とは法令自体の審査が通常の形態であると最高裁は素朴に措定しているのではないかという説明もあるが[45]，むしろ法的安定性を極度に重視していることが理由ではないかと思う．適用上判断は，事件に限定された判断であるから，どうしても不明確に残される部分が多く，それだけ法的安定性を損なうのである．しかし，通常の司法裁判所が行う司法審査制の特質は，具体的妥当性(権利擁護)の最大限の実現をめざした個別の判例を積み重ねながら，先例との区別により少しずつ法形成を行い，時間をかけて緻密な判例理論を形成していくところにある．短期的には法的安定性をある程度犠牲にするが，長期的には法的安定性と具体的妥当性の調和した判例法が確立される点に長所があるのである．この長所を生かすためには，もっと適用上判断の活用を図るべきであろう．適用上判断は文面上判断の回避の意味をもち，法的安定性を損なう面があるが，それは文面上判断に熟するのを待つ意味もあるのであり，未成熟な判断の結果を固定させてしまうより，よりよい結果へと熟成するのを待とうという賢慮(prudence)なのである．

---

[45] 佐藤幸治『憲法訴訟と司法権』(日本評論社，1984年)145頁，藤井俊夫「過度の広汎性の理論および明確性の理論」芦部信喜編『講座憲法訴訟 第2巻』(有斐閣，1987年)352頁，市川・前掲注35)26頁参照．

1.2.2.1 適用上合憲判決

適用上合憲判決の例としては，職業安定法違反事件[46]と川崎民商事件[47]がある[48]．両者とも，構成要件の不明確性を憲法31条違反として争ったものである．前者は，売春を業とする接客婦の雇用を斡旋したとして職業安定法63条2号により起訴された事件で，被告が「公衆衛生又は公衆道徳上有害な業務に就かせる目的で」斡旋するという構成要件は明確性を欠くと主張したが，本件被告の行為に適用する限りにおいて「明確を欠くところはない」と判示している．構成要件の核心部分に該当する行為であり，刑罰法規に必要な告知機能に欠けてはいないという判断である．後者は，税務調査を拒否したとして起訴された事件であるが，問題となった条項は，「所得税に関する調査について必要があるとき」には，税務調査官は「質問し又はその者の事業に関する帳簿書類その他の物件を検査することができ」，これを拒否した場合には処罰する旨を規定していた．帳簿等の提示要請を拒否したために起訴された被告は，防御としてこの構成要件が不明確であると主張した．これに対し，最高裁は「本件に適用される場合に，その内容に何ら不明確な点は存しない」と応えた．被告の行為が本件構成要件の核心的部分に属するものであり，被告との関係では不明確性はないという判断と理解できるものである．

両判決とも，後に述べる表現の畏縮効果が問題となる事例ではないので，このような事件における構成要件の不明確性の主張に対しては，適用上合憲の手法が適切であることが多いのではないかと思われるが，1972年の川崎民商事件判決を最後に，不明確性の主張に対して文面上判断により不明確性を否定するのが通例となり，適用上合憲の手法はほとんど活用されていない．不明確性の争いを早期に確定することが法的安定性のために重要であるという判断が基礎にあるのではないかと思う．

1.2.2.2 適用上違憲判決

適用上違憲の判決は，最高裁の先例には存在しない[49]．しかし，補足意見等

---

46) 最2決昭和36年12月6日裁判集刑事140号375頁，後述199頁参照．
47) 最大判昭和47年11月22日刑集26巻9号554頁，後述200頁参照．
48) 高橋・前掲注(34)227頁以下参照．
49) 第三者所有物没収事件判決を適用違憲判決と理解する見解も有力であるが，本書ではこれを処分違憲の判決と理解している．173頁参照．

において適用上違憲の可能性に言及したものが散見される．特に伊藤正己裁判官は，合憲判決に付した補足意見で事案によっては適用違憲の可能性のありうることを数度にわたりわざわざ論じており，注目される．また，下級審判決には適用違憲としたものがいくつか存在するが，その理解をめぐって若干の議論があるので，合わせて紹介しておく．

<u>伊藤補足意見</u>　第1に，不法入国した外国人に対し入国後一定期間内に登録申請をすることを義務づけている外国人登録法の違反が問われた刑事事件[50]であるが，そこで登録申請に際して旅券に代えて陳述書類および理由書を提出することを求めていた点が憲法38条1項の禁ずる不利益供述の強制ではないかが争われた．判決は，実際には上記文書に不法入国に関する具体的事実の記載がなければ適法な申請とはしないという取扱にはなっていなかったと認定し，したがって不利益供述の強制ではないとしたが，伊藤裁判官は補足意見において，外国人の管理という行政目的に必要かつ合理的な限度を超えて具体的事実を申告させた場合には適用違憲となりうることを指摘し，上記文書の提出要求がこの点についての誤解を与えないようにする必要に言及した．

第2に，サラリーマン税金訴訟[51]であるが，そこでは，給与所得に係る必要経費について，実額控除を認めず概算控除を設けるにとどまる所得税法の規定は，給与所得者を事業所得者と差別するものであり，平等権保障に反するのではないかが争われた．判決は合理的差別であり合憲としたが，伊藤裁判官は補足意見において，当該規定は違憲とはいえないが，具体的な課税処分が常に合憲とまではいうことができず，現実に生じた必要経費の額が概算控除として定められた給与所得控除の額を著しく超過するという事情が見られる場合には，当該課税規定を適用することは明らかに合理性を欠くものであるから，そのような場合に「適用される限度において，憲法14条1項の規定に違反する」と述べた．

第3に，街路樹とその支柱に政党の演説会開催の告知宣伝を内容とするプラカード式ポスター2枚をくくりつけて掲示したことが，大分県屋外広告物条例

---

50)　最3判昭和60年1月22日民集39巻1号1頁．
51)　最大判昭和60年3月27日民集39巻2号247頁．

に違反するとして起訴された事件[52]である．判決は表現の自由に対する公共の福祉による制限として合憲と判示したが，伊藤裁判官が補足意見を付し，街の景観保護という目的との関係では規制手段の適切さにつき慎重な配慮が必要であり，特にパブリックフォーラム的性質が関係する場合は，その具体的状況において表現の自由の利益が街の景観の利益に優位するときには，適用違憲となることのありうることを指摘している．

いずれの補足意見も，たとえ法令自体は合憲であるとしても，その運用の仕方如何によっては適用違憲となることがありうることに注意を喚起し，法令の運用者に警告を与えたものと理解できよう．

下級審における適用違憲判決の類型　適用上違憲判決は，下級審判決においてはしばしば採用されているようである．しかし，「本件に適用する限り違憲」と判断されていても，処分違憲判決の説明に関連して触れたように，本書で言う適用上違憲とは異なる内容の判決も存在するから，注意が必要である．芦部説は，「本件に適用する限り違憲」とされた判決を適用違憲の判決と捉えたうえで，その内容の違いに着目して3つの類型を区別している．本書の立場と芦部説との違いを理解するのに役立つと思われるので，ここでその3類型[53]について触れておこう．

芦部教授は，適用上違憲の判決を次の3つに分類した．①「法令の合憲限定解釈が不可能である場合，すなわち合憲的に適用できる部分と違憲的に適用される可能性のある部分とが不可分の関係にある場合に，違憲的適用の場合をも含むような広い解釈に基づいて法令を当該事件に適用するのは違憲である，という趣旨の判決．猿払事件一審判決(旭川地判昭和43年3月25日下刑集10巻3号293頁)がその例とされる．②「法令の合憲限定解釈が可能であるにもかかわらず，法令の執行者が合憲的適用の場合に限定する解釈を行わず，違憲的に適用した，その適用行為は違憲である，という趣旨の判決」．プラカード事件一審判決(東京地判昭和46年11月1日判時646号26頁)がその例とされている．③「法令そのものは合憲でも，その執行者が人権を侵害するような形で解釈適用した場合に，その解釈適用行為が違憲である，という趣旨の判決」．第二次教

---

52) 最3判昭和62年3月3日刑集41巻2号15頁．
53) 芦部信喜〔高橋和之補訂〕『憲法〔第6版〕』(岩波書店，2015年)387頁．

科書訴訟一審判決(杉本判決・東京地判昭和45年7月17日行集21巻7号別冊1頁)がその例とされている．

　以上の3類型は,「法令を本件に適用する限り違憲」との趣旨を判示した判決を適用違憲の判決と理解し，その構造の違いを基礎に分類したものであり，適用違憲判決が以上の類型に尽きるということではないであろう．それはともかく，この分類は，まず最初に，法令が違憲的適用可能性部分を含むかどうかを基礎に①②と③を区別し，次いで，合憲的適用可能性部分を含む場合につき，合憲的適用部分と違憲的適用部分が不可分かどうか，したがって合憲限定解釈が可能かどうかを基礎に①と②を区別するという構造をもっている．本書の適用上違憲判断と照らし合わすと，①と②は法令の適用対象が憲法により保護されている場合を想定しており，本書の立場からも適用違憲に属すると一応いいうる．しかし，後に説明するように，合憲限定解釈が可能な場合には，それを採用するのが適切な解決方法であると考えるので，②は適用違憲の手法ではなく，合憲限定解釈の手法を採用すべき場合であり，そうすれば本来は違憲ではなく違法の判決となるべきものであろう．他方で，③は，法令自体は合憲であるとされるから，法令の適用対象を法令を審査したのと同一の人権規定により審査するという類型ではなく，前述の憲法上の争点の第3に属する審査(172頁参照)であり，したがって，この適用違憲は「処分違憲」に属するというべきである[54]．そうすると，本書でいう適用違憲に属するのは①のみということになる[55]．

---

54)　木村草太「憲法判断の方法――「それでもなお」の憲法理論」(長谷部恭男他編『現代立憲主義の諸相 上』(有斐閣，2013年)507頁)は，私が「処分違憲」の概念を認めていないと述べるが，私は処分違憲を適用違憲とは異なるものとして認めてきた(高橋和之『立憲主義と日本国憲法〔第4版〕』(有斐閣，2017年)445頁，高橋・前掲注34)221頁参照)．第三者所有物没収事件判決は処分違憲の判決である．芦部教授は，この第3類型の例として教科書裁判第二次訴訟一審判決(いわゆる杉本判決)をあげる．私は，杉本判決を第2類型に属すると理解してきた(高橋・前掲注34)223頁参照)．この判決は，検定制度を定めた法律を合憲限定解釈して合憲とし，実際の検定が合憲限定解釈して得た意味の範囲を逸脱したから適用違憲であると判断したと理解するからである．もし合憲限定解釈ではなく，体系的解釈あるいは目的的解釈等の通常の解釈手法により合憲の判断をしたのであれば，処分違憲(芦部第3類型)に属するという理解になろう．本書が合憲限定解釈をどのように理解するかについては，174頁参照．
55)　①②③を適用違憲の判決と呼ぶことに反対しているわけではない．構造の違いを明らかにするためには，同じ名称で呼ばない方がよいのではないかということにすぎない．

2 違憲審査の手法──事実に支えられた憲法判断

　日本の憲法訴訟論に巨大な足跡を残した芦部信喜教授は，憲法判断の手法として「文面判断の手法（アプローチ）」と「事実判断の手法（アプローチ）」を区別した[56]．これを本書の「文面上判断のアプローチ」と「適用上判断のアプローチ」と比較すると，芦部教授の「事実判断の手法」が本書の「適用上判断の手法」に対応しているように見えるが，わざわざ呼び方を変えているのはなぜかと疑問をもつ読者もいよう．実は，本書の区別は芦部説とは異なる視点から行っており，両者の区別は正確には対応していない．審査手法である立法事実論との関係をどう理解するかに関わるが，この点を説明することから始めよう．

2.1 立法事実論

違憲審査における事実の重要性　訴訟においては，通常，法律の定める要件に該当する事実の有無を調べ，事実の存在を認定できた場合には，法律の定める法的効果を確定する．その際，要件の意味の解釈と要件事実の認定とは同時並行的に進行する．認定される事実は，生の事実ではなく，要件の意味に合わせていわば生の事実から造形された事実である．憲法訴訟においては，これに加えて，憲法的評価に関係する事実が重要な役割を果たす．憲法的評価の対象は，法律とその適用対象事実であるから，法律の憲法的評価に関係する事実と適用対象事実に関係する事実が問題となる．憲法による評価を基礎づけるそれらの事実を「評価用事実」と呼ぶとすると，法律が合憲か違憲か，適用対象事実が憲法により保護されているか否かは，評価用事実に依存することが多い．もちろん，合憲か違憲かという規範的判断が事実から導かれるということを述べているわけではない．事実と規範（当為）の区別は当然であるが，事実命題が規範命題の「確かさ」「説得力」を支えるのも経験的真理である．法的議論が抽象的で空虚な形式論に陥らないために，論理的な演繹の場合は別にして，常に評価用事実に支えられた議論を行うことが重要なのである．

---

[56]　芦部信喜『憲法訴訟の現代的展開』（有斐閣，1981年）19頁，同「憲法訴訟の課題」同編『講座憲法訴訟 第1巻』（有斐閣，1987年）33頁．

判決事実と立法事実　アメリカの行政法学者であったデイヴィス教授（K. C. Davis）は，訴訟に関連する事実に「判決事実」（adjudicative facts,「司法事実」とも訳される）と「立法事実」（legislative facts）を区別した[57]．判決事実とは，法律が適用される当事者に関する事実であり，「誰が，何を，どこで，いつ，いかに，いかなる目的で，行ったのか」に関係する．これに対して，立法事実とは，法定立のために用いられる事実であり，法律の審査との関連では，法律の基礎となっている一般的事実である．したがって，立法事実が上述の評価用事実であることは明らかである．問題は，判決事実が適用上判断を行う際の評価用事実を含むのかどうかであるが，この点をデイヴィス教授がどう考えていたかを詮索すること自体には意味がないから，ここでは，判決事実は評価用事実を含まず，要件事実の認定の基礎となる生の事実には，評価用事実も含まれていると理解しておこう．そうすると，評価用事実には，文面上判断に際して法律の憲法的評価を支える立法事実と適用上判断に際して法律の適用対象の憲法的評価を支える事実が存在することになる[58]．後者の例としては，たとえば政治的ビラを郵便ポストに投函するために他人の敷地に無断で立ち入り住居侵入罪に問われたような場合，政治的ビラの配布が目的であったという事実は，刑法130条の「正当な理由がない」という要件に関係する事実であると同時に，表現の自由の保護範囲に属するかどうかの評価に関係する事実でもあるし，あるいは，新聞記者が公務員に接近し守秘義務の対象となる事実を聞き出し，秘密漏洩罪の教唆犯に問われた場合，新聞記者であり取材のための活動であったという事実は，違法性阻却事由の成立要件に関係する事実であると同時に，表現の自由の保護範囲に属するという評価に関係する事実でもあろう．

　デイヴィス教授が判決事実と立法事実の区別の必要性を感じたのは，当時の裁判において立法事実が重要な役割を果たすようになってきていたからである．

---

57)　高橋・前掲注34)105頁以下参照．
58)　デイヴィス教授は，立法事実を「法定立」(rulemaking)を支える事実と述べているから，法律の適用される事実の憲法的評価を支える事実も立法事実と考えていたかもしれない．この憲法的評価も事実認定ではなく法定立の性質をもつと理解しうるからである．なお，立法事実は立法の「合理性」を支える事実であるから，「合憲性」を支える事実とは限らないが，憲法訴訟との関連で問題となるのは，合憲性を支える事実であり，本書でも特に断らない限り，合憲性を支えることに関係する事実の意味に使う．

この区別は，コモンローの伝統に存在した事実問題と法律問題の区別に対応している．陪審制の下では，事実問題は陪審員の権限事項であり，法律の素人が事実認定を行うことから生じうる弊害を防止するために事実認定のための厳格なルールが形成されてきていた．これに対して，法律問題は裁判官の権限に属し，法律の解釈・評価は裁判官に委ねられていた．社会変動が少ない安定期においては，伝統的な解釈方法に従って法律を解釈し憲法判断をしていれば足りたが，20世紀に入り社会経済の構造変化が進展し，それに対応した新たな立法が要請されてくると，そうした立法に対する伝統的立場からの違憲論と社会変化への適応を主張する合憲論が激しく対立するようになる．そして合憲論からは，新たな法律の必要性や合理性を根拠づける社会変動の諸事実が法廷に持ち込まれるようになる．その典型例がいわゆるブランダイス・ブリーフ[59]だったのである．法廷に持ち込まれるこうした事実に着目してデイヴィス教授は，これを立法事実と呼んで判決事実から区別したが，その時の問題意識は，一方で，立法事実の認定には判決事実の場合のような訴訟法上のルールが存在せず，法律問題の一環として裁判官の自由に任されているが，当事者の公平性を担保するために何らかのルールがあるべきではないかということ，他方で，立法事実の認定は本来立法府の権限であり，裁判所はそれを行うことに適した組織・手続を具えていないから，立法府の認定を尊重して自らは立ち入るべきではない，という批判が存在したという事情があった[60]．要するに，裁判所は立法事実をどのように扱うべきかという問題に直面していたということである．法律を解釈し憲法的評価をする任務をもつ以上，そして，それを説得的に行うために立法事実の参照が効果的である以上，立法事実の審査・認定を裁判所の権

---

[59] ブランダイス・ブリーフ(Brandeis brief)とは，女性労働者の最長労働時間を1日10時間に制限したオレゴン州の社会立法の合憲性が争われた事件(Muller v. Oregon, 208 U. S. 412 (1908))において，後に最高裁判事に任命されるルイス・ブランダイスが州の弁護人として作成した上告趣意書に由来する．その上告趣意書は，法律の合憲性の主張を根拠づけるために，長時間労働が女性の健康にもたらしている害悪に関する詳細な医学上・社会経済上のデータを含むものであった．ブランダイスは，弁護士として活躍する中でこのような訴訟文書をひんぱんに活用したという．

[60] ドイツでも，憲法裁判所による違憲審査に関して，立法事実を認定する権限が立法府にあるか憲法裁判所にあるかの論争が存在したという(高見勝利「立法府の予測に対する裁判的統制について——西ドイツにおける判例・学説を素材に」芦部還暦記念論文集『憲法訴訟と人権の理論』(有斐閣，1985年)35頁参照)．

限に属さないとすることはできないであろう．そうすると，立法事実については立法府と裁判所の両者に権限があることを認めたうえで，両者の調和をどのように図るかという問題となる．

合憲性の推定　その調和を図るための1つの考えが，合憲性の推定の理解の見直しであった．もともと法律は，三権分立と国民主権の原理を基礎に，合憲であることが推定されるといわれていた．それにより，裁判所は違憲であることが明らかでない限り違憲判断はすべきでないという裁判所の自制が語られていたのである．そこに立法事実が語られるようになると，合憲性の推定とは，立法事実の存在の推定であるという理解が生じることになる[61]．しかし，注意すべきは，ここでの「推定」は，立証責任の原則と結びついた民事訴訟法的な意味で使われているわけではないということである．憲法訴訟において使われる場合には，国民を代表する立法府が定めた法律には，一応それが必要であり合理的であることを支える立法事実が存在するであろうことを前提にして議論を出発させようという程度の意味にすぎない．法律の合憲性審査は裁判所の責務である．したがって，民事法上の「推定」原則，すなわち，違憲を主張する側が法律を支える立法事実の不存在あるいは不十分であることの証明に失敗したから責任は違憲の主張者にあり，推定原則に従って合憲と判断する，という当事者主義的論理は通用しない．「法律問題」である以上，裁判所が責任をもって判断しなければならないのである[62]．ここでの「合憲性の推定」は，訴訟当事者間の立証責任の配分の問題ではなく，むしろ立法府と裁判所の間の問題である．ここでの「合憲性の推定」とは，「立証責任」の転換を意味するのではなく，裁判所は立法事実が存在するという立法府の判断を一応尊重して問題を考えるべきであり，違憲判断をするにはそれに相応しい説得力のある説明がなされなくてはならないということを表現しているのである[63]．

---

61) この間の事情については，芦部・前掲注6)『憲法訴訟の理論』131頁以下参照．
62) 髙橋・前掲注34)111頁参照．
63) 合憲判断をする場合には，立法府との関係では特別に重い説明責任を負うわけではない．そのためか，日本の最高裁の合憲判決には，三行半的な説明しかなされていないものが多い．しかし，立法府に対してはそれでよいとしても，裁判所は主権者国民に対しても説明責任を負っている．違憲を主張する当事者は，いわば国民を代表している面もあるから，その当事者に対する説明責任もないがしろにしてはならないだろう．

芦部説の意義　本書は，違憲審査の対象を基準に文面上判断と適用上判断を区別し，また判断手法として事実に基づく審査を重視して，文面上判断に際して考慮される事実を「立法事実」，適用上判断に際して考慮される事実を「評価用事実」と呼んでいる．これに対して，芦部説においては，文面判断の手法と事実判断の手法が区別され，その区別基準は立法事実に基づく審査かどうかに置かれている．文面判断の手法は，立法事実を考慮するまでもなく，法律の文面だけから憲法判断をする手法であり，その代表例として人権規制の「過度の広汎性」(overbreadth)，「不明確性」(vagueness)，「検閲」(censorship)を理由とする違憲判断の場合が挙げられている[64]．本書でいう文面上判断の手法が，芦部説においては文面判断の手法と事実判断の手法に分けられているのである．

　では，本書でいう適用上判断の手法は，どこに位置づけられるのか．芦部教授の著作には，「適用違憲のアプローチ」への言及は存在し[65]，また，日本の判例における適用違憲判決を3類型に分類する詳細な議論は存在するが[66]，適用上合憲や適用審査といった概念は管見のかぎり見あたらない．その代わりに「「事件の事実」判断のアプローチ」という表現が存在するので[67]，適用上判断や適用審査に相当するものは，この中に含めて観念されていた可能性がある．「事件の事実」判断というと，当該事件の具体的事実とその評価用事実だけを意味するかの印象もあるが，そうすると，立法事実を基礎とする「事実判断の手法」とは異なることになる．しかし，芦部説のねらいが，違憲審査に際しての「事実判断」を強調することにあったことを踏まえると，「事実判断のアプローチ」は，立法事実に基づく法令審査と「事件の事実」判断を，両者と

---

64) 芦部・前掲注6)『憲法訴訟の理論』45頁，96頁，234頁，同・前掲注56)『憲法訴訟の現代的展開』18頁，24頁，同『憲法判例を読む』(岩波書店，1987年)38頁，同・前掲注56)『講座憲法訴訟　第1巻』32頁．
65) 芦部・前掲注6)『憲法訴訟の理論』366頁．
66) 芦部・前掲注56)『憲法訴訟の現代的展開』47頁以下．
67) 芦部・前掲注6)『憲法訴訟の理論』96頁．そこでは「法律の文面」判断のアプローチと「事件の事実」判断のアプローチが対比されている．文脈上，前者は「文面判断の手法」を意味しているようであるから，そうすると後者は事実判断の手法を含んでいる可能性もあるが，しかし，ここでは立法事実は想定していないという感じがする．もしそうなら，事実判断のアプローチと「事件の事実」判断のアプローチが区別されているということかもしれない．

も事実に着目するという観点から区別することなく含むものと観念され，その中で芦部説は，日本の違憲審査の問題点を立法事実を十分に考慮していない点に見たために，事実判断の手法が主として立法事実との関連で論じられることになったのではないかと思う[68]．しかし，本書では，同じく「事実判断」といっても，立法事実と評価用事実では一般性の程度において異なるから[69]，その違いを曖昧にすべきではなく，区別したほうがよいと考えている．それが文面上判断と適用上判断の質的な違いにも整合するのである．それと同時に，芦部説が文面審査においては立法事実を審査しないのが通常であるとする点について，疑問をもっており，むしろ文面上判断においては立法事実を考慮するのが通常であり，考慮しないで判断しうる場合が例外的であると考えている．

芦部説が事実判断の手法として想定している審査方法は，後に詳しく見る目的・手段審査であり，目的の正当性と手段の目的適合性を審査基準の要請する厳格度で立法事実を基礎にして審査するというものである[70]．これに対して，文面審査の手法においては，立法事実を考慮することなく，文面の文言の解釈だけにより違憲かどうかの結論を出しうると考えるのであるが，はたしてそのようなことは可能であろうか．たとえば，過度の広汎性の審査を考えてみよう．過度に広汎な法令とは，法令の適用範囲に憲法上保護された行為を含む場合である．つまり，法令が合憲的適用部分のみならず，違憲的適用部分も含む場合である．問題は，違憲的適用部分を含むということをどのように判断するかである．法文を見ただけで誰にでも直感的に違憲的適用部分が含まれていると判断しうるならば，たしかに立法事実を考慮するまでもないであろう．しかし，それは例外的であり，多くの場合は，違憲的部分を含むかどうかについて対立が生じるのではないだろうか．その場合には，「違憲的部分」が違憲であるか

---

[68]　淺野博宣「立法事実論の可能性」(前掲注54)『現代立憲主義の諸相 上』419頁)は，芦部説のこのような理解を提示しており，興味深い．

[69]　淺野・前掲注68)は，立法事実と評価用事実の違いは量的なものにすぎず，適用違憲においては立法事実の一部が削除されるにすぎないのだという理解を示すが，私はその点の理解を異にする．淺野教授は，おそらく適用審査を，私とは異なり，文面審査と量的に違う手法にすぎないと考えているものと推測する．

[70]　駒村・前掲注39)44頁は，芦部説における文面判断の手法と事実判断の手法の区別を基本的には受け継ぎながら，後者を目的・手段の枠組により審査する点に着目して内容審査あるいは構造審査と呼んで文面審査と対置させている．

どうかを判断する手法が必要となるであろう．その手法は，目的・手段審査ではないだろうか．もしそうなら，そこで立法事実を問題とせざるをえないのではなかろうか．では，法文の不明確性の場合はどうか．明確かどうかは，判例上一般人がその法文から許される行為と許されない行為の区別の基準を読みとりうるかどうかにより決定されることになっている[71]．一般人がこの基準を読みとりうるという事実は，立法事実ではないだろうか．もしそうなら，法文の明確性の判断は立法事実を基礎にして行うことになろう．検閲の場合は，問題はより複雑である．アメリカのように検閲とは表現の事前抑制であると考えると，許される場合と許されない場合が生じるから，許される検閲かどうかの判断は，立法事実を基礎に行う必要が生じる可能性が大きい．しかし，日本のように，判例上検閲は絶対禁止であるという解釈の下に，検閲の概念が定義されている場合には[72]，法律の定めた制度が検閲の定義に該当するかどうかの問題となり，立法事実を基礎にしないで判断できることになろう[73]．このことは，芦部説のいう文面判断の理解に重要な示唆を与える．つまり，憲法が絶対的に禁止している内容を明確に定義した場合には，後は定義への該当性だけを判断すればよいから，立法事実を問題とする必要はなくなるということである．そうだとすれば，この文面判断の手法は，定義づけ衡量の手法として捉え位置づけ直したほうがよいのではないか．この点については，後に詳しく説明する．

　芦部説における文面判断の手法を定義づけ衡量の手法として捉え直すことにすると，本書で言う文面上判断の手法は，原則的に立法事実に基づき目的・手段審査をする場合ということになり，芦部説の文面判断と事実判断の対置は意味を失う．両者は一致することになり，事実判断の手法に含まれていたかもしれない「事件の事実」判断の手法は，本書の適用上判断の手法に吸収されることになる．

---

71)　徳島市公安条例事件判決（最大判昭和50年9月10日刑集29巻8号489頁）．
72)　札幌税関検査事件判決（最大判昭和59年12月12日民集38巻12号1308頁）．
73)　それでも，憲法が絶対的に禁止した検閲を定義する段階では，たとえば検閲とは歴史上いかなる制度をさして使われたかとか，制憲者はいかなる意味に理解していたか，現代社会において禁止すべき検閲はいかなるものであるべきかなどに関する「諸事実」の考慮が必要となろう．それは憲法の解釈を支える事実であり，立法事実とは異なるが，文面だけを見て行いうるものではないのである．

本書の立場　以上をまとめると次のような理解となる．

付随審査制においては，法令の解釈および適用対象の事実認定が基底に存在し，その上に憲法上の争点が重ねられている．憲法上の争点は，法令の憲法的評価と法令の適用対象の憲法的評価に区別できるが，その評価を支える事実として立法事実と評価用事実が想定される．本書では，この憲法的評価を評価対象の違いにより文面上判断と適用上判断と呼ぶ．いずれの判断においても，判断を支える事実が重要であるが，それぞれを支える事実(命題)は，一般性・抽象性のレベル等において異なるから区別して考える必要がある．なお，極めて例外的に，事実を考慮するまでもなく憲法的評価が可能な場合もあるが，それは後述の「定義づけ衡量」(ルール設定とルールへの該当性判断)の判断手法として位置づけ，ここでの付随審査制の基本構造は，利益衡量に基づく審査を想定したものと理解している．

このような付随審査制の構造理解からは，「適用審査優先原則」は帰結しない．付随審査制においては，文面上判断も適用上判断も原則と例外の関係にはなく，事案の解決にどちらがより適切かによって選択されるものである．立法府との軋轢をできるだけ避けるという政策からは適用上判断のほうが好ましいということはいえるが，その政策は付随審査制自体の論理から生じるものではない．適用審査が原則であるといわれる場合に，その適用審査によって理解されているのは，法令の適用対象の憲法的評価だけではなく，適用対象への法令の適用可能性の判断まで含めたもののように思われる．そうだとすれば，法令の解釈とそれへの適用可能性は付随審査自体の成立要件であるから，その判断は当然優先的になされなければならなくなる．そこに適用対象の憲法的評価が不可分なものとして付け加えられて「適用審査」が観念されれば，付随審査制においては適用審査が原則であるという理解とならざるをえない．本書では，そのような誤解を避けるために，適用審査を付随審査制の成立要件にあたる判断とは切り離して，憲法的判断のみを指す適用上判断と構成しているのである．

芦部説の重要性は，憲法判断において事実の果たす重要性を強調し，公共の福祉による人権制限を事実に支えられない形式論理により正当化する傾向の強かった当時の最高裁判決のありようを批判し，改善を求めた点にあった．しかし，そのことを強調するあまりに，例外的に立法事実の考慮を必要としないで

審査しうる場合を「文面判断の手法」として概念化し，それに該当する場合を限定するとともに最も厳格な審査であると捉えた．文面判断の手法を厳格な審査と理解したのは，おそらく積極主義に傾いていた当時のアメリカ連邦最高裁が過度の広汎性や法文の不明確性を理由に，あるいは，表現の事前抑制であり検閲に該当するといった理由で，多くの違憲判決を出していたことが影響したのではないかと推測されるが，理論上はこれらは厳格な審査とは限らないであろう．過度の広汎性の理論も，どの程度を過度と考えるか，それをいかなる基準で判断するかにより厳格にも緩やかにもなりうるし，不明確性の理論も日本の最高裁がそれを厳格な基準として使っているとは誰も思わないであろう．検閲についても，日本の最高裁の採用した検閲概念が厳格審査に相当するものとは理解されていない．立法事実に言及しないで違憲の結論を出しうる点に着目して厳格な審査と言えるかもしれないが，しかし，見方によれば，立法事実に立ち入らないで立法府の政策判断との衝突を避け，いわば法文の書き方が悪いという表面的理由で違憲の結論を出す点に着目すれば，立法府への配慮を優先させた審査方法という理解も可能であろう．したがって，「文面判断の手法」という概念を認めるとしても，それを厳格審査と位置づけることは再考が必要であろう．本書では，芦部説の「事実判断の手法」と「文面判断の手法」の対置を後述の「審査基準に基づく審査」と「定義づけ衡量による審査」として捉え直す．

2.2 立法事実の法廷への顕出

　審査が立法事実に基づいてなされるためには，立法事実が法廷に顕出される必要がある．立法事実とは，法律の合憲性を支える事実である．それは，通常，法律案が国会に提出されたとき，その法律が必要であることの説明として提示されているはずであり，法案を審議した国会の委員会および本会議の議事録に記載されている．しかし，日本の国会は，立法に際して立法事実の論証を必ずしも綿密に行ってはいないので，議事録に現れている立法事実だけでは不十分なことが多い．また，立法当時には合憲性を支えるに十分な立法事実が存在したとしても，その後の変化により，立法事実の有無を判断する基準時（通常は口頭弁論終結時となる）において立法事実が存在しなくなっているということもありうる．ゆえに，議事録以外からの立法事実の認定が必要となることが多い．

では，それはどのような手続で行うべきであろうか[74]．

顕出の主体 　法解釈が法律問題として裁判官の職責であり，法解釈が説得力をもつには立法事実に支えられることが必要であるとすれば，立法事実を収集する責務は裁判官にあるということになる．しかし，当事者も自己の主張を裁判官に受け入れてもらうためには，裁判官の心証形成に影響を与えるために自己の主張を支える立法事実を提示する努力を避けえない．特に，合憲性の推定が働く場合には，違憲を主張する側は合憲性を推定される立法事実の存在を覆すために，違憲性を根拠づけうる立法事実[75]の提出に力を注ぐ必要がある．その意味で，立法事実を裁判所に顕出するに際しては，当事者の働きに依存することが多いであろう．裁判所は判決事実の認定には適した手続と能力をもつが，立法事実の認定に関しては立法府に劣るから，立法府が立法に際して基礎にした立法事実を尊重し，自ら立法事実の収集を行おうとすべきではない，という批判もあるが，他方で，当事者の助けをかりれば立法府に劣らない立法事実の収集能力をもちうるとの反論もあり[76]，立法府が依拠した立法事実を弾劾するのに当事者により裁判所に顕出された立法事実を利用することを否定する必要はない．現実の訴訟においては，当事者双方が自己の主張に有利な立法事実を論証しようとするであろうが，原則的な考え方としては，裁判所が立法府の判断を尊重すべきような領域（合憲性の推定が語られる領域）については，違憲を主張する側がその主張を支える立法事実を論証する負担を負うことになり，裁判所が独自に判断すべき領域では，合憲を主張する側が論証の負担を負うことになろう．とはいえ，当事者主義の妥当する領域ではないから，当事者が立証に失敗したから当事者の主張を支える立法事実は存在しないと判断するという論理は成立しない．裁判官は，自らの責任において立法府の判断をどの程度まで尊重するかを決めて違憲か合憲かの心証を形成しなければならないのである．そのために必要であれば，職権による立法事実の調査も許される．アメリカでは「司法確知」(judicial notice)が使われることが多いといわれる

---

74) 時国・前掲注22）『憲法訴訟とその判断の手法』53頁以下が，実務家的観点から論じており，示唆に富む．
75) 厳密には立法事実は合憲性を支える事実であるが，広義には違憲性を支える事実も含めて考える．
76) 芦部・前掲注56)「憲法訴訟の課題」35頁参照．

が，日本でも，①公知の事実，②裁判所に顕著な事実は，特に立法事実の認定手続を必要としない．科学上の事実・法則については，必ずしも公知とは限らないし，専門家の間で異論のあることも多いから，認定する場合には出典を明示し，不利となる当事者の反論が可能となる配慮が必要である．いずれの場合も，職権調査については，不利となる相手方に意見を述べる機会を与えるのが，公平の原則からの要請であろう．ただし，当事者主義の妥当する領域ではないので，立法事実につき当事者が争わないとしても，裁判所が必要と考えれば職権で認定することは可能である．

顕出の対象　　人権制限の合憲性審査は，後述のように，基本的には目的審査と手段審査により行われる．ゆえに，立法目的の正当性を支える立法事実と手段の目的適合性を支える立法事実が，法廷への顕出の対象となる[77]．

目的審査においては，合憲性を主張する側は，人権規制の目的が正当であることを根拠づける立法事実として，規制がないために「弊害」が現実に生じているという事実，あるいは，規制しないで放置すると「弊害」が生じるであろうという予測とその確実性を支える事実の論証をする[78]．目的が正当ではなく違憲であると主張する側は，逆に，現実に「弊害」は生じていないこと，あるいは放置しても「弊害」が生じる危険性はないという立法事実を論証することになる[79]．

手段審査においては，合憲を主張する側は，採用された規制により「弊害」が防止されている程度・予測を論証しうる立法事実を提示する．これに対し，違憲を主張する側は，手段が目的を実現するものではないこと，あるいは，実現する程度・予測が人権制約の程度・予測を下回り，目的適合性を欠くということを論証する立法事実を主張することになる．

---

77) 目的および手段に関わる立法事実としてどのようなものが問題となりうるかをカースト（Kenneth L. Karst）教授が整理していて参考になるが，その紹介として高橋・前掲注34) 108頁以下参照．
78) 積極目的の規制が許される事案の場合には，「弊害」の除去・防止ではなく，公益の「増進」が見込まれることを根拠づける事実を論証することになる．
79) 規制目的が憲法の禁止するものであるという主張の場合は，立法事実ではなく，「憲法解釈事実」の論証がなされることになろう．憲法解釈事実については，高橋・前掲注34) 13頁参照．

なお，立法事実は，単に立法事実命題として主張されるだけでは論証とはならないのであり，現実にその命題に該当する事実の存在が確認しうる程度の資料の提供が要求される[80]．

立法事実の提出の時期　最高裁は原則として事実調べは行わないから，下級審段階で出しておく必要がある．違憲あるいは合憲の主張を支える事実であるから，その主張とともに出すのが普通であろう．下級審の裁判記録にすべて存在することが望ましい．立法事実が記録上不十分と感じられた場合，最高裁はどうすべきだろうか．職権調査でカバーしうる範囲であれば，職権調査を行い，それを基礎に違憲判断に進むことも許されるであろう．しかし，不利となる当事者に対して「不意打ち」となるような場合には，差し戻してその点の審査を行わせることも考えられてよいと思われる．

第4節　争点の判断回避

1　判断回避の意義

違憲の争点の提起に制限がなく，その意味で主張適格が認められる争点が提起されると[81]，裁判所は，原則として，その争点に判断を与える義務を負う．義務を負うということは，判断しない場合は審理不尽あるいは理由不備などの

---

80)　時국・前掲注22)『憲法訴訟とその判断の手法』57頁は，日本の最高裁がほとんど当初から，「憲法判断に当たり立法事実を考慮に入れ，これを判決文中に示すという手法を用いていたことは，まぎれもない事実であ」ると述べる．たしかに，立法事実命題を述べてはいたであろうが，その命題に該当する事実の存在を資料を基礎に確認してきたかどうかは，疑問である．本書で述べる立法事実による論証とは，命題を支える事実が現実に存在することが確認された立法事実を考えている．このためには，判決中に立法事実の存在を確認しうる典拠がしめされることが重要であり，ブランダイス・ブリーフが行ったのは，この典拠となる資料の提出であった．この考えからすると，立法事実論を採用した典型例とされる薬事法距離制限違憲判決（最大判昭和50年4月30日民集29巻4号572頁）も，高い評価を与えることには躊躇を覚える．
81)　主張適格がない場合は，裁判所としては憲法判断をする義務はないから，判断回避という問題は生じない．すなわち，主張適格なしとして退けた場合には，本書では「判断回避」とはいわないということである．ただし，裁判所に判断することが禁止されるわけではない．法律問題であるから，当事者に主張適格がない場合でも，さらには当事者が主張しなかった場合でも，裁判所が憲法問題の存在に気づけば，その問題を採り上げて判断することは可能である．しかし，判断する場合には，不利となる当事者に不公平とならないように反論の機会を与えるなどの配慮が必要である．

違法となることを意味する．しかし，主張適格がある場合でも，例外的に判断しないことができる場合がある．それがここで扱う「判断回避」という問題である[82]．

判断回避の正当化論　裁判所が例外的に判断を回避する場合，それを正当とする根拠は何であろうか．それは，基本的には次の2点であろう．第1に，政治部門の行為を審査するのであるから，政治部門との間で生じうる軋轢を必要最小限にするのが好ましいこと，第2に，未成熟な判断を避けるためには，判断がどうしても必要な場合まで延期するのが好ましいということである．第1の根拠からは，合憲判断を回避する理由はないということになろう．しかし，第2の根拠からは，合憲判断でも問題が成熟するまで待ったほうがよいということになる．違憲判断の場合は，第1の根拠からも，第2の根拠からも回避が正当ということになるが，しかし，他方で，違憲審査権の本質が権利救済にあることを考慮すると，権利救済を犠牲にしてまで違憲判断の回避をするのは問題であろう．ゆえに，権利救済を犠牲にすることなく回避が可能であれば，回避すべきだということになる．

2　判断回避の2類型

適法に提起された違憲の争点に対する判断を回避するという場合，回避の仕方に2つを区別しうる．1つは，憲法判断自体の回避，すなわち，違憲か合憲かの判断をまったく行わないという形の回避であり，もう1つは，違憲の判断を回避するものである．憲法判断の結果には違憲か合憲かしかないから，違憲の回避は合憲の判断となる．他方で，憲法判断には，判断対象の違いにより適用上判断と文面上判断があった．これを組み合わせると，次のようになる．

憲法判断の回避　憲法判断自体を回避するには，①適用上判断であれ文面上判断であれ，憲法上の争点には立ち入らないで法律上の争

---

[82]　ここで対象としているのは，あくまでも本案における争点に関する問題であり，訴訟要件には関係しない．訴訟要件を欠くとして却下され，その結果本案で提起していた違憲の争点が判断されなかったという場合は，「判断回避」ではない．たとえば，長沼ナイキ訴訟最高裁判決（最1判昭和57年9月9日民集36巻9号1679頁）は，訴えの利益がないとして上告を棄却し，結果的に本案における憲法9条の争点の判断に立ち入らなかったが，これは「判断回避」というべきではないというのが，本書の立場である．ただし，このことは，訴えの利益がないとした判断を支持しているということではない．

点により違憲の主張者に有利な決着をつける手法が考えられる．その典型例は，事案が法律の規制対象には該当しないという判断である．これに属する判例（恵庭事件判決）を後ほど見ることにする．②文面上判断を回避するには，この他に，適用上判断により決着をつける手法もある．適用上合憲あるいは適用上違憲の判断により事案の解決ができれば，文面上判断を行う必要はなくなるのである．適用上違憲（適用違憲）の判例については，既に見た（176頁参照）．適用上合憲の判例についても判断手法の観点から若干触れたが（176頁参照），ここでは判断回避の観点から詳しく検討する（199頁以下参照）．

違憲判断の回避 これに対して，違憲判断の回避は，どのように現れるか．違憲判断の回避が問題となるのは，違憲の疑いのある場合である．違憲の疑いがまったくなければ，判断回避など考える必要もない．

先ず，適用上違憲の主張の場合，法令の適用対象となっている本件事案が憲法により保護されているからこれに法令を適用するのは適用上違憲となるのではないかとの疑いがかけられている．このとき適用上合憲と判断するためには，事案を精査し憲法により保護されていないという判断をする以外にない．そして，それをした場合には，この適用上合憲判断は，「違憲判断の回避」というべきではない．では，文面上合憲判断により適用上違憲判断を回避することはできないであろうか．ここでの前提は，法令の適用対象が憲法により保護されているのではないかということである．そうだとすると，本事例を適用対象に含む法令が全体として合憲であるという判断は，本事例は極めて特殊であり，法令の憲法判断においては考慮外に置くことができるということを含意している．したがって，法令合憲の判断だけでは，本事例につき適用上違憲となるかどうかの問題は残るのであり，この判断を回避することはできない．法令合憲だけ判断して適用上違憲の主張に判断をしないときには，判断遺漏の問題となろう．

次に，文面上違憲の主張に対し，違憲判断を回避する手法として何が考えうるか．ここでも文面上に何らかの瑕疵があり違憲の疑いがあることが前提である．問題を精査し文面上問題なしとして合憲判断をした場合には，回避とはいわない．したがって，違憲の疑いがあることをはっきりと認めた上で，違憲判断を回避する手法がここでの問題である．その手法として，2つが考えうる．

1つは，適用上判断により文面上違憲を回避するものであり，他の1つは，違憲の疑いのある部分を法文の意味から削除する解釈を施して，このように解釈された意味において法令は文面上合憲であるとする手法であり，「合憲限定解釈」と呼ばれている．これに属する判例を 4.2 で検討する．

3 憲法判断の回避

事案の争点に違憲の争点と並んで他の法律上の争点が存在し，後者によっても事案の解決が可能なら，違憲の争点の判断は行わないのが原則だといわれる．それを原則と考える理由は，判断回避の根拠のところで述べたとおりである（192頁参照）．しかし，違憲の争点の判断によっても事案の解決が可能という前提であるから，裁判所としてはその争点を優先して採り上げる権限がないわけではない．問題は，どのような場合に例外的に採り上げることが妥当かである．この問題が日本で大きな議論となったのは，札幌地裁の恵庭事件判決をめぐってであった．

恵庭事件判決[83] 本件被告人は，恵庭町所在の自衛隊演習場で約束に反して砲撃演習が続行されたので，演習の連絡用に使われる電話線を数カ所切断した．これが自衛隊法 121 条の規定する「〔自衛隊所有の〕武器，弾薬，航空機その他の防衛の用に供する物を損壊」した場合に該当するとして起訴された．被告は自衛隊法全体が憲法 9 条に違反し無効であるから 121 条も無効であると主張した．これに対して，裁判所は，本件の電話線の切断は「その他の防衛の用に供する物の損壊」には該当せず被告は無罪であり，そうだとすれば自衛隊法が憲法 9 条に違反するかどうかを判断する必要はないと判示した．

この判決に対し，学説においては，一方で，構成要件該当性判断には当該規定自体の合憲性が暗黙のうちに前提とされており，その点の判断を回避した不当な判決であるという主張がなされ[84]，他方で，付随審査制においては事案の

---

83) 札幌地判昭和 42 年 3 月 29 日下刑集 9 巻 3 号 359 頁．
84) 有倉遼吉『憲法と政治と社会』（日本評論社，1968 年，202 頁）は，本判決は，自衛隊法 121 条を事案に適用して構成要件に該当せずという結論を出したが，法律が合憲であることが適用のための論理的前提であるとの趣旨を論じている．しかし，構成要件に該当しないとしたのであるから，「適用しなかった」というべきであろう．そう理解する場合には，適用

解決に必要な限度で違憲審査がなされるのであり，本件では必要がなかったのであるから，憲法判断を行わなかったことは正当であるとする考えも唱えられた[85]．実際，本判決自身も，付随審査制においては事件性の要件の要請から構成要件該当性の判断が先行すべきであるという趣旨の議論を行っている．しかし，たしかに付随審査制においては訴訟が適法に成立していることを確認することが本案の争点の判断に先行するのが基本原則であり，そのために法令が事案に適用される可能性の存在の確認は必要であろうが[86]，それ以上に要件該当性の判断が先行せねばならないわけではない．したがって，本案に入れば，構成要件該当性も法令の違憲性も本件事案の争点として併存しており，どちらが優先すべきかは付随審査制自体からは出てこない[87]．原則的には，法律上の争点を先行させるべきであるが，本件の場合例外的に憲法上の争点を先行させるべき事情があったのかという問題なのである．本件の場合，裁判所の訴訟指揮に基づき憲法問題の審理に多大な時間を費やし，この争点の判断を行うに違いないという印象を与えたということもあり，「肩すかし」判決と批判されたが，審理の途中では裁判所としてもどのような判断手法でどのような結論に至るべきか確信に至っていないこともあるから，やむをえないとも言えよう．より大きな疑問は，切断された電話線が「その他の防衛の用に供する物」に該当しないという判断が妥当かどうかであり，現代戦における通信の重要性を考えると，この判断には問題があるという指摘がなされた．判断回避をするために無理な解釈に走ったのではないかを疑われたのである[88]．

しない法律の憲法判断は必要ではないという理解も可能となる．
85) 宮沢俊義「恵庭判決について」ジュリスト370号（1967年）26頁参照．
86) 事案が法令の適用外であることが明らかであれば，訴訟の適法な成立自体が疑問であり，そのような場合に憲法判断を先行させるのは，抽象的違憲審査となり付随審査制に反するであろう．
87) 芦部信喜「法律解釈による憲法判断の回避」『憲法判例百選II〔第6版〕』364頁（恵庭事件判決の解説）参照．
88) 芦部・前掲注87)参照．自衛隊が憲法9条に反しないかをめぐる裁判では，長沼ナイキ訴訟第一審判決（札幌地判昭和48年9月7日訟月19巻9号1頁）を除き，正面から憲法判断を行った判決はない．長沼一審判決は，憲法違反が重大であり，当事者の権利侵害の危険性が大きく，かつ，紛争の根本的解決には憲法判断が必要である場合には，判断回避は許されないとして憲法判断に踏み込み違憲判決を書いた．しかし，高裁および最高裁は，訴えの利益の消滅を理由に訴えを退け，憲法判断には踏み込まなかった．また，自衛隊基地のための用地の売買契約とその解除が憲法9条に反して無効ではないかが争われた百里訴訟においては，最高裁は，憲法は「私法行為」には適用されないと判断し，憲法9条に関する問題は民

恵庭事件判決をめぐる議論の結果，この型の判断回避をどう考えるかについては，次のように整理することができよう．憲法上の争点以外の争点により事案の解決が可能な場合は，そちらを採用するのが原則的であるが，しかし，「事件の重大性，違憲状態の程度，その及ぼす影響の範囲，事件で問題とされている権利の性質，憲法判断で解決するのと法律解釈ないしその他の理由で解決するのと，その及ぼす影響がいかに違うかという判決の効果など，総合的に検討した結果十分の理由があると判断した場合，憲法判断に踏み切ることができる」[89]．

第二次教科書訴訟控訴審判決[90]　この事件は，教科書の著者が教科書検定不合格処分の取消を求めたものである．第一審判決は，検定制度を著者の思想内容の審査には及ばない制度と解釈（合憲限定解釈と理解される）して教科書検定制度自体は合憲と判断した上で，現実の検定が思想内容にまで及んだ点で「適用違憲」であるとした．これに対し，控訴審判決は，本件の争点は，①検定制度は違憲か，②検定制度における処分は違法か，の２つであるという理解の下に，最初に②の争点につき検定不合格処分を違法であると判断し，その結果①の争点については判断する必要はないとした．判旨によれば，「憲法違反の有無に関する判断が論理必然的に，本件検定処分の法律，命令等違反の有無に関する判断に先行すると解するのは誤りである」から，本件では②の判断により決着させうるのであり，①については判断する必要はないというのである．たしかに，権利救済の観点からは，処分違法による取消で目的は達成しうるのであり，判旨もこの点を強調しているが，憲法保障の観点が重要である場合には，①の点を先行させることが否定されるわけではない．①も付随審査制の範囲内の争点だからである．原告は，おそらく①の論点こそが重要であり，その意味では一審判決の適用違憲（実質は合憲限定解釈）の方が①の論点に対する判断の意味をもち好ましいと考えたと思われるが，当時

法90条の公序良俗の問題として処理した．これも憲法判断が回避された判決といわれることがあるが，正確には，憲法9条の争点の存在は否定されており，法律上の争点と憲法上の争点の間での選択という構成ではない．しかも，憲法上の争点の存在しないことを，憲法は私法行為には適用されないという重大な疑問のある憲法判断により行っていることを見落としてはならない．

89)　芦部・前掲注87)参照．
90)　東京高判昭和50年12月20日判時800号19頁．

はまだ教育の自由の問題につき最高裁がどのような方向を採用するかが不明であった(基本的な方向を出すのは,旭川学テ判決(最大判昭和51年5月21日刑集30巻5号615頁)においてである)ことを考えると,高裁が判断回避を選択したことも理解できないわけではない.

アレフ信者住民票消除処分執行停止事件[91] 　この事件は,宗教団体アレフの信者に対する住民票消除処分の執行停止の申立に関する事件である.一審は,執行停止を認めたが,抗告審は執行停止の要件(行訴法25条3項,4項参照)を充たしていない(「回復の困難な損害」が生じると認めることはできず,また,「本案について理由がないとみえるとき」に該当するから)として原決定を取り消し,執行停止の申立を却下した.これに対して,信者側は,抗告審決定は信者の憲法22条,憲法15条に基づく権利を侵害するとして最高裁に特別抗告した.最高裁は,「原審の適法に確定した事実関係によれば,本件消除処分により抗告人に回復の困難な損害が生ずるおそれがあり,これを避けるため緊急の必要があると認められる.したがって,本件執行停止の申立ては,理由があるというべきである」と判断し,「そうすると,所論の憲法違反があるかどうかについて判断するまでもなく,原決定は裁判に影響を及ぼすことが明らかな法令違反があるものとして破棄を免れず,本件消除処分の効力を停止する旨の原々決定は正当であるから,これに対する相手方の抗告は棄却すべきものである」と判示した.

争点判断の順序 　以上に見た事例は,法律上の争点の判断を先行させて権利救済を行い,憲法上の争点の判断は必要なしとして回避した事例である.ではこの逆に,憲法判断を先行させながら,結論的に法律上の判断で権利救済を否定することは許されるか.適用法条の合憲性が争点となっている場合には,その判断を回避して法律の適用により権利救済を否定すること(法律上の主張を却下すること)は論理上できないから,このような問題が生じるのは,適用法条自体の合憲性は争点となっておらず,その適用のための要件の1つに憲法上の争点が関連している場合ということになる.その典型例が国家賠償請求訴訟である.

---

91) 最2決平成13年6月14日判例地方自治217号20頁.

国家賠償法1条1項は，その要件を，①公権力の行使に当る公務員が，②職務を行うについて，③故意又は過失によって違法に，④他人に損害を加えたときと定めている．この要件すべてが充たされなければ，国家賠償請求は認められない．1つでも要件が充たされないと判断できれば，それにより事案の解決は可能である．このうち③の要件が憲法上の争点と結び付き，国家の違憲・違法の行為により損害を被ったと主張される場合がここでの問題である．この場合，憲法上の争点と法律上の争点が併存しているように見える．もしそうなら，憲法上の争点が極めて重要であり，憲法保障の観点からは早期の判断が必要だという場合には，こちらを先行させるという判断もありうることになろう．では，そのような場合，結果的に他の要件の不成立で国家賠償請求が否定されることとなったとしても，憲法上の争点を先行させて違憲判断を行うことに理論上は問題ない，ということになるのであろうか．裁判所としては，国家賠償法の定める順序に従って①から順々に判断し，③で違憲違法の判断をしたが，④で損害がないということで請求を棄却する場合には，特に憲法判断を先行させたわけでもないという名目も立つかもしれない．実際，首相の靖国神社公式参拝事件[92]および自衛隊イラク派遣事件[93]で，国家賠償請求は損害が存在しない(法的利益が存在しない)として退けながら，違法かどうかの問題で違憲(の疑い)を表明した高裁判決が存在する．しかし，最高裁がこのような判断をすることは認められるとしても，下級審がこのような判決を書くことは，避けるべきだと思う．裁判所による違憲統制の手法として積極的に評価すべきだという見解もあり，それも分からないわけではないが，長期的に見た弊害のほうが大きいのではないかと私には思える．このような請求棄却判決に対しては最高裁への上告はできないから，控訴審で確定し違憲判決が残ることになるが[94]，政治部門では最高裁の判断ではないことを理由に無視するのが通常であり，裁判所の判決に対する敬意が失われていく危険のほうが大きいのではないかと危惧するのである．したがって，判断の順序を変えて④を先行させ，③について

---

92) 大阪高判平成17年9月30日訟月52巻9号2979頁．
93) 名古屋高判平成20年4月17日判時2056号74頁．
94) 下級審の法令違憲判決に一般的効力を認める判例・学説は存在しないから，違憲判決が確定しても当該法令が直ちに廃止されたと同じになることはない．

の判断を回避するのが下級審裁判所の正しい審査手法だと思う[95]．

4 文面上違憲の回避

4.1 適用上判断による回避

　適用上判断は，本件事例が憲法により保護されているかどうかについての判断であるから，法令自体が全面的にであれ部分的にであれ違憲かどうかについては判断をしていない．この判断を回避しうるということが，適用上判断という手法の特徴なのである．学説には，適用上判断を本件事例との関係における法令の憲法判断であると理解する見解もあるが，本書ではそのような理解を否定している．そのような理解からは，文面上判断の回避という重要な特徴を捉えることができないと考えるからである．

　適用上違憲については，既に見たので，ここでは適用上合憲判断の手法を採用し，あるいは，少数意見がその使用を主張した判例を見ておきたい[96]．先例は数少ないが，すべて不明確性あるいは過度の広汎性が問題となった事例である．

職業安定法違反事件[97]　売春を業とする接客婦の雇用を斡旋したことが職業安定法 63 条 2 号の「公衆衛生又は公衆道徳上有害な業務に就かせる目的で」職業紹介等を行うことを禁じた処罰規定に該当するとして起訴された刑事事件であるが，被告は，この目的は不明確であり，憲法 31 条に反すると主張した．最高裁は，「およそ売春を業とすることが職業安定法 63 条 2 号にいわゆる公衆衛生，公衆道徳上有害な業務に該当することは明白であるから，右の規定は，これを本件に適用する限りにおいては，何ら明確を欠くところはない」と判示している．たしかに，本件の場合，被告にとり自己の行為が本規定に該当することは容易に判断できたのであり，被告に対する犯罪告知に欠けるところはなかったというべきであり，適用上合憲の判断も支持できよう．しかし，おそらく法的安定性を重視すると思われるその後の最高裁

---

95)　政治部門に対する統制として③の論点の判断が欠かせないと考える場合には，④の論点について請求を認容する理論を考案して国側の敗訴とし，上訴で争う途を残す配慮が必要であろう．
96)　高橋・前掲注 34) 227 頁以下参照．
97)　最 2 決昭和 36 年 12 月 6 日裁判集刑事 140 号 375 頁．

の傾向からみると，この事件で文面上合憲の判断をしなかったことのほうが注目すべきことかもしれない．

川崎民商事件[98] 旧所得税法63条は，税務署員が「所得税に関する調査について必要があるとき」には，納税義務者に「質問し又はその者の事業に関する帳簿書類その他の物件を検査することができる」と定め，同法70条10号で「検査を拒み，妨げ又は忌避した者」を処罰する旨規定していた．税務署員が「売上帳，仕入れ帳等の呈示を求めた」のに対し，これを拒否したので起訴されたのであるが，被告は上告理由の1つとして本条項の不明確性を主張した．これに対し，最高裁は，本条項を「本件に適用する場合に，その内容に何ら不明確な点は存しない」と判示している．売上帳や仕入れ帳が検査対象の帳簿書類に含まれることは明らかであるから，事前の告知に欠けるところはなく，本件の解決としては妥当であろう．課税対象の範囲については，条文作成に際しての言語表現に内在する限界からある程度の不明確性は避けえないのであり，文面上の判断を急ぐよりは適用上判断により少しずつ限界線を明確にしていくアプローチが適しているのではないかと思う．

徳島市公安条例事件[99] 徳島市公安条例は，集団行進につき届出制をとっていたが，集団行進に際しての遵守事項の1つとして「交通秩序を維持すること」という規定を置き，その違反に対して集団行進の主宰者や煽動者等を処罰する旨定めていた．本件被告人は，蛇行進を煽動したとして起訴されたが，その訴訟において「交通秩序を維持すること」という構成要件は不明確であり憲法31条に違反すると主張した．

最高裁の多数意見は，不明確かどうかの判断基準を「通常の判断能力を有する一般人の理解において，具体的場合に当該行為がその適用を受けるものかどうかの判断を可能ならしめるような基準が読みとれるかどうか」に求め，この基準から判断すると本規定は違憲となるほど不明確とは言えないと判断した．

これに対して，多数意見の理由付けに反対した高辻裁判官は，多数意見の判断基準には同意しつつも，この基準を当て嵌めれば本規定は不明確という外はないと考える．しかし，「本件におけるだ行進が交通秩序侵害行為の典型的な

---

98) 最大判昭和47年11月22日刑集26巻9号554頁．
99) 最大判昭和50年9月10日刑集29巻8号489頁．

ものとして」本規定の禁止する行為に当たると理解しうることには疑問の余地がないから，本件行為に本規定を適用しても憲法31条の権利を侵害することにはならない，と主張した．つまり，本件の行為が処罰の対象に該当することにつき事前の告知を受けていたといえるから，憲法31条に反することはなく，適用上合憲だというのである．この意見は，多数意見のように過度に広汎あるいは不明確な規定を強引に文面上合憲とするのではなく，適用上判断により不明確性あるいは広汎性の瑕疵を判例の積み重ねを通じて修正していこうとするものであり，判例法の形成という点からは評価しうるアプローチという面ももつ．しかし，本件が政治的な表現の自由に関係する問題であることを考えると，畏縮効果除去を考えるべき事例ではないかという疑問もある．

高辻意見は，本件を適用上合憲で解決すべきとする理由として次の2点を指摘している．第1に，付随審査制においては，違憲審査は具体的事実の適用関係の範囲内で行うことが原則であること，第2に，本件は畏縮効果を配慮して例外的に扱うべき性格の事件ではないということである．第1点につき，付随審査制から適用上判断が原則になるという結論は生じないことは既に指摘した．しかし，政治部門との関係や判例を通じての法創造という観点からは，適用上判断が原則的という考えも成り立ちえないわけではない．問題は第2点の，どのような場合に例外的に文面上判断が適切かに関する指摘である．この点につき，高辻意見は「集団行進それ自体」を規制する場合と「その態様」を規制する場合を区別し，後者の場合には適用上判断でよいとするもののようである．この区別がいかなる根拠に基づくのかの明確な説明がないので正確な理解が困難であるが，規制対象の行為が思想表現と不可分な関係にある場合には文面上判断が要請されるという趣旨を述べているから，「集団行進それ自体」の規制とはそのような場合を指しているのであろう．そうだとすると，表現の内容規制と内容中立規制の区別に対応する議論を考えているのかもしれない．しかし，内容・内容中立の区別は，審査の厳格度の振り分けのために構成されたものであり，文面上判断・適用上判断の振り分けの問題に対応するものではない[100]．

---

100) 高辻意見におけるこの区別を芦部説における文面判断の手法と事実判断の手法の区別（芦部・前掲注6)『憲法訴訟の理論』96頁参照)に対応させる理解もあるかもしれない．本件が不明確性の事件であり，芦部説では文面判断の手法が妥当する場合であることを考えると，

結局，高辻意見は，審査方法に関して多数意見に異議を申し立て，他の手法の活用を主張した点で注目すべきであるが，文面上判断と適用上判断の使い分けについて説得的な議論を提供することには成功しなかった．以後の判例において展開されていくべき問題を指摘したという意味で重要であったが，最高裁全体の傾向としては，本件の多数意見に代表されるように，適用上判断の手法を使って文面上判断を回避し，問題の成熟を待つという政策はほとんど完全に視野の外に置かれていくことになる[101]．そこに最高裁の法的安定性の過度の重視という傾向を見ることができよう．

4.2 合憲限定解釈

4.2.1 合憲限定解釈の意義

合憲限定解釈は，憲法判断は行うが違憲判断は回避するという文脈で語られる用語である．通常の解釈方法（文理解釈・目的解釈・体系的解釈等）を使って合憲判断を導くことができれば，違憲判断の回避という問題は生じない．ゆえに，合憲限定解釈が問題となるのは，通常の解釈をすれば違憲の疑いのある意味となることが避けがたい場合であり，このような場合に，解釈技術を駆使して解釈の限界内で違憲的部分を切除する解釈を行うこと，およびその解釈結果を指して合憲限定解釈というのである．法文の意味を解釈により合憲的意味に限定するのである．

違憲の疑いの存在することを承認することが前提であるから，違憲の疑いのあることを承認しないで，合憲的な意味内容を目的解釈あるいは体系的解釈の結果として呈示する場合（ドイツでは「憲法適合的解釈」と呼ぶようである[102]）には，本書では合憲限定解釈とは呼ばない[103]．裁判所が違憲審査権を行使して，何

この理解には疑問があるが，しかし，他方で，芦部説では文面判断の手法が厳格審査と位置づけられていることを考慮すると，文面上判断と適用上判断の違いを審査の厳格度の違いに対応させ，そこから内容・内容中立の区別へと連想したのかもしれない．

101) 広島市暴走族追放条例事件判決（最3判平成19年9月18日刑集61巻6号601頁）の堀籠補足意見が，被告との関係では適用上合憲であるという趣旨を述べているが，だから適用上判断で処理すべきだというのではなく，多数意見のように限定解釈をし被告を有罪とする処理が正しいという趣旨の補足意見である．

102) 宍戸常寿『憲法裁判権の動態』（弘文堂，2005年）290頁参照．

103) たとえば，時国・前掲注22)『憲法訴訟とその判断の手法』79頁は，交通事故の届出義務を憲法39条1項の不利益供述強要の禁止に反するとして争った事件において，最高裁が届出の範囲を目的論的解釈により限定して合憲とした判決（最大判昭和37年5月2日刑集

が違憲かについて裁判所の見解を述べることに憲法統制として重要な意味があると考えるからである．

　法令に違憲の瑕疵があると考えるなら，違憲判断をすることこそ憲法統制として重要ではないかとの反論もあろう．しかし，文面上違憲とすると，規制の合憲的部分も無効となり，規制の空白を作り出すことになり，可能ならそれは避けたほうがよいという考慮が優ることがありうる．適用上違憲とした場合には，本件限りの判断であるから，違憲の瑕疵がどの範囲に及ぶかについては不明のままに残されることになり，畏縮効果が残る．したがって，畏縮効果の除去が必要な場合には必ずしも適切な判断手法とは言えない．その上，文面上違憲であれ適用上違憲であれ，違憲判断は立法府や行政府との軋轢が大きいから，避けることの可能な解決方法があれば，それを採用すべきではないかということも，重要な考慮要素となる．

4.2.2　判　　例

　合憲限定解釈という手法は，早くから知られており，最高裁判例にもいくつか存在するが[104]，この手法が特に注目を集めたのは，公務員の労働基本権の制限をめぐる判決においてこれが採用されたことを契機としてである．その最初の判決が全逓東京中郵事件であった．

全逓東京中郵事件判決[105]　本件は，労働組合の役員達が争議行為の一貫として中央郵便局の従業員に対して勤務時間内に食い込む職場大会への参加を説得し，もって郵便物取扱作業から離脱させたことが，郵

16巻5号495頁）を合憲解釈の例に位置づけているが，限定しないと違憲となるから限定するという趣旨が判決には述べられていないから，本書では合憲限定解釈とは考えない．
104)　たとえば，第三者所有物没収の対象を悪意の第三者に限定した判決（最大判昭和32年11月27日刑集11巻12号3132頁）や，金銭債務臨時調停法の定めていた「調停に代わる裁判」を，憲法82条の公開裁判原則との関係で，「性質上非訟事件に関するもの」に限定し，「純然たる訴訟事件」は含まれないと解釈した判決（最大決昭和35年7月6日民集14巻9号1657頁）などがある．また，「あん摩師，はり師，きゅう師及び柔道整復法」7条による広汎な広告規制が争われた事件（最大判昭和36年2月15日刑集15巻2号347頁）で，多数意見が合憲としたのに対し，藤田裁判官および奥野裁判官の少数意見は，規制範囲を限定しないと表現の自由を侵害する旨を述べており，合憲限定解釈を主張したものと理解される．しかし，合憲限定解釈の例として挙げられることのある「自動車事故届出」の事件（時国・前掲注103）は合憲解釈として扱っている）や「選挙における報道・論評規制事件」（最1判昭和54年12月20日刑集33巻7号1074頁）は，体系的解釈あるいは目的論的解釈により限定を行っており，本書のいう合憲限定解釈ではない．
105)　最大判昭和41年10月26日刑集20巻8号901頁．

便法79条1項の郵便物不取扱罪の教唆に問われた刑事事件である．郵便局職員の勤務関係を規律していた公労法[106]は17条1項で争議行為を一律に禁止していたために，この規定により争議行為はすべて違法となり，その結果正当な労働組合活動について刑事免責を定めた労働組合法1条2項の適用は排除されると解すべきかどうかが争点となった．当時の先例では，労組法1条2項の適用は排除されることになっていたので[107]，この先例を変更するかどうかが問題となったのである．

　本件判旨は，まず最初，憲法28条の保障する労働基本権が公労法の適用される職員を含む「公務員」にも及ぶことを確認する．憲法28条の「勤労者」に公務員も含まれると解したのである．労働基本権の保障が及ぶとすれば，それが絶対的保障ではないとしても，全面的に制限することには憲法上問題がある．そこで，公労法17条1項の争議行為の一律全面禁止が憲法28条に違反しないかが問題となるが，この点について，判旨は，争議行為禁止に対する代償措置(人事院勧告等の制度)を定めていることなどを理由に，憲法28条違反ではないと判示した．その上で，争議行為禁止違反のサンクションとして刑事罰まで科すことが許されるかを論じ，正当な争議行為の場合には労組法1条2項の刑事免責規定が適用されると判断し，先例に従って有罪とした原審判決を破棄差し戻したのである．

　この判決は，合憲限定解釈を行った判例として理解されてきたが，この理解に疑問を呈する見解も存在する[108]．たしかに，公労法17条1項の一律全面禁止規定が憲法28条に反しないかという問題と，同条項違反に対するサンクションの限度の問題は別問題(同条項の問題ではない)と考えれば[109]，同条項が憲

---

106) 公労法は，正式名称を「公共企業体等労働関係法」といい，当時，3公社(国鉄，電電，専売)及び5現業(郵便，国有林野，紙幣等の印刷，造幣，アルコール専売)の職員の労働関係を規律していた．その後，3公社はすべて民営化され，1986年に国営企業労働関係法と改名，その後事業の独立行政法人化等の改革を経るごとに改名され，現在は「行政執行法人の労働関係に関する法律」となっている．これらの法律は適用対象職員に対し一貫して争議行為を禁止してきた．
107) 松江郵便局事件判決(最2判昭和38年3月15日裁判集刑事146号723頁)．
108) 上村貞美「合憲限定解釈について」名城ロースクール・レビュー21号19頁(2011年)，35頁以下参照．
109) 伊藤正己「労働基本権の制限——全逓中郵事件」(昭和41年度重要判例解説9頁(1966年))は，本件の主たる争点を「第一に，公労法17条1項が憲法28条に違反するかどうかで

法 28 条に反しないかという問題に対しては，限定解釈することなく合憲と判示しているから，これは合憲限定解釈ではない．公労法 17 条 1 項の合憲問題とは別に，郵便法違反の行為に対して労組法の刑事免責規定が適用されるべきかどうかが判断されたという理解になるであろう．それも 1 つの読み方ではあろうが，しかし，本件の争点は，公労法 17 条 1 項の争議行為の禁止の及ぶ範囲はどこまでか，民事制裁のみならず刑事制裁にまで及ぶのか，その点に憲法 28 条から来る制限があるかどうかであると考えれば，全面的に及ぶと解するのは憲法 28 条に反する疑いがあるという判断を基礎に，刑事制裁との関係では争議行為の禁止には限界があるとして，正当な争議行為を禁止の範囲から除去したのであるから，合憲限定解釈を行ったという理解も可能と思われる[110]．

都教組事件判決[111]　地方公務員法 37 条 1 項は，地方公共団体の職員に争議行為を禁止している．これに違反した場合，民事責任を問われたり懲戒処分を課されたりすることはありうるが，刑事罰は規定されていない．しかし，この規定の違反行為を「共謀し，そそのかし，若しくはあおり，又はこれらの行為を企てた者」(以下「あおり行為等」と呼ぶ)を処罰する規定が置かれている(同法 61 条 4 号)．本件では，都教組の幹部が勤務評定実施に反対するために一斉休暇闘争に入るよう組合員に指令した行為が「あおり行為等」に該当するとして起訴された．

最高裁判決の多数意見は，この処罰規定が地方公務員の争議行為を一切禁止しており，かつ，その争議行為の一切の「あおり行為等」を処罰する意味であるならば，労働基本権を保障した憲法に違反する疑いを免れないから，禁止される争議行為と「あおり行為等」の両側面において一定の限定を読み込む解釈をする必要があると考えた．その結果，処罰の対象となるのは，「違法性の強い争議行為」を「争議行為に通常随伴する行為」以外の仕方で「あおり行為等」をした場合であると解釈した．争議行為と「あおり行為等」の両側面において限定を加えたので，学説においては「二重の絞り」論と呼ばれた．限定に

あり，第二に，公労法違反の争議行為に労組法 1 条 2 項の刑事免責の規定の適用があるかどうかである」と捉えているから，両者は別々の争点と理解しているのであろう．そのためか，本判決の解説においては，合憲限定解釈の手法に言及していない．
110) 髙橋・前掲注 34)82 頁以下参照．
111) 最大判昭和 44 年 4 月 2 日刑集 23 巻 5 号 305 頁．

より違憲の疑いを回避しようとした点で，典型的な合憲限定解釈の手法を採用した判例とされている．もっとも，合憲限定解釈として成功した判決であったかどうかについては，疑問もないわけではない．すぐ後で触れる合憲限定解釈の許される条件をクリアしているかどうかに疑問が残るからである．つまり，解釈の結果が明確性を実現できているかどうかの問題であるが，特に「違法性の強い争議行為」とは何かにつき，不明確な点を残しているのである[112]．まさにこの構成要件の不明確性の問題を全農林警職法事件判決[113]の多数意見により突かれ，判例変更に至る理由の１つとなるのである．

都教組事件判決で合憲限定解釈の手法が注目を集めたが，そのわずか４年後には最高裁の多数派と少数派が入れ替わり，全農林警職法事件判決において合憲限定解釈の手法は全面的に否定されることになる．合憲限定解釈の前提は，適用条項に違憲の疑いが存在することであった．人権侵害の疑いがあるから，それを回避しうる手法を採用しようということである．そこには人権擁護の要請に応えようとする意欲があった．しかし，同時に，規制の必要性への配慮も働いており，規制の空白は避けるべきだという気持ちもあったと推測される[114]．そのバランスの中で採用されたのが合憲限定解釈の手法だったのである．これに対し，全農林警職法事件判決の多数派は，公務員の争議権一律全面禁止に憲法違反の疑いがあるとはいささかも感じていない．合憲限定解釈を採用する前提が存在しないのである．この多数意見の立場からみれば，都教組事件判決とそれを受け継いだ全司法仙台事件判決(最大判昭和44年4月2日刑集23巻5号685頁)の多数意見には[115]，構成要件を不明確化するという欠陥だけが目についたのであろう．人権侵害の疑いをもたない以上，人権救済のために不明確性の多少の欠陥には目をつむろうという苦渋の選択は理解しえないもので

---

112) この問題点については，髙橋・前掲注34)84頁以下参照．
113) 最大判昭和48年4月25日刑集27巻4号547頁．
114) 合憲限定解釈には，人権保護と規制の必要の両方の力が働いており，結果がどちらに機能するか，あるいは，どちらの機能を重視していると見られるかにより，人権救済的合憲解釈と法律救済的合憲解釈を区別する見解もある．戸松・前掲注22)235頁，上村・前掲注108)1頁，20頁参照．しかし，憲法訴訟論として最高裁がどちらを意図したかを問題にするのは適切ではなく，常に両側面が作用しており，どちらに機能するかは状況による結果にすぎないと見るべきであろう．その意味で，憲法訴訟論上はこの区別には重要な意味はない．
115) 全農林警職法事件判決の多数意見は，都教組事件判決と全司法仙台事件判決に多数意見が存在すること自体疑問だと述べている．

あった．そのために，「このように不明確な限定解釈は，かえつて犯罪構成要件の保障的機能を失わせることとなり，その明確性を要請する憲法 31 条に違反する疑いすら存するものといわなければならない」との厳しい批判を向けることになったのである．

　しかし，真の対立は，この不明確性にあるのではなく，違憲の疑いを認めるかどうかにある．その意味で，この批判は，違憲の疑いのないことの論証とは関係がなく，いわば批判のための批判にすぎない．違憲の疑いの存在を認め，かつ，合憲限定解釈によっては明確な構成要件の確定ができないというのであれば，結論は文面上違憲となるはずだからである．したがって，都教組事件判決と全司法仙台事件判決の多数意見は，文面上違憲とするか適用上違憲としていたなら，全農林警職法事件判決の多数意見による批判は免れたであろう．実際，全農林警職法事件判決の田中二郎等 5 裁判官の意見は，適用上違憲の可能性に言及していた[116]．適用上判断を採用すれば，都教組事件判決では適用上違憲となり，全農林警職法事件判決では適用上合憲となり，田中等 5 裁判官の意見が指摘するように，判例の累積を通じて許される場合と許されない場合の線引きが徐々に行われていくことになる．これに対して，全農林警職法事件判決の多数意見は，適用上判断を嫌って文面上判断を主張するものであり，適用上判断のもつ法的不安定の存続を忌避したということが鮮明になるであろう．適用上判断という手法は，判例の集積を通じて時間をかけてルールを形成していこうという戦略であり，その間の法的不安定に耐える緊張感を必要とする．法的安定性を重視すれば，文面上判断により早期に合憲か違憲かの決着を付けようという方向に向かおう．日本の最高裁には，法的安定性を選好する意識が

---

[116] 次のように述べている．すなわち，「……基本的人権を侵害するような広範に過ぎる制限，禁止の法律といつても，常にその規定を全面的に憲法違反として無効としなければならないわけではなく，公務員の争議行為の禁止のように，右の基本的人権の侵害にあたる場合がむしろ例外で，原則としては，その大部分が合憲的な制限，禁止の範囲に属するようなものである場合には，当該規定自体を全面的に無効とすることなく，できるかぎり解釈によつて規定内容を合憲の範囲内にとどめる方法(合憲的制限解釈)，またはこれが困難な場合には，具体的な場合における当該法規の適用を憲法に違反するものとして拒否する方法(適用違憲)によつてことを処理するのが妥当な処置というべきであり，この場合，立法による修正がされないかぎり，当該規定の適用が排除される範囲は判例の累積にまつこととなる」．本件の場合は，政治目的の争議であったことを理由に，適用上合憲の判断となり，結論は多数意見と同じとなるが，理由が異なるのである．

強いという特徴があるから，このような判例法による法形成には向かないのかもしれない．判例法による法形成には，一定程度の量の判例が必要であるし，また，長期的に問題を考えうるだけの裁判官の任期の長さも必要となろうが，結局，これらの条件が今の日本の制度とその運用には欠けているということなのであろうか．

4.2.3　合憲限定解釈の限界[117]

合憲限定解釈は，通常の解釈により獲得される条項の意味に違憲の疑いが存在することが前提であった．その疑いを除去する解釈をするのであるから，多かれ少なかれ通常の解釈とは異なる技巧を凝らし，様々な解釈方法を駆使した解釈を行うことになる．そこで，その解釈が許されるものであるためには，次の2点が重要である．第1に，違憲の疑いを除去することが目的であるから，条項の合憲的適用部分と違憲的適用部分を明確に切り分ける解釈となっている必要がある．線引きが不明確では，特に刑事法あるいは行政法の規定の場合には，適正手続違反の問題が生じることになり，是認されないだろう．

第2に，その解釈が，法文の目的および文言・文章のもちうる意味から判断して可能と言える範囲内のものであることが必要である．それを超えれば，解釈の名における「法文の書き直し」となり，立法権の簒奪という批判を浴びることになる．この判断に際しては，違憲的部分を削除した残部の意味でも立法者は立法したと推測できるかどうかも重要な考慮要素となる[118]．

この問題に関する先例は，札幌税関検査事件判決であるので，そこで最高裁がどのような見解を表明しているかを次に見ておこう．

札幌税関検査事件判決[119]　表現の自由に対する規制につき合憲限定解釈が可能かどうかが論じられた最初の判例である．旧関税定率法21条1項3号(現関税法69条の11第1項7号に相当する)は，「公安又は風

---

117)　合憲限定解釈の限界の問題については，上村・前掲注108)17頁以下，高橋・前掲注34)79頁以下，高橋和之「「猿払」法理のゆらぎ？——「堀越訴訟」最高裁判決の意味するもの」石川正先生古稀記念論文集『経済社会と法の役割』(商事法務，2013年)37頁，52頁参照．
118)　これは，法文が文言上あるいは意味上可分かどうかの判断基準と類似する．換言すれば，合憲限定解釈が可能なためには，合憲的適用部分と違憲的適用部分が可分である必要があるのである．
119)　最大判昭和59年12月12日民集38巻12号1308頁．

俗を害すべき書籍，図画，彫刻物その他の物品」を輸入禁制品と定めていた．原告は，外国から写真集等を郵便で輸入しようとしたが，税関からその内容が輸入禁制品に該当するとの通知を受けたので，この「処分」[120]の取消を請求した．一審判決はこの制度を検閲と認めたが，控訴審が検閲に該当せずとしたので，上告に及んだ．

争点の1つは，税関検査が憲法21条2項の禁止する検閲に該当するかであるが，この点については，本判決の多数意見は検閲の極めて狭い定義を採用し，税関検査は検閲には該当しないとした．この点は，ここでの合憲限定解釈の問題ではない．もう1つの争点は，本件処分は，検閲ではないとしても，表現を受け取る自由の規制であるから，憲法21条1項に反するのではないかである．特に上告人は，この規定が不明確であると主張した．

この点につき多数意見は，先ず，公安と風俗は文言上可分であると解し，したがって，本件の問題は「風俗を害すべき書籍，図画」が不明確かどうかの問題となると捉えた上で，次のように判示した．すなわち，①この条項は，「性風俗を害すべきもの，すなわち猥褻な書籍，図画等を意味するものと解することができ」，②「このような限定的解釈が可能である以上，右規定は，何ら明確性に欠けるものではな」い，と．この①の判示部分が合憲限定解釈に当たるものであり，この解釈が認められれば，わいせつ概念は明確な概念だとする先例が既に存在するから[121]，最高裁としては②の結論を得ることができることになる[122]．そこで問題は，①の解釈が合憲限定解釈として許される範囲内のものかどうかである．まさにこの点で，反対意見と対立することになる．

多数意見は，表現の自由の，特にその事前規制の場合には，畏縮効果(この用語を使っているわけではないが，その趣旨においては，同じ意味を述べている)を生

---

120) 通知は，以前には観念の通知にすぎず行政処分とは言えないから，取消訴訟の対象とはならないとされていたが，その後判例が変更されて(最3判昭和54年12月25日民集33巻7号753頁)，取消訴訟の対象となることにされた．本件は，それに基づき取消訴訟を提起したのである．
121) たとえば，日活ポルノビデオ事件判決(最2決昭和54年11月19日刑集33巻7号754頁)．
122) 上村・前掲注108)32頁は，私がわいせつ概念は判例上明確にされていると考えている，と理解して私を批判しているが，それは私の真意ではない．先例はわいせつ概念が明確だとしているから，判例の立場からすれば「風俗を害する」を「猥褻な」と解釈することにより明確性は担保されるということになろう，という趣旨を述べたにすぎない．

まないような解釈が必要であるという，伊藤正己等4裁判官の反対意見の述べるのと同旨の見解を示した後，次のように述べる．「表現の自由を規制する法律の規定について限定解釈をすることが許されるのは，①その解釈により，規制の対象となるものとそうでないものとが明確に区別され，かつ，合憲的に規制し得るもののみが規制の対象となることが明らかにされる場合でなければならず，また，②一般国民の理解において，具体的場合に当該表現物が規制の対象となるかどうかの判断を可能ならしめるような基準をその規定から読みとることができるものでなければならない」123)，と（①②は著者が挿入）．そして，この基準に照らすと，「風俗を害する」を「猥褻な」と解釈することは，①も②もクリアすると判示したのである．たしかに，最高裁のわいせつに関する判例を前提とする限り，①はクリアするといえるだろう．しかし，②について，伊藤正己等4裁判官の反対意見と理解を異にした．

　反対意見は，「表現の自由が基本的人権の中でも最も重要なものであることからすると，これを規制する法律の規定についての限定解釈には他の場合よりも厳しい枠があるべきであり，規制の目的，文理及び他の条規との関係から合理的に導き出し得る限定解釈のみが許される」という立場から，次の3点を指摘している．第1に，多数意見の解釈は，解釈の限界を超えている．この点は，上記の多数意見が提示した基準に欠落している点である．つまり，反対意見は，たとえ多数意見のいう①と②の条件を充たしていても，解釈として許される範囲を超えてはならないと考えているのである．第2に，多数意見の解釈は，一般人に可能であるとは考えられない．これが上記②に関する批判である124)．

---

123) この引用の末尾に徳島市公安条例事件判決（最大判昭和50年9月10日刑集29巻8号489頁）が引用されている．しかし，徳島市公安条例事件判決では，規定が明確といえるかどうかの判断基準として，ここに引用したと同旨の見解が述べられており，限定解釈が許されるかどうかの判断基準としてではない．本件多数意見がなぜ異なる問題についての2つの判断基準を同視したのかは述べていないが，察するに，徳島市公安条例も実質は合憲限定解釈であったと理解したのであろう．しかし，徳島市公安条例事件判決は，問題の規定の意味の解釈を合憲限定解釈ではなく，体系的あるいは目的論的解釈の結果として提示している．
124) 福岡県青少年保護育成条例事件判決（最大判昭和60年10月23日刑集39巻6号413頁）においても，この点が多数意見と反対意見の対立点となっている．この事件では，上記条例の定める処罰規定が不明確かつ過度に広汎で違憲ではないかが問題となった．本条例は「何人も青少年に対し，淫行又はわいせつの行為をしてはならない」と規定し，この違反に対する処罰を定めていた．このうちの「淫行をしてはならない」とは何を意味するかについて問題となり，多数意見は，ここにいう「淫行」とは，「広く青少年に対する性行為一般をいう

第3に,「表現の自由を規制する法律の規定が明確かどうかを判断するには,より明確な立法をすることが可能かどうかも重要な意味を持つ」が,多数意見のような解釈が立法者の意図であるとすれば,そのように立法することは容易なはずであり,「この点からみても,表現の自由の事前規制の面をもつ同号の右規定が憲法上要求される明確性を充たしたものであるとはいい難く,これに限定解釈を加えることによつて合憲とするのは適切でない」．この第3点は,ポイントが摑みにくいが,2つの主張を含んでいるように思われる．1つは,多数意見の解釈は立法府の意図とは異なっており,法律の書き換えになるのではないかという指摘であり,もう1つは,多数意見のいう意味が立法府の意図したものであるなら,その意味への改正は容易であるから,無理に限定解釈をして合憲とするより,違憲として立法府の判断に委ねるべきだという含意である[125]．この第3点の指摘も興味深いが,それを別にしても,反対意見が指摘する第1点と第2点は,合憲限定解釈の限界を考える上で,重要である．

　合憲限定解釈の限界の問題は,立法府との関係と国民との関係の両面から見る必要がある．立法府との関係では,立法府の意図をねじ曲げて司法府による

ものと解すべきではなく,①青少年を誘惑し,威迫し,欺罔し又は困惑させる等その心身の未成熟に乗じた不当な手段により行う性交又は性交類似行為のほか,②青少年を単に自己の性的欲望を満足させるための対象として扱っているとしか認められないような性交又は性交類似行為をいうものと解するのが相当である」(①②は著者が挿入した)と判示した．「淫行」の合憲限定解釈を行ったのである．そして,「このような解釈は通常の判断能力を有する一般人の理解にも適うものであり,「淫行」の意義を右のように解釈するときは,同規定につき処罰の範囲が不当に広すぎることも不明確であるともいえないから,本件規定が憲法31条の規定に違反するものとはいえ」ない,と判示した．合憲限定解釈の許される条件をクリアーするというわけである．これに対して,伊藤正己反対意見は,このような多数意見の限定解釈は「一般人の理解として「淫行」という文言から読みとれるかどうかきわめて疑問であって,もはや解釈の限界を超えたもの」と批判する．さらに,淫行の意義を合憲的内容にするためには,多数意見のいう①は理解しうるが②は不明確であり,そこで①に限定する解釈をすると,これは「通常の判断能力を有する一般人の理解の及びえないものであり,「淫行」の意義の解釈の域を逸脱したものといわざるをえない」,したがって,「淫行」という文言は,「正当に処罰の範囲とされるべきものを示すことができず,……犯罪の構成要件の明確性の要請を充たすことができないものであって,憲法31条に違反し無効というほかはない」と論じている．淫行についての合憲限定解釈は不可能であり,本条項は違憲と判断すべきだというのである．本件が表現の自由の問題ではないことを考慮し,憲法21条ではなく31条の問題であるとしても,伊藤反対意見の方が説得的に思われる．

[125]　広島市暴走族追放条例事件判決(最3判平成19年9月18日刑集61巻6号601頁)の藤田反対意見も,「暴走族」の定義規定の改正が技術的にさほど困難ではないことを法文の限定解釈をするのではなく,文面違憲判決とすべき理由の1つにあげている．

法文の書き換えとなってはならないということであり，そうならないためには許容されうる解釈技法で可能な解釈の範囲内に留まらねばならない．国民との関係では，何が禁止されるかについて十分な告知機能をもたねばならず，そのためには特に解釈結果が一般人の理解しうる程度に明確でなければならないのである．ここで最高裁が設定した基準が，この要請に応えているか疑問といわざるをえないだろう[126]．

---

[126] 最高裁が合憲限定解釈を可能とする条件を考える場合に想定している事例は，法文の核心部分は明確でありかつ過度に広汎でもないから，核心部分に関する限り規制は合憲とされうるが，その外延が不明確であり過度に広汎である可能性もあるという場合である．このような場合には，①限定解釈により核心部分を明確に定式化し，②それが一般人が法文から読みとっている意味に対応しているならば，合憲限定解釈は許されるという理解である．しかし，この理解からも，解釈としての範囲を超えていないかどうかの判断基準が欠けているといわざるをえないだろう．翻って考えてみれば，本判決は徳島市公安条例事件判決（最大判昭和 50 年 9 月 10 日刑集 29 巻 8 号 489 頁）を先例として引用しているが，この事件で判断されたのは，合憲限定解釈の許容性の問題ではなく，法文の不明確性の問題であった．したがって，国民との関係において告知機能をもつための条件を判示した判例であり，議会との関係で法文の解釈が法文の書き換えとならないための条件を判示したものではなかったのであり，その判決を合憲解釈の許容性の先例として引用することにそもそもの問題があったというべきであろう．要するに，合憲限定解釈の許容性の問題と不明確性の問題は，完全には重ならないのである．国民に対する告知機能の面では重なるが，立法府との関係では重ならないのである．

第3章
違憲審査の方法(2)——利益衡量と審査基準論

　違憲の主張を内容とする争点が適法に提起され，判断回避すべき理由もない場合には，争点についての憲法判断がなされることになる．その判断の仕方を理解するのが本章の課題である．

第1節　人権論の基本構図

　憲法の保障する権利（「憲法上の権利[1]」）は，国家行為に対する保障である．国家行為は公益の実現をめざして行われるが，その国家行為が憲法上の権利を制約するとき，権利制約を受けた国民は，その救済を求めて出訴し，違憲の争点を提起する．憲法上の権利を制約する国家行為は，権利侵害として違憲無効とするべきか，それとも公益による正当化が可能であるとして合憲とすべきか，それをどのような方法で判断すべきか．それがここでの問題である．

1　人権と公共の福祉の衝突とその利益衡量による解決

基本構図　この問題に関する憲法の基本原理は，憲法13条に表現されている．13条は，憲法上の権利は，公共の福祉に反しない限り，最大の尊重を必要とすると規定している．ここに，憲法上の権利と公共の福祉の・対・抗・関・係・と憲法上の権利の・最・大・限・の・尊重が表現されている．つまり，憲法上の

---

[1]　人権あるいは基本的人権は，厳密に使うときには「憲法上の権利」より広い概念として用いる．憲法により保障された人権を「憲法上の権利」あるいは「基本権」と呼ぶが，人権は，たとえば民法により保障されていることもあれば，国際法により保障されたものもあり，保障をしている実定法の性質により人権自身もその内容や名宛人に関して影響を受ける．しかし，憲法学において通常は，これらの概念を「憲法上の権利」の意味で使うことが多いので，本書でも，特に断らない限りそのような使い方をする．

権利は公共の福祉により制限されうるが，公共の福祉のために必要かつ最小限の制限しか受けないのである．これが「人権論の基本構図」である．

利益衡量論　　問題は，公共の福祉による必要最小限の制限とは何か，具体的な事案における憲法上の権利の制限がこの条件を充たしているかどうかをどのように判断するかである．判例は，当初，公共の福祉の抽象的な定義を基礎に，事案における憲法上の権利の制限理由をその定義に包摂する形での形式的な三段論法により合憲判決を繰り返していた．しかし，学説により，制限される権利の具体的内容とそれを制限する具体的理由を明らかにして，当該事案における制限がなぜ正当かをより綿密に説明すべきだという強い批判を受け，1960年代後半以降，次第に事案において対立する諸利益を摘示し，諸利益の比較衡量により合憲か違憲かを判断するという手法を採るようになる．「利益衡量論」と呼ばれる手法であるが，この採用の結果，権利の制限により「得られる利益」(公共の福祉＝公益)と「失われる利益」(「憲法上の権利」の価値)を比較してどちらが大きいかにより合憲か違憲かを判断するのだと説明されるようになる[2]．この考え方が，最高裁判例において今日まで維持されてきているといってよい．「公共の福祉のための必要最小限の制限」を「制限により得られる利益の方が大きい場合」と読み替えることができるかどうかは，議論のありうるところであろう．しかし，とりあえずここでは，この読み替えを「失われる利益」が必要最小限であることを前提とした上での省略的定式と理解しておくことにする．

利益衡量論に対する批判　　利益衡量論に対しては，様々な批判がある．たとえば，第1に，利益は価値に関係しており，異なる種類の価値間には共通の尺度はないから，比較によりどちらが大きいかを決めることなど原理上できないのではないかという批判である[3]．これは，理論上は

---

[2] 利益衡量論を「得られる利益と失われる利益を比較して前者が大きいときに合憲とする」と定式化した場合には，利益衡量は憲法判断の基準であるといわれることになる．しかし，本書では，利益衡量を基準とは理解しない．両者を比較してどちらが大きいかを決めるということは，利益の大きさを測る共通の尺度がない限り不可能であると考えるからである．利益の比較を可能にするためには，それを行うための「操作枠組」が必要であり，その「操作枠組」こそが基準というべきものだと考えるのである．したがって，利益衡量自体は基準ではなく，手法にすぎない．

[3] アメリカ合衆国最高裁判所判事であったスカリア裁判官は，Bendix Autolite Corp. v.

まったく正当な批判であるが，法律学から利益衡量を廃棄しえないことも，また事実である[4]．そうだとすれば，法律学に，そして憲法学に必要かつ有用な利益衡量のあり方を模索する以外にないであろう．

第2に，利益衡量という手法は，もともと私法学において唱えられ発展させられてきたものであり，それを公法学に持ち込むことが適切かどうかは慎重に考えてみる必要がある，との指摘もある．たしかに私法学においては，対立する利益は共に「私益」であり，その意味で同質的であるから比較しやすいであろうが，公法学において対立する利益は，私益(私人の憲法上の権利)と公益という異質の利益である[5]．比較が困難であるのみならず，伝統的に公益を重視する風土においては，公益を優先させる思考に傾きやすく，適切な衡量を期待するのは困難ではないかというのである．利益衡量に対するこの批判は，日本では公益優先となってしまう危険のほうが大きいのではないかと危惧するものであり，簡単には退けることのできない重みをもっている．しかし，私益と公益の衡量を完全には回避する方策がない以上，この衡量を行うことに向き合い，利益を衡量する場面に即して両利益を同じレベルの利益に再構成するとともに，利益衡量を行う適切な枠組を考えていく以外にないのではなかろうか．

利益衡量の場面の区別──法定立と法執行の段階構造　国家・社会に生じる諸問題を法により規律して行くには利益衡量を避けえないとした場合に，法的規律が法の定立と法の執行という過程により進行することから，利益衡量を行う場面として，法定立の場面と法執行(法適用)の

Midwesco Enterprises, Inc., et al.(486 U. S. 888(1988))の同調意見において，次のように述べた．「(秤の)両側の皿に乗せられる諸利益をほぼこのように評価した後，次に本法廷は，どちらがより重要かの判断に進む．この過程が，通常「利益衡量」(balancing)と呼ばれるが，……しかし，秤とのアナロジーは実際には適切ではない．なぜなら，両側の諸利益は，比較不能だからである．それは，ある特定の線が，ある特定の岩が重いことと比較して，より長いかどうか判断するようなものなのである．」

4) 我々の日常生活でも，立法に際してと同様に，諸利益間の選択は避けえないし，現実に選択を行っている．理論上比較が不能であるということと，実際上比較を通じて選択を行うこととは別問題である．

5) 国家・社会を「個人の尊厳＝個人の尊重」を基本価値として組織された集団と理解する以上，国家・社会の利益(公益＝公共の福祉)を個々人の利益と異質な利益，個人の利益を犠牲にしてでも実現すべき利益，と考えるべきではないであろう．個々人の利益に共通な利益，あるいは，個々人の対立する利益の調和として成立する利益というように，あくまで個人の利益と結合した利益と観念すべきであろう．

場面を区別することが，違憲審査の方法を考えるに当たっては決定的に重要となる．

利益衡量は両場面で行われるが，法定立に際しては常に行われるのに対して，法適用に際しては常に行われるとは限らない．すなわち，法定立において内容の一義的に明確な法(「ルール」と呼ぶ)が定立されれば，その執行に際して利益衡量の余地はない．これに対して，定立された法が一義的ではなく解釈の余地を認めていたり，他の規範との調整を予定した規範(「原理」と呼ぶ)を定めるにすぎないような場合には，その執行に際して解釈・調整を必要とし，そこで利益衡量がなされることになる．この場合の「執行」を「下位の法定立」を行うものと理解すると，要するに利益衡量は「法定立」に際して行われることが理解されるであろう．この「法定立」は，始源的な法定立と上位規範の執行として行われる(下位の)法定立を含むことになる．

以上の点は，憲法の解釈適用を考えるに際して重要な意味をもつ．憲法の制定自体は，制憲者による利益衡量の結果である．制定された憲法は，3種類の規範を含んでいる．第1に，意味が一義的に明白であり，執行に際して意味解釈を必要としない規定であり，「ルール」(準則)としての性格をもつ．統治機構上の規定は，多くがこれに属する．第2に，意味が一義的に明白ではなく解釈の幅が想定されており，執行に際して許容された幅の範囲内で意味の確定を行っていく必要のある規定．第3に，最初から他の諸規範との調整を予定した規定で，「原理」としての性格をもち，執行に際して事案に即した調整を行いながら適切な意味を確定することが予定されているものである．人権規定の多くはこれに属する．このうち第2の規定は，執行過程においては第1のルール，あるいは，第3の原理に解消されると思われるので，結局，憲法にはルールの性格をもつ規範と原理の性格をもつ規範が含まれていると理解することができる[6]．しかし，個々の規定がいずれに属するかは客観的に決まっているという

---

[6] ルールと原理の区別については，ドゥオーキンやアレクシーの議論を参考にしているが，私自身が理解し納得しえた限りであり，必ずしも同一ではない．cf. Ronald Dworkin, *Taking Rights Seriously*, Harvard U. P., 1977, p. 22ff, 亀本洋「法におけるルールと原理——ドゥオーキンからアレクシーへの議論の展開を中心に(一)(二)」法学論叢122巻2号18頁，123巻3号95頁，同「法的議論における実践理性の役割と限界(1)〜(4・完)」判例タイムズ550号48頁，552号62頁，554号17頁，555号52頁(1985年)，渡辺康行「憲法学における「ルール」と「原理」区分論の意義——R・アレクシーをめぐる論争を素材として」樋口

のではなく，解釈により決定すべき場合もある．そこで視点を変えて，個々の規定がルールか原理かは，解釈に際してのアプローチの問題と考えることにする．つまり，個々の規定につき，ルールと解釈して議論を展開するのと原理と解釈して議論を展開するのでは，どちらのほうが全体としてより適切な理論構成が可能となるかを考えて決定していくというアプローチをとるのである．のみならず，原理の性格をもつと解する規定についても，包括的に原理だと考えるのではなく，ルール的部分も内包されていると考えることにする．このように考えることにより，後述のように，アメリカで形成された「定義づけ衡量」(definitional balancing)のアプローチと「個別的衡量」(ad hoc balancing)のアプローチの区別と関連づけることが可能となるのである．

しかし，利益衡量の場面と仕方を考える前に，順序としては利益衡量の主体の問題を考えておくべきであろう．つまり，法定立は誰が行うかという問題である．憲法で保障すべき人権を定めたのは制憲者であるが，制憲者は個別の人権をその内容が憲法上確定されたものとして定めたのか，法律による内容形成が予定されるものとして定めたのかにより，その後の人権に関する「法定立」の主体に違いが生じ，そのことが違憲審査の方法の違いを生み出すからである．

2 利益衡量の枠組形成における考慮要素

利益衡量の方法は，衡量される権利の性質や衡量の場面等により異なる．したがって，利益衡量の枠組は，それらの関連する諸要素を適切に組み合わせて形成する必要がある．本書が最も重視するものとして，①利益衡量の主体の区別，②衡量の場面の区別，③衡量する利益のレベルの区別の３点をここで説明しておく．

2.1 利益衡量の主体——内容確定型人権と内容形成型人権

憲法上の権利には，保障内容が憲法上確定されていると解される人権と保障内容の確定を多かれ少なかれ立法者の決定に委ねていると解される人権が存在する[7]．表現の自由などの自由権は，財産権を別にして，一般には前者に属す

陽一他編(栗城壽夫先生古稀記念)『日独憲法学の創造力(上)』(信山社，2003年)1頁．
[7] 高橋和之「憲法判断の思考プロセス——総合判断の手法と分節判断の手法」法曹時報64巻5号1頁(2012年)，4頁以下参照．

ると解されており，生存権に代表される社会権は後者に属すると解されている．
「内容確定型人権の場合は保障内容が憲法上確定されている」ということは，制憲者が利益衡量の結果，当該人権規定の表現する特定内容を憲法により保障すべきだと決定したのであり，国家機関はその内容を確認し尊重することが求められている，ということを意味する．したがって，違憲審査をする裁判所は，憲法が保障している内容を解釈により最終的に確定する権限をもつことになる．

これに対して，内容形成型人権の場合は，憲法によって保障内容が確定されておらず，保障内容を制憲者が自ら決定せず，法律に委ねたことを意味する．もっとも，保障内容を全面的に立法者に委ねたのでは，憲法で保障する意味がなくなるから，保障の核心に属するような内容は，憲法上確定されていると解されるが，それが明示されていない．制憲時においては確定・明示することが困難であったために立法者に委ねたという事情もあろう．しかし，立法者が全面的に内容形成をできるわけではなく，制憲者が想定した核心的な内容については，それを確認し尊重することが命じられている．したがって，裁判所も内容形成型人権につき権利侵害の主張がなされた場合には，すべてを立法裁量の問題とすることなく，立法府による内容形成の統制を行う必要がある．

内容確定型人権と内容形成型人権では，利益衡量の枠組が大きく異なりうるので，本章では，利益衡量の枠組を内容確定型人権の場合と内容形成型人権の場合に分けて説明し（第2節，第3節），その後，このいずれにも位置づけることの困難な平等権の分析枠組を説明する（第4節）．

2.2 定義づけ衡量と個別的衡量

定義づけ衡量(definitional balancing)とは，憲法上許される行為あるいは許されない行為を明確に定義し，定義により設定されたルールへの該当性の判断により合憲か違憲かを判断する手法である[8]．許される行為と許されない行為の間の線引き（定義づけ，ルール設定）に際して利益衡量がなされるので，こう呼ばれる．これに対して，憲法により禁止されているかどうかを事案ごとに利益衡

---

[8] 駒村圭吾『憲法訴訟の現代的転回——憲法的論証を求めて』(日本評論社，2013年)は，定義づけ衡量につき，「概念定義への該当非該当で違憲性が確定するのであれば，そのような作業を"衡量"と呼ぶのは適当ではない」と批判する(23頁注14)が，定立されたルールへの該当非該当の認定作業を衡量と呼んでいるのではなく，ルールを定立する段階における衡量を定義づけ衡量と呼んでいるというのが，私の理解である．

量を行って判断する手法を「個別的衡量」(ad hoc balancing)と呼ぶ．利益衡量に際して考慮される利益の内容は，定義づけ衡量と個別的衡量とで，レベルの違いを別にして，大きな違いはないが，定義づけ衡量の場合は，利益衡量によりルールが設定されると，後はルールへの該当性判断により合憲性が判断されることになるのに対し，個別的衡量の場合は，常に事案ごとに利益衡量がなされる点に違いがある．したがって，個別的衡量の場合，事案の微妙な違いが重要な意味を持つときには，それを考慮して利益衡量を行うことが可能であり，理論上は事案ごとに最適な利益衡量を行いうることになる．これに対して定義づけ衡量は，一旦ルールが設定されると後はルールへの該当性判断が中心となるから，細部の違いは切り捨てられ定型的な結論が追究されることになる．したがって，事案ごとの最適な解決より予測可能性・法的安定性を重視したアプローチということになる．

　憲法自体が定義づけ衡量によりルールを設定していると解すべき場合がある．たとえば，憲法21条2項の定める検閲の禁止は，最高裁の解釈によれば，絶対的保障であり，ルールとして定められているという理解になる．ゆえに，最高裁の「定義」する検閲[9]に該当するかどうかが合憲か違憲かの決め手となるのである．その他，憲法18条の「奴隷的拘束」の禁止や36条の「拷問及び残虐な刑罰」の禁止も絶対的保障と解されており，また，刑事手続に関する諸規定も公共の福祉による制限を認めないのが現在では通説的であり，制憲者によるルール設定(定義づけ衡量)という理解になる．しかし，その他の権利規定は，公共の福祉による制限を認めるのが通説であり，「原理」としての性格を有する規定と解釈されているのである．しかし，原理としての規定の保障内容の核心部分に，解釈によりルールを設定することも可能であり，ルールを設定した場合には，事案がそのルールに該当する限り，それ以上の利益衡量なしに，違憲と判断されることになる．たとえば，憲法21条1項の表現の自由の保障につき，「表現の一般的な事前許可制は許されない」というルールを設定すれ

---

9)　最高裁が検閲の定義を行ったのは，札幌税関検査事件判決(最大判昭和59年12月12日民集38巻12号1308頁)においてである．この判決において，検閲は，「行政権が主体となつて，思想内容等の表現物を対象とし，その全部又は一部の発表の禁止を目的として，対象とされる一定の表現物につき網羅的一般的に，発表前にその内容を審査したうえ，不適当と認めるものの発表を禁止することを，その特質として備えるもの」と定義された．

ば10），この定義に該当するかどうかにより合憲性の判断がなされることになる．もちろん，ルールの定立されていない領域における表現の自由の問題については，その制限の合憲性は利益衡量により判断されるのである．

2.3 文面上判断と適用上判断における利益衡量

　文面上判断と適用上判断の違いは，違憲審査の対象の違いである．このことは既に説明した．両者とも憲法判断に際して利益衡量を行うが，審査対象の違いに応じて，衡量される利益のレベルが異なることになる．適用上判断に際して衡量される利益は，当該事案に関係する具体的事実に結びついた利益である．この場合に注意すべきことは，対立する人権価値と公益を具体的・個別的レベルで捉える必要があるということである．人権価値は，当該事案の当事者個人が享受すべき個別的利益であるが，公益は概念上個別事案を超える響きをもつために，一私人の利益と公共的な利益の対立・衡量と無意識に観念してしまう危険があるのである．この危険を避けるためには，この公益を一私益を規制することにより得られる個別具体的な場面における公益として評価する必要がある．事案の特殊性を構成する「私益」の場合，それを規制することにより得られる「公益」，換言すれば，それを規制しないことにより失われる「公益」は，それほど重要ではないことが通常であろう．

　これに対して，文面上判断で衡量される利益は，一般的レベルにまで抽象化された利益である．それは，通常，立法事実に表現される．利益衡量論と立法事実論は不可分の関係にあるといってよい．もっとも，立法事実は法律の合憲性を支える事実であるから，主として一般的な公益と結びついている．したがって，法律により規制される人権の価値も一般的レベルの価値として提示する必要がある．ここでも，人権価値を事案における私的な利益として観念する危険が存在する．事案における個別的な当事者の人権価値を一般的な公益と衡量するのでは，適正な衡量とはならない．「本件において失われる人権価値は，せいぜい本件当事者個人の私的な利益にすぎない」といった捉え方になってはならないのである．そうならないために，その人権価値を一般的レベルにまで抽象化して捉える必要がある．

10）　新潟県公安条例事件判決（最大判昭和29年11月24日刑集8巻11号1866頁）参照．

第2節　内容確定型人権の違憲審査

1　二段階分節審査

　人権論の基本構図は「人権制限の存在の確認と人権制限の正当化」であると述べたが，これが典型的に妥当するのは内容確定型人権の場合である．内容確定型人権は，保障内容が憲法上確定されているという前提であるから，立法者がこの型の人権について行いうることは，その内容形成ではありえず，確定している内容を「制限」することのみである．そして，憲法問題となるのは，この制限が許されるかどうかなのである．それが「制限の正当化」の問題である．もちろん，立法者は，たとえば表現の自由を国民がよりよく享受しうるようにする目的で，表現手段へのアクセスを提供したり容易にしたりする政策をとることができるが，これは表現の自由の「援助」であり「制限」ではないから，国民の一部に対する援助が他の国民に対する制限となるような場合を除いて，原則的には憲法問題となることはない[11]．

　内容確定型人権の違憲審査は，①法令は人権を制限しているか，②その人権制限は公共の福祉による制限として許されるかの2点の審査となる．これを「二段階分節審査」と呼ぶことにする．そこで，第一段階の審査においては，人権制限の有無を確定することになるが，そのためには，事案(たとえば，公道で混雑する時間帯にビラを配布するには，所管警察署に事前に届け出ることと法令が定めている場合に，届出なしにビラを配布し問責されたという事案)で問題となっている人権(表現の自由)の保障内容が当該事案に及ぶものかどうかを判断し，保障内容の範囲に入らないと判断した場合(たとえば公道は通行のための場であり，表現の自由の保障は及ばないと判断した場合)には，人権制限は存在しないということになるが，範囲に入ると判断した場合には，次に法令の定めがそれを「制

---

[11]　表現の自由についても，保障内容の立法者による形成が憲法上要請されていると解する立場もあるが，このような立場からは，「援助」のための制度形成が憲法により要請されており，それに応える立法は，たとえその制度に「制限」が組み込まれていても，援助が優先することもあると解したりする．たとえば，表現手段にアクセスをもたない者に対して表現手段をもつ者がその一部を無償で提供すべきことを制度化すること(たとえば一般的な反論権の制度化)は許されるかという問題である．著者は，このような制度は原則的に許されないという立場にたっている．

限」するものかどうかを判断する．制限とは言えないと判断した場合(たとえば，届出は若干の負担ではあるが，届出さえすればビラ配布が可能であり，警察の意思にまったく依存せずにできるから，「制限」という必要はないと判断した場合)には，人権制限は存在しないということになるが，届出も制限の1つであると判断した場合には，次にその制限は憲法上許されるかという第二段階の審査に移行することになる．

　第一段階の審査においては，人権の保障内容の確定が行われるが，そのために当該人権を憲法が保障した理由が，たとえば人権の成立史や哲学的基礎，現代国家・社会の人権状況などを踏まえて，判断されることになる．もちろん，本件事案との関係における内容確定であり，あらゆる場合を想定しての内容確定ではないことを忘れてはならない．保障内容の全容は，多くの先例の累積を通じて徐々に明らかにされていくのであるが，常に展開過程にあり，保障内容が最終的に確定されるということはないであろう．また，何を「制限」とみるかも，この展開過程と関連しながら決定されていくのであり，保障内容と制限行為の両面において，理論上は「確認」と解すべきだとしても，実際上は創造的側面(法定立)を否定できない．その限りで，ここでも利益衡量が行われるのである．いずれにせよ，この第一段階審査における問題は，憲法訴訟論よりは憲法の実体論に属するものであり，詳細は憲法の教科書を参照していただくとして，本書では深入りしないことにする．

　第二段階審査は，制限の正当化を扱う部門であり，憲法訴訟論の中心的課題といってよい．以下では，主としてこの問題を頭に置いて議論をしていくことになる．

2　「人権制限の正当化」論における利益衡量の枠組

　利益衡量が文面上判断で行われる場合と適用上判断で行われる場合の区別に，定義づけ衡量のアプローチと個別的衡量のアプローチの区別を組み合わせ，それぞれの場面における利益衡量の枠組を検討してみよう．

　まず第1に，文面上判断(法令審査)を定義づけ衡量により行う手法が存在する．2.1において，この手法の特徴とこの手法を採用したと理解しうる判例を説明する．第2に，文面上判断を個別的衡量により行う手法が存在する．この

手法との関連で重要なのは，この手法の欠陥を修正する努力の中から本書の依拠する「審査基準論」が形成されてきたということである．そこで 2.2 において，審査基準論を説明する (2.2.2)．なお，現在この審査基準論に代わるべき審査方法として，ドイツで発展してきた「比例原則」の導入が主張されている．そこで，審査基準論と比例原則の考え方の違いをここであわせて説明し (2.2.3)，この 2 つの審査手法をどのように調和させるのが適切かを検討する (2.2.4)．以上の説明を踏まえて，審査基準論の枠組から最高裁判例の分析を行う (2.2.5)．第 3 に，適用上判断を個別的衡量により行う手法と定義づけ衡量により行う手法が存在する．2.3 において，個別的衡量と定義づけ衡量を合わせて関連判例を見ておくことにする．そして最後に，2.4 において，文面上判断とも適用上判断とも区別される「処分違憲型審査」の手法につき説明する．

2.1 定義づけ衡量による文面上判断

2.1.1 総　説

　法令が憲法の定める「ルール」(通常は一定事項を禁止するルール) に該当するかどうかにより法令の合憲性判断を行う手法である．禁止ルールには，憲法が明示的に絶対的な禁止を定めている場合と，「原理」規定から解釈により禁止ルールを定式化する場合がある．たとえば，憲法 21 条 2 項の定める検閲の禁止や 36 条の「拷問及び残虐な刑罰」の絶対的禁止が前者の例であり，31 条あるいは 21 条 1 項から導出される「不明確性あるいは漠然性の理論」(何が禁止されているかを告知しえない曖昧不明確な規定は違憲であるというルール) や憲法 21 条 1 項から導出される「過度の広汎性の理論」(表現を規制する法令が憲法の保護する表現まで含むほど広汎に規制対象を定めており，合憲的部分と違憲的部分が不可分である場合，その法令は文面上違憲であるというルール)，あるいは，「表現の一般的許可制は違憲である」というルールなどが後者の例とされる．こうした憲法上のルールにより法令の違憲審査がなされる場合には，利益衡量はルールが設定される段階でなされ，法令の規定内容が合憲かどうかは利益衡量によってではなく，ルールに該当するかどうかにより判断されるのである．

　ちなみに，「切り札としての人権」(236 頁参照) の作動も，文面上判断における定義づけ衡量として理解することができる．「切り札としての人権」が禁止する人権制限の理由をルールとして設定し，そのルールに該当するかどうかに

より審査されるのである[12]．

2.1.2 判例の分析

徳島市公安条例事件判決[13]　この判断手法と理解できる判例として，まず徳島市公安条例事件判決が挙げられる．この事件では，集団示威行進の規制につき「交通秩序を維持すること」という構成要件の定めが不明確で憲法31条に違反しないかが問題となった．多数意見は，不明確な構成要件は違憲であるというルールを前提に，明確性(のルールへの該当性)の判断基準を「通常の判断能力を有する一般人の理解において，具体的場合に当該行為がその適用を受けるものかどうかの判断を可能ならしめるような基準が読みとれるかどうか」と定義し，本件の規定から，「道路における集団行進等が一般的に秩序正しく平穏に行われる場合にこれに随伴する交通秩序阻害の程度を超えた，殊更な交通秩序の阻害をもたらすような行為」が禁止されることが通常の判断能力を有する一般人に「さほど困難を感じること」なく判断されうるから，本規定は明確性の判断基準に照らして合憲であると述べ，「記録にあらわれた本条例の運用の実態をみても，本条例3条3号の規定が，国民の憲法上の権利の正当な行使を阻害したとか，国又は地方公共団体の機関の恣意的な運用を許したとかいう弊害を生じた形跡は，全く認められない」との立法事実を判断基準の定義への非該当の根拠として指摘している．しかし，この多数意見の理由づけに反対した高辻裁判官の意見は，明確性の判断基準としては多数意見に同意しながらも，定義への非該当の判断については，一般人にはこのような判断は不可能であると述べ，本件は条例の文面上合憲判断ではなく，適用上合憲判断により処理すべきであると主張している．

　刑罰法規が，通常の判断能力を有する一般人を対象に，禁止される行為を告知するものである以上，明確性の判断基準自体は多数意見の定義するとおりであろうが，その該当・非該当の判断が緩やかに過ぎよう．定義づけ衡量のアプローチを採ったからといって，必ずしも厳格な審査となるわけではないことの

---

12) ラズ(Joseph Raz)の「排除理由」(exclusionary reasons)を使ったRichard Pildesの議論 (Avoiding Balancing: The Role of Exclusionary Reasons in Constitutional Law, 45 Hastings L. J. 711(1994))も，ここに位置づけうるものと考えている．高橋和之「「通常審査」の意味と構造」法律時報83巻5号12頁(2011年)，注14参照．
13) 最大判昭和50年9月10日刑集29巻8号489頁．

一例である．

札幌税関検査事件判決[14]　旧関税定率法21条1項3号は「公安又は風俗を害すべき書籍，図画，彫刻物その他の物品」を輸入禁制品と定めていた（現在は関税法69条の11第1項7号に同じ規定がある）．写真集の輸入をしようとしたがこの規定に該当すると通知を受けたＸが，この通知，およびそれに対する異議申立を退けた税関の行為の取消を求め，この「税関検査」を憲法21条2項の禁止する検閲に該当し違憲であると主張した．

最高裁は，憲法21条2項は検閲を絶対的に禁止した規定であると解した上で，その検閲を「行政権が主体となつて，思想内容等の表現物を対象とし，その全部又は一部の発表の禁止を目的として，対象とされる一定の表現物につき網羅的一般的に，発表前にその内容を審査したうえ，不適当と認めるものの発表を禁止すること」と定義し，本件の税関検査による輸入の禁止は，既に外国で発表済みであって「発表前に」禁止するものではないこと，輸入貨物の検査に付随して行う検査にすぎず「思想内容等それ自体を網羅的に審査し規制することを目的とするものではない」こと等を理由に，検閲の定義に該当しないと判断した．

これは，定義づけ衡量のアプローチを採用した典型例といっていい．ここでも，このアプローチが必ずしも権利擁護的に機能するとは限らないことが例証されている．検閲の概念をあまりにも狭く定義したので，予測可能性は高まったかもしれないが，ほとんど実用性のない概念となってしまったのである．結局，現実に生じる検閲的制度の問題は，21条2項の問題ではなく，1項の保障する事前抑制の禁止の問題として論じられることになるが，こちらは絶対的禁止ではなく，公共の福祉による制限を受けるとされるから，絶対的禁止の場合より保護の程度は低くなる[15]．

---

14)　最大判昭和59年12月12日民集38巻12号1308頁．
15)　検閲の禁止の解釈としては，絶対的禁止ではなく相対的禁止（公共の福祉による制限を認める）とし，厳格審査に付すという解釈もありえた．このほうが，実際上の権利保護を高めえたのではないかとも思われる．なお，検閲の禁止は，制度的保障ではない．「検閲を受けない権利」の保障である．それは，表現の自由の中核的な保障内容を一層強く保障することを定めた規定である．それゆえに，絶対的保障という解釈が生じたのである．制度的保障の場合のように，制度の本質的部分さえ侵さなければ，法律による制限も許されるという議論を容認する余地はない．政教分離の場合には，対応する主観的権利はなく，信教の自由の保

**婚外子相続分
差別違憲決定**[16]

この決定も定義づけ衡量により判断した事例と理解しうると思う。婚外子の相続分差別を規定した民法900条4号は、かつては合憲であったが，その後の国民意識等の様々な変化の結果，現在では「子にとっては自ら選択ないし修正する余地のない事柄を理由としてその子に不利益を及ぼすことは許されず，子を個人として尊重し，その権利を保障すべきであるという考えが確立」されており，憲法14条1項に反すると判示したものであり，論調としては差別の合理性を利益衡量により判断したというより，個人の尊重から絶対的に保障されるべきルールを導出したという議論の仕方となっているからである。

尊属殺重罰規定違憲判決[17]**に
おける田中二郎裁判官の意見**

この意見にも，同様の議論構造がみられる。多数意見が，尊属殺人を普通殺人より重く処罰すること自体は許されるが，重すぎる点が不合理であり違憲だとしたのに対し，田中意見は、「尊属がただ尊属なるがゆえに特別の保護を受けるべきであるとか，本人のほか配偶者を含めて卑属の尊属殺人はその背徳性が著しく，特に強い道義的非難に値するとかの理由によって，尊属殺人に関する特別の規定を設けることは，一種の身分制道徳の見地に立つものというべきであり，前叙の旧家族制度的倫理観に立脚するものであって，個人の尊厳と人格価値の平等を基本的な立脚点とする民主主義の理念と抵触する」と述べているが，これは，憲法の依拠する個人の尊厳と人格価値の平等は旧家族制度的倫理観を絶対的に禁止するというルールを設定している，と理解できるからである[18]。

障の及ばないところを制度的に保障したものであるが，検閲の禁止は，これとは異なるのである．しかし，検閲を受けない権利は，特に厚く保護されるのではあるが，絶対的保障ではなく，公共の福祉の制限を受けるという解釈も可能であったし，その方が2項後段の通信の秘密の権利が公共の福祉による制限を認められていることともより整合性のある解釈であったとも言えよう．そうすれば，検閲の概念をもう少し広く定義して，検閲を受けない権利の制限を厳格な審査に服させ，検閲の禁止をより有用な議論として構成することが可能になったのではないかということである．

16) 最大決平成25年9月4日民集67巻6号1320頁．
17) 最大判昭和48年4月4日刑集27巻3号265頁．
18) 旧家族制度的倫理観を差別の理由とすることは許されないという解釈であり、1つの「切り札としての権利」論ともいえよう．

刑事手続に関する権利　刑事手続に関する諸規定も公共の福祉による制約は受けないという解釈が現在では通説的であり，判例も，通常，事案の国家行為が憲法の規定に該当するかどうかにより判断する手法を採用している．たとえば，当初憲法33条に反するのではないかと疑われた緊急逮捕の制度(刑訴210条)を合憲とした判決[19]は，「憲法33条規定の趣旨に反するものではない」という論じ方をしており，公共の福祉による制約の許容範囲内だという議論の仕方を避けている．同様のことは刑事手続に関する憲法判例のほとんどについて言えるのではないかと思う．

2.2　個別的衡量による文面上判断と審査基準論の登場

2.2.1　総　説

条文の形式的操作と三段論法によってではなく，利益衡量により合憲性の判断をすべきだという考えが登場すると，人権制限により「得られる利益」と「失われる利益」を個別事案ごとに精査して，どちらのほうが大きいかにより合憲か違憲かを判断するのだといわれるようになる．個別事案ごとの利益衡量を主張することから個別的衡量論と呼ばれる[20]．たしかに，個別的衡量論においては，関係する諸利益が可能な限り網羅的に考慮されるから，事案に最も適した解決が得られる可能性はあるものの，対立する諸利益は異質なものも多く，それぞれの大きさを比較する共通の尺度があるわけでもない．そうだとすると，どの利益をどの程度に見積もるかは，判断者の主観に委ねられることになり，客観性を欠くのではないかという批判が生じることになる．最も大きな問題は，裁判官の主観的な判断となるために，予測可能性と法的安定性が損なわれるこ

---

19)　最大判昭和30年12月14日刑集9巻13号2760頁.
20)　アメリカの判例展開においては，他方の極に「絶対主義」に与する裁判官が存在し，これが個別的衡量を主張する裁判官と対立していた．両者の中間に審査基準論が形成されてくるのである．高橋和之「審査基準論——個別的衡量論と「絶対主義」理論のあいだ」ジュリスト1089号165頁(1996年)参照．なお，個別的衡量と定義づけ衡量の対立は，当時のアメリカの学説において，主として名誉毀損や煽動罪の判断の仕方をめぐって展開されていた．絶対主義者は，スピーチ(言論)は，その概念に該当する限り，憲法により絶対的に保障されていると主張し，問題をスピーチに該当するかどうかに還元した．定義づけ衡量の発想ということができよう．しかし，個別的衡量論者は，絶対主義の判断手法に対し，自己の欲する結論に合わせてスピーチの概念を操作しており，結論志向的な論法に陥っているのではないかと批判し，事案に関連する諸利益の具体的な衡量により結論を出すべきだと主張したのである．

とである．予測可能性を強調すれば，定義づけ衡量のほうが好ましい．一度利益衡量を行いルールを設定すれば，後はルールへの該当性の判断だけで結論を出しうるから，判断者の主観的要素は最小限に縮減され，結論の予測がより簡単になるのである．しかし，事案ごとの微妙な違いは切り捨てられ，その微妙な違いが結論を左右する可能性がある場合でも，ルールへの該当性だけで判断することになるから，事案の正しい解決ではないのではないかと批判されることも生じる．そこで，両者の中間に，ある程度の予測可能性も保持しながら，同時に事案の特殊性へもある程度は対応しうるような審査方法が模索されることになる．その結果形成されたのが，本書で「審査基準論」と呼ぶ方法である．

2.2.2 審査基準論

審査基準論という審査方法は，審査を分節する2つの枠組をもつ．1つは，目的・手段審査の枠組であり，もう1つは，厳格度を異にする3つの審査基準の区別である．

2.2.2.1 目的・手段審査

人権を制限する法令が合憲であるためには，まず第1に，規制の目的（公益の保護）が憲法の許容するものでなければならず，第2に，その目的を達成するために採用された手段（人権制限）が憲法の許容するものでなくてはならない．憲法の禁止する目的あるいは手段が採用されていれば，それだけで違憲であるが，この審査手法は先に「定義づけ衡量」の手法として位置づけた．したがって，ここでの問題は，目的も手段もそれ自体としては憲法が禁止していないことを前提に，両者の関係に着目しながら「利益衡量」を行う枠組である．この利益衡量は，人権の制限により「得られる利益」と「失われる利益」の比較として行われることになり，その枠組が目的・手段審査なのである．

人権を制限する目的は，何らかの公益を実現することにあるから，目的審査により明らかにされるのは，人権制限によって実現しようとしている公益の性質とその大きさであり，手段審査により明らかにされるのは，当該手段により実現される公益の大きさである．しかし，これだけでは「得られる利益」の性質と大きさが明らかにされるだけである．「失われる人権価値」の性質と大きさ（重要度）も同時に明らかにされなければ，比較はできない．そこで，目的審査に際しては，同時に制限される人権価値の性格と大きさも評価される必要が

あり，また手段審査においては当該手段により制限される人権価値の大きさも評価される必要がある．それにより「得られる利益」と「失われる利益」の評価がなされて両者の比較衡量の前提が整うことになる．

しかし，ここで2つの問題が登場する．第1に，利益の大きさを比較するというが，利益を計る共通の尺度などない中で，どのように比較するのか．たしかに，価値の大きさを客観的に測定・比較することは原理上できない．しかし，利益衡量による決定が避けえないと考える以上，利益衡量を方向づける一定の指針を設定し，衡量過程の透明化を通じて主観的判断の統制を可能にすべきではないか．そのためには，事案を類型化し，類型ごとに適切な利益衡量の「指針」を定立していくことが課題になるであろう．

事案の類型化と指針定立により衡量過程の透明化を行うとして，次に問題となるのは，利益衡量の最終的判断を常に裁判所の「独自の判断」に委ねるのが適切かどうかである．利益衡量は，立法府も立法に際して行っている．その当否を裁判所が事後的に審査するのであるが，裁判所は立法府の行った利益衡量をまったく尊重することなく，裁判所独自の観点から利益衡量を行ってよいのだろうか．この問題には，日本国憲法が統治機構全体の中で裁判所および違憲審査権にいかなる役割を期待しているかを解釈して答える以外にない．そして，裁判所の役割として，立法府の判断を尊重すべき場合と独自の判断を対置すべき場合が区別されるべきだとすれば，それは類型化と指針定立に反映される必要があることになろう．

この2つの問題への答えとして，厳格度を異にする審査基準が定式化されることになる．

2.2.2.2 厳格度を異にする3つの審査基準の設定
(1) 区別の基本原理——裁判所の役割と二重の基準論

日本国憲法は，国民主権と代表制の原理のもとに，国民が直接選挙した代表者によって国会を構成することを定め，この国会に立法権を与えている．したがって，制度上は，国会が国民に一番近い位置にあり，デモクラシーの論理からすれば，国会こそが国民を最もよく代表しうる立場にある．ゆえに，国会の判断は，裁判所により最大限に尊重されるべきだということになる．しかし，憲法は，他方で権力分立と法の支配の原理も採用し，その一環として司法権に

違憲立法審査権を与え，国会の判断を審査し統制することを要請している．これもまた，主権者であり制憲者である国民の意思である．この点からは，裁判所は国会の判断を尊重するのではなく，独自の観点から審査する職責を課されているとも言える．では，両原理の対立をどのように調和させるのか．ここで出現したのが「二重の基準」という考え方であった[21]．それは，民主的政治過程論と裁判所の「能力」論に依拠している．

民主的政治過程論　国会の判断を尊重すべきだという議論は，国会が民主的な機関であることが前提である．民主的機関である限り，その決定は国民の意思を代表するものとして尊重に値する．しかし，国会が民主的機関であることを空洞化するような立法を行ったのではないかと危惧される場合には，もはや国会の判断を尊重すべき理由がない．むしろ，国会が民主的機関であり続けうるために，裁判所は独自の観点からその立法の違憲審査を行うべきである．では，国会が民主的機関であることを空洞化するような立法とは，どのような立法か．それは民主的な政治過程を害するような立法であり，たとえば，選挙権を制限したり，政治的表現の自由を制限したりする立法がその典型である．政治過程の民主性が確保されていれば，その過程を通じて決定された立法は，裁判所の審査において尊重してよい．たとえば，経済政策を遂行するために財産権や職業の自由を制限する立法がこれに該当する．こうして，民主的政治過程の基礎となる権利を制限する立法に対しては，厳格な審査を行い，民主的政治過程を通じて決定された立法に対しては，立法府を尊重する緩やかな審査をするという考えが形成されたのである．これを「二重の基準」論と呼ぶ．

裁判所の「能力」論　二重の基準を根拠づける考えとして，民主的政治過程の確保という裁判所の役割論に加えて，もう1つの考えが提示された．それは国会と裁判所の組織構造上の違いを理由とするものである．権力分立原理のもとに立法権と司法権が分離され，国会は立法権を行使するのに適した組織と手続を与えられており，裁判所は司法権を行使するのに適した組織と手続を与えられている．それゆえに，裁判所はその組織・手続の構造上，

---

[21] アメリカで形成された二重の基準の考えについては，芦部信喜『憲法訴訟の現代的展開』(有斐閣，1981年)65頁以下，松井茂記『二重の基準論』(有斐閣，1994年)参照．

社会経済政策に関して判断する「能力」においては国会に劣るから，国会の判断を可能な限り尊重すべきであり，法的に見て明らかに誤りだという場合以外は，違憲判断は差し控えるべきである，というのである．

二重の基準論は，アメリカにおいて形成されたものであるが，その考え方は日本でも参照に値する．日本とアメリカでは様々な違いがあるから，アメリカの議論をそのまま導入する必要はないし適切でもないが，二重の基準の基礎とされた民主的過程論と裁判所の能力論を参考にしながら，日本における審査のあり方を考えてみよう．

(2) 審査基準の区別

審査基準は，厳格度を異にする3種に区別され，かつ，厳格度の違いを表現する「定式」が与えられる．

α 厳格度を異にする3つの審査基準

「通常審査」の原則　日本国憲法81条は，違憲審査権を裁判所の権限として定めた．アメリカ合衆国憲法が違憲審査権の明文規定をもたず，判例により憲法解釈を通じて創設したのとは大きな違いがある．ここには，日本国憲法の定める違憲審査権は，行使しうる権限であるのみならず，行使しなければならない「職責」でもあるという意味を読みとることもできよう．他方で，この権限はドイツのような特別の憲法裁判所ではなく，通常の司法裁判所に与えられた権限であるという特色も有する．したがって，通常の司法権行使の一環として，通常の司法権行使に要求されてきたと同様の厳密さを伴った権限行使がそのベースライン(基本原則)として想定されていると解される．そこで，まずベースラインとして想定されている審査のあり方(それを「通常審査」と呼ぶことにする)がどのようなものかを検討し，次に，他の憲法原理との関係で裁判所に期待される役割という観点から，その権限行使の仕方にどのような要請が課されるべきかを，二重の基準に関してみた議論を参考にしながら考えてみよう[22]．

違憲の争点が適法に提起された場合には，裁判所はそれに誠実に応える義務がある．それを果たしたと言えるためには，議論の前提から合憲・違憲の結論

---

22) 高橋・前掲注12) 12頁参照．

に至る推論過程が十分な根拠により支えられており、かつ、透明でなければならない。根拠づけとして特に重要なのは、立法事実による支えであり、適切な手続により立法事実を認定し、法的推論の支えとする必要がある。そして、その推論過程を透明にするために、判決理由を分かりやすく明確に書くことが要求される。特に、どの法的推論を支えるために、いかなる立法事実を、何を根拠に認定したかが理由中に示されていることが重要である。要するに、通常審査とは、立法事実により根拠づけられた推論により明確な理由づけがなされた審査ということになる。

厳格審査　通常審査を出発点にして、次に、裁判所に期待された役割という観点から審査権の行使の仕方を考えると、二重の基準論の説明で述べたように、民主的政治過程を維持することは、裁判所に期待される最も重要な役割と考えることができる。ゆえに、人権の制限が民主的政治過程を大きく変える可能性をもつような事例の場合は、審査の厳格度を高める必要がある（この審査を「厳格審査」と呼ぶ）。選挙権や政治的表現の自由を制限する意味をもつ規制の場合は、その規制が真に必要であるか、規制により得られる利益のほうが大きいと言えるのかを厳格に審査すべき場合が多いであろう。ただし、重要なのは民主的政治過程の維持であるから、表現の自由の規制はすべて厳格に審査すべきだということではない。特に審査の厳格度を高める必要のある場合を類型化していくことが必要である。たとえば、政治的表現の自由を規制する危険性が最も大きいと思われる規制類型として、表現の「内容規制」や「事前規制」などがある。また、表現の内容規制の場合でも、表現内容の性質から、たとえばコマーシャル・スピーチやわいせつ表現などのように、通常は民主的政治過程の基礎と考える必要のないものもある。個別の人権規定を包括的(en bloc)に厳格審査の対象と考えるのではなく、「類型」を基礎にしながら、常に、民主的政治過程とどのような関係をもつのかを検討して厳格審査の必要性を判断するのである。ゆえに、コマーシャル・スピーチ、あるいは経済的自由でさえも、場合によっては厳格審査が要求されることもあろう。その場合には、理由を示して厳格審査を行うことになる。

敬譲審査　他方で、組織・手続上の能力からみて、裁判所より立法府の方が高い能力をもつと考えることのできる問題も存在する。たとえば、

高度に専門技術的知識を必要とする社会経済的領域の立法は，政治部門(官僚組織の助力を得ることができる立法府・行政府)の方が「能力」の高いことが多いであろう．そのような場合に該当すると判断される事例の場合には，立法府の判断を尊重することが要請される(この場合の審査を「敬譲審査」と呼ぶ)．経済的自由権の規制に関する事例に，このような場合が多いと思われるが，しかし，ここでも，財産権あるいは職業の自由を包括的にこのような場合に該当すると判断するのではなく，事例ごとに裁判所の能力を考えて決定することが重要である．積極規制と消極規制の区別という問題も，この観点から検討する必要があり，積極目的の規制すべてを敬譲審査に属すると考えるべきではない．

β 審査の厳格度の定式

以上の検討より，通常審査をベースラインとして，それより審査の厳格度を高めるべき「厳格審査」と低めるべき「敬譲審査」の三段階が区別されることになるが，これだけでは，厳格度の相対的違いが段階づけられただけで，それぞれの審査の厳格度をどのように考えるかという問題が解決されていない．この点を次に考えてみよう．問題は，人権の規制により「得られる利益」が「失われる利益」より大きいことをいかに確保するかである．それを確保しうる「基準」とは，いかなるものでなければならないか．

通常審査の基準 人権(憲法上の権利)とは，個人の尊厳を基本価値とする社会を形成するために最高規範である憲法により保障することが必要であると考えた重要な権利である．そうだとすれば，その規制が許されるかどうかを目的・手段審査の枠組で審査する場合，まず規制目的については，その人権の重要さに釣り合う重要度を認めうる公益の実現が目的とされている必要があり，手段もその目的の実現と実質的な関連性のあるものでなくてはならない．人権の重要さに釣り合う程度に重要な公益とは，国家を形成することより守ろうと一般人が考えるであろうような公益であり，人権を保障している国家が通常保護している公益を参考にするのも判断方法の1つであろう．目的との関連性が実質的といえる手段とは，それを支える立法事実が存在し，かつ，目的の達成程度と人権の制約の程度が釣り合っている場合と理解できよう．したがって，目的を同程度に達成しうるが人権の制約程度がより少ない手段が存在する場合には，関連性が実質的だとはいえないと考える．一般に

LRA 基準と呼ばれているものが，これに対応していよう[23]．なお，実質的関連性のある手段を「目的を達成するのに必要最小限の手段」と言い換えることもある．表現上同じ意味と理解するのは困難な感じもするが，目的を実現するために必要であり，かつ人権制限が最小限であるという意味に理解して，ほぼ同じことを表現していると理解しておく．対立する人権と公益が重要性において釣り合っており（目的審査），目的を達成するための手段が公益の達成度と人権の制約度において釣り合っている（手段審査）場合には，得られる利益と失われる利益が釣り合っていると考えるのである．これを簡略に表現して，「目的が重要で手段が必要最小限であること」と定式化しておく．これが通常審査の定式ということになる．

厳格審査の基準　次に，厳格審査の基準を考えよう．ここでは，制限される人権の重要度が通常審査の場合より高いことが前提である．とはいっても，人権自体に重要度の序列があるわけではない．民主的政治過程の機能にとってより重要という意味である．この意味でより重要な人権の規制が問題となっている場合には，人権の規制目的は通常審査の場合よりも重要なものでなければならない．それをどのように定式化するか．国家にとって無しでは済まされないような重要な公益をめざす場合でなければ，規制は許されないと考えるべきであろう[24]．刑法で定めている自然犯的な刑罰の保護法益[25]は，ほとんどがこれに該当すると考えることができる．手段としては，この目的を

---

23) LRA とは，less restrictive alternatives の省略である．アメリカ連邦最高裁判決には，less drastic という表現もでてくるが，芦部教授がある訴訟で裁判所に提出した意見書においてこれを LRA と略したことから，日本ではこの省略形でひろまった（芦部信喜『憲法判例を読む』（岩波書店，1987 年）106 頁参照）．なお，アメリカの LRA 基準が中間審査基準なのか厳格審査基準なのかにつき理解の食い違いがある．芦部教授は中間審査基準と理解しているが（芦部信喜〔高橋和之補訂〕『憲法〔第 6 版〕』（岩波書店，2015 年）196 頁参照），戸松秀典『憲法訴訟〔第 2 版〕』（有斐閣，2008 年，322 頁）は厳格審査基準としている．この点を指摘する門田孝「違憲審査における「目的審査」の検討（一）」広島法学 31 巻 2 号 145 頁，152 頁参照（ただし，LRA は目的審査ではなく手段審査の基準である）．アメリカの最高裁判例では，厳格審査が行われるべき事例で LRA を適用して違憲とすることがあるが，その場合を中間審査基準を適用してさえも違憲であるという趣旨に理解すれば，LRA 基準を中間審査基準であると理解することと矛盾はしない．
24) アメリカでは厳格審査における目的が compelling state interest と定式化されているが，これを参考にしている．
25) 自然犯的と述べたのは，国家ではなく社会を守るための法益という意味を表現するためである．

達成するために過大でも過小でもないことを要求すべきであろう[26]．過大な手段とは，目的を必要以上に実現する手段ということであるが，制限される人権の側からいえば，必要以上に人権を制限している手段ということになろう．過小な手段とは，目的を十分に達成していない手段であり，立法者がそれでも目的は必要なだけ達成されうると判断したのであれば，実は目的が「無しには済まされない」ほどの重要さを有していないことを意味するであろう[27]．たとえば，目的を達成するためには当然規制対象に含めるべき場合を含めていないような場合が，これに該当しよう．通常審査の場合には，目的は重要であるがそれを直ちに全面的に実現することを避けて，少しずつ実現していくという方針も許されるが，厳格審査の場合は，無しには済まされない目的とされているから，そのような方針は認められないのである．以上より，厳格審査基準を「不可欠の目的を必要十分に達成する手段」と定式化しておく．

敬譲審査の基準　最後に，敬譲審査であるが，この審査のポイントは，立法府の判断を尊重することにある．通常審査および厳格審査の場合は，裁判所は職責として独自の立場から判断することが想定されているが，敬譲審査では自己の「能力」の限界を自覚して，権限行使を自制すべきだと考えるのである[28]．組織・手続の構造上，能力が立法府に劣る場合であるから，裁判所の本務であるところの，憲法を含む法解釈そのものについては，立法府の判断を尊重する必要はない．主としては法律の合憲性を支える立法事実の存在についての判断に関する問題である[29]．立法府が行った立法事実が存在するという判断は，「明らかに不合理だ」という場合以外は，尊重すべきだと

---

26) アメリカでは narrowly tailored と定式化されている．「体にぴったり合うように裁断されている」という意味である．これを参考にして，目的を達成するための手段として過大でも過小でもないと定式化したのである．
27) このような場合には，提示された目的が見せかけにすぎないという疑いが生じることもあろう．後述の不当な動機の「燻り出し」(smoke out)論は，このような考えを基礎に主張されている．
28) このような場合につき，立法裁量に属する問題だといわれることがある．しかし，「裁量」というと，権力分立上司法権が立ち入ることが許されないというニュアンスがあるので，適切ではない．権力分立上は権限を有するが，裁判所は，立法府と異なり，国民からさえも一定程度隔離された組織であり，ポピュリズムの影響から免れているから冷静な判断が可能であり，必要な場合に権限を「自制」することを期待することができるのである．
29) 「合憲性の推定」とは，立法事実の存在の推定であるといわれるのは，この点に関係している．立法府の判断を尊重すべきであるということを表現しているのである．

いうことになる．このことをアメリカの「合理性の基準」(rational basis) の定式を借りて，「目的が (憲法により禁止されていないという意味で) 正当 (legitimate) であり，手段が目的と合理的関連性をもつ場合」と表現している．

*違憲審査についてのもう1つの理解──不当な動機の燻り出し論

　以上の議論では，違憲審査の目的を利益衡量により合憲性の判断を行うことであると理解し，そのための枠組と基準を考えたのであるが，違憲審査は利益衡量ではなく，憲法の禁止する不当な立法動機を燻り出すことが目的であるという見解もある[30]．これは，通常，人権を「切り札」と捉える立場と結びつけて主張されている．切り札としての人権は，人権を規制する目的に着目し，一定の「理由」を規制目的とすることを禁止するものだと考える．自律的な生き方を尊重する社会においては，自律的に選択した生き方を「誤った生き方」であるという理由で否定することは許されない．たとえば，「おまえの思想は誤っている」という理由でその発表を禁止することは「切り札としての人権」の侵害だとされる．この考え方自体に異論はないが，実際には国家がこのような理由を掲げて人権の制限をすることはないだろう．何らかのもっともらしい目的を掲げるはずである．したがって，「切り札としての人権」を現実に機能させるためには，もっともらしい理由は見せかけにすぎず，その背後に憲法の禁止する「理由」，「不当な動機」が隠されているということを見破る方法が必要となるが，厳格審査こそがその方法なのだというのである[31]．ここでの厳格審査は，利益衡量を方向づけるためではな

---

[30] 通常は，立法の動機は立法者の内心の問題であり，立法目的の審査対象とはされない．立法目的とは，個々の立法者の投票動機とは別の，法律に化体されている客観的な目的を指す．しかし，立法資料・記録から憲法の禁止する不当な動機が読みとれる場合にも，動機は関係ないといってよいのかは1つの問題である．しかし，不当な動機が存在する場合には，たとえ提示された立法目的が正当化しうる場合でも違憲とすべきであるというべきであろうか．燻り出し論は，不当な動機があれば違憲であるという前提で，厳格審査は動機が不当であることを燻り出す方法であると説明するが，その逆に，不当な動機が立証された場合には，厳格審査による利益衡量を行うと説明する方がよいのではないか．

[31] 阪口正二郎「憲法上の権利と利益衡量──「シールド」としての権利と「切り札」としての権利」一橋法学9巻3号31頁 (2010年)，同「違憲審査制の下での自由権制約の論証構造の現状と課題──高橋和之の問題提起を手掛かりにして」長谷部恭男他編『現代立憲主義の諸相 下』(有斐閣，2013年) 145頁．

い．手段の目的適合性を厳格に審査し，厳密な適合性がない場合には，真の目的・不当な動機が隠されていると考えるのである．この手段審査は，上述の審査基準論における「厳格審査」で説明した手段審査と似た内容となる．掲げられた目的を達成する手段として必要十分な手段，過大でも過小でもない手段かどうかを審査し，パスしない場合には，目的に偽りがあり，不当な動機が真の理由であるから違憲と判断するのである．

　興味深い議論であるが，手段が掲げられた目的に厳密に適合していないとき，常に目的が偽りだと言えるのか，疑問なしとしない．目的が偽りの場合もありうるが，目的には問題がなく，手段が厳密に適合していないということもありうるのではないか．その場合，もし問題の事例が通常審査に振り分けられるべき場合ならば，審査基準をクリアすることも十分考えられる．にもかかわらず，掲げられた目的は偽りだとみなして違憲としてよいのか．もし，切り札としての人権論の審査は，審査基準論における厳格審査が要求される場合に限定するというのであれば，どちらの説明をとっても，違憲であることに違いはないから，説明の仕方の違いにすぎないということもできようが，切り札としての人権論の主張する審査は，目的の重要度を問題とするものではないから，通常審査の妥当する場合も含むし，理論上は敬譲審査の場合さえ含むのである．したがって，手段が目的に厳密に適合していない場合に，「掲げられた目的」に問題のあるときには，違憲の結論でもよいが，手段のほうに問題があるときには，審査基準論の立場からは，不当な結果となるといわざるをえない．これを避けるためには，「不当な動機」の場合を識別する方法の提示が必要であろう．しかし，その方法が定式化できれば，それへの該当性で違憲審査を行いうるのであり，それは「定義づけ衡量」の手法となるであろう[32]．本書では，「切り札としての人権」の問題となる場合は，定義づけ衡量による文面上判断のアプローチをとるものと考えている

---

[32]　西村裕一「「審査基準論」を超えて」(木村草太・西村裕一『憲法学再入門』(有斐閣，2014年)124頁，127頁参照)は，燻り出し論は，「「立法目的審査に付すこと自体を認めない」政府主張利益を燻り出すという意味で「前＝立法目的次元」において行われている」ものであり，「人権制約の正当性審査における目的審査というよりは，人権制約の根拠としての「公共の福祉」適合性審査である」と述べているが，私がここでいう「定義づけ衡量」と同じ問題を述べているものと思われる．

ので，この不都合は生じない．

(3) 審査基準の振り分けと類型化

審査基準論においては，通常審査・厳格審査・敬譲審査のそれぞれにおいて適用される基準が定式化された．ただし，この基準は利益衡量を方向づける「指針」にすぎないから，基準を適用すれば自動的に答えがでるというものではない．指針に従った議論を行うことにより，議論の共通の土俵を設定し，どこで見解の対立が生じているかを透明にしようというのが重要な目的である．

基準を適用する前に，事案が通常審査・厳格審査・敬譲審査のいずれを適用すべき類型に属するかの振り分けを行わねばならない．民主的政治過程に関係する場合は厳格審査に，裁判所の「能力」に関係する場合には敬譲審査に振り分けられることになるが，この場合も人権の種類によって自動的に振り分けられるわけではなく，事案の具体的内容に応じて判断する必要があることは，既に述べた．あくまでも議論の枠組であり，この枠組に従って議論することにより，より一層嚙み合った議論が可能となると考えているのである．

厳格審査あるいは敬譲審査が例外であり，これに該当しない場合は通常審査となるから，厳格審査となる場合および敬譲審査となる場合の類型を形成していくことが今後の課題である．この点でも，アメリカで形成されている諸類型は参考になる．たとえば，表現の内容規制は，政府が自己に不都合な表現を規制するという危険が大きく，したがって政治過程を歪める危険があるから，真に必要な規制かどうかを厳格に審査する必要がある[33]．また，表現の事前抑制（許可制など）も，同様の危険をもつから厳格審査が必要である．政治的表現の直接規制も同様である[34]．他方で，経済的自由の規制の場合，たとえば多数派

---

[33] 表現の内容規制と対置される内容中立規制の場合は，政府に不都合な表現も都合の良い表現も規制されるから，政治過程をそこなう危険は小さい．しかし，中立の形で規制されていても，現実の機能において内容規制的であることが示されれば，内容規制と同視して厳格な審査を行うべきである．

[34] たとえば，公務員の「政治的行為」の禁止は，表現に適用される場合には（ほとんどの場合そうである），政治的表現の直接的規制と考えねばならない．猿払事件判決（最大判昭和49年11月6日刑集28巻9号393頁）は，これを「付随的規制」と捉えたが，正しくない．直接的規制に対置される付随的規制とは，通常は表現行為とはされていない行為を規制したところ，その行為により表現活動をする少数者の表現を規制する結果になったという場合を言う．猿払事件判決は，表現そのものの規制と表現に付随する行為の規制を対置させ，後者

が少数派(弱者)保護のために多数派の権利を制限するというような類型に当たるときは，敬譲審査が妥当すると考えることができよう．

2.2.3　ドイツの三段階審査と比例原則

本書は基本的にはアメリカで発展してきた審査方法に学んで審査の枠組を構成している．しかし，近時，ドイツの憲法裁判所で展開されている審査方法に示唆を受けた議論が有力に主張されるようになってきた．そこで，私の理解した限りでその概要を紹介して，アメリカ型とどこが違うのか，日本で参考にするには，どちらの方が好ましいか，両者を調和させる方法はあるのかを考えてみたい[35]．

2.2.3.1　三段階審査

ドイツでは，違憲審査の手順として次の3つのステップが確立されているという[36]．第一段階として，基本権の「保護領域」(Rechtsbereich, Schutzbereich) が確定され，第二段階として，国家の行為が保護領域への「介入」(Eingriff) となるかどうかが判断され，第三段階として，その「介入」が正当化しうるかど

を付随的規制と捉え，付随的規制の場合は表現についての失われる利益は小さいと論じた．この捉え方の問題点については，『憲法判例百選Ⅰ〔第5版〕』32頁(高橋和之・猿払事件判決の解説)参照．なお，付随的規制を表現行為に付随して生じる二次的害悪を規制する場合と捉える見解もある(長谷部恭男『Interactive 憲法』(有斐閣，2006年)134頁参照)．私自身は，表現の生み出す「害悪」を理由に規制する場合には，その害悪が一次的なものであれ二次的なものであれ，表現の直接規制であると考えている．なお，私は，表現の直接規制・付随規制と内容規制・内容中立規制は異なる区別であると考えており，付随規制と内容中立規制が対応するとは考えない．高橋和之『立憲主義と日本国憲法〔第4版〕』(有斐閣，2017年)239頁参照．

35) 日本が参照すべき「模範国」あるいは「準拠国」を求める議論は「不毛」であろうが(櫻井智章「事情変更による違憲判断について」甲南法学51巻4号145頁参照)，参照することに価値を認める以上，そして，日本のような憲法訴訟論の「後進国」は，その「先進国」で蓄積されてきた知的営為の成果を参照することに大きな価値があると私は考えているが，そうである以上，先進諸国の憲法訴訟論の内容と相互の違いを理解することは，日本で参考にするための不可欠の作業であろう．実際，日本の判例の分析を強調する論者の議論を見ても，その分析の枠組は，アメリカあるいはドイツの理論から学んだものを使っており，必ずしも日本の判例の分析から形成されたものではないように，私には見える．日本の判例の分析から内在的に，有効かつ有力な判例分析の枠組が形成できるのであれば，それに越したことはないが，「先進国」の憲法判例と読み比べてみれば，一般的に言って，日本のそれが同じ水準を実現できているとは思えない．学説についても，同様であろう．私自身は，「模範国」を求めていると思われるような論考にも，また，日本の判例だけを分析していれば十分であると思わせるような論考にも，接したことはない．

36) ドイツの三段階審査については，多くの文献があるが，日本における議論をリードした先駆的業績として，松本和彦『基本権保障の憲法理論』(大阪大学出版会，2001年)，小山剛『「憲法上の権利」の作法〔第3版〕』(尚学社，2016年)を挙げておく．

うかが判断される[37]．この三段階審査を本書の二段階分節審査と比べると，本書の第一段階がドイツの第一段階および第二段階に対応している．人権制限の有無の判断をドイツでは保護領域と介入に分けて行っているのである．保護領域と介入とは異なる問題であるので，議論としては分けるのが明晰であるが，実際上は両者を相関させながら同時的に確定して「人権制限の有無」を判断するのが普通であろう．そうだとすれば，段階として分けるほどの必要があるのかどうか．第一段階（人権制限の確認）の中で保護領域の問題と介入の問題が存在することを意識し，必要があればその都度区別して論ずるということで十分ではなかろうか．

ドイツの第三段階の「介入の正当化」審査は，本書の第二段階の人権制限の正当化審査に対応している．この正当化の問題をドイツでは形式的正当化と実質的正当化に分けている．形式的正当化とは，国家の介入行為に法的根拠があるかどうかを問うものであり，憲法の定める「法律の留保」に反していないかどうかが中心問題となる．ドイツ基本法の基本権条項には，まず特定の個別基本権の保障を定め，同一条文の中でそれに続けて基本権を制限する場合の条件を定めるという規定の仕方をしているものが見られる．たとえば，第5条では，1項で「何人も，言語，文書及び図画によって，自己の意見を自由に表明し流布させる権利，並びに一般にアクセス可能な情報源から妨げられることなく知る権利を有する．……」と定め，2項で「これらの権利は，一般的法律の規定，青少年保護のための法律上の規定，及び人格的名誉権によって制限を受ける」と規定している[38]．したがって，1項の権利に対する「介入」が許されるため

---

[37] ドイツの三段階審査では，「保護領域→介入→正当化」の順序で審査は進行すると説明されている．しかし，石川健治「憲法解釈学における「議論の蓄積思考」——「憲法上の権利」への招待」(法律時報74巻7号60頁)は，「介入→保護領域→正当化」の順序であるべきだと主張している．石川教授によれば，この理論は刑法理論を下敷きにして形成されてきたものであるから，「行為→構成要件該当性→違法性阻却」の順序に対応して，「国家による介入行為→保護領域(構成要件)への該当性→正当化(違法性阻却事由)」と進行すべきだというのである．理論の形成史としては興味深い指摘であるが，人権理論と刑法理論をパラレルに考えねばならない必然性はなく，また，保護領域と介入は密接に関連するから，実際には相互に関連させながら同時的に確定するのが普通であることを考えると，どちらを先にすべきかを議論する実益はあまりないだろう．日本国憲法が人権の最大限の尊重をうたいながら公共の福祉による制限のありうることを規定している以上，「人権の保障が及ぶか→公共の福祉による制限に当たるか→制限は正当化されるか」の順序で審査を行うのは，自然な流れのように思う．

には，2項の条件を充たしている必要がある．ドイツの第三段階審査では，この点の確認が「形式的正当化」の問題として先ずなされるのである[39]．これに対して，実質的正当化は，「広義の比例原則」により審査される．これが本書の第二段階に対応している．両者とも，利益衡量による正当化の枠組と理解されるからである．

2.2.3.2 広義の比例原則

広義の比例原則は，一般には，法律による基本権制限の目的が正当であることを前提にして，手段が目的とどのような関係にあるかを問題にする原則であると説明されている．手段(基本権制限)が目的(公益の実現)と「比例的」であることを要求する原理なのである．もともとは「過剰侵害の禁止原則」と呼ばれ，公益の実現に必要な程度を超えて基本権を制限してはならないという原理として登場したが，今日では「比例的」であることを要求する原理と表現されるようになったようである[40]．比例的であることの要請という理解から，「得られる利益」と「失われる利益」の均衡を要求する原則という説明もみられる．この点で，アメリカの審査基準論と出発点を共有すると理解できるであろう．しかし，アメリカの審査基準論の枠組が目的審査と手段審査からなるのに対し，比例原則は目的審査を組み込んでいない[41]．「手段が目的と比例的でなければ

---

38) 訳は石川健治訳(高橋和之編『新版 世界憲法集〔第2版〕』岩波文庫，2012年，170頁)を参照した．

39) アメリカでは，形式的正当化という問題は，私の知る限り特に論じられていないようであるが，人権を定めた修正条項の規定の仕方がドイツと異なり，特に人権制限の条件を個別に定めるというスタイルを採っていないことと関係があるかもしれない．また，判例法主義のもとで，人権制限が制定法によるとは限らないなど，コモンロー的な法的思考とも関係があるかもしれない．本書では，ここでの人権制限の正当化論の中心は利益衡量論にあるという理解から，制限の法的根拠という問題はここに位置づけていない．国家行為は法律の授権を必要とするという原理は，人権制限の場合に限られないより基本的な原理であると考えているからである．

40) シュテルン／井上典之他編訳『ドイツ憲法II』(信山社，2009年)は，「過剰侵害禁止」と表現している(322頁以下参照)．

41) 目的審査を組み込むべきだという主張もある．See, Mattias Kumm, The Idea of Socratic Contestation and the Right to Justification: The Point of Rights-Based Proportionality Review, 4 Law & Ethics of Human Rights 141,148(2010)．比例原則を採用しているといわれるカナダでは，目的審査を組み込んでいるようであるが，その結果アメリカ的な審査基準論に近づいており，ドイツとアメリカを折衷したような独自な審査方法となっている．その結果，狭義の比例原則はカナダでは重要性を失っているという．後述のように，ドイツの狭義の比例原則が，実は機能的にはアメリカの目的審査に対応しているとすれば，アメリカ的な目的審査を組み込んでいるカナダにおいては，狭義の比例原則が重要性を失うのもうなず

ならない」という発想からは，目的自体は正当であることを前提とした議論となるのは自然とも言える[42]．しかし，憲法が禁止する目的であっては，手段が比例的かどうかを問うのは無意味であるから，目的の正当性は，比例原則の内部では審査されることなく前提とされるにしても，どこかで審査されるはずである．それは，どこか．1つは，法律の留保が定める諸条件への該当性の判断においてであろう[43]．たとえば，基本法5条2項の定める「少年保護のため」あるいは「個人的名誉権」に該当すれば，規制目的の正当性どころか，重要性も充足するのが普通であろう．しかし，法律の留保に規制目的に関連した条件が定められていない場合，あるいは，特に法律の留保を明文で規定していない条項の場合[44]には，目的の正当性をどこで担保するかを考える必要があろう[45]．ドイツでは，これをどこで行っているのか．この点は，後に検討することにする．

　広義の比例原則は，3つの項目からなるとされる．①手段が目的の実現に適合していること(Geeignetheit)．少しでも目的を実現しうる場合には，適合性ありとされる．②手段が目的を実現するのに必要であること(Erforderlichkeit).

　　ける．なお，カナダの審査方法については，佐々木雅寿「カナダ憲法における比例原則の展開——「オークス・テスト(Oakes Test)」の内容と含意」北大法学63巻2号353頁参照．
42)　比例原則が，もともと行政法上の原則であり，行政行為の目的は，通常，法律により与えられていることを考えると，行政処分の審査においては目的の審査は課題とはなりがたいという事情があったのではないかと推測される．その比例原則が法律の違憲審査に導入されると，憲法が法律の目的を与えていることはむしろ稀であり，ゆえに，法律の違憲訴訟においては目的の審査は不可欠となる．それをどこで行うかであるが，ドイツでは，それを比例原則の中で行うという構成は採っていないということであろう．
43)　宍戸常寿「『猿払基準』の再検討」(法律時報83巻5号20頁)，小山剛「比例原則と衡量」(前掲注31)『現代立憲主義の諸相 下』所収)がこの点を指摘している(126頁参照)．
44)　ドイツ基本法における基本権条項は，法律の留保との関係で3種に分けられている．①留保のない基本権，②制限理由を特定した留保のついている基本権(たとえば表現の自由に関する5条2項)，③制限理由の特定のない単純な留保のついている基本権(たとえば，12条の職業の自由)．柴田憲司「比例原則と目的審査」法学新報120巻1・2号201頁，211頁参照．
45)　ドイツでも目的審査を独自の項目あるいは比例原則に含まれる項目(ゆえに比例原則は4項目から構成される)として構成すべきだという主張もあるというが，いずれにせよ目的審査は緩やかな審査となり，憲法の禁止していない目的であること，その意味で「正当な目的」であることの確認にすぎないとされている．これは，目的の決定が政策決定と関連するから，立法府の判断を尊重すべきだという考えが背後にあるのかもしれない．しかし，緩やかな審査しか行われないために，後述のように狭義の比例原則の審査が必要となるものと思われる．

目的を同程度に実現しうるが,基本権を制約することのより少ない他の手段が存在する場合には,採用されている手段には必要性がないとされる.③手段が目的と均衡していること(狭義の比例性 Proportionalität).以上の3点を順次パスすると「広義の比例原則」を充たし合憲とされる.

これを審査基準論と比較すると,①と②が審査基準論における手段審査に対応している.手段は,一方で目的(公益)を最大限に実現しうるものであり,他方で,人権を制約する程度が最小限であるのが最善である.しかし,公益実現の程度と人権制約の程度は,往々にして衝突する.公益実現の程度の大きい手段は,人権制約の程度も大きいことが通常なのである.したがって,ここでも利益衡量が配慮される.アメリカのLRA基準は,この利益衡量を組み込んだ概念と理解する必要がある.ドイツの手段審査は,この公益実現と基本権制約を相関的にではなく,別々に判断する点に特徴がある.適合性は公益実現の程度を問題とする審査であるが,手段が目的を少しでも実現しうるものであれば,この要件はクリアするとされており,実際に適合性を充たさないとして違憲となった例は数件にすぎないと言われている.これに対して,必要性は基本権制約の程度に着目する審査であり,ここではアメリカのLRAと類似の審査がなされるようである.かりにそうだとすると,ドイツの手段審査は,アメリカの中間審査基準における手段審査に対応する審査をすべての事案に対して行っており,アメリカのように合理性の審査,中間審査,厳格審査を事案の類型に応じて使い分けるという枠組みは持たないということになろう[46].この理解が正しいとすると,ドイツの比例原則は,事案の類型に応じて審査の厳格度を区別するという「審査基準」の存在しない,その意味で事案ごとの個別的衡量という性格の審査手法であると理解できるのではないか[47].それは,アメリカの少

---

[46] 小山・前掲注43)115頁は,比例原則の適用の仕方は柔軟であり,厳格にも緩やかにも適用されると指摘しているが,このことは,適用の厳格度に応じた区別の定式化は存在しないということを意味しよう.

[47] 審査基準がないという意味でこれを「裸の利益衡量」と性格づけたところ,多くのドイツ憲法研究者から強い反発を受けた.表現がミスリーディングであるということであれば,表現はこれを撤回することにやぶさかではない.私の言いたかったことは,アメリカ的な意味での基準のない利益衡量だという意味であり,この理解自体については,現在でも撤回する必要はないと感じている.しかし,このことは,ドイツ理論独自の審査基準の存在を否定するものではない.それがどのような性格のものであるかについての私の理解は,すぐ後の本文で述べるとおりである.

数説が主張しているスライディング・スケール論に近いのではないか[48]．このように，私はドイツの比例原則を理解した[49]．

反論と応答 この理解に対しては，ドイツでも審査密度(Kontrolldichte)を分ける考えが存在し，それに従った判例が存在するから，基準なしの個別的利益衡量論だという理解は誤っているという趣旨の反論がなされた[50]．その根拠として挙げられる判例の中で，ここでは薬局判決[51]と共同決

---

48) スライディング・スケール(sliding scale)論というのは，アメリカ合衆国最高裁のマーシャル判事が Dandridge v. Williams(397 U. S. 471(1970))の反対意見で述べた見解に対してガンサー教授が名付けた考え方をいい(Gerald Gunther, The Supreme Court, 1971 Term——Foreword: In Search of Evolving Doctrine on a Changing Court: A Model for a Newer Equal Protection, 86 Harv. L. Rev. 1(1972))，後にスティーヴンス判事が Craig v. Boren (429 U. S. 190(1976))の反対意見で同種の考え方を述べている．比例原則の考えに近いと言われている(cf. Vicki C. Jackson, Constituional Law in an Age of Proportionality, 124 Yale L. J. 3094 (2015))．この考えは，多数説のように審査基準の厳格度のスケールを2つあるいは3つの段階に分けることに反対し，スケールは強から弱へと連続的であり，段階的と考えるべきではない，個々の事案ごとに当該事案に適した厳格度で審査すべきであるというものである．事案の類型に従って厳格度の異なる基準を割り当てると，どの類型に該当するかが最初の論争点となり，その結果が判決の結論も左右する傾向が強くなり，そのために審査基準の振り分けが結論志向的となり，事案で対立している諸利益を丁寧に衡量することがなおざりにされることになりやすいと批判するのである．

49) 高橋和之「違憲審査方法に関する学説・判例の動向」法曹時報61巻12号1頁，10頁以下参照．

50) たとえば，小山・前掲注43)139頁，青柳幸一「審査基準と比例原則」戸松秀典・野坂泰司編『憲法訴訟の現状分析』(有斐閣，2012年)117頁，132頁，137頁参照．これらの私の理解に対する批判は，次の3点に整理することができる．①比例原則には基準が存在するから「裸の利益衡量」ではない，②目的審査は存在する，③比例原則は緩やかな審査ではない．これらの批判に，とりあえず次のように応えておきたい．①につき，比例原則に基準がないと述べたのは，その基本的性格が個別的利益衡量と思われるからである．②につき，目的を審査していないと述べたのではない．比例原則の項目としては目的審査は設定されていないし，どこかで行っているとしても，審査基準論でいう目的審査とは性質を異にするということ．③につき，個別的利益衡量は審査の厳格度とは関係がない．事案に応じて厳格に行うこともあれば，緩やかなこともある．多くの違憲判決を出している憲法裁判所が，すべて緩やかな審査をしているということはありえないだろう．しかし，基準のない個別的利益衡量であり，予測可能性が低いのではないかということである．この点につき，青柳・上掲は，個別的利益衡量＝「裸の利益衡量」は合憲という結論になりがちなものであると理解しているようであり，ゆえに緩やかな審査であると理解していると思われるが，私はそうは理解していない．利益衡量がアド・ホックかどうかは，審査の厳格度とは別の問題であり，厳格に審査する場合もあれば緩やかに審査する場合もあると考えている．実際，小山・上掲は，比例原則は柔軟に適用されると指摘している(120頁注17参照)．ただ，私が指摘しているのは，どのような場合に審査が厳格になるのかが予測できないということである．私が比例原則は個別的衡量ではないかと述べたのは，事案ごとに審査の仕方(厳格度あるいは密度)を変える審査方法であり，アメリカのような事案の類型化に対応して基準を振り分けるという審査方法ではないということである．もっとも，ドイツでも先例の事実上の拘束性は認められているであろうから，先例の累積から類型化が確立されていく可能性はある．しかし，そうなっ

定判決[52]を採り上げて，そこで展開されたとされる「段階理論」(Stufentheorie)の意味を探ってみよう．

薬局判決 この事件は，ドイツのバイエルン州薬事法に基づく薬局開設不許可処分を争った憲法異議訴訟である．同法は，薬局開設を許可制のもとに置いていたが，本件提訴者の開設申請に対し許可要件とされていた適正配置に合わないとして不許可となったものである．

判決は，基本法12条1項の職業に関する保障につき，職業選択の自由と職業遂行の自由では，前者の方が人格権により深く関わる点でより強い保護が与えられるべきであり保護の強度に段階が存在し，また，規制の方法として許可制を採る場合には，許可の条件が客観的条件と主観的条件ではその必要性の証明の程度に段階が存在すると述べた．これが「段階理論」と呼ばれ，高い段階ほど審査の「密度」が高くなるのだと説明されている．そして，この段階理論の存在が「裸の利益衡量」ではないことの証拠とされるのである．

段階理論による審査密度の濃淡の区別がなされるから，「基準」なしの利益衡量ではないという反論は理解できないわけではない．しかし，この基準は，審査基準論でいうところの審査基準とは性格を異にする．それは，個別の基本権の内部でその基本権の性質や規制の態様を基礎に設定された「段階」であり，いわば基本権の実体論に属する「合憲性判定基準」[53]の性格をもつものである．個々の基本権は性質を異にし，それに応じて規制の態様も異なりうるから，段階設定は個々の基本権の内部で個々の基本権ごとに行う以外になく，したがって比例原則の適用の仕方も個々の基本権ごとに異ならざるをえないであろう．このように，比例原則の適用が弾力的であり，段階理論は比例原則による審査の密度の違いを表現するものだとされること自体から，比例原則の性格も理解

たとしても，アメリカ的な審査基準論とドイツの比例原則との間には，その思考方法において大きな違いは存続するであろう．

51) BVerfGE 7, 377, Urteil v. 11. 7. 1958. この判決については，野中俊彦「薬事法距離制限条項の合憲性」『ドイツの憲法判例』(信山社，1996年)223頁所収参照．

52) BVerfGE 50, 290, Urteil v. 1. 3. 1979. この判決については，栗城壽夫「所有権等の規制と立法者の予測——共同決定判決」前掲注51)『ドイツの憲法判例』245頁参照．

53) 合憲性判定基準と審査基準の違いについては，江橋崇「二重の基準論」芦部信喜編『講座憲法訴訟 第2巻』(有斐閣，1987年)125頁，128頁，横田耕一「合理性の基準」『講座憲法訴訟 第2巻』161頁，松井茂記『日本国憲法〔第3版〕』(有斐閣，2007年)112頁，市川正人『憲法』(新世社，2014年)68頁参照．

されうることになる．比例原則とは，基本権に内在する原理であり[54]，基本権の実体論に属する議論なのである．だからこそ，比例原則は全国家機関が服すべき原則とされる．基本法1条3項が基本権を全国家機関を拘束するものと規定しており，その基本権から比例原則が生じるとすれば，比例原則が全国家機関を拘束するのは当然のことである[55]．

　これに対し，審査基準は訴訟手続上の基準である．したがって，裁判所だけが直接の名宛人であり[56]，立法権がそれに服することはない．もちろん，裁判所がこの基準を使う以上，立法府も将来起こるかもしれない違憲訴訟でこの基準が使われるであろうことを考慮せざるをえないであろう．しかし，それは事実上の拘束にすぎない．審査基準論の根拠は，基本権の本質というより，むしろ憲法が統治機構全体の中で裁判所に期待している役割である．もちろん，裁判所は，他の国家機関と同様に，「合憲性判定基準」に拘束されるが，その上に，裁判所は審査基準にも拘束されるのである[57]．では，ここでの裁判所の役割とは，何か．それは，民主的政治過程の維持であった．民主的政治過程を歪める危険性の高い事案の場合には，厳格な審査を行い，民主的政治過程が良好に機能している限り，それを通じて制定された法令の場合は，厳格な審査を行う必要がなく，憲法が想定している通常の審査でよい．しかし，民主的政治過程でなされた判断を「能力」を理由に尊重すべき場合には，通常より審査の厳

---

54) 比例原則の根拠は何かが議論されているが，基本権の本質が根拠であるという理解が有力のようである．他に法治国家に求める見解もあるようである（柴田憲司「憲法上の比例原則について（一）——ドイツにおけるその法的根拠・基礎づけをめぐる議論を中心に」法学新報116巻9・10号183頁参照）が，憲法上の根拠としては，基本権が一定の制限に服することを前提としたものであることから，そのような基本権の本質が比例原則を要求すると解するのが分かりやすい．もっとも，行政法上の比例原則の場合は，基本権のみの問題ではなくなるので，法治主義に求める方が無難ではないかと思う．同じく比例原則といっても，憲法上のそれと行政法上のそれとは異なるというべきであろう．
55) 全国家機関を拘束するが，比例原則が具体的に何を命じているかは，各国家機関が自己の任務を遂行するに際して独自に判断することであるから，その具体的内容は異なりうる．その内容が矛盾した場合，最終的決定権をどの機関がもつかは，憲法に従って決まることになる．
56) 名宛人といっても，裁判所が他者から押しつけられた規範というのではなく，裁判所が憲法解釈により憲法の想定する裁判所の役割として自主的に導き出したものという性格をもつ．
57) 合憲性判定基準と審査基準とは混合しているから，どこまでが判定基準でどこからが審査基準かを明確に区分けすることは困難であるが，理論上は両者が性格を異にすることを理解する必要がある．

格度を下げた敬譲審査を行う．民主的政治過程でなされた判断を尊重すべき場合とは，事案の性質上それを扱う組織・手続的能力の点で裁判所が劣ると思われる場合である．こうして通常審査をベースラインにして厳格審査と敬譲審査が審査の厳格度を基礎に段階づけられる．この段階づけは，比例原則の場合のような個々の人権の内部における段階づけではない．もちろん，個々の人権内部の段階づけと矛盾するわけではないから，審査基準論においても個々の人権の内部で人権の性質と規制の態様を基礎に段階づけを行うことは否定されないし，必要な場合もあろう．しかし，審査基準論における段階づけは，いわば人権横断的な段階づけであり[58]，大雑把に言えば，精神的自由権は厳格審査に付される場合が多いであろうし，経済的自由権には敬譲審査が相応しいこともあろう．とはいえ，個々の人権が包括的（アン・ブロック）にいずれかの段階に位置づけられるのではなく，事案により厳格審査と通常審査に振り分けられ，あるいは，通常審査と敬譲審査に振り分けられることになる．その決め手は，民主的政治過程とどのような関係にあるかであり，機械的に振り分けられるのではなく，常にこの振り分けの基本原理に照らして判断することになる．

　この審査基準論における基準の振り分けで重要なことは，基準の厳格度の違いが言語的表現により定式化されていることである．この点が，比例原則と異

---

58) この段階づけは，人権の「価値序列」といわれることがあるが，個別の人権相互間で序列化を行っているわけではない．あくまでも，民主的政治過程という憲法自体が採用している制度原理との関係における序列の設定にすぎない．芦部説も，表現の自由の優越的地位につき，違憲審査との関係におけるものと説明しており（〈インタビュー〉「憲法判例理論の現在──芦部信喜教授に聞く」（聞き手　安念潤司）ジュリスト1037号6頁（1994年）参照）），人権自体の価値を問題にしているわけではないと思う．英語で prefered position と表現されたものを「優越的地位」と訳したために生じた誤解ではなかろうか．優越的というと上下関係のニュアンスが強いが，「より好まれる」という意味からは，上下関係は感じられない．シュテルン（前掲注40)356頁）やグリム（D. Grimm, Proportionality in Canadian and German Constitutional Jurisprudence, 57 U. Toronto L. J. 388, 394 (2007)）は，ドイツでは表現の優越的地位という考え方は認められないという趣旨を述べているが，比例原則が個々の基本権に内在する原則である以上，基本権間で比例原則の適用の仕方が異なるという発想とはならないのは，当然であろう．ちなみに，人権に関して序列を論ずる場合には，3種があることに注意が必要である．①審査基準論における審査の厳格度の序列，②基底的人権と派生的人権の間の序列で，たとえば人間の尊厳(個人の尊厳)と個別の基本権の間の序列，③個別の人権内部におけるコアと周辺の間の序列．②と③は，基本権の価値序列を否定するドイツでも認めている．①を認めるかどうかがアメリカとドイツの違いであるが，アメリカではそれを人権そのものの性質からではなく，統治機構全体の良好な機能を配慮すべき裁判所の役割論から基礎づけるのである．

なるもう1つの違いである．比例原則でも審査密度の違いが個別の基本権内部で段階づけられる．しかし，審査密度を高めるとは何を意味するのか．現実に密度の高い審査がなされたかどうかを，どのように確認するのか．判決理由が綿密に書かれているかどうかで判断するのか．どのような場合に，綿密に書かれているといえるのか．それを判断する基準が定式化されていないのである．審査基準論のように，厳格度の違いの定式があれば，該当する定式に従った判断がなされているかどうかを判決理由から検討しうる．もちろん，定式に該当しているかどうかの判断は，個々人により異なりうるが，定式の適用のどこで違いが生じているかが分かるから，透明性が高まるのである．比例原則の場合は，定式がないので，その分透明性に欠けることになる．私が，比例原則は，結局個別的利益衡量ではないかと理解したのは，このためである[59]．

審査基準論と比較した場合の比例原則のもう1つの特徴は，目的審査がどこかで行われていることを前提として，その目的審査と広義の比例原則における手段審査(適合性・必要性)に加えて，「狭義の比例原則」(均衡性)の審査を行う点である．審査基準論では，当該事案に割り振られた厳格度の基準により目的審査と手段審査を行うことにより，「得られる利益」と「失われる利益」の間の衡量は完結すると考えている．もし狭義の比例原則の審査において行うことが「得られる利益」と「失われる利益」の衡量であるとすれば，目的審査と手段審査を終えた後に，なぜその衡量が必要と考えているのであろうか．それは，必要性の審査をパスしても，「得られる利益」より「失われる利益」の方が大きいことがありうると考えているからであろう．どのような場合にそれが起こりうるかといえば，規制目的である公益(「得られる利益」)が規制される基本権(「失われる利益」)よりも著しく小さい場合である．目的審査においては，それ

---

[59] 広義の比例原則は，適合性・必要性・均衡性という分肢をもち，利益衡量が構造化されているように見える．しかし，もし均衡性(狭義の比例原則)が「得られる利益」と「失われる利益」の衡量であるとすれば，実際上適合性と必要性は均衡性に吸収されるであろうから，決め手は均衡性ということになろう．もっとも，厳密に言えば，得られる利益の方が大きいが，必要性は充たさないということが理論上はありうるから，完全に吸収されるわけではない．しかし実際上は，大部分の事件が均衡性の審査において決着を付けられているというのであるから，均衡性が決め手であり，適合性と必要性は均衡性の判断の構成要素を独立させたにすぎないといえよう．したがって，広義の比例原則も，その基本的性格は個別的利益衡量というべきであろう．とはいえ，日本の最高裁が頻繁に使う「諸般の事情を総合考慮すると」式の利益衡量と比べれば，はるかに透明度が高いことは間違いない．

が憲法により禁止されていないかどうかだけしか審査されていないから，禁止はされておらず，その意味で正当な目的ではあるが，重要度がきわめて低いという場合も含まれている．そのために狭義の比例原則の審査が必要となるのである．審査基準論においては，目的が人権の重要度と均衡しているかどうかは，目的審査により行われる．比例原則においては，それを狭義の比例原則において行うのである．この理解が正しいとすれば，ドイツにおいては，目的の審査は，法律の留保との関連および狭義の比例原則において行われているということになろう[60]．基本権制限の正当化論において法律の留保との関係を形式的正当化として組み込んだために，目的審査を広義の比例原則には組み込まないで，比例原則を手段の目的適合性の審査に限定し，狭義の比例原則において手段が目的と均衡しているかどうかを審査するという構成をとったものと思われるが，それは多分に基本法が法律の留保条項をもつことによるのかもしれない[61]．

共同決定判決 比例原則が審査基準をもつことの例証として挙げられるもう1つの判例は，共同決定判決である[62]．この事件では，1976年の共同決定法が労使の同権的な共同決定をもたらすもので基本権等の基本法上の諸原理を侵害するのではないかが問題となった．この判断のためには，法が事実上どのような効果をもたらすのかの予測が必要となるが，この点につき憲法裁判所は，立法者の予測を尊重せざるをえないとして立法者の「予測特権」(評価権能)を認めた．しかし，尊重する程度は，対象領域の特性や規制される法益の重要性などに応じて異なるとして，次のような3つの段階を区別した．①単なる明証性による審査(たとえば，自由な経済活動の基本権の周辺部分だけを侵害するような経済政策領域)，②立証可能性の審査(予測の可能性がより確実になった場合の経済的基本権の領域など)，③厳格な内容審査(生命や人身の自由が問題となる

---

60) 小山・前掲注43)参照．
61) 国民主権モデル(高橋・前掲注34)『立憲主義と日本国憲法〔第4版〕』30頁参照)に基づき，あらゆる国家行為に法律の根拠が必要だという立場(法律とは，憲法の下における始源的法定立行為であるという立場)からは，人権の制限に法律が必要であることは当然である．ゆえに，「法律の留保」という問題は，人権制限の正当化の問題というよりも憲法論におけるより基本的な問題領域に属するものと考える．したがって，人権制限の正当化論で実質的正当化論(利益衡量論)と並べて位置づけることには，違和感がある．人権条項の規定の仕方が異なることだけの問題ではないのではないか．
62) 前掲注52)参照．

場合，あるいは，他の基本権でも侵害が重大な場合など)である[63]．この段階理論は，「立法府の予測の尊重」の程度による段階づけと説明されているから，比例原則の適用の仕方自体の段階づけとは異なる性格をもつと考えられる．比例原則の適用には，規制により基本権がどの程度の影響を受けるかの判断が必要であるが，その判断を憲法裁判所が独自の立場で行うのではなく，立法府の判断を尊重するというのであるから，比例原則とは別の原理から生じるものと思われるのである．

その意味で，この段階区別は，審査基準論における審査の厳格度の区別に最も近いのではないかと考えられる[64]．この予測の統制につき，「統制尺度」や「行為規範と統制規範の区別」が語られていることからも[65]，それが比例原則(行為規範)の内部で設定される段階ではなく，憲法裁判所が立法府を統制するに際して憲法裁判所に課される規範であることを推測させる．いわば立法府が行った比例原則の適用の仕方の統制であり，先例の蓄積により各段階への振り分けの準則と各段階の審査基準の定式が確立されていけば，アメリカ型の審査基準と似たものが形成されるかもしれない．その可能性もあろうが，しかし，ドイツの憲法的思考においては，憲法裁判所の役割として，統治機構全体の民主的機能の担保よりも人格権を核心とする基本権擁護の方が重視されることから予想すると，この統制尺度論も比例原則の内部に組み込む理論構成が行われていくのではないかという感じがしないでもない[66]．

---

[63] 立法府による予測のコントロールについては，栗城・前掲注52)のほか，阿部照哉「憲法訴訟における事実認定と予測のコントロール」杉村敏正先生還暦記念『現代行政と法の支配』(有斐閣，1978年)447頁以下(1978年)，高見勝利「立法府の予測に対する裁判的統制について」芦部還暦記念論文集『憲法訴訟と人権の理論』(有斐閣，1985年)35頁以下(1985年)，Christian Starck／海老原明夫訳「基本権の解釈と効果について」国家学会雑誌103巻5・6号273頁参照．

[64] 渡辺康行「概観：ドイツ連邦憲法裁判所とドイツの憲法政治」前掲注51)『ドイツの憲法判例』所収)における共同決定判決の説明(9頁以下)を読んだ限りでは，渡辺教授もドイツの「予測の三段階」理論が審査基準論に対応する性格のものと理解している印象を受ける．もっとも，この三段階理論は実体法上のものであるという批判も紹介しており，渡辺教授自身は態度決定を表明しているわけではない．

[65] 宍戸常寿『憲法裁判権の動態』(弘文堂，2005年)260頁以下および267頁以下参照．行為規範と統制規範の区別については，岡田俊幸「ドイツにおける「憲法裁判権の限界」論」憲法理論研究会編『法の支配の現代的課題』(敬文堂，2002年)参照．

[66] 宍戸・前掲注65)306頁は，「アメリカの厳格審査・合理性基準・中間審査の三段階基準が決定的に機能法的なものであるのに対して，ドイツで説かれる予測の三段階基準や比例原

2.2.4 審査基準論と比例原則の調和問題

日本の最高裁判例の最大の問題は，判断理由に透明度が低いことだと私は考えている．憲法訴訟の「先進諸国」の憲法判例と読み比べて，最も強く感ずるのは，その点である．たしかに，日本の最高裁判例も利益衡量論を採用し，立法事実に対しても配慮するようになって以降，透明度は格段に向上した．それでもなお，最高裁判例が「諸般の事情を総合考慮すると」式の「総合判断」を多用するのに接すると，何をどのように考慮するとこの結論になるのかをもっと詳しく説明して欲しいと感じるのは，私だけではないであろう．判断の透明度を高めるためには，判断の思考過程をできるだけ分節し，「節」ごとの判断を順次積み重ねて結論にいたる判断方式をとる必要がある．それにより，総合判断においてブラックボックスに入れられてしまう判断過程を「公開」させ透明度を高めることが可能となるのである．もっとも，思考過程を分節するということは，考慮すべき諸要素を各節に配分し，各節において衡量される要素を限定することを意味するから，諸要素の相関関係が分節により遮断されるということも起こりうる．したがって，要素間の相関的考慮が重要な意味を持ちうる場合には，事案の最適な判断が歪められるということが起こりえないわけではない．その意味で，分節判断の手法は，判断の透明性と予測可能性を高めるために，事案の解決の具体的妥当性をある程度犠牲にする面のあることは否定できない．しかし，分節判断の結果が判断者の直感的な総合判断の結果と食い違う場合には，どこに問題があるかの究明に向かうであろうし，その結果総合判断の結果の方を採るべきだということになれば，その究明結果を説明することにより総合判断の透明性を確保しうると思われる．

審査基準による審査も比例原則による審査も，ともに判断過程の分節化により透明性を確保しようとするものである．しかし，私の理解では，審査基準論のほうが，審査の厳格度を区別する定式を有する点で，分節化の程度は高い．

則・恣意禁止はいずれも実質法的観点に支配されたもの」であるというドイツのC・ジーモンスの議論を伝えているが，ドイツ憲法学の特質がこのようなものであるとすれば，仮にドイツがアメリカ的なプロセス理論の導入を図るとしても，個別人権の実体的議論の中で，たとえば表現の自由は民主的プロセスに関係する価値をもつ場面ではそうではない場面と比べ高い段階に位置するから審査密度が高められるべきである，というような段階理論に変型されるのではないかと推測するのである．

透明度が極端に低い日本の判例の現状を考えれば，まず目指すべきは比例原則の採用であり，また大陸法的な法思考が強く残る日本においては，比例原則のほうが馴染みやすいのではないかという議論も，理解できないわけではない．しかし，総合判断手法に慣れ親しんだ裁判所に対しより強度の説明責任を求めるには，それだけのインパクトを伴った提言が必要である．審査基準論は，その基本的思考においては，アメリカの判例により形成されたものであり，大陸法的思考と簡単には整合しない面があるのも事実であろう．しかし，違憲審査の基礎となる司法審査制度自体は，戦後の日本ではアメリカ的制度であり，また，幸いなことに，日本の憲法訴訟論が，その初期においては，アメリカの憲法訴訟理論を学ぶことを通じて導入され，今日では，下級審の多くの憲法訴訟で利用されているという実態がある．最高裁の違憲判決においても，すぐ後で見るように，アメリカ的な用語を使うことは慎重に避けられてはいるが，その考え方自体はアメリカ判例に学んだと思われるものがいくつか存在する．また，いくつかの判決の反対意見において違憲を主張した裁判官の多くが，違憲と考える理由の説明を審査基準論の枠組を使って展開している．そのほうが違憲と考える理由を説得的に説明できると感じているのである．しかし，それは，違憲の判断についてのみ言えるということではない．合憲の判断についても，そのほうが説得力が強まるであろう．国民は，違憲であれ合憲であれ，透明で説得力のある判断と判決理由を期待している．それが裁判官の国民に対して負う説明責任なのである．

　審査基準論と比例原則の調和は，根底にコモンロー的法思考と大陸法的法思考という長い伝統の中で形成されてきた思考様式の違いがあるから，簡単ではない．両思考の違いについての理解が深まれば深まるほど，絶望的な気持ちにもなり，いずれかを選択する以外にないと納得させて思考を停止したくもなる．しかし，両思考の調和という課題は，実は，いまやグローバルな課題となっている．イギリスが加入したEUは，この問題に直面しているし（最近イギリスは国民投票によりEU離脱を決定したが，イギリスとEUの交流が断絶しない限り，この課題は存続するだろう），EUとアメリカの間でも法的思考の軋轢は重要な問題となっている．幸か不幸か，日本は日本自身の内部でこの問題に直面しているのである．日本の憲法訴訟論と憲法学が直面している，審査基準論と比例原則

の調和・調整という問題は，このグローバルな問題の実験場でもある．実際，普遍的となりつつある比例原則法理とアメリカの「例外主義」の関係如何という問題は，現在，比較憲法学の重要テーマの1つともなり，多くの論考が産出されている[67]．日本がこの問題への解決策を見つけることができるなら，比較憲法学界に向けて積極的に発信し貢献することも可能となろう．

私自身は，当面は，アメリカ的な枠組を基本に据えながら，しかしアメリカで指摘されている，機械的な当て嵌めによる審査基準の振り分けという弊害を避けるために，裁判所の役割論に依拠する「二重の基準」的思想に常に立ち返って利益衡量の形式化・空洞化を避け，その上でドイツから学ぶべきところは採り入れていこうと考えている．ドイツから学ぶべきと考えている点は，1つは，保護領域と介入の区別である．これを審査段階の区別にまで分節することは避けるが，両者を区別して議論することが有用である場面は多々存在するだろう．もう1つは，「通常審査」におけるドイツの比例原則論の成果の活用である．私の「通常審査」は，「合憲性判定基準」と「合憲性審査基準」が分離することなく重なって現れる局面である．それゆえに，基本的には合憲性判定基準の性格をもつ比例原則による審査を最もよく参照しうる場面ではないかと考えているのである．特に，ドイツにおける段階理論は，合憲性判定基準を考える際には大いに役立つのではないかと思う．

2.2.5 最高裁判例の分析

内容確定型人権に関する憲法訴訟で，審査基準論が適用されるべきと考えられる事件が判例上どのように扱われているのかを見ておこう．民主的政治過程の基礎に関係する事件とそうでない事件を分けて見ていくことにする．

2.2.5.1 民主的政治過程の基礎に関係する事案

(1) 選挙権に関する判決

選挙権は，憲法による保障の内容が確定されている権利と考えるべきである．選挙権は，選挙制度を通じて行使されるのであり，選挙制度については憲法47条が立法裁量を認めているから，内容形成型ではないかとの疑問があるかもしれない．しかし，選挙権自体は，選挙制度に論理上先行する権利として憲

---

67) cf. Vicki C. Jackson・前掲注48) Constituional Law in an Age of Proportionality, 124 Yale L. J. 3094 (2015).

法上保障されており,立法府がその内容を形成・確定するものではなく,保障内容の最終的決定権は裁判所に属する.したがって,立法府が制定した選挙制度が,裁判所の確定した選挙権の保障内容に反していれば,その選挙制度は選挙権を「制限」するものであり,制限の正当化が求められることになる.選挙権の保障内容が立法府の裁量に左右されるということはありえない.裁判所が独自の立場で憲法を解釈し,その保障内容を確定すべき性質の権利なのである[68].

在外国民選挙権制限違憲判決[69] 成年の日本国民はすべて選挙権を有する(憲法15条3項).しかし,外国に長期滞在する場合には,選挙制度上選挙権の行使を否定(制限)されていた.公職選挙法上選挙権を行使するには,選挙人名簿に登録されていることが必要とされたが,選挙人名簿は住民基本台帳をもとに作成されることになっており,外国に移住する際に住居の移転届をすると住基台帳から名前が削除されてしまうからである.これを1998年に改正し,在外国民については在外選挙人名簿を作成し,それに基づいて選挙権を行使しうることにした.しかし,衆議院の小選挙区選挙および参議院の地方区選挙については,立候補者の情報等を在外有権者に適時・適正に通知することが困難である等の理由により選挙権の行使を否定し,当面は比例代表制選挙に限定するという制限規定を附則において定めた.これに対し在外国民が,過去の選挙で選挙権を行使しえなかったことの違憲・違法を理由に国家賠償を請求し,将来の選挙において選挙権を行使する地位にあることの確認を求めたのが本件である.

判旨は,選挙権の行使を制限しうるのは「制限をすることなしには選挙の公正を確保しつつ選挙権の行使を認めることが事実上不能ないし著しく困難であると認められる場合」でなければならないと述べ,本件制限は選挙の公正を確保するために当初は合憲であったが,現在では通信手段の発達等により制限を

---

68) 選挙権が投票価値の平等を保障内容に含むかという問題につき,最高裁判例は明示的に判断をせず,投票価値の平等の保障を平等権の問題と構成している.しかし,選挙権は,選挙制度を投票制度として設置する限り,投票価値の平等まで保障内容に含むものと解し,定数不均衡問題は選挙権の制限の問題として構成すべきである.この点につき,髙橋・前掲注49)1頁,22頁参照.
69) 最大判平成17年9月14日民集59巻7号2087頁.

必要とする事由(立法事実)が解消しており違憲であると判断した．そして，違憲となって以降の過去の選挙につき国家賠償請求を認容し，また将来の選挙についての地位確認を認めた．判旨は，本件事案を法律により選挙権の行使が制限されている事例と構成し，その制限の正当化の基準として厳しい基準を打ち出し，その基準に照らすと選挙の公正の確保という目的を支える立法事実がもはや存在しないと判断している．選挙権は民主的政治過程の中枢をなす権利であることを考えると，その制限につき厳格な審査を行った重要な先例ということができる．

選挙権の実質的保障 在外国民の選挙権の問題は，法制度上選挙権の行使が制限されていたという事案であったが，これとは異なり，法制度上は選挙権行使が認められているものの実際上はその制度の下で選挙権を行使することは困難であるという場合，選挙権の保障は及ぶのかという問題がある．この問題についての最初の判例が在宅投票制度廃止事件判決[70]であった．公選法は，当初，投票所に赴くことが困難な身体障害者のために在宅で投票しうる制度を設けていた．ところが，ある選挙でこれが大量に悪用されて違法な投票が行われたために，この制度を廃止する法改正がなされた．そのために選挙権を実際上行使できなくなった身障者が，廃止を違憲であるとして国家賠償を請求したのがこの事件である．これに対し最高裁第1小法廷(なぜ大法廷で判断しなかったか不思議である)は，在宅投票制度を設けるかどうかは立法裁量の問題であり，選挙権の保障は選挙権行使の実質的保障にまで及ぶものではない旨の判断をした．在宅投票制度の廃止は選挙権の制限ではないというのである．

しかし，在外国民選挙権制限違憲判決で選挙権の制限につき厳格な審査を行った最高裁は，その後，選挙権の保障の及ぶ範囲についても，それを拡大する傾向を見せる．それが現れたのが，投票所での投票を原則とする現行制度の下では精神的原因により投票所に赴くことが困難なために実際上投票ができないと主張する者が，選挙権の侵害を争った事件の最高裁判決である[71]．ここでは，

---

[70] 最1判昭和60年11月21日民集39巻7号1512頁．
[71] 最1判平成18年7月13日裁時1415号10頁．この判決の位置づけに関する私の見解については，高橋・前掲注49)20頁参照．

最高裁は，在外国民選挙権制限違憲判決を引用して選挙権制限については厳格な審査が行われることを述べた後，「このことは，国民が精神的原因によって投票所において選挙権を行使することができない場合についても妥当する」と述べている．つまり，本件にも選挙権の保障が及ぶことを認め，本件を「選挙権行使の制限」の事例と構成したのである．結論的には，国賠法上の違法とまではいえないとして請求を認めず，憲法判断も正面から行わなかったが，選挙権が内容確定型の権利であり，その保障内容がどこまで及ぶかについて裁判所に決定権があり，選挙権行使の実質上の制約も選挙権の制限としてその正当化が要求されることを認めた重要な判決と評価できる．ただし，その法的な制限の場合と異なり，事実上の制限は保障の中核部分ではなく周辺部分の問題であり，その分審査の厳格度は弱くなり，通常審査に近づくという先例として機能していく可能性もあろう．

(2) 表現の自由に関する事案

表現の自由は，民主的政治過程の最も重要な基盤であり，民主的政治過程には関係しないことが特に論証されない限り[72]，民主的政治過程に関係すると考え，その上で，民主的政治過程の核心に関わる規制を類型化し厳格審査に服するものとする．それ以外は，通常審査に服するという振り分けになる．

このような枠組をもって判例を見た場合，合憲判決の中に[73]判断手法を異にする2つの型を識別できるように思われる．1つは，目的審査と手段審査により合憲の結論を出している判決であり，たとえば，よど号ハイジャック記事抹消事件判決[74]がその例である．もう1つは，目的・手段審査に加えて「得られ

---

72) 表現内容を規制する場合のうち，わいせつ表現や侮辱表現などは，通常は民主的政治過程に関係する表現ではないであろうが，いずれにせよ定義づけ衡量により処理すべき事案であり，ここでの問題ではない．「煽動」表現も，合憲限定解釈か適用上判断による定義づけ衡量により処理すべきであり，ここでの問題ではない．名誉毀損的表現も，適用上判断における定義づけ衡量が適切である．「相当性の法理」は個別的衡量により決定するものであり問題を残しているが，いずれにせよ，ここでの問題ではない．コマーシャル・スピーチは，日本では特に表現の自由の問題とする必要はないと考えているので，これまた，ここでの問題ではない．
73) 表現の自由の制限に関する事件で，これまでのところ違憲判決は存在しない．このことが，判例には二重の基準論に依拠した先例は存在しないといわれる理由である．表現の自由の規制については，経済的自由の規制の場合より厳格な審査を行うことを述べた判決は存在するが（たとえば，泉佐野市市民会館事件判決，最3判平成7年3月7日民集49巻3号687頁），その結果が合憲判決である以上，厳格審査の意味が確認できないからである．

る利益」と「失われる利益」の利益衡量を行っている判決であり，猿払事件判決[75]がその例である．

猿払事件判決 国家公務員法102条1項は，公務員が「政治的行為」を行うことを禁止し，禁止される「政治的行為」の内容の制定を人事院規則に委ねた．これを受けて人事院規則14-7がその具体的内容を定めているが，本件で問題となったのは，同規則5条3号（「特定の政党その他の政治的団体を支持し又はこれに反対すること」を禁止），および，6条13号（「政治的目的を有する文書，図画等を掲示し若しくは配布すること」を禁止）に該当する行為である．すなわち，衆議院選挙に際し，労働組合の決定に従い特定政党を支持する目的で同党公認候補者の選挙用ポスターを自ら掲示し，あるいは，掲示を依頼して配布した行為が同規則に該当するとして起訴されたというものである．同規則の定める「政治的行為」は，通常，その大半が「表現行為」とされているものである．ゆえに，本件は「政治的表現」の規制が問題となっている事案ということになる．そうだとすれば，本書の立場からは，民主的政治過程の核心に属する表現の「制限」であり，厳格審査がなされるべきではないかということになる．

最高裁は，どのようなアプローチを採ったのか．判旨は，本件規制の合憲性は「合理的で必要やむをえない限度」にとどまる制限かどうかにより判断され，その判断は，①禁止の目的が正当か，②政治的行為の禁止は禁止目的と合理的関連性を有するか，③禁止により得られる利益と失われる利益は均衡しているか，といういわゆる「猿払基準」により行われるとした．そして，①目的は「行政の中立的運営とこれに対する国民の信頼を確保すること」にあり正当である，②政治的行為の禁止は「禁止目的との間に合理的関連性がある」，③本件の規制は「意見表明そのものの制約をねらいとしてではなく，その行動のもたらす弊害の防止をねらい」とするものであり，意見表明の制約としては「単に行動の禁止に伴う限度での間接的，付随的な制約に過ぎず」，かつ，禁止された「行動類型以外の行為により意見を表明する自由までをも制約するものではな」いのに対し，「禁止により得られる利益は，公務員の政治的中立性を維

---

74) 最大判昭和58年6月22日民集37巻5号793頁．
75) 最大判昭和49年11月6日刑集28巻9号393頁．

持し，行政の中立的運営とこれに対する国民の信頼を確保するという国民全体の共同利益」であるから，「得られる利益は，失われる利益に比しさらに重要なものというべきであ」ると判示したのである．

この判断手法はいかなる性格のものと理解すべきであろうか．①は，公益の確定を行っており，それが③で「国民全体の共同利益」であるという評価に結実している．また，②においては(ここでは引用を省略したので，原文を参照されたい)，政治的行為の禁止が公益の実現にどのように関連性を有するかを論じている．そうだとすると，①と②は，結局③の判断の準備的作業として③に吸収される性格のものであり，③こそが猿払基準の決め手と理解する以外にない．

ところが，③において「得られる利益」と「失われる利益」の比較に用いられた「基準らしきもの」といえば，「意見表明そのものの制約」と「その行動のもたらす弊害の防止をねらいとする禁止」の区別であり，後者が表現の「間接的，付随的な制約」と性格づけられ，失われる利益の小さいことの1つの理由とされている．問題は，この区別が何を意味するかである．そもそも「意見表明そのものの制約」とは，いかなる場合を考えているのであろうか．1つの可能性は，表現内容の規制であろう．もしそうだとすれば，これと対抗する規制類型は「内容中立規制」ではないのか．ところが，判旨は「間接的，付随的な規制」を対立させている．しかし，間接的・付随的規制と対立するのは表現の直接規制ではないのか[76]．表現の内容規制と内容中立規制を区別する理由と

---

76) アメリカの判例においては，「表現」(speech)と行為(conduct)の区別を下敷きにして，最初「純粋な表現」と表現に行為が伴う「表現プラス」が区別された．しかし，表現は通常何らかの行為により行われるのであり，このような区別は有効ではないと批判され，この区別が「内容と内容中立」の区別および「直接・間接」の区別に分解していった．この点で，日本の判例では，徳島市公安条例事件判決(最大判昭和50年9月10日刑集29巻8号489頁)の岸補足意見と団藤補足意見の対立が興味深い．岸補足意見は，規制の目的の違いから「表現そのものがもたらす弊害の防止」を目的とする場合と「表現に伴う行動がもたらす弊害の防止」が目的の場合を区別し，前者の例として，煽動罪，わいせつ罪，名誉毀損罪を挙げ，これらの規制の審査の場合には，利益衡量の手法は使わず，これらの表現活動は表現の自由に内在する制約を逸脱するもので保障を受けるに値しないという理由で合憲とされていると指摘する．これに対して，後者の例としては，広告規制，はり紙規制，公務員の政治活動の禁止(猿払判決を引用している)が挙げられ，これらの類型では，利益衡量の手法が採用されると指摘する．そして，この区別がアメリカの「純粋な言論と行動を伴う言論」の区別に対応するのであり，前者の場合には厳格な審査がなされ，多くの場合違憲とされるという認識を提示している．他方，団藤補足意見は，「表現のそのものと表現の態様を区別」し，「表現の態様の規制」にすぎず「問題となっている当の態様によらなくても，他の態様によ

直接規制と付随規制を区別する理由は異なるが,「表現そのものの制約」と「その行動のもたらす弊害の防止をねらいとする禁止」を区別する理由は何か.表現の内容・内容中立という類型区別は,審査の厳格度の振り分けのための区別である.表現の直接規制・付随規制の区別は,審査の厳格度の振り分けに使う場面もないではないが,主としては文面上判断と適用上判断の選択のための区別である.これに対して,判旨の行った上記の区別は,得られる利益と失われる利益の大きさを直接比べるために用いられている.なるほど,判旨のいうように,「行動のもたらす弊害を防止する」規制の場合には,当該行動以外の表現行為により同内容の意見を表明できるから,「表現そのもの」を規制する場合と比べて「失われる利益」(表現の利益)は,小さいと言えるであろう.しかし,このことから直ちに,ゆえに「得られる利益」の方が大きい,という結論は出てこない.判旨は,得られる公益が「国民全体の公益」であり非常に大きいということを強調する.しかし,かりにそれを認めたとしても,だから「得られる利益」のほうが大きいという結論はでてこない.そもそも「得られる利益」と「失われる利益」を直接比較してどちらが大きいかを決めることなど無理な話なのである.だからこそ,審査基準の枠組を設定して判断しようというのである.その枠組なしで判断する以上,個別的利益衡量となるほかない.①と②が③の準備的行為にすぎず,③が決め手であり,その③の基本的性質が個別的利益衡量であるとすれば,猿払基準は個別的利益衡量にすぎないと言わざるをえない.

　猿払基準のどこに問題があるかは,この事案を審査基準論で判断する場合にどのような議論になるかを考えることにより,さらに明らかになろう.本件の規制は,公務員の「政治的行為」の規制であり,それにより規制されている行為の内容は,ほとんどが表現行為とされるものである以上,表現以外の「行為」を規制した結果付随的に表現も規制されることになったという類型ではな

って表現の目的を達成しうるような場合には,法益の均衡を考えた上で,……当の態様による表現を規制することができる」と述べる.その上で,この区別は,「純粋な言論」と「行動」とを区別する見解と同一ではないと注意するのである.これは,内容規制と内容中立規制の区別を考えているものと思われる.おそらくアメリカで「純粋言論と言論プラスの区別」の1つの意味が内容規制と内容中立規制の区別へと洗練されていった事情を踏まえているものと思われる.

く，表現行為を直接規制したものであると捉えるべきである．では，「政治的表現」を規制しているから内容規制と考えるべきか．特定党派の観点(viewpoint)を規制するのではなく，政治という主題(subject matter)を規制するものであり，かつ，その主題の表現を全面的に禁止しているわけではない(たとえば論文として表現することは禁止されない)から，表現内容中立的な規制と同様なものとして扱ってよいであろう．ゆえに，審査基準の振り分けとしては，通常審査でよいと考えることができる．判旨が③で行った区別は，審査基準論からはこのように審査基準の振り分けのために使うものなのである[77]．

さて次に，規制の目的は何か．公務員の政治的中立性の確保であり，議院内閣制の下で重要な公益であることに疑いはない．判旨は，その外観の保持も目的に掲げているが，これは公務員を見る国民の意識のあり方や公務員の地位などにも関係し微妙であり，一律にすべての公務員について妥当する公益とすることはできないと解する．次に，手段としての「政治的行為」の禁止はどうか．判旨は，②において，目的と手段の関連性を判断し，合理的関連性があると判断した[78]．しかし，判旨のここでの判断は，主として「目的を実現しうる手段かどうか」を対象としており，比例原則でいうところの「適合性」の判断にすぎない．つまり，「得られる利益」があるかどうか，どの程度あるのかという点の判断であって，人権がどの程度制約されるのか，つまり，「失われる利益」がどの程度かの判断はなされていない．これでは，手段審査とは言えないのである．審査基準論からは，ここでLRA基準などを使い，規制が必要最小限であるかどうかを審査することが不可欠であり，比例原則からも②には「必要性」の審査が欠けているという評価となろう．審査基準論からの手段審査の結果としては，本件の規制は，同じ目的を達成するのに規制範囲をより限定した

---

77) 高橋・前掲注34)〈猿払事件判決の解説〉32頁参照．
78) この「合理的関連性」があるという判断を「合理性の基準」を適用したものと理解する見解もある(芦部信喜「公務員の政治活動の自由の規制と「合理的関連性」規準——猿払事件最高裁判決の問題点」前掲注21)『憲法訴訟の現代的展開』225頁収録参照)が，私はそう理解すべきではないと思う．合理性の基準のポイントは，「明白に不合理でない限り」立法府の判断を尊重することにある．しかし，猿払判決は，立法府の判断を尊重するという考え方では構成されていない．裁判所が独自に判断しているのである．合理性という言葉は，日本の裁判所が使う場合，必ずしもアメリカの裁判所が使うrationalとかreasonableと同じ意味で使っているとは限らないから，日本の議論の文脈で理解する必要がある．

方法が可能である点，および，より程度の低い制裁方法も可能である点で，必要最小限の基準を充たさないということになる．その結果，「得られる利益」と「失われる利益」は均衡しておらず違憲という判断になる．

よど号ハイジャック記事抹消事件判決 1969年の国際反戦デー闘争等を行い凶器準備集合罪等で起訴され未決勾留中であったXらは，私費で新聞を定期購読していたところ，1970年に連合赤軍が企てた「よど号」ハイジャック事件の直後に受け取った新聞は事件に関するあらゆる記事が全面的に塗りつぶされていた．そこで，憲法の保障する知る権利の侵害であると主張して国家賠償を求めた．当時の監獄法(現在では，全面改正されて「刑事収容施設及び被収容者等処遇法」となっている)31条は，拘置所長に「在監者ノ文書，図画ノ閲読ヲ請フトキハ之ヲ許ス」権限を授けており，これを受けた施行規則86条1項が「拘禁ノ目的ニ反セス且ツ監獄ノ紀律ニ害ナキモノ」に限り閲読を許すと定め，さらに取扱規程が，場合により一部を抹消する権限も与えていた．これに基づき，本件記事抹消が行われたのである．

判旨は，未決勾留の目的は被疑者・被告人の「逃亡又は罪証隠滅の防止」であり，この目的に必要かつ合理的な範囲において自由の制限がなされること，また，「監獄内部の規律及び秩序を維持し，その正常な状態を保持する」目的からも自由が制限されうることを指摘し，「これらの自由に対する制限が必要かつ合理的なものとして是認されるかどうかは，右の目的のために制限が必要とされる程度と，制限される自由の内容及び性質，これに加えられる具体的制限の態様及び程度等を較量して決せられるべきものである」と論じた[79]．この判断手法は，利益衡量論である．続いて判旨は，「閲読の自由」が憲法上保障されているが，それは上記目的を達成するために「真に必要と認められる限度」において制限されうることを指摘し，「右の制限が許されるためには，当該閲読を許すことにより右の規律及び秩序が害される一般的，抽象的なおそれ

---

79) ここで判旨は，被拘禁者の喫煙禁止事件判決(最大判昭和45年9月16日民集24巻10号1410頁)を引用している．刑事施設被収容者の権利制限という共通性があり，先例とするに相応しいという判断があったのであろうが，それだけでなく，判断手法が猿払事件判決とは異なるものであったことも影響したのではないかと推測する．両者とも利益衡量論を基礎とする点では共通であるが，利益衡量をする枠組が喫煙制限事件判決の場合と猿払事件判決の場合で異なっており，よど号事件判決は，猿払事件判決とは異なる手法を採用する意図を持っていたのではないかと思われるのである．

があるというだけでは足りず，被拘禁者の性向，行状，監獄内の管理，保安の状況，当該新聞紙，図書等の内容その他の具体的事情のもとにおいて，その閲読を許すことにより監獄内の規律及び秩序の維持上放置することのできない程度の障害が生ずる相当の蓋然性があると認められることが必要であり，かつ，その場合においても，右の制限の程度は，右の障害発生の防止のために必要かつ合理的な範囲にとどまるべき」(傍点著者)であると判示した．では本件条項は，この判断基準を充たすのか．「文言上はかなりゆるやかな要件のもとで制限を可能としているようにみられるけれども，上に述べた要件及び範囲内でのみ閲読の制限を許す旨を定めたものと解するのが相当であり，かつ，そう解することも可能であるから，上記法令等は憲法に反しない」と判断した．

この判断手法は，一応，規制目的を認定し，その正当性を前提に，規制手段が充たすべき要件を設定し，それによって全体の利益衡量を行う構成を採っていると理解しうる内容である．しかも，目的を支える立法事実については，害の生じる一般的・抽象的なおそれでは足りず，「相当の蓋然性」を要求しているし，手段についても，制限の程度が「必要かつ合理的範囲にとどまる」ことを要求しているから，通常審査以上の厳格な審査をすべきだと考えていると解することができる．しかも，この基準を充たすという判断[80]だけで合憲の結論を出している．ということは，猿払事件判決の判断手法と明らかに異なる．猿払基準においては，目的・手段審査の後に「得られる利益」と「失われる利益」の利益衡量を行わねばならないが，ここでは目的審査と手段審査でこの利益衡量は完結すると考えているのである．しかし，それで利益衡量を完結させるためには，審査基準論の論理からは審査基準の設定が必要である．本判決は，それを明確に行っていない点で，なぜ目的審査と手段審査だけで利益衡量を完

---

[80] この判断が甘すぎることは，ここでは問題としないことにする．戦前の法律が存続していたものであり，法的安定性を壊さないために基準の緩やかな当て嵌めを行ったものと推測される．基準に合わせる合憲限定解釈を行ったと理解すべきなのかもしれない．戦後早期に改正すべきであったのに，様々な事情により改正が行われず，現行憲法の下では他にも多くの重大な問題が存在したこの法律を，法的安定性のために維持せざるをえないと判断し「相当の蓋然性」により行政裁量に対する歯止めにしたと解すれば，その最高裁の判断を全面的に批判する気はないが，合憲とした法律の適用に関して，監獄所長の判断を裁量権の行使であるとして尊重した点は，支持できない．人権の制限に関して裁量を語るべきではない．裁判所が独自に本件において「相当の蓋然性」があったのかどうかを判断すべきであった．

結させることができるかの説明ができないのではないか．目的審査と手段審査を意識した審査方法を採った点では，個別的利益衡量よりも分節の度合を高めたとは言えるが，審査基準論の手法を採用したとまではいえず，個別的利益衡量の思考を引きずった中途半端な手法に終わっていると言わざるをえない．審査基準を設定して目的・手段審査を行う手法へと展開していくことを期待したい[81]．

2.2.5.2 民主的政治過程の存在を前提とする事案

違憲審査権の行使は，憲法上民主的政治過程の良好な（憲法の想定する）機能を前提とした上での裁判所の「職責」であり，原則として通常審査が妥当する．しかし，憲法の想定する立法府と裁判所の組織・手続上の違いから，立法府の判断能力が優位と認められる事案については，立法府の判断を尊重するのがデモクラシーの論理からの要請である．ここでは，この観点からの通常審査と敬譲審査の振り分けが問題となる事案についての判例を見ることにする．これが議論されてきたのは，いわゆる規制目的二分論と呼ばれる問題を中心としてであったので，ここでもこの問題に焦点を当てる[82]．

規制目的二分論 人権の規制目的には，社会・国家の治安と国民の健康を維持するという国家の最低限必要かつ不可欠な役割に関係したものと，社会経済的な調和的発展を目指す政策に関係したものとが区別されうる．前者は，消極国家といわれる近代段階の国家の役割に関係していることから「消極目的」と呼ばれ，後者は積極国家といわれる現代段階の国家の役割に関係していることから「積極目的」と呼ばれる．積極目的は，自由放任主義経済を基調とした近代の消極国家が破綻し，国家が社会経済的な調整・調和のために積極的に経済社会に介入することが求められるようになったことから生じた規制目的であり，通常，経済的自由に関する権利の規制についていわれるものである．日本国憲法も，経済的自由に関する権利である職業選択・遂行の自由（22条1項）および財産権（29条1項，2項）の保障につき「公共の福祉」によ

---

81) 表現の自由の審査手法に関する判例に猿払型と「よど号」型が識別されることを，堀越訴訟判決と関連させて論じた高橋和之「「猿払」法理のゆらぎ？──「堀越訴訟」最高裁判決の意味するもの」石川正先生古稀記念論文集『経済社会と法の役割』（商事法務，2013年）37頁以下参照．
82) 規制目的二分論に関する私の見解については，高橋・前掲注49)1頁，26頁以下参照．

る制限を留保しているが，これは現代国家における国家の役割を表現したものと解釈されている[83]．したがって，憲法自体が積極目的による経済的自由の制限を認めているということになる．しかし，このことは，積極目的が経済的自由の規制の目的として憲法上禁止されていない，その意味で目的は「正当」であるということを意味するだけで，裁判所がどのような厳格度の審査をするかについて決定するものではない．審査の厳格度を決めるのは，当該人権の民主的政治過程との関係と裁判所の「能力」であった．民主的政治過程との関係からは，経済的自由権を厳格に審査すべきという要請は，通常は生じない．ゆえに，民主的政治過程論からはベースラインである通常審査が採用されるべきだということになる．他方で，裁判所の能力論からは，経済的自由権についてはすべて敬譲審査とすべきであるという要請が生じるかというと，そうとはいえない．少なくとも，消極目的の規制に関する限り，裁判所の法的判断能力に立法府に遅れるところがあるとは一般論として言えないであろう．ゆえに，通常審査が原則ということになる．では，積極目的の規制の場合はどうか．たしかに，社会がいかなる積極政策を必要としているかを判断する能力は，立法府や行政府の方が国民との直接的な接点を広汎に有するだけに優れているであろう．しかし，積極目的の規制の合憲性判断に求められるのは，積極政策の必要性や妥当性ではない．人権制限の許容性である．民主的政治過程で決定される積極政策は，経済的利益集団の「取引」により形成されるのが通常であることを考えると，権利を制限される集団の置かれている状況が重要である．自己の利益を十分に政治過程に反映させることの困難な立場に置かれている集団の権利を保護することのできるのは，裁判所しかないという状況も存在しうる．たとえば，組織力をもたない「消費者」集団の利益などは，その例である．したがっ

---

83) したがって，精神的自由権についての規制目的は，消極目的に限定されるというのが通説であるが，表現の自由についても積極目的の規制がありうるとの主張が猿払事件判決の理解をめぐる議論の中で香城敏麿元裁判官により提起され（「特集：憲法訴訟のあり方 ［研究会］憲法裁判の客観性と創造性」ジュリスト835号（1985年）6頁参照）波紋を呼んだ．たとえば，「弱者」の表現の影響力を高める目的で「強者」の表現を制限することは許されるかという問題設定における規制目的は，積極目的ということになる．表現の自由を制限する目的として許されるのは，原則として，その表現が社会に「害」を与える場合だけであるという近代的な「侵害原理」が現代国家でも精神的自由権については維持されるべきだというのが通説であり，「弱者」の表現を「援助」する政策を採用するのは，その援助が他者の権利を侵害しない限り許されるという考え方をとっているのである．

て，積極目的の規制については，定型的に立法府の判断を尊重すべきだとはいえない．裁判所の方が「能力」において優れている場合もある．それは事案の性質によるであろう．積極目的規制につき通常審査と敬譲審査を振り分ける明確な論理は，未だ形成されておらず，当面は事案ごとに「能力」を判断していき，判例の集積の中から振り分け方が形成されていくことに期待する以外にない．

ところが，最高裁は，消極目的と積極目的で審査の厳格度が異なると理解されるような内容の判決を出した．それが，薬事法距離制限違憲判決[84]である．この判決は，それ以前に出されていた小売市場判決[85]と区別する形で消極目的の規制と積極目的の規制を区別したので，順序としてまず小売市場判決から見ていこう．

小売市場判決　小売市場調整法は，指定地域において指定物品を販売する店舗を含めて10店舗以上の店舗を収容する建物（小売市場）を経営するには，知事の許可が必要としていたが，大阪府は内規で許可条件の1つとして過当競争防止目的で既存小売市場との間の距離制限を設けた．これに違反したとして起訴され有罪判決を受けた被告が，本件規制は既存業者の独占的利益を保護するものであり憲法22条1項の職業の自由に反するとして上告した．

最高裁は，まず，「憲法は，国の責務として積極的な社会経済政策の実施を予定しているものということができ，個人の経済活動の自由に関する限り，個人の精神的自由等に関する場合と異なって，右社会経済政策の実施の一手段として，これに一定の合理的規制措置を講ずることは，もともと，憲法が予定し，許容するところ」(傍点著者)であると述べる[86]．そして，次のように論じる．

---

84) 最大判昭和50年4月30日民集29巻4号572頁．
85) 最大判昭和47年11月22日刑集26巻9号586頁．
86) ここで経済的自由と精神的自由が区別されているので，二重の基準の考えを採用したのかどうかが学説において議論となった．しかし，本件ではこの理論が，経済的自由の規制につき緩やかな審査が許されることの根拠としてしか使われていないから，二重の基準を受け入れたと評価することはできないというのが，通説的見解である．判例が二重の基準論を採用したというためには，精神的自由権の制限の審査について厳格審査を適用した事例が必要であるが，本件はそのような事例ではないということである．なお，厳格審査を適用すると宣言した上で結論的に合憲判断をした場合，厳格審査の先例と言えるのかという問題もある．日本の最高裁判例には厳格審査とはいかなる審査かを述べた判例がないので，それが審査基

「社会経済の分野において，法的規制措置を講ずる必要があるかどうか，その必要があるとしても，どのような対象について，どのような手段・態様の規制措置が適切妥当であるかは，主として立法政策の問題として，立法府の裁量的判断にまつほかない．というのは，法的規制措置の必要の有無や法的規制措置の対象・手段・態様などを判断するにあたっては，その対象となる社会経済の実態についての正確な基礎資料が必要であり，具体的な法的規制措置が現実の社会経済にどのような影響を及ぼすか，その利害得失を洞察するとともに，広く社会経済施策全体との調和を考慮する等，相互に関連する諸条件についての適正な評価と判断が必要であって，このような評価と判断の機能は，まさに立法府の使命とするところであり，立法府こそがその機能を果たす適格を具えた国家機関であるというべきである．したがって，右について述べたような個人の経済活動に対する法的規制措置については，立法府の政策的技術的な裁量に委ねるほかはなく，裁判所は，立法府の右裁量的判断を尊重するのを建前とし，ただ，立法府がその裁量権を逸脱し，当該法的規制措置が著しく不合理であることの明白である場合に限って，これを違憲として，その効力を否定することができるものと解するのが相当である．」
（傍点著者）

そして，この考え方にそって，本件規制の目的は「小売市場の乱設に伴う小売商相互間の過当競争によって招来されるであろう小売商の共倒れから小売商を保護」することにあり，「一般消費者の利益を犠牲にして，小売商に対し積極的に流通市場における独占的利益を付与するためのものではないことが明らか」であり，また，規制対象も「過当競争による弊害が特に顕著と認められる場合」に限定しており，したがって，本件規制は，目的は「一応合理性を認めることができないわけではなく」，手段は「著しく不合理であることが明白であるとは認められない」から違憲ではない，と判示した．

準論で考えている厳格審査なのかどうかの判断が困難であり，結論が違憲であれば厳格審査であることの認定はしやすいが，合憲判断の場合はそのような判例が集積されてみないとそこでの厳格審査の実態が何かの判断は困難であろう．

薬事法距離制限違憲判決　薬事法は薬局の開設を知事の許可制の下に置き，許可条件の定めを条例に委任した．広島県条例は，許可の条件としての適正配置につき，既存薬局からの距離制限を規定していた．この条件に適合しないとして不許可となったXが，職業選択・遂行の自由の侵害を理由に上告した．

最高裁は，本件許可制が「職業の自由に対する公権力による制限の一態様」であるとして人権制限の存在を認めたうえで，その制限が正当化しうるかどうかを論じる．その際に，規制目的に関して，本件の「適正配置規制は，主として国民の生命及び健康に対する危険の防止という・消・極・的・，・警・察・的・目・的・のための規制措置であり，そこで考えられている薬局等の過当競争及びその経営の不安定化の防止も，それ自体が目的ではなく，あくまでも不良医薬品の供給の防止のための手段であるにすぎないもの」であり，「小企業の多い薬局等の経営の保護というような・社・会・政・策・的・な・い・し・経・済・政・策・的・目・的」(傍点著者)を意図するものではないから，後者を目的とした小売市場判決は本件の先例とはならないとして両者を区別した．学説は，これを規制目的により審査基準を区別したものと理解し，高く評価した[87]．

これも判決の可能な読み方の1つであったことは間違いないが，しかし，最高裁の真意は異なるところにあったようである．最高裁は，職業の自由の規制目的には，消極目的から積極目的まで千差万別であり，したがって「これらの規制措置が憲法22条1項にいう公共の福祉のために要求されるものとして是認されるかどうかは，これを一律に論ずることができず，具体的な規制措置に

---

[87] この学説をリードしたのは芦部教授である(芦部信喜「職業の自由の規制と「厳格な合理性」基準──薬局距離制限の違憲判決について」前掲注21)277頁収録参照)が，芦部教授が判決のこのような読み方をしたことには，伏線があった．芦部教授は，日本もアメリカで展開された二重の基準論を採用すべきことを主張しながら，しかし，アメリカの判例が当時経済的自由の規制についてはほとんど全面的に立法府の判断を尊重し，まったく立ち入った審査をしない「不介入」(hands-off)の態度を採っていることに疑問をもち，この点は日本では採用すべきではないと考えていた(芦部信喜「憲法訴訟と「二重の基準」の理論」前掲注21)65頁収録参照)．したがって，薬事法違憲判決が，経済的自由権の規制を精神的自由権の規制とは区別しつつも，経済的自由権の規制を規制目的の違いにより2つに分け，消極目的規制には「厳格な合理性」の基準と理解することの可能な審査基準を適用して違憲判決を導いたように読みうる点に着目したのである．そのような読み方により，日本の判例理論の今後の展開を方向づけようとする意図があったと思われる．

ついて，規制の目的，必要性，内容，これによって制限される職業の自由の性質，内容及び制限の程度を検討し，これらを比較考量したうえで慎重に決定されなければならない」と続けており，必ずしも規制目的の違いが審査方法の違いに結びつくという趣旨の議論展開をしているわけではなく，むしろ「総合判断」手法に結びつけている．わずかに，「慎重に」決定するという表現の中に，厳格度あるいは密度を高めた審査を行う趣旨が読みとれる程度にすぎない．あえて審査基準論により読み解けば，目的につき「重要な公共の利益」と認定している点，および，消極規制の場合には「許可制に比べて職業の自由に対するより緩やかな制限である職業活動内容及び態様に対する規制によって右の目的を十分に達成することができないと認められることを要する」と述べている点から，通常審査の基準を適用していると読めないわけではない．したがって，基準の厳格度を明示して使っているわけではないから，比例原則からも十分説明できるであろう[88]．その後の判例展開も考慮して読み解けば，本件の審査方法は特に判断枠組を分節しない「総合判断」手法と理解すべきものと思われる．少なくとも，規制目的二分論といわれる枠組を使っているものではない．

森林法共有林分割制限違憲判決[89]　審査基準論的枠組の下に規制目的二分論を受け入れていた学説に衝撃を与えた判決である．この事件は，森林を2分の1ずつ生前贈与を受けて共有していた兄弟の一方が共有の分割を請求したものである．民法256条1項は，「各共有者は，いつでも共有物の分割を請求することができる」と定めているが，当時の森林法186条は，共有価額が全体の2分の1以下の共有者には分割請求を否定していた．森林法の規定は民法の規定の特別法であるから，こちらが優先することになる．そこで森林法の規定を財産権(憲法29条1項，2項)の侵害で違憲無効であり，民法が適用されるべきだと主張して争ったのである．

これに対して最高裁は，森林法186条の目的を「森林の細分化を防止することによつて森林経営の安定を図り，ひいては森林の保続培養と森林の生産力の増進を図り，もつて国民経済の発展に資することにある」と認定した．この目

---

88) 本判決を比例原則で読み解くものとして，石川健治「薬局開設の距離制限」『憲法判例百選I〔第6版〕』205頁参照．
89) 最大判昭和62年4月22日民集41巻3号408頁．

的は明らかに積極目的である．そうだとすれば，薬事法距離制限違憲判決で述べた規制目的二分論により，積極目的の規制であるとされた小売市場判決の判断手法が適用されることになるのではないか．実際，最高裁は，財産権の規制の目的にも消極目的の規制から積極目的の規制まで様々であること，財産権規制の合憲性は「規制の目的，必要性，内容，その規制によつて制限される財産権の種類，性質及び制限の程度等を比較考量して決すべきもの」であることを，薬事法で述べた文章をほとんどそのまま使って論じ，しかもその箇所で薬事法違憲判決を明示的に引用さえしている．したがって，もし規制目的二分論が財産権も含む経済的自由権の審査方法に関する先例であるならば，本件は経済的自由の積極目的規制の事例として審査・判断されるはずであった．判旨も，本件の分割請求権の否定が「立法目的達成のための手段として合理性又は必要性に欠けることが明らかであるといえない限り」（傍点著者）憲法違反ではないと述べているので，積極目的に即した緩やかな審査を目指しているように見える．ところが最高裁は，目的と手段それぞれの内容・性格・態様等を分析した後，共有林分割制限は「森林法 186 条の立法目的と関連性が全くないとはいえないまでも，合理的関連性があるとはいえない」と判示する．この判断は，審査基準論における敬譲審査あるいは「合理性の基準」の枠組で本判決を理解しようとする立場からは，理解が困難である．なぜなら「立法目的と関連性が全くないとはいえない」場合には，敬譲審査からは「手段として合理性又は必要性に欠けることが明らかであるといえない」という結論に向かうのが通常だからである．したがって，積極目的の規制であるにもかかわらず，手段審査については，敬譲審査（合理性の基準による審査）を行っていないのではないかという疑問が生じることになる．ここから，規制目的二分論は放棄されたという理解，あるいは，規制目的二分論は職業の自由の規制の場合の理論であり，財産権の場合には適用されないのだという理解などが学説により提示された[90]．

　しかし，最高裁は，当初から規制目的二分論など採用しておらず，人権の規

---

90) 規制目的二分論の最初の主張者であった芦部教授は，森林法は戦前に，積極国家と消極国家を区別する議論のない時代に制定されたものであり，規制目的二分論の埒外の法律であるから，この判決により規制目的二分論が放棄あるいは修正されたと理解するのは妥当ではないとして，規制目的二分論の存続の可能性を示唆した．芦部・前掲注 23)『憲法〔第 6 版〕』235 頁参照．

制により得られる利益と失われる利益の個別的利益衡量により判断するという「総合判断」手法を採っていたというのが真実ではないかと思う．薬事法判決で提示され，森林法判決にそのまま引き継がれた「規制の目的，必要性，内容，その規制によって制限される人権の種類，性質及ぶ制限の程度等を比較考量」するという定式における「規制の目的，必要性，内容」は「得られる利益」の考慮要素であり，「その規制によって制限される人権の種類，性質及び制限の程度」は，「失われる利益」の考慮要素である．両者を比較衡量する枠組が設定されていない以上，個別的利益衡量という以外にない．たしかに，森林法違憲判決においては，薬事法違憲判決には見られなかった目的審査と手段審査の分節がなされたように見える．しかし，ここで行われている目的と手段の審査は，考慮すべき諸要素をいずれかに振り分けるという意味での分節ではなく，総合判断の準備作業として目的と手段に関連する諸要素が審査されているにすぎず，最終的には全要素が総合判断されるという建前の議論となっており，分節判断とは異なるのである．判断過程を分節するねらいは，各節に属すべき要素を各節に振り分け，各節内の諸要素間の衡量を他の節に属する要素の考慮を人為的に遮断して行い，それにより各節の判断を透明にし，透明な節の連鎖としての全体の判断過程の透明度を高めることにある[91]．「諸般の事情を総合考慮すると」式の総合判断手法の欠点は，諸利益の衡量から結論に至る判断過程がブラックボックス化され不透明になることである．目的審査と手段審査を分節するとは，それぞれの判断を独立させ，相互に独立した審査を行うことにより結論を出すことを意味する．目的審査で考慮した要素と手段審査で考慮した諸要素を最後に再度総合考慮に服させるのでは，そこで透明性は消失するのである．

　しかし，目的審査と手段審査を分節する場合に問題となるのは，なぜ目的審査あるいは手段審査をパスしない場合に違憲となり，両者をパスすれば合憲となるといえるのかである．この説明のために，審査基準論では2つの前提を置いている．第1に，人権の制限により「得られる利益」と「失われる利益」が均衡し，あるいは，前者がより大きいと考えることができる場合には，合憲と

---

[91] 髙橋和之「憲法判断の思考プロセス——総合判断の手法と分節判断の手法」法曹時報64巻5号1頁，8頁参照．

しようということ，第 2 に，制限される人権の重要度が規制目的である公益の重要度に匹敵し，人権制限の程度が公益を実現するために必要最小限である場合には，得られる利益と失われる利益が均衡していると考えようということである．では，得られる利益と失われる利益の重要度が同程度であることをどのように判断するか．ここに人権の重要度を三段階に分ける民主的政治過程論と裁判所の能力論が導入され，それに対応する形で公益の重要度を三段階に区別し，手段の目的適合性の度合を三段階に区別する定式が基準として設定されるのである[92]．目的審査と手段審査の分節と審査基準の設定なしには，審査は完結しえない．森林法判決が，基準なしの目的審査・手段審査で審査が完結するかに装っているのは，その実態が「総合判断」だからである．もっとも，手段審査で違憲の結論を出している限り，この問題点は露呈しない．それが露呈するのは，目的と手段の審査を基準の設定なしに行い，合憲の結論を出す場合である．

その後の判例の展開[93] 最高裁は，財産権について争われた証券取引法 164 条 1 項の短期売買利益返還請求に関する大法廷判決[94]において，審査手法に関して森林法で述べたこととほとんど同じ文章で，財産権の規制目的には「社会政策及び経済政策に基づくものから，社会生活における安全の保障や秩序の維持等を図るものまで多岐にわたる」と述べるが，そこからは森林法判決ではまだ維持されていた積極的・消極的という文言を注意深く削除して，最高裁がいわゆる規制目的二分論に依拠するものではないとのメッセージを発し，その上で規制の合憲性を「規制の目的，必要性，内容，その規制によって制限される財産権の種類，性質及び制限の程度等を比較考量して判断」するという個別的衡量手法を確認している．利益衡量の手順として，目的への言及と手段への言及を行ってはいるが，基準の設定はないから，審査基準論のような分節判断ではない．また，目的が正当であり，手段が必要

---

92) この説明から分かるように，審査基準論は利益衡量を行う手順を枠づけ方向づけるものにすぎず，分節された枠の内部で基準に従った利益衡量が進展するのである．当て嵌めにより自動的に答えがでるという判断過程ではない．また，それは，「諸般の事情を総合考慮」する個別的利益衡量でもない．
93) 高橋・前掲注 49) 1 頁，33 頁以下参照．
94) 最大判平成 14 年 2 月 13 日民集 56 巻 2 号 331 頁．

性・合理性に欠けるものではないことを認定しているが,目的と手段の均衡性の判断は行っていないから,比例原則でもない.したがって,目的が正当であり,手段が必要・合理的であることから,いかにして合憲の結論を引き出しているのかの説得的な説明を欠くのではないかという疑問を払拭しえない.

職業選択・遂行の自由が争われた司法書士法事件[95]も薬事法判決を引用して合憲判決を下しているが,積極目的か消極目的かに触れるところはない.こうして,規制目的二分論は,判例からは完全に拒絶されたのである.しかし,その結果,個別的利益衡量論による「総合判断」手法に戻ってしまったことになる.

2.3 適用上判断における個別的衡量と定義づけ衡量

適用上判断とは,法令の適用対象たる具体的事実関係自体を憲法的評価の対象とする審査方法であった.当該事案の個別具体的な事実状況を対象とする点で,一般化された多かれ少なかれ抽象的な立法事実を基礎に審査を行う文面上判断とは性格を異にする.一般的・抽象的な立法事実を基礎に,そこに表現されている諸利益を衡量する場合には,衡量者の主観的な判断が入りやすい.それゆえに,主観的判断の危険性をできる限り小さくし予測可能性と法的安定性を高めるために利益衡量を方向づける「指針」を必要としたのである.そのために形成された審査の枠組が審査基準論であった.これに対して,適用上判断の場合は,個別具体的な事実状況を審査対象とするから,そこで対立する諸利益も見えやすく主観的評価の危険も比較的小さい.したがって,特に評価を方向づける指針を設定しないで衡量者の判断に委ねてもよい.事案が特殊である場合に採用されることが予定された手法であることを考えると,具体的妥当性のためにもそのほうがよいであろう.したがって,適用上判断で採用される手法は個別的衡量(ad hoc balancing)が通常であるということになる.しかし,事案の性質によっては,予測可能性の要請が特に高い場合がある.そのような場合には,定義づけ衡量(definitional balancing)の方が好ましい.この手法は,憲法により保護される行為と保護されない行為の境界を明確に線引きする定義を行い,それへの該当性の判断により合憲か違憲かを決定するものであり,一旦

---

[95] 最3判平成12年2月8日刑集54巻2号1頁.

定義を行えば，それが先例となって以後の類似事件においては，個別的衡量は行わず，その定義への該当性判断だけが行われることになる[96]．

アメリカにおいては名誉毀損の成立の判断をめぐって個別的衡量と定義づけ衡量のいずれを採用すべきかが論争となり，最高裁は「現実の害意」(actual malice)の法理を形成したが，これが定義づけ衡量を採用したものとされている[97]．この法理は，政治家等に対する名誉毀損的表現につき名誉毀損が成立するのは，①「現実の害意」がある場合，すなわち，表現内容が虚偽であることを知っていたか，あるいは，簡単な調査により虚偽を確認できたのにそれを怠った場合で，②名誉毀損を主張する側が「現実の害意」の存在を証明した場合に限られるとするルールである．これにより，表現者は自己の表現が保護されるかどうかを予め明確に判断でき，畏縮することなく表現することができるようになったのである．日本の判例でも，名誉毀損の成立には「相当性の法理」といわれる考え方が採られている．日本では，名誉毀損の成立を妨げるには表現内容が真実であることが要求されるが，これを緩めて「真実であると信じたことにつき相当の理由があることを証明した場合」に違法性を阻却するという法理である．違法性阻却として論じられるから，憲法訴訟論上は適用上判断の

---

[96] 適用上判断において定義づけ衡量のアプローチが採られる場合には，当該事案に限定された判断を超え，その後の類似事案に適用されるルールが定立されるから，必然的に事案の類型化を伴う．このことから，合憲限定解釈あるいは一部違憲判決に接近することになるが，しかし，事実上そのような先例として機能することはあるにしても，判断手法としては適用上判断であり，文面上判断とは区別される．ちなみに，「明白かつ現在の危険」(clear and present danger)の法理は，定義づけ衡量の1つとして理解することができる．このアメリカの判例理論は，もともとは煽動罪における「煽動」概念の該当性判断のために形成されたものであった．ある表現が可罰的な「煽動」に該当するかどうかを，その表現がそれがなされた具体的状況において暴動を引き起こす「明白かつ現在の危険」を有するものであるかどうかにより判別することにしたのである．換言すれば，ある表現が憲法上保護されたものであるかどうかをこの準則への該当性で判断することにしたのである．後にこの法理は，法律の文面上判断の基準としても使われるようになり，意味が不明確となって信頼を失ってしまったが，適用上判断におけるブランデンバーグ原則として再構成されて復活することになる．文面上判断で使うとすれば，合憲限定解釈による活用が考えられるが，日本では泉佐野市市民会館事件判決（最3判平成7年3月7日民集49巻3号687頁）がその例として理解できるのではないかと思う．高橋和之編『ケースブック憲法』（有斐閣，2011年）295頁以下（高橋執筆）参照．「明白かつ現在の危険」の法律については，浅野博亘「明白かつ現在の危険──裁判所はどのような違憲審査基準を用いるべきか」法学セミナー641号27頁，浦部法穂「明白かつ現在の危険」前掲注53）『講座憲法訴訟 第2巻』243頁参照．

[97] 高橋和之「「対抗言論」再考──インターネット上の名誉毀損に関する最高裁決定を契機にして」学士会会報900号17頁参照．

問題と理解されるが，ここで採られた「相当性の法理」は，事案ごとの個別的衡量による判断とされているから，定義づけ衡量とは異なる．表現の自由の観点から予測可能性をより重視した手法が必要ではないかという批判がある[98]．

北方ジャーナル事件判決　日本で個別的衡量で行くべきか定義づけ衡量で行くべきかが論じられた事件に，北方ジャーナル事件[99]がある．これは，裁判所が知事選に立候補を予定していた者の名誉を毀損しあるいは侮辱する記事を載せた雑誌『北方ジャーナル』の出版を差し止める仮処分を決定したので，雑誌社が検閲の禁止あるいは表現の事前抑制の原則的禁止違反を主張して争った損害賠償請求訴訟であり，事案の性格としては，適用上違憲ではなく後述の処分違憲が争われた事例というべきであるが，名誉毀損に関連した事件であるので，便宜上ここで触れておく．

本件の憲法上の争点は2つあり，第1に，本件の仮処分決定は憲法21条2項の禁止する検閲に該当するか，第2に，本件の仮処分決定は表現の事前抑制として憲法21条1項に反しないかである．第1点については，判旨は札幌税関検査事件判決[100]における検閲の定義に基づき審査し，本件は検閲には該当しないとした[101]．

第2点がここでの問題であるが，多数意見は，「公共的事項に関する」名誉毀損的表現の事前差し止めが認められるための要件を実体的要件と手続的要件に分けて述べている．ここでは手続的要件には立ち入らず，実体的要件の特徴を見ておきたい[102]．多数意見の言うには，この事前差し止めは原則としては許されないが，例外的に，「その表現内容が真実でなく，又はそれが専ら公益

---

98) 松井・前掲注53)は，日本でも公職者・公的人物についてはアメリカの「現実的悪意」と同様の保護を認めるべきだと論じている(461頁参照)．
99) 最大判昭和61年6月11日民集40巻4号872頁．
100) 最大判昭和59年12月12日民集38巻12号1308頁．
101) 判旨は，本件が行政権による行為ではないこと，網羅的一般的審査でもないことなどを検閲ではないことの理由として指摘している．しかし，「仮処分」は行政的性格の処分であることを考えると，本件では裁判所が「行政処分」を行っており，行政権による審査ではないと言い切れるのかという疑問がないわけではない．また，裁判所は受動的機関であり，適法な提訴がない限り自発的に仮処分決定は行いえないから，たしかに網羅的一般的な審査ではありえないが，このこと自体は裁判所の行為であるということに吸収される理由であろう．結局，検閲の定義のどこに該当しないのか，その決め手が不明確な判断という印象が残る．
102) 手続的要件に関する判示については，高橋和之「表現の自由と事前差止め(北方ジャーナル事件)」樋口陽一・野中俊彦編『憲法の基本判例〔第2版〕』(有斐閣，1996年)103頁参照．

を図る目的のものでないことが明白であつて，かつ，被害者が重大にして著しく回復困難な損害を被る虞があるとき」(傍点著者)には，許される．これは，原則と例外という形で論じているから，ルールを定立するアプローチを採ったように見えるが，問題は例外の要件が該当性判断だけで決定できる程度に明確かどうかである．「かつ」以下で述べられている要件は，主としては仮処分の許容性に関係するものであるから，名誉毀損的表現の事前抑制に関する要件としては，「その表現内容が真実ではなく，又はそれが専ら公益を図る目的のものではないことが明白で」あるかどうかということになる．名誉毀損の事後規制の場合の要件(刑法230条の2参照)と比較すると，事前抑制が許される要件に「明白」かどうかが加重されている．

　ここでの問題は，多数意見が提示したこの要件がいかなる性質のものなのか，すなわち，個別的衡量なのか定義づけ衡量なのか，それともそのいずれとも異なるものなのかであるが，この点につき，伊藤補足意見と大橋補足意見が異なる理解を示しているように見える．本件が表現の「事前抑制」という「類型」の事案であることについては，両裁判官の間に異論はない．その前提の下に，この類型の内部でさらに表現行為を類型化して利益衡量を行うという手法をとるべきかどうかで見解が対立した．

大橋補足意見 　大橋補足意見は，さらに類型化する立場を主張してこう述べる．「……個別的衡量による難点を避けるためには，名誉の価値と表現行為の価値との比較衡量を，表現行為をできるだけ類型化し，類型化された表現行為の一般的利益とこれと対立する名誉の一般的利益とを比較衡量して判断するという類型的衡量によるのが相当であると考えられる．類型的衡量によるときは，個別的衡量の場合のように個別的事件に最も適した緻密な利益衡量には達し得ないかも知れないが，その点を犠牲にしても，判断の客観性，安定性を選ぶべきものと考えるからである」，と．大橋裁判官は，ここで個別的衡量と類型的衡量を対比しているが，個別的衡量につき，「諸事情を個別的な事件ごとにきめ細かく検討して利益衡量をすれば，当該事件について極めて妥当な結論を得ることができるとも考えられる」が，「さまざまな事情が個々の事件ごとに個別的具体的に検討され比較衡量されるのでは，その判断基準が明確であるとはいいがたく，これについて確実な予測をすることが困難と

なる虞があり，表現行為者に必要以上の自己規制を強いる結果ともなりかねないことなどを考慮すると，……比較衡量に当たり諸般の事情を個別的具体的に考慮して判断する考え方には左袒することができない」と述べていることから，ここでの個別的衡量とは ad hoc balancing を考えていると理解される．そうすると，それと対比される類型的衡量は，定義づけ衡量を考えているのではないかと思われる[103]．実際，この利益衡量を「類型化された表現行為の一般的利益とこれと対立する名誉の一般的利益とを比較衡量」するものと述べているから，当該類型の表現において一般的にみられる利益だけを衡量するのであり，この衡量は法定立を生み出す衡量と理解できるのである[104]．大橋裁判官は，本件事案が名誉毀損的表現行為が「公共の利害に関する事項にかかるもの」という類型に属する場合であり，多数意見が設定した事前差止の実体的基準は，このような意味での類型的衡量を行うものだと理解して賛成したのである．

伊藤補足意見 　伊藤裁判官は，表現の事前抑制につき類型的衡量を行うという大橋補足意見に反対した．「本件のような事案は別として，一般的に類型別の利益較量によつて判断すべきものとすれば，表現の類型をどのように分類するか，それぞれの類型についてどのような判断基準を採用するか，の点において複雑な問題を生ずるおそれがあり，また，もし類型別の基準が硬直化することになると，妥当な判断を保障しえないうらみがある．そして，何よりも，類型別の利益較量は，表現行為に対する事後の制裁の合憲性を判断する際に適切であるとしても，事前の規制の場合には，まさに，事後ではなく，

---

103) 類型的衡量は，categorical balancing の訳語と考えているのではないかと推測するが，アメリカでは categorical balancing は ad hoc balancing に対立するものとして，ほとんど definitional balancing と同義に使われている．但し，categorical には，類型的という意味と同時に，断定的・絶対的・定言的といった意味もあり，後者の場合には，定義づけと同じ意味に近づくが，前者の場合は，当該類型についての「厳格審査」を想定している可能性はある．伊藤補足意見が，「本件のような名誉毀損の事案において，その被害者とされる対象の社会的地位を考慮し，例えば公的な人物に対する批判という類型に属するとき，その表現のもつ公益性を重視して判断するのはその一例であるが，この方法によれば，表現の自由と名誉権との調和について相当程度に客観的とみられる判断を確保できることになろう．大橋裁判官の補足意見はこの考え方を支持するもの」であると述べているが，これは大橋補足意見を一定類型の表現につき「厳格審査」をするものと理解しているようにも読める．
104) 当該類型に一般的に存在する利益を衡量すれば，定型的な衡量結果が得られるはずであり，それが当該類型に関するルールとなり，当該事件のみならず，以後はルールへの該当性により判断がなされることになる．

「事前の」規制であることそれ自体を重視すべきものと思われる．ここで表現の類型を考えることも有用ではあるが，かえって事前の規制である点の考慮を稀薄にするのではあるまいか」，というのである．つまり，表現の事前規制の場合は，事前規制という類型が重要であり，その内部でさらに類型化を行うのは好ましくないというのである．表現の類型化は，事後規制の場合に限定されるべきであり，事前規制について類型化を行うことは，表現規制の問題を複雑にしすぎてかえって弊害が生じるのではないかと考えるのである．ゆえに，それ以上の類型化は避けて個別的衡量に委ねるのがよいという考えだと推測される[105]．

しかし，事後規制の場合に類型化が適切とされながら，事前規制の場合はなぜ適切でないのか，よく理解できない．ここでの問題は，予測可能性を高めて畏縮効果を除去することである．そうだとすれば，大橋補足意見が反論するように，「事前差止めにあつては，これらの諸般の事情を比較衡量するといっても，事前であるために不確定な要素も多く，……さまざまな事情が個々の事件ごとに個別的具体的に検討され比較衡量されるのでは，その判断基準が明確であるとはいいがたく，これについて確実な予測をすることが困難となる虞があり，表現行為者に必要以上の自己規制を強いる結果ともなりかねない」．それゆえに，類型ごとに定義づけ衡量により判断基準（ルール）を設定し，予測可能性を高めるべきだというのが，大橋補足意見である．表現の自由の保護に気を配ってきた伊藤裁判官がなぜここで大橋補足意見と同調しえなかったのか．私には謎であるが，類型的衡量という手法の理解が異なっていたのかもしれない．「類型別の判断基準」という言い方をしており，定義づけ衡量ではなく厳格審査を想定していたのかもしれないのである．

谷口意見　大橋裁判官は，多数意見の判断を類型的衡量を行うものと理解して賛成したが，谷口裁判官は，おそらくこの理解に納得せず，多

---

105)　個別的衡量という理解は，誤解を与えるかもしれない．類型的衡量ではないという意味で個別的衡量と述べたが，より正確には，伊藤裁判官は事前抑制について厳格審査を考えているものと思われる．厳格審査基準による利益衡量である．適用上判断においては審査基準論は妥当しないと考えているので，本件が適用上判断の問題だとすれば，個別的衡量か定義づけ衡量かという問題設定となるが，本件は，実は，適用上判断の事例ではなく，処分違憲型の事例であり，国家行為（裁判所の行為）が審査対象であるから，立法行為の審査の枠組（審査基準論の枠組）を応用することが可能なのである．

数意見の理由づけに反対した．谷口意見は，多数意見が設定した事前抑制の許される要件に反対する．「専ら公益を図る目的のものでないというような不確定な要件を理由として公的問題に関する雑誌記事等の事前差止めを認めることは，その要件が明確な基準性をもたないものであるだけに，表現の自由の保障に対する歯止めとはならない」というのである．たしかに「専ら公益を図る目的のものでない」という要件は，不確定であるが，おそらく大橋裁判官はそれに「明白」であるという要件を付すことにより確定的になっていると考えているのであろう．しかし，谷口裁判官は，これに代えて，アメリカで判例上確立されている「現実の害意」(actual malice)[106]を基準とすることを提唱する．これは，アメリカでは，通常，政治家等に対する名誉毀損の事後規制に適用されるものであり，定義づけ衡量の典型例とされているものであるが，谷口意見はこれを事前規制に適用しようというのである．日本では，公務員に対する名誉毀損の事後規制につき，判例上「相当性の法理」が確立されているが，この法理の性格は個別的衡量であり，したがって事前規制には定義づけ衡量である「現実の害意」基準を用いるとすれば，事前規制につき事後規制よりも予測可能性を高めるという意味をもとう．したがって，日本における提言としては，それなりの意味をもっている．しかし，伊藤裁判官は，事前規制にこの基準を適用することは好ましくないと批判する．伊藤補足意見によれば，「現実の害意」の基準は「表現行為者の主観に立ち入るものであるだけに，仮処分のような迅速な処理を要する手続において用いる基準として適当でないことも少なくなく，とくに表現行為者の意見を聞くことなしにこの基準を用いることは，妥当性を欠く」からである．この批判は，手続的要件につき多数意見が例外的に債務者（表現者）の「審尋」なしで差止めの仮処分を行いうる場合を認めていることと関係するが，「現実の害意」は表現者の主観に関係するから「審尋」なしに判断することは許されないのではないかという疑問である．この点は，多数意見が，原則として「審尋」が必要であるが，例外的に「審尋を行うまでもなく，

---

106) 前述のように(273頁参照)，現実の害意とは，「表現にかかる事実が真実に反し虚偽であることを知りながらその行為に及んだとき又は虚偽であるか否かを無謀にも無視して表現行為に踏み切った場合」をいう．アメリカの判例理論では，名誉を毀損されたと主張する者が，表現者に現実の害意のあったことを立証しなければならないとされている．

債権者の提出した資料によつて」実体的要件が充たされていると判断されるときには，審尋なしに差止命令を出すことも許されるとしたことを，谷口意見は，「審尋を行うまでもなく，債権者の提出した資料によつて」，現実の害意が認められる場合と読み替えて多数意見を修正しており，伊藤補足意見による批判は必ずしも当たらないのではないかと思われる．

2.4　処分違憲型審査
2.4.1　総　説
　事案の具体的事実関係を憲法的評価の対象とする点では適用上判断と似るが，その構造を異にするものとして「処分違憲」を主張する場合の審査方法がある[107]．その典型例は，行政懲戒処分が違憲・違法であるとして争われる場合である．処分違憲の場合，処分の根拠法令自体についての違憲の主張はなされず，この点で適用上違憲の判断となる場合とは異なることが通常であり，文面上判断の回避という意味はもたないが，文面上判断がなされないという点では共通である．しかし，適用上違憲の場合は，文面上判断の規準とされる憲法条項と同一の条項により具体的事実の憲法的評価がなされるのに対し，処分違憲の場合は，根拠法律自体については違憲の問題は存在しないから，「同一の条項」による審査という構造とはならない．根拠法律の適用自体が違憲であるというのではなく，適用の「仕方」が憲法条項に反するという構造になるのである．たとえば，公務員の懲戒（懲戒規定の適用）を思想や宗教を理由に行ったり，平等原則や適正手続に反して行ったりする場合が，これに当たる．

　したがって，「適用違憲」判決でも，文面上判断および適用上判断の基準である憲法条項とは異なる憲法条項により適用違憲とされた場合には，法令の適用そのものを違憲としているのではなく，適用の「仕方」（たとえば，平等原則や適正手続に反する仕方）を違憲と判断しているのであるから，処分違憲型の構造となる．この構造の場合には，適用上判断のように法令の適用対象が憲法により保護されているかどうかを問題としているのではなく，法令の適用の仕方を問題としているのであるから，法令の適用を行う国家機関（行政機関や司法機関）の行為（処分）を審査対象としている．国家機関の行為を審査対象とする点で立

---

[107]　駒村・前掲注8)27頁以下は，これを「処分審査」と呼んでいる．

法行為を審査するのと共通するから，目的・手段審査の枠組をここに応用することは可能であろう．ただし，処分の目的は根拠法律により与えられているのが通常であるから，法律の規定する目的を遂行する手段としての行為が目的に適合しているかどうかという審査が中心となろう．こう理解すると，この審査の多くは，まさに行政法学における比例原則の本来の土俵といってもよい．

処分違憲型審査には，①「処分」(国家行為)が特定の国民を対象とする場合と，②特定の国民を対象としない場合が区別される．後者の場合，訴訟は客観訴訟となり，「処分」自体の違憲審査となる．住民訴訟により政教分離原則違反を争う場合がこの例である．これに対し，前者の場合は，処分を受ける特定の国民が存在するから主観訴訟となり，この場合には，処分自体を審査の対象とする方法と，処分を受けた国民(原告)の地位・状況が憲法により保護されているかどうかを審査対象とする方法が考えうる．後者は，実際上，適用上判断と同様の審査方法となる．原則的には，この審査方法をとるべきであろう．なぜなら，処分自体を審査対象とすると，処分の根拠条文には憲法上の問題は存在しないことが前提であるから，法律の根拠に基づいて行われた裁量権の行使の審査ということになり，ゆえに裁量の濫用・逸脱の問題と構成することになるが，これは人権保護には不利な構成だからである．そもそも，「人権を制約する裁量権」などという観念は，憲法論としては認めるべきではない．そのような構成に陥ることを避けるためには，被処分者の具体的状況が憲法により保護されているかどうかを直接問題とすべきなのである．しかし，この型の審査の場合は，適用上判断の場合と異なり，処分自体を審査対象としながらもここに審査基準論の枠組を応用する手法も考えうる．この手法を採用することによっても，「人権の裁量的制限」という構成を避けうるのである．どの手法がよいかは，事案によって判断することになる．

2.4.2 判　例

以下に，この審査に属するいくつかの類型をとりあげて，コメントしておく．

愛媛玉串料訴訟[108]　愛媛県知事が靖国神社の春秋の例大祭に玉串料等の名目で公金を支出したことが政教分離原則を定めた憲法20

---

108) 最大判平成9年4月2日民集51巻4号1673頁．

条および 89 条に違反するとして提起された地方自治法 242 条の 2 第 1 項 4 号に基づく住民訴訟(客観訴訟)である．公金支出の直接の根拠規定の合憲性が争われているわけではなく，その規定に基づいて行われた支出が憲法の政教分離原則に反するという争いであるから，特定国民を対象としない「処分」に関する処分違憲型の訴訟である．

多数意見は，「県が本件玉串料等を靖国神社に前記のとおり奉納したことは，その目的が宗教的意義を持つことを免れず，その効果が特定の宗教に対する援助，助長，促進になると認めるべきであり，それによってもたらされる県と靖国神社等とのかかわり合いが我が国の社会的・文化的諸条件に照らし相当とされる限度を超えるものであって，憲法 20 条 3 項の禁止する宗教的活動に当たるものと解するのが相当である」と判示した．いわゆる「目的・効果基準」を適用して違憲と判断したのである．

ここで注意しておきたいのは，目的・効果基準における目的は，目的・手段審査における目的とはまったく異なるものであり，混同してはならないということである．目的・手段審査は，憲法上の権利を公益(公共の福祉)により制限する場合の利益衡量を権利を最大限にし公益を必要最小限にするという方針のもとに行うための枠組である．ここでの目的は，人権を制限する目的であり，人権と対抗関係におかれた公益である．これに対して，目的・効果基準は，国家行為が政教分離原則に反しないかどうかを判断する基準である．政教分離原則は，憲法上，人権規定のように公益による制限の可能性を予定されていない．その意味で，「原理」ではなく「ルール」の規定である．ゆえに，目的・効果基準は利益衡量の枠組ではない．政教分離規定により国家は特定の宗教あるいは非宗教を抑圧し[109]，あるいは，援助する行為を禁止されている．この禁止規定に該当するかどうかを判断する基準が目的・効果基準なのである．ここでの目的は，国家行為に対して禁止される目的であり，特定宗教・非宗教を抑圧あるいは援助する目的(宗教目的)を意味する．宗教目的をもってなされる国家

---

109) 国家行為が特定の国民の宗教を抑圧すれば，信教の自由の侵害であり，そのような行為は当然憲法により禁止されているから，政教分離原則のもとに考えている国家行為は，特定の国民を対象とするものではなく，一般的に宗教・非宗教を抑圧する性質の国家行為を対象としている．

行為は，憲法違反なのである．国家は，宗教目的を疑われるような行為を行う場合には，常に「世俗目的」であることを説明できなくてはならない．そのためには，当該国家行為が実現をめざしている世俗目的を提示しえなければならないし，「その世俗目的を実現するために，宗教目的ではないかと疑われることのない，より容易に行いうる他の方法」がないことを示しえなければならない．さらに，宗教目的でないことを示しえたとしても，その国家行為が生み出す事実上の効果が特定宗教・非宗教を抑圧しあるいは援助するものであってはならない．目的・効果基準の「効果」は，この点を判断する基準なのである．したがって，目的と効果は，異なるレベルの問題を扱う基準であり，両者の間で衡量がなされる（たとえば効果には若干問題があるが世俗目的であることは明らかであるから，総合的判断で目的・効果基準をパスするといった判断）という性質のものではない110)．

政教分離原則は，他の「公益」との間で利益衡量を予定された原理ではないから，目的・効果基準は利益衡量の枠組とは異なる．ただし，政教分離原則が人権と対立する場合には，人権と公益との利益衡量において「公益」の側に位置づけられる．よく問題となるのは，信教の自由と政教分離原則との衝突であるが，基本的には目的・手段審査の枠組の下に信教の自由を最大限に保護する方向で利益衡量を行うことになる．

剣道授業不受講事件111)　ある高等専門学校では校長の教育方針で剣道実技を必修科目の体育授業に採り入れていた．学生 X は，エホバの証人の信者であり，その教義の説く絶対平和主義の教えに従って剣道実技の履修を拒否した．そのために，初年度は原級留置処分を受け，翌年度には退学処分を受けた．そこで信教の自由の侵害を理由に処分の取消を求めたのが本件である．

本件では処分の根拠規定自体は争いの対象となっていない．処分を受けた原告 X が自己の信教の自由の侵害を主張しているのであるから，信教の自由に

---

110)　最高裁判例は，目的・効果基準を利益衡量のための基準と理解し，目的と効果の間でも衡量がなされるかの運用を行っている（高橋和之「政教分離と殉職自衛官の合祀」ジュリスト916号21頁(1988年)参照）が，憲法の定める政教分離原則の意味を根本的に誤解しているといわざるをえない．
111)　最2判平成8年3月8日民集50巻3号469頁．

焦点を当てた審査を行うことになる．その場合，審査基準論を応用し目的・手段審査の枠組を使う方法と，適用上判断型の審査を行う方法がありうるが，前者により厳格審査を行うのが透明性が高いであろう．エホバの証人の絶対平和主義は広く知られた真摯な宗教であるから，これを制限する目的（教育目的，政教分離原則等）が必要不可欠と言えるか，手段としての本件処分が必要最小限と言えるのか（代替措置が可能かなど）が審査されることになる．

ところが，最高裁はこれを処分の裁量権の問題と構成し，その逸脱・濫用の有無を論じた．そのために，本件の主題たるべき人権論が法律上の裁量論により曖昧化される結果となっている．何度も繰り返すが，私は「人権を制限する裁量権限」という観念は，少なくとも内容確定型人権については認められるべきではないと考えている．裁量権限を人権により統制するのであり，人権侵害となる場合には裁量の逸脱となるという趣旨であるのであれば，言葉の使い方の問題にすぎないとも言えるが，しかし，往々にして，裁量論の構成を行う場合には，人権が裁量における一考慮要素に格下げされる．それを避けるためには，人権制限の正当化を裁量論とは別の枠組として主題的に審査をすべきだと考えるのである．人権保護を最も重要な役割とする最高裁は，人権問題が提起されている以上，行政裁量の問題としてではなく，人権制限の問題として真正面から主題的に論ずるべきであった．

「君が代」斉唱ピアノ伴奏事件[112]　市立小学校の音楽専科の教諭Xは，入学式に歌う「君が代」のピアノ伴奏をせよとの校長の職務命令に従わず懲戒処分を受けた．そこで，この命令は憲法19条の保障する思想良心の自由を侵害するものであり，処分は違法であるとして取消を求めたのが本件である．

懲戒処分の根拠規定自体は争いの対象となっていないから，処分違憲型の訴訟である．審査基準論の枠組を応用する前に，人権制限の有無が争いになった．Xの立場が思想良心の自由の保障範囲（保護領域）に入っていなければ，人権制限は存在しないから，制限の正当化を論ずる必要はない．この点につき多数意見は，Xがピアノ伴奏を拒否する理由は，X自身にとっては歴史観・世界観

---

[112] 最3判平成19年2月27日民集61巻1号291頁．

に基づくのであろうが,「一般的には,これと不可分に結び付くものということはでき」ないから,本件職務命令が「直ちにXの有する上記歴史観ないし世界観それ自体を否定するものと認めることはできない」と判示する.この判示が本件には思想良心の自由の制限はないという趣旨だとすれば,これで結論が出るはずであるが,この判示に続けて多数意見は,次のように述べる.すなわち,ピアノ伴奏命令は「Xに対して,特定の思想をもつことを強制したり,あるいはこれを禁止したりするものではなく,特定の思想の有無について告白することを強要するものでもなく,児童に対して一方的な思想や理念を教え込むことを強制するものとみることもできない」と.これは,本件の職務命令が思想良心の自由に対する「介入」ではないという判示と思われる.Xの立場が一般的には保護範囲に属さないし,本件の職務命令が「介入」にも該当しないとすれば,思想良心の自由の制限はないのであるから,審査はこれで終了するはずである.ところが,多数意見は,この判示にさらに続けて,本件職務命令の正当である所以を論じている.この部分は,二段階分節審査の枠組から言えば,人権制限の正当化の論証にあたる議論である.以上の判示を踏まえて最後に「以上の諸点にかんがみると」と総括して合憲の判断を下していることから考えると,本判決の判断手法は,二段階分節さえも放棄した「総合判断」の手法であると理解できる.適用上判断における個別的衡量の手法を採用したといってもよい.しかし,本件は処分違憲型事案であり,二段階分節審査と審査基準論の枠組を応用できるのであるから,判旨の透明性を確保するにはそのほうがよかったと思われる[113].実際に,本案以降に同種の問題が争われた数件の「君が代」起立斉唱職務命令事件[114]においては,思想良心の自由に対する「間接的な制約」の存在を認めた上でその正当化を行うという形の二段階分節審査が採用されている.

第三者所有物没収事件[115]　税関の輸出免許を受けないで輸出目的で貨物を運搬中に摘発された刑事事件であるが,そこで有罪判決を受け,関税法118条1項(昭和42年法律11号による改正前のもの)に基づき船

---

113)　高橋・前掲注91)1頁,24頁参照.
114)　最2判平成23年5月30日民集65巻4号1780頁,最1判平成23年6月6日民集65巻4号855頁,最3判平成23年6月14日民集65巻4号2148頁

と貨物の没収刑を附加された被告は，没収物に訴外第三者の所有にかかるものが存在したので，第三者の権利の侵害を理由に上告した．没収の根拠法である関税法118条1項は，没収を悪意の第三者の所有物に限定しており，この規定自体に憲法上の問題はなかった[116]．しかし，第三者の悪意を確認する訴訟手続を欠いており，第三者としては適正手続なしに財産権を侵害されることになり，憲法31条，29条1項に反しないかという問題があった．

本判決の多数意見は，この没収を憲法違反と認めたが，これがいかなる種類の違憲判決かがここでの問題である．没収を定める実体規定自体は合憲とされており，したがって，没収の根拠規定には憲法上の問題はなく，適正な手続なしで行った没収判決が違憲であるというのであるから，本書の立場では処分違憲と理解するのが正しい[117]．なお，本件で直接に問題となったのは，第三者の憲法上の権利の侵害を上告理由としうるかであり，その前提として第三者の憲法上の権利の侵害が確認された．したがって，本判決は，第三者の憲法上の権利の侵害を上告理由としうるとした先例ということになる[118]．

博多駅事件[119]　1968年の米原子力空母佐世保寄港阻止闘争で三派系全学連学生が博多駅下車直後に機動隊と衝突したが，その際の機動隊の警備の仕方が特別公務員暴行陵虐罪や公務員職権濫用罪に当たるのではな

---

115)　最大判昭和37年11月28日刑集16巻11号1593頁．
116)　当初，関税法は，第三者の善意・悪意を問わず，犯罪の用に供した貨物等を没収すると定めていたが，最大判昭和32年11月27日(刑集11巻12号3132頁)は，これを悪意の場合に限定する合憲限定解釈を行ったが，これより先に立法も同趣旨の改正を行っていた．ただし，このときの改正では，悪意の確認手続に関する定めはなされなかったので，この点がその後の争点となるのである．谷口正孝「時の判例」ジュリスト266号(1963年)48頁参照．
117)　この判決をいかなる種類の違憲判決と理解するかにつき，法令違憲説，適用上違憲説，処分違憲説が対立している．伊藤正己「違憲判決の効果と憲法判例の変更——第三者没収違憲判決をめぐって」(法律時報35巻2号36頁(1963年))は，法令違憲判決と理解するのに対し，芦部・前掲注23)『憲法[第6版]』388頁)は適用違憲判決と理解し，戸波江二「第三者所有物の没収と適法手続」(樋口他編・前掲注102)『憲法の基本判例』141頁)は，立法不作為の違憲判決という．立法不作為を違憲というためには，前提として立法義務の存在が必要であるが，その認定は判旨にはない．
118)　第三者所有物の没収ができるのは第三者が悪意の場合に限定する解釈がなされたが，悪意を確認するための手続は存在しなかったので，適正手続なしに没収しうるのかが争われることになった(前掲注116)参照)．それが判断されたのが，昭和35年10月19日の2つの大法廷判決(刑集14巻12号1574頁および1611頁)である．この判決の多数意見は，第三者の権利の侵害を理由に上告することは許されないとして上告を棄却したが，それが2年後の本判決で変更されることになるのである．
119)　最大決昭和44年11月26日刑集23巻11号1490頁．

いかとして告発がなされ，それが不起訴処分となったので付審判請求（刑訴262条）がなされた．この事件の審理にあたった福岡地裁は，NHKをはじめとする報道各社に対し，刑事訴訟法99条に基づき警備状況を撮影したフィルムの提出を命じたので，この命令を表現の自由を保障する憲法21条1項に違反し，刑訴法99条の定める「必要があるとき」という要件を充たさないと主張して最高裁への特別抗告に至ったのが本件である．

　裁判所の出した命令の根拠規定自体は，憲法上の争点とはなっておらず，命令の内容が憲法に反すると主張されているから，処分違憲型の審査となる．これを適用上判断の手法にならって報道メディアの置かれている状況を直接的に憲法に照らして評価するとすれば，定義づけ衡量による明確な線引きは困難であろうから，個別的衡量とならざるをえないであろう．しかし，表現の自由の問題であることを考えれば，個別的衡量はできれば避けたいところであり，審査基準論の手法を応用するほうが透明性と予測可能性の観点からは優れている．そうすると，審査基準の振り分けのために，まず最初に，本件が表現の自由の制限なのかどうかが判断されねばならない．メディア側は，取材結果の提出命令は，将来の取材を困難にする可能性が強いが，取材の自由は報道の自由に含まれるものとして憲法21条により保障されているから，提出命令は表現の自由の制限であると主張した．

　これに対する判旨の判断は，「報道のための取材の自由も，憲法21条の精神に照らし，十分尊重に値する」と述べており，憲法21条により保障されていると判断しているのかどうか不明確ではあるが，一応，「保障されてはいるが，保障の周辺部分にすぎない」というのがその本意だと理解し，かつ，「取材の自由が妨げられる程度およびこれが報道の自由に及ぼす影響の度合」を比較衡量していることを考慮すると，人権制限の存在も認めたと理解することができよう．では，この人権制限は正当化されるのか．人権の周辺部分の制限であることを考慮して通常審査を行うことにすると，まず目的は「公正な刑事裁判の実現」ということで重要な目的であることに疑問はない．では，手段審査はどうか．ここではLRA基準を充たすのかどうかが問題となる．本件では，放映済みのフィルムだけではなく放映しないことにしたフィルムまで提出を命じているが，前者に対する提出命令だけでは目的は達成しえなかったのか．提出さ

れるまでは，裁判所としても後者に重要な証拠があるのかどうか分からない段階であり，場合によっては証拠価値としては前者だけで足りたのかもしれない．このような状況で後者まで含めて提出を命令する必要があったのかどうか，疑問が残る．後者は，報道機関が報道しないことに決定したものであり，それに対する提出命令は，表現の自由に対する制約の度合がかなり大きいと思われる．前者だけでは不十分であることが判明してからでもよかったのではないかとも思われる．

　私の分析枠組で判断すると，このような疑問が残るが，最高裁は「諸般の事情を比較衡量」する方式の総合判断手法を採用し，一方で本件フィルムが他に有力な証拠のない中で「ほとんど必須のもの」であることを強調し，他方で「報道機関が蒙る不利益は，報道の自由そのものではなく，将来の取材の自由が妨げられるおそれがあるというにとどまるもの」であることを強調して，前者の利益の優越を結論づけた．

第3節　内容形成型人権の審査枠組

1　総　説

　「憲法上の権利」には，保障内容が憲法により全面的には確定されておらず，未確定な部分の確定を法律に委ねていると理解されるものが存在する．そのような性格の権利を行使するには，行使に必要な具体的内容が法律により定められていなくてはならない．法律で定めることを憲法自体が明文で規定していることもあるが，明文がなくとも権利の性質から内容形成型だと理解されることもある．たとえば，国家賠償請求権(17条)，教育を受ける権利(26条1項)，勤労の権利(27条2項)，財産権(29条2項)，適正手続(31条)，刑事補償請求権(40条)が前者の例であり，選挙権(15条)，裁判を受ける権利(32条)，婚姻の自由(24条1項)，生存権(25条1項)，労働基本権(28条)は，後者の例とされる．

　これらの権利の場合，国家が定める制度によりその具体的内容が決定されるが，憲法が保障している権利である以上，その保障内容が全面的に国家による決定に委ねられるということはありえない．もしそうなら，憲法で保障する意味はほとんどないからである[120]．したがって，保障内容の核心的部分は憲法

上確定されており，残部が法律に委ねられていると考えることになる．

そこで，問題は憲法上確定されている核心部分は何かである．それが憲法解釈の問題となるが，解釈に際して重要な視点は，「人権の論理」において国家に先行する性質をもつ部分と国家により形成される部分を識別することである．たとえば，婚姻の自由は，本来婚姻制度に先行する国家以前的「自由」であり，婚姻制度はそれに秩序を与えるために制定されたものにすぎず，したがって法律による定めは基本的には自由に対する「制限」と解すべきものである．決して婚姻制度により婚姻が可能となっているというものではない[121]．また，選挙権は，主権者＝憲法制定権者の主権者としての「権力」が憲法で代表制を採用することにより形態変化を遂げたという性格の権利であり，選挙制度自体は後国家的であるにしても，選挙権の原基は国家に先行する性質をもっている．したがって，選挙権自体は選挙制度に先行するのであり，選挙制度は選挙権を侵害しない内容に制定されねばならないという理屈になる[122]．こうした性格は，個々の内容形成型人権ごとに異なるから，それに応じて確定的部分に違いが生じるが，それをできるかぎり明確にすることが憲法解釈の重要な課題となる．しかし，確定部分と未確定部分の境界は，時代と共に変動することが憲法制定時点から織り込まれていると解されるから，常にグレイ・ゾーンが存在す

---

120) たとえ内容の形成が法律に全面的に委ねられていても，憲法により法律の制定が義務づけられているのであるから，まったく無意味というわけではないが，しかし，憲法に規定がなくとも法律によりその権利を創設することが禁止されているわけではないことを考えると，憲法で保障した意味は極めて小さくなると言わざるをえない．

121) 夫婦同氏強制違憲訴訟判決（最大判平成27年2月16日裁時1642号13頁）では，多数意見は民法750条による同氏強制が婚姻の自由を制限するものではないと判断したが，基本的には婚姻が法的制度により初めて可能となるという性格のものであるという理解を前提としたためと思われる．しかし，婚姻という国家の制定する法的制度は，婚姻の自由を「創設」するものではない．前国家的性格の婚姻を秩序づけるものであり，婚姻制度に取り込まれた同氏の強制は婚姻の自由を制限するものと理解して，その制限の正当化を真正面から論ずるべきであった．高橋和之「同氏強制合憲判決にみられる最高裁の思考様式」『世界』2016年3月号138頁参照．

122) 定数不均衡問題は，平等権の問題として構成されているが，本来は選挙権の制限の問題と構成すべきものであろう．国民主権の下における選挙権は，概念上当然に平等な価値をもつものなのである．近代初期には，制限選挙が普通であり，複数選挙（有権者が異なる数の投票権をもつ制度）や等級選挙（所属有権者数の異なる諸等級を区別し，等級ごとに議員定数を定める制度）も存在したが，男女の平等・普通選挙の理念の下では各選挙権は平等な価値をもつものと想定されている．ゆえに，選挙権が投票価値の平等を内包するものと理解する以上，定数不均衡は選挙権自体の「制限」なのであり，そのようなものとして正当化を要求するのである．

るであろう．

　憲法訴訟論にとって問題は，このような性格の権利の違憲審査をどのように行うかである．憲法上内容が確定されている部分については，「人権の制限とその正当化」という審査方法が妥当する．憲法上未確定で立法府の形成に委ねられている部分については，「立法裁量の統制」の問題として考えることになろう．問題は，グレイ・ゾーンであるが，ここに属する問題は，憲法上確定された内容の制限がなされているとみなして，可能な限り「人権の制限とその正当化」の構成を活用するべきだと思う．そのほうが，立法裁量の統制の問題として議論するより，はるかに透明度の高い議論が期待できるからである．

　したがって，内容形成型人権の違憲審査の方法としては，2つのアプローチが区別されることになる．1つは，内容確定型人権の審査方法を活用するものであり，もう1つは，立法裁量の統制である．前者の例として，森林法違憲判決と郵便法違憲判決を採り上げ，後者の例として堀木訴訟判決を採り上げて，それぞれの特徴を見てみよう．

2　内容確定型人権の審査方法の活用

森林法共有林分割制限違憲判決[123]　この事件は，規制目的二分論との関係で採り上げたが，内容形成型人権の審査方法としても，注目される．本件では，共有林の分割を制限していた当時の森林法186条の規定が憲法29条1項（「財産権は，これを侵してはならない．」）の保障する財産権の「制限」と構成された．しかし，憲法29条2項は，「財産権の内容は，公共の福祉に適合するやうに，法律でこれを定める」と規定する．近代憲法においては，財産権は最も重要な人権とされ，絶対不可侵と規定されていたが，それが「弱者」の悲惨な窮乏を生みだし社会的不安の原因となったという反省に基づき，現代憲法においては，財産権の広汎な制限を認めるようになった．日本国憲法29条2項も，その変化を反映したものである．財産権は，もはや前国家的に内容の確定された自然権的なものとして絶対的に保障されるのではなく，その保障内容は法律により公共の福祉に適合するように定めるというの

---

[123]　最大判昭和62年4月22日民集41巻3号408頁．

である．そうだとすれば，森林法186条による共有森林の分割制限は，憲法29条2項に基づく財産権の内容の決定ではないのか．つまり，共有森林という財産権の内容が，分割を制限されたものとして決定されたのではないのか．たしかに民法256条1項は，「各共有者は，いつでも共有物の分割を請求することができる」と定める．しかし，民法256条1項は一般法であり，森林法186条はそれに対する特別法に当たるから，森林法の規定が優先すると思われる．

ところが，本判決の多数意見は，「共有物の分割請求権は，各共有者に近代市民社会における原則的所有形態である単独所有への移行を可能ならしめ」る「共有の本質的属性」であると解し，憲法の財産権保障は共有をそのような属性をもつ財産として保障しているのであるから，森林法の定める分割請求の制限は，財産権の「制限」であるとしたのである[124]．その結果，森林法186条の正当化は，内容形成の正当化ではなく，「制限の正当化」と構成され，それが目的・手段審査の枠組を使って行われることになった．そして，手段につき，「立法目的との関係において，合理性と必要性のいずれをも肯定することができないことが明らか」であり「合理的裁量の範囲を超える」ものと判示されたのである．

かりに本件を内容形成に関する立法裁量の問題と構成したなら，違憲の結論へと議論を展開することは困難であったと思われる．「諸般の事情を総合考慮すると」式総合判断手法は，違憲とする理由を明確に述べるものとはならないから，立法府としても事後処理をめぐって困惑するであろう．したがって，何が違憲であるかを明示するには，「人権制限の正当化」の枠組を活用する以外になかったと思われる．その結果，目的と手段およびその関連につき多数意見がどう理解したかが詳細に述べられることになり，判決理由の透明度が高まり，問題点も見えやすくなった．たとえば，憲法の保障する所有権の本質が単独所有であるという断定には十分な根拠が示されていないこと[125]，したがって，

---

124) 民法256条の規定は，前憲法的にあるいは憲法上，そのような属性をもつ共有を「確認」した規定であるという理解になる．
125) 所有権の前国家的部分と後国家的部分をどう切り分けるかの説明があって初めて，このような判断が可能となるはずのものであろう．

グレイ・ゾーンに属する問題を内容形成型ではなく内容確定型のアプローチに持ち込んだという理解も可能であること，手段が「合理性又は必要性に欠けることが明らか」という判断には，異論も十分成り立ちうる(香川裁判官の反対意見参照)ということ，目的・手段審査の枠組を使っているように見えるが基準の設定がないために結局は個別的衡量論にとどまるということなどである．しかし，結論の理由説明に説得力が欠けることは別にして，内容形成型人権につき「人権制限の正当化」の枠組を使いうることを示したことは重要な示唆を与えるものであった．

郵便法賠償責任制限違憲判決[126]　Xは，Aに対する債権の弁済を受けるために，AがB銀行に有する預金の差押命令を裁判所から取得した．裁判所による差押命令の銀行への送達は，書留郵便による特別送達(民訴99条)により行われたが，本来はB銀行の「営業所」において行わねばならなかった(民訴103条以下)のに，郵便業務従事者(当時は公務員)が誤ってB銀行の私書箱に投函してしまったために，現実にB銀行に届いたのは翌日になった．この間に，差押命令を察知したAが預金を引き出してしまったためXは弁済を受けることができず損害を蒙るに至った．そこでXが国家賠償を求めたのが本件である．ところが，当時の郵便法68条は，書留郵便について生じた損害の賠償を「書留とした郵便物の全部又は一部を亡失し，又はき損したとき」に限定し，同73条は，請求権者の範囲を「差出人又はその承諾を得た受取人」に限定していた．これに従うと，Xは賠償を受けることができない．そこで，この規定が憲法17条に違反しないかどうかが争点となったのである．

憲法17条は「何人も，公務員の不法行為により，損害を受けたときは，法律の定めるところにより，国又は公共団体に，その賠償を求めることができる」と定めている．これは，国家賠償についての立法裁量を認めた規定ではないか．郵便法は法律であり，法律で書留郵便に関する損害賠償の内容を定めている．そうだとすれば，裁量の範囲の逸脱がない限り，郵便法は合憲であり，Xは損害賠償を受けられないということになりそうである．

---

[126]　最大判平成14年9月11日民集56巻7号1439頁．

しかし，多数意見は，まず次のように述べる．憲法17条は，「公務員のどのような行為によりいかなる要件で損害賠償責任を負うかを立法府の政策判断にゆだねたものであって，立法府の無制限の裁量権を付与するといった法律に対する白紙委任を認めているものではない．そして，公務員の不法行為による国又は公共団体の損害賠償責任を免除し，又は制限する法律の規定が同条に適合するものとして是認されるものであるかどうかは，当該行為の態様，これによって侵害される法的利益の種類及び侵害の程度，免責又は責任制限の範囲及び程度等に応じ，当該規定の目的の正当性並びにその目的達成の手段として免責又は責任制限を認めることの合理性及び必要性を総合的に考慮して判断すべきである」，と．すなわち，憲法17条は立法府に無制限の裁量を認めた規定ではなく，何らかの「確定された内容」が存在するのであり，本件はその「制限」だと断定するのである．なぜ「制限」と解すべきであるかの説明はないから，そのような「構成」を採るのだという意味に理解する以外にないが，内容形成型人権の侵害が問題となる事案では，特に説明をすることなしに「制限」論の構成をとることが手法として認められる先例と読むことが可能であろう．

この構成に続けて判旨は，制限の正当性の判断につき，目的と手段の総合判断により決定するという従来通りの個別的衡量論を述べるが，しかし，その判断を「目的の正当性」と「手段の合理性及び必要性」の分節枠組で行うのである．そして，制限(責任免除)の目的は，郵便事業を低料金のユニバーサル・サービスとして実現することにあり正当であるとする．しかし，数も少ない特別送達郵便物につき[127]，郵便業務従事者の故意・過失による損害賠償を免除・制限しなければ目的の達成が困難となるとはいえないから，手段に合理性・必要性がなく，郵便法の当該部分は違憲であり，立法裁量の逸脱であると判断した．立法裁量論の構成は採っているものの，制限の正当化論の構成と読むことができる内容となっているのである．

---

127) 本件は特別送達郵便物に関する事案であるが，書留郵便の形式が使われるということもあり，特別送達と書留郵便で注意義務の強度が異なるべきかどうかで意見が対立したために，判決は書留郵便に関する損害賠償の制限の合憲性についても判断し，書留郵便については重過失の場合まで免責にしている，すなわち，損害賠償請求権を制限している，のは違憲であるとした．もっとも，この点の判断は，厳密には，傍論というべきであろう．

3 立法裁量の統制

　最高裁は，郵便法違憲判決にも見られるように，人権の「制限」についても不用意に「裁量」を述べることがあるが，「人権制限の正当化」論の構成を採る以上，憲法上保障内容が確定されていることを前提とするのであり，そうだとすれば，立法府に憲法の保障する人権を「制限」する「裁量」など認められるはずがない．人権制限につき立法府の裁量を語るとすれば，それは立法府の判断を尊重すべきであるという意味に理解する以外にないのであり，立法裁量論が妥当するのは立法府の判断を尊重すべき場合に限定される．したがって，裁判所としては，事案が立法府の判断を尊重すべき場合に該当することの説明をする必要があろう．郵便法の事件などは，国家賠償請求権の「制限」が公共の福祉の範囲内として許されるかどうかにつき，裁判所が独自の立場で判断する「能力」が立法府に劣るとは言えず，「通常審査」の妥当すべき場合であり，立法裁量を語る場面ではない．しかし，最高裁の基本的考え方は，憲法 17 条を立法裁量の問題と捉え，それを前提に裁量の限界を論ずる構成をとり，権利の制限として正当化しえない場合は裁量の限界を逸脱したと考えるもののようである．これに対し，本書は，内容形成型人権の訴訟を「制限の正当化」と「立法裁量の統制」に分けて，それぞれの審査の違いと特徴を明らかにしようとするものである．

　では，人権制限の正当化の構成を採ることが困難な場合の立法裁量の統制においては，どのような審査がなされるのであろうか．それを立法裁量論を採った典型例とされる堀木訴訟を素材に考えてみよう．

堀木訴訟判決[128]　国民年金法に基づき視力障害者として障害福祉年金を受けていた X は，単身で次男を養育していたので児童扶養手当法の定める扶養手当の受給資格の認定を請求した．しかし，公的年金との併給禁止を定める児童扶養手当法 4 条 3 項 3 号(当時)に該当するとして却下された．そこで平等権(憲法 14 条 1 項)および生存権(25 条)の侵害を理由に却下処分の取消と資格認定の義務づけを求めて出訴した．

---

128)　最大判昭和 57 年 7 月 7 日民集 36 巻 7 号 1235 頁.

生存権侵害かどうかの判断手法につき，最高裁は，「憲法25条の規定の趣旨にこたえて具体的にどのような立法措置を講ずるかの選択決定は，立法府の広い裁量にゆだねられており，それが著しく合理性を欠き明らかに裁量の逸脱・濫用と見ざるをえないような場合を除き，裁判所が審査判断するのに適しない事柄であるといわざるをえない」と論ずる．これは，保障内容に核となるようなものを想定してその「制限」を論ずることもできないほどに裁量の範囲が広いという理解を示したものであろう．朝日訴訟一審判決が考えたように[129]，経済社会の発展段階に応じて，その時々における「健康で文化的な最低限度の生活」の輪郭は，正確には描きえないとしても，およその輪郭は描きうると考えれば，「権利制限の正当化」の構成も可能と思われるが，最高裁はその考え方を退けたのである．しかし，憲法で保障している以上，その内容が全面的に法律により決定されるということではありえない．憲法が保障しているはずの内容を法律が侵害しているという場合が「著しく合理性を欠き明らかに裁量の逸脱・濫用と見ざるをえないような場合」なのであろう．最高裁が，生存権については，財産権や国家賠償請求権の場合のように，保障内容の核となる部分を想定すること自体が困難だと考えたことには，所有権や不法行為には前憲法的に存在する意味内容が容易に想定できるのに対し，生存権は日本国憲法で初めて出現した概念であり，意味内容の確定が困難であるという事情があったと思われる．そうであるとすれば，戦後法制の中で実施されてきた社会保障により，生存権概念の内容も次第に明確な輪郭を表してきているともいえ，今後は権利の制限論の構成可能性も視野に置く必要があろう．

　しかし，当面は，生存権のドグマティークは，判例に従い立法裁量の統制として構成する以外にないと思われる．その統制方法としては，平等権や適正手続権などの憲法上の権利による統制，および客観法による統制が考えうるが[130]，最近では「判断過程統制」といわれる手法が唱えられている．ここで

---

129) 朝日訴訟一審判決(東京地判昭和35年10月19日行裁例集1巻10号2921頁)は，何が「健康で文化的な最低限度の生活」かにつき，「その具体的な内容は決して固定的なものではなく通常は絶えず進展向上しつつあるものであると考えられるが，それが人間としての生活の最低限度という一線を有する以上理論的には特定の国における特定の時点においては一応客観的に決定すべきものであり，またしうるものである」から，「最低限度の生活水準の認定を第一次的には政府の責任にゆだねている」のではあるが，「いわゆる羈束行為というべきものである」と判示している．

は，①平等権による統制，②25条2項による統制，③判断過程統制について，若干コメントしておきたい．

平等権による統制　この統制については，すぐ後で主題的に論じるので，ここでは堀木訴訟における平等権の審査に限定して問題点を指摘しておく．堀木訴訟における平等権構成で最も難しい問題は，原告を誰と比較するかである．一審判決は，原告の家族(母と子の2人家族)を母と子と障害福祉年金を受けている父の3人家族と比較し，不合理な差別を認めた．しかし，これは比較の対象としては不適切であり，二審判決により覆された．最高裁判決は，原告(上告人)のように「障害福祉年金を受けることができる地位にある者」を「そうでない者」と比較しているような議論を行っているが，もしそうであるとすると，比較の対象としては不適切である．平等権における比較の対象は，通常，「同じ状況にある者」を採り，同じ状況にあるのに異なる扱いがされていることが不合理な差別かどうかを論じるものだからである．「そうでない者」は異なる状況にあるということを意味するから，異なる扱いをするのは不合理とはいえないという結論になるのは当然であり，結論先取の議論と言わざるをえないだろう．

堀木訴訟における比較の対象は，「母子家庭における健常者の母」であるべきであったと私は思う．「母子家庭における障害者の母」である原告が，「母子家庭における健常者の母」と児童扶養手当の受給に関して差別されているのである．ここでの問題は，障害福祉年金を受給している障害者である母が，健常者の母と「同じ状況」にあると言えるのかであろう．もし障害福祉年金の受給により初めて健常者と同じ稼得能力を得たと考えることができるなら，両者は障害福祉年金を受領することにより「同じ状況」に並んだのであり，にもかかわらず健常者の母は児童扶養手当を受給するのに，障害者の母は受給できないという差別問題として構成しうることになる．そうすると，これは身障者であることを理由にする差別であり，「社会的身分」による差別だという可能性も生じるのである．判断は分かれうるが，こうした点の説明が必要であったのではないかと思う[131]．

---

130) 高橋和之「生存権の法的性格論を読み直す——客観法と主観的権利を区別する視点から」明治大学法科大学院論集12号1頁参照．

25条2項による統制　立法裁量は，客観法によっても拘束される．25条2項は，「社会福祉，社会保障及び公衆衛生の向上及び増進に努める国の責務を規定している．これにより国民の主観的権利が生じるとは解されていないが，国家を法的に拘束する客観法である．したがって，「社会福祉，社会保障及び公衆衛生」に関する訴訟を適法に提起しえた場合には，「向上及び増進」の義務違反を主張しえないかどうかを考える価値がある．堀木訴訟自体は，この規定を使いうる類型ではないが，生存権の保障内容につき法律が既存の水準を下げる改正を行う場合には，この規定違反の正当化を求めることが可能となろう．いわゆる「後退禁止原則」[132]と呼ばれている理論の根拠となる規定である．

判断過程統制　行政裁量の領域において近時支配的となってきた裁量統制の手法であるが，これを立法裁量にも応用しようという主張が有力となってきている[133]．行政裁量の統制においては，裁量権の行使に際して「考慮すべき事実を考慮せず，考慮すべきでない事実を考慮した場合」には，裁量の逸脱・濫用であるとされる．しかし，裁量統制の基本は，裁量結果の統制ではないのであろうか．結果に問題がなければ，判断過程に問題があったとしても，裁量の逸脱・濫用という必要はないのではないか．この疑問に答えるには，おそらく裁量の観念を捉え直す必要があろう．裁量とは自由な選択が許される範囲ではない．行政裁量とは，常に，法律が設定した目的を実現するための「最適解」を探し出して実行する権限である[134]．しかし，何が最適解かの判断は困難であり，裁判所は裁量結果について行政が行った「最適解」とい

---

131) 髙橋・前掲注91)1頁，38頁以下参照．
132) 棟居快行「生存権と『制度後退禁止原則』をめぐって」『憲法学の可能性』(信山社，2012年)389頁参照．生活保護法による生活扶助に設けられていた老齢加算の廃止を争った訴訟において，この考えが主張されたが，最高裁は採用しなかった(最3判平成24年2月28日民集66巻3号1240頁)．この事件では，法律ではなく保護基準の改定による「後退」が問題となったが，最高裁は行政の専門技術的な裁量を強調し，行政裁量の問題として総合判断で合憲と判示した．
133) 小山・前掲注36)183頁以下，渡辺康行「立法者による制度形成とその限界——選挙制度，国家賠償・刑事補償制度，裁判制度を例として」法政研究76巻3号1頁．
134) 宍戸常寿「裁量権と人権論」(公法研究71号100頁(2009年))は，「近時の行政法学は，裁量を公益の最善の実現のために認められるものと捉える傾向にある」と指摘しているが，立法裁量についても同様に解すべきであろう．

う判断を，それが明らかに不合理でない限り，尊重すべきである．しかし，判断過程に問題がある場合には，結果が最適解ではない可能性が大きい．ゆえに裁量の逸脱として行政の再考を促すために違法とすべきである．これが行政裁量の判断過程統制を支えている考え方ではないかと思う．

　内容形成型人権につき実体的内容の制限論を構成することが困難な場合には，立法裁量の逸脱・濫用の構成をとることになるが，この場合に行政裁量論で論じられている判断過程統制の考えを応用して，立法裁量の統制を行おうという主張が生じた．裁量権行使の統制の基本は，裁量権行使の結果が憲法に違反しないかどうかを統制することである．しかし，立法裁量の「最適解」は，客観的に判断することが困難である．したがって，立法裁量結果の実体的審査は「不合理が明らかな場合」に限定し，それ以外は立法府の判断を尊重することにする．その代わり，立法判断の過程に瑕疵がある場合には，結果が最適解でない可能性が大きいとみなして違憲とする．これが立法裁量の判断過程統制の考えであろう．では，立法の判断過程の瑕疵とは何か．「考慮すべき事実を考慮せず，または考慮してはならない事実を考慮した場合」ということであるが，ここでの事実とは，立法の審査である以上[135]，立法事実ということになろう．内容形成の立法裁量において考慮される立法事実とは，どのような性質のものであろうか．

　権利の内容形成も，「法定立」であるから，その際に利益衡量が行われる．内容確定型人権の制限を利益衡量により審査する場合には，制限により「得られる利益」と「失われる利益」の比較として考えた．では，内容形成の場合も，内容形成により「得られる利益」と「失われる利益」の比較により考えることはできないであろうか．人権の内容形成により「得られる利益」は，形成される人権価値であり，「失われる利益」は，公益に対する負担である．人権を公益(公共の福祉)に反しない限り最大限に尊重するという憲法の要請(13条)を，内容形成型人権については，憲法の要請する必要最小限の人権価値の形成と理解し，その形成が実現されるのは「得られる利益」と「失われる利益」が均衡したところにおいてであると考えるとしよう．どのような場合に両利益は均衡

---

[135] 処分違憲型審査において判断過程統制を論ずるのは，行政裁量の問題となり，立法裁量を論じているここでの問題ではない．

したと考えることができるのであろうか．ここでは，均衡を確認するための，内容確定型人権の場合のような目的・手段審査に類似した枠組は存在しない[136]．勢い判断は総合判断にならざるをえないであろう．それを可能な限り透明にするには，考慮された利益(立法事実)を明示する以外にない．そのことにより，考慮すべきでなかった立法事実や考慮すべきであった立法事実が明らかになる．したがって，判断過程統制という考えから学びうることは，立法裁量の基礎となるべき立法事実を丹念に洗い出し精査するということであろう．

　以上が私の理解する立法裁量の判断過程統制といわれるものの意義である．しかし，実際には，判断過程統制という名の下に，これとはまったく異なる審査が論じられている．その典型として引用されるのが，参議院の定数不均衡に関する平成16年大法廷判決[137]の「補足意見2」(裁判官亀山継夫，同横尾和子，同藤田宙靖，同甲斐中辰夫)である．この判決は，最大較差が1対5.06であった2001年の参議院議員選挙を合憲としたが，その「補足意見2」は，次のような意見を追加補足している．すなわち，(立法府の裁量判断における)「結論に至るまでの裁量権行使の態様が，果たして適正なものであったかどうか，例えば，様々な要素を考慮に入れて時宜に適した判断をしなければならないのに，いたずらに旧弊に従った判断を機械的に繰り返しているといったことはないか，当然考慮に入れるべき事項を考慮に入れず，又は考慮すべきでない事項を考慮し，又はさほど重要視すべきではない事項に過大の比重を置いた判断がなされてはいないか，といった問題は，立法府が憲法によって課せられた裁量権行使の義務を適切に果たしているか否かを問うものとして，法的問題の領域に属し，司法的判断になじむ事項として，違憲審査の対象となり得るし，また，なされるべきものである」と．

---

136) 自由権の場合には，社会の要求する必要最小限の公益は判断できるものという前提の下に，公益実現のために自由権制限を次第に強化していき，公益実現の必要最小限に到達したときに均衡が成立したと考えることができた．「目的を達成するための手段として，人権制限がより小さい他の方法がある場合は，採用された手段は違憲である」という理論は，この考え方を基礎にしている．同じような思考で内容形成型人権を考えると，人権の内容形成を次第に高めていき，憲法の要請する最小限に到達したとき均衡が成立したと考える方法がありうるが，最小限が判断困難であり立法裁量に委ねるというここでの前提からは，採用できない思考法である．
137) 最大判平成16年1月14日民集58巻1号56頁．

これを，上述の意味での判断過程統制を行いうるという趣旨に理解できるなら，私にも異論はない．しかし，この補足意見は，その最後の部分で，「例えば，仮に次回選挙においてもなお，無為の裡に漫然と現在の状況が維持されたままであったとしたならば，立法府の義務に適った裁量権の行使がなされなかったものとして，違憲判断がなさるべき余地は，十分に存在するものといわなければならない」と立法府に警告を与えている．判断過程統制の許される根拠は，あくまでも裁量結果との関係にある．判断過程が適正でない場合には，結果が疑わしいと考えることがこの統制の正当性を支えているのである[138]．では，「無為の裡に漫然と現在の状況」を維持することは，結果の合憲・違憲に影響を与える要素なのであろうか．それは，むしろ「合理的期間の経過」の判断において考慮すべき要素ではないのか[139]．定数不均衡改正の真摯な努力がなされなかったといった事情まで判断過程統制の考慮要素だと考えているとすれば，それは私の理解する過程統制とは異なり，裁判所の違憲審査の権限には含まれないと言わざるをえない．

第4節　平等権の審査枠組

1　総　　説

憲法14条1項は，「すべて国民は，法の下に平等であつて，人種，信条，性別，社会的身分又は門地により，……差別されない」と規定する．これは，一般に，「同じ状況にある者は，法の下に同じ扱いを受けるべきであり，列挙事由によって異なる扱いをしてはならない」ことを保障した規定であると解釈されている．この保障も絶対的保障ではなく，公共の福祉による制限は許されると解されており，このことを判例は「不合理な差別の禁止」と説明している[140]．したがって，14条1項違反が争点となるときには，①「差別」の存在の確認，次いで，②差別の合理性の審査がなされることになる．この審査の構

---

[138] この意味で，民主的政治過程が結論の民主性を支えるという「二重の基準」論と似た思考を基礎にしている．
[139] 「合理的期間」論は，違憲状態の改正のための余裕を与えるために編み出された理論であり，合憲性の実体的判断の次元に属する理論ではないと私は理解している．
[140] 地方公務員待命処分無効確認訴訟（最大判昭和39年5月27日民集18巻4号676頁）．

造は，内容確定型人権の二段階分節審査に類似している．差別の存在の確認が権利制限の存在の確認に対応し，差別の合理性の審査が権利制限の正当化の審査に対応しているのである．平等権は自由権と異なり，他者との比較の問題であるから，国家の介入を阻止する自己の支配領域という意味での保護の「領域」や「範囲」を観念できないかもしれない[141]．しかし，保護の「内容」は存在し，その保護内容に対する国家の「介入」も観念しうる．したがって，平等権の審査について二段階分節審査を語ることに問題はない．

　平等権は，保障内容が「空虚」(empty)であるといわれることがある．その意味は，私の理解では，平等権の侵害といわれる事態は，実は何らかの実体的権利利益の侵害の問題に還元されるのであり，実体的権利利益の侵害として正当化しうるかどうかを問題にすれば足りるし，それこそが問題の核心であるから，平等権侵害を語る実益はないという主張である．この主張が正しいかどうかには論争があり，今ここで立ち入って検討する用意はないが，少なくとも日本で憲法訴訟を考えるに際しては，平等権を語る実益は十分にあると考えている．第1に，平等権は憲法上の権利であるから，その侵害の主張は上告理由となる．憲法上の権利ではない法的利益につき差別をされている場合に，当該法的利益の侵害を理由に上告はできないが，平等権侵害を理由とすればできるのである．第2に，14条1項が列挙する差別事由につき審査の厳格度を区別する立場からは，列挙事由による平等権侵害を主張することが審査の厳格度につき意味をもちうる．

2　二段階分節審査

2.1　差別の確認

　第一段階審査においては，「差別」が存在するかどうかが審査される．内容確定型人権の場合は，人権の制限の有無が「保護領域」と「介入」の相互関連において審査されたが，平等権の場合は，「同じ状況」にあるのに「異なる扱い」がなされているかどうかの審査となる．ここでの審査では，①誰と比較す

---

[141] 松本和彦「三段階審査論の行方」法律時報83巻5号34頁，石川健治「夢は稔り難く，道は極め難し――「憲法的論証」をめぐる幾つかの試行について」法学教室340号53頁，59頁参照．

るのか（比較の対象），②何に基づく差別か（差別事由），③いかなる権利利益についての差別か（被差別利益）を明確にすることが重要である．

比較の対象　比較の対象を明確にすることは，「同じ状況」にあることの確認と密接不可分である．比較の対象には，自己と「同じ状況」にある者を選ばなければならない．「同じ状況」にあると言えなければ，状況に応じた差別は当然であるということになるからである[142]．ところが，「同じ状況」にあるかどうかは，事実認識の問題ではなく，法的評価の問題である．事実の問題としては，個々人の置かれている状況は，何らかの点において異なることが通常であろう．生物的・物理的に異なるだけではない．個々人に自律的・個性的生の選択が認められている以上，生き方や生きる環境においても異なるであろう．にもかかわらず，一定の法的観点から「同じ状況」と認めるべきかどうかという判断なのである．この判断は，当然，利益衡量によりなされる．

被差別利益　いかなる権利利益について差別されているかを明確にすることは，「異なる扱い」の確認と結びついている．これも，事実の問題ではなく法的評価の問題である．同時に，被差別利益とは差別を受ける実体的権利利益の問題であり，実体的権利利益につき差別をすることは，実体的権利利益を制限することでもあるから，この側面から審査の厳格度が影響を受けうる．たとえば選挙権についての差別は，列挙事由以外の事由による差別の場合でも，選挙権の制限として厳格な審査が要求されるのである[143]．

---

142) 置かれた状況が異なるのに，同じ扱いがされている場合も，理論上は差別の問題になりうる．「同じ状況にあるものは同じに扱え」という命題は，「異なる状況にある者は，異なった扱いをせよ」という命題とセットとなっているからである．しかし，異なる状況であるのに同じ扱いがされているのが差別であるということを争った判例は存在しないようである．
143) 選挙における定数不均衡の問題は，判例上は平等原則の問題として構成することが定着している．当初，昭和51年判決（最大判昭和51年4月14日民集30巻3号223頁）は，選挙無効訴訟で争うことを認める根拠として，事案が基本権侵害の問題であることを強調したが，選挙無効訴訟で争うことが定着するに従い，基本権訴訟であることが次第に忘れ去られる傾向にあり，憲法47条の選挙制度に関する立法裁量の問題であることが強調されるようになっている．そのために，投票価値の平等が立法裁量における一考慮要素に格下げされてしまい，基本権として当然与えられるべき配慮を受けていないように私には思われる．平等権の審査枠組自体が判例上「不合理な差別の禁止」という融通無碍なものであるから，平等権侵害の問題として構成したところで，判例に従う限り立法裁量論と大きな違いは生じないのかもしれない．しかも，通説のいうように列挙事由に意味をもたせたとしても，定数不均衡の差別事由は列挙されたいずれにも該当しないから，結局，投票価値の平等という問題は選挙

差別事由 差別事由の明確化は，まさにこの問題に関係する．差別理由が列挙事由のいずれかに該当する場合には，「通常審査」が要求されていると解される．つまり，「敬譲審査」は許されないことを示すために特に明示したのである．列挙事由については厳格審査が要求されると解する説が有力に唱えられているが，憲法14条1項は「法の下に平等」という一般的差別禁止規定と，列挙事由による特別の差別禁止規定という二段構えで差別禁止を定めており，一般的差別禁止が極めて広汎な包括的権利規定であることを考えると，憲法がこれに通常審査を要求していると解することは困難である．むしろ，列挙事由による差別に通常審査を要求し，一般的差別禁止については立法府の判断を尊重するというのが憲法の趣旨と解すべきではないかと思う144)．

2.2 差別の正当化

第二段階の審査は，差別の合理性の審査である．ここに審査基準論の審査枠組である目的・手段審査を使うのがアメリカに学んだ方法であるが，平等権の場合は，差別(区別)が常に区別目的を達成するための「手段」という関係になるわけではない点に注意が必要である．区別目的と区別の関係には，次の2種がありうる．①目的が区別を内包・包摂するものと観念されており，目的と手段の関係にはない場合と，②目的と区別が内包関係にはなく，目的と手段という関係として理解しうる場合である．

2.2.1 目的と区別が内包関係にある場合

この場合には，目的と区別は一体であるから，区別が目的適合的であるかどうかを問うことは無意味である．たとえば，婚外子相続分差別が争われた平成7年最高裁決定145)の多数意見は，「民法が法律婚主義を採用した結果として，婚姻関係から出生した嫡出子と婚姻外の関係から出生した非嫡出子との区別が

権の問題と構成しない限り厳格な審査は実現しえないのではないかと思う．
144) 14条1項の解釈としては，一般的差別禁止は「抽象的権利」であり，個別の列挙事由が法的権利であると解する立場もありえたのであり，そのほうが13条の幸福追求権と個別的人権の関係につき前者を抽象的権利と解していた通説的理解ともより整合的であったのではないかと思う．そのような解釈のもとでは，列挙事由による差別こそが法的権利として通常審査の対象だということになろう．しかし，判例は，一般的差別禁止も法的権利だとし，同時に列挙事由に特別の法的意味を与えることを拒否してしまった．その結果，差別禁止全体が敬譲審査となっているのである．
145) 最大決平成7年7月5日民集49巻7号1789頁．

生じ」ると述べており，法律婚は嫡出子と嫡出でない子の区別を内包するものと観念していたことを表している．したがって，法律婚を保護することは，嫡出子を保護することを内包しているのであり，嫡出子と嫡出でない子の区別が法律婚を保護する目的のための手段であるという関係とは異なるのである．この点を可部補足意見が明確に述べている．可部裁判官にとって，法律婚主義を採る限り婚外子と婚内子の相続分割合の区別は「必然的に生ず」るのであり「いわば法律婚主義の論理的帰結」であって，区別が「果たして法律婚を促進することになるかという，いうなれば安易な目的・効果論」の問題ではないのである．このような前提をとれば，法律婚という制度自体が合憲であることに異論がない以上，区別が合憲であることは論理必然的に帰結する．

ゆえに，差別が違憲であることを主張する場合，まず問題とすべきは，法律婚主義が差別(区別)を当然に内包しているという前提であり，この内包関係を否定した上で，法律婚において婚外子を差別することを一体として正当化しうる目的がありうるのかどうかだったのである．多数意見は，「本件規定の立法理由」を「法律上の配偶者との間に出生した嫡出子の立場を尊重するとともに，他方，被相続人の子である非嫡出子の立場にも配慮して，非嫡出子に嫡出子の2分の1の法定相続分を認めることにより，非嫡出子を保護しようとしたものであり，法律婚の尊重と非嫡出子の保護の調整を図ったもの」と述べている．この「立法理由」は，目的・手段における立法目的ではありえない．相続分を2分の1に減額されていることの差別を争っている婚外子に対し，「差別の目的はおまえを保護するためだ」という理由づけは，パターナリズムによる正当化であり，この場面では成立しえないからである．そこで反対意見は，法律婚の尊重だけを目的と理解し，これを目的・手段関係の問題と捉えて手段が目的適合的であるかどうかを問題とし，適合性がないことの論証に努めた．その論証自体は，説得的ではあったが，目的適合的であるという理由で差別を正当化しているわけではない多数意見にとっては[146]，的はずれの批判と映ったこと

---

[146] 法律婚の尊重と婚外子の保護という立法理由は，まさに婚外子の相続分を2分の1とすることと一体の関係にある．立法理由あるいは立法目的として語られるものには，対立する利害の調整を掲げていることがあるが，本件の文脈では法律婚の尊重と婚外子の保護は，まさにかかる性格の調整を意味しており，人権を制限する「規制目的」とは異なるものである．規制により得られる利益と規制により失われる利益の両者を規制目的に含めのでは，制限

304

であろう．多数意見と反対意見では議論が嚙み合っていないのである．

婚外子相続分差別を違憲とした平成25年最高裁決定[147]は，婚外子の差別が憲法上許容されるかどうか自体を，差別の目的など問うことなく，定義づけ衡量の手法により真正面から判断した．

2.2.2　目的・手段関係にある場合

差別を目的に対する手段と捉えることができる場合には，目的・手段審査の枠組で問題を分析することが可能である．この場合にも，2つの種類を分けることができる．1つは，目的との関係で区別が過大包摂あるいは過小包摂となっており，目的との適合関係を欠くという場合であり，もう1つは，区別自体には目的との適合性はあるが，差別の「程度」が過大あるいは過小で適合関係を欠くという場合である．前者の例として，国籍法違憲判決，後者の例として尊属殺違憲判決，再婚待機期間違憲判決がある．

2.2.2.1　過大・過小包摂の審査

国籍法違憲判決[148]　この事件は，外国人を母として出生したXが，日本人の父から認知を得たことを理由に「届出による国籍取得」の確認を求めたものである．当時の国籍法3条1項は，「父母の婚姻及びその認知により嫡出子たる身分を取得した子で20歳未満のもの（日本国民であつた者を除く．）は，認知をした父又は母が子の出生の時に日本国民であつた場合において，その父又は母が現に日本国民であるとき，又はその死亡の時に日本国民であつたときは，法務大臣に届け出ることによつて，日本の国籍を取得することができる」と規定していた．要するに，準正の嫡出子（民法789条）は，届け出るだけで国籍が取得できることになっていたのである．Xは父母に婚姻関係はないから準正の嫡出子ではないが，準正子かどうかで区別をするのは不合理な差別で無効であるから，認知があれば本条に基づき届出により国籍取得が認めれられるべきであると主張した．

多数意見は，本条の立法目的を「日本国民との法律上の親子関係の存在に加え我が国との密接な結び付きの指標となる一定の要件を設けて，これらを満た

の正当化の論理が破綻する．
147)　最大決平成25年9月4日民集67巻6号1320頁．
148)　最大判平成20年6月4日民集62巻6号1367頁．

す場合に限り出生後における日本国籍の取得を認めることとしたもの」と解し，当初は準正を要件としたことは，この「立法目的との間に一定の合理的関連性があった」ことを認めた[149]．しかし，その後の立法事実の変化の結果，「日本国民の父が日本国民でない母と法律上の婚姻をしたことをもって，初めて子に日本国籍を与えるに足るだけの我が国との密接な結び付きが認められるとすることは，今日では必ずしも家族生活等の実体に適合するものということはできない」と判示した．要するに，今日では我が国との密接な結び付きを示す標識を準正子であることに限定するのは過小包摂だというのである[150]．

2.2.2.2 差別の「程度」の審査

尊属殺重罰規定違憲判決[151] かつて刑法は，尊属を殺した場合をそれ以外の殺人に比して極端に重く処罰する（死刑若しくは無期懲役）規定を置いていた．このために，刑法の定めに従って最大限に減刑しても3年6月以下にはすることができず，ゆえに3年以下の場合に可能とされていた執行猶予を付すことはできないことになっていた．本件事案は，ほぼ全員の裁判官が執行猶予をつけることが正義であると考えるような内容であったために，それを不可能としている尊属殺規定を違憲とする判決が出されることになった．しかし，違憲の結論に賛成した14名の裁判官の中で，違憲の理由を何に求めるかで意見が分かれた．

---

149) Xの主張は，準正の嫡出子かどうかで差別すること自体が，目的は何であれ，憲法の禁止する「手段」であるという趣旨であったと思われ，定義づけ衡量のアプローチによる議論であったと思われるが，多数意見は，手段として許される場合もあるという前提の下に，正当な目的との適合性を判断するアプローチを採用したのである．なお，「合理的関連性」と述べているが，国籍に対する権利が人権保障の基礎となる重要な権利であり「慎重」な審理が必要という前提での判断であるから，アメリカの「合理性の基準」を適用した判断と読むべきではない．

150) この事件では，準正子かどうかによる差別のほかに，国籍取得を認められている「胎児認知」と，認められていない「出生後の認知」の間の差別も争点となっているが，この点についても多数意見は「胎児認知された子と出生後に認知された子との間においては，日本国民である父との家族生活を通じた我が国社会との結び付きの程度に一般的な差異が存するとは考えがたく，日本国籍の取得に関して上記の区別を設けることの合理性を我が国社会との結び付きの程度という観点から説明することは困難である」と判示し，準正子かどうかによる差別と認知の時期による差別を総括する形で「我が国との密接な結び付きを有する者に限り日本国籍を付与するという立法目的との合理的関連性を認められる範囲を著しく超える手段を採用しているものというほかはなく，その結果，不合理な差別を生じさせている」と判示している．

151) 最大判昭和48年4月4日刑集27巻3号265頁．

その多数意見は，尊属殺を犯した者を普通殺人を犯したものと区別して重く罰するということ自体は，尊属の保護という目的として正当であるが，執行猶予を付けられないほどに重くしている点が手段として過剰であり，ゆえに不合理な差別であるとした．尊属殺を重く罰する目的が尊属の保護だということになると，目的と区別は一体化しており，過剰包摂でも過小包摂でもない．目的と区別は，目的・手段関係にはないのである．そこで多数意見は，量刑の程度を手段と捉え，尊属を尊属でないものより厚く保護する目的は，たとえば「死刑又は無期若しくは5年以上の懲役」(普通殺人は，当時は3年以上の懲役)と定めることによっても実現することができるから，目的を達成するための手段として過剰であると判断したのである．この基礎には，LRA基準と同じ思考法があると理解できるだろう．

　これに対して，田中二郎裁判官の意見は，尊属を保護するという目的(＝区別)自体が戦前の「家族制度」とむすびついた封建的道徳を強制するものであり，「個人の尊厳と人格価値の平等を尊重するべきものとする憲法の根本価値」に違反するものであり許されないと論じた．定義づけ衡量のアプローチをとったものと理解できるだろう．なお，田中意見は，多数意見が量刑の「程度」を平等権の問題としたのに対して，それは法定刑の均衡の問題として「残虐な刑罰の禁止」(36条)に該当するかどうかという観点から議論すべきものだと批判している．理論的には，この考え方のほうが説得力を感ずるが，平等権の問題と構成することが誤りとまではいえないから，平等権で構成する可能性は認め，事案により法定刑の均衡の問題と構成するのと平等権で構成するのとどちらがよいかを考えるのがよいであろう．

再婚禁止期間違憲判決[152]　民法733条1項は，女性について6カ月の再婚禁止期間を定めていた．このために離婚後6カ月経過するまで再婚することができず精神的損害を受けたと主張するXが，この規定は憲法14条1項および24条2項に違反するのに，改廃する措置を採らなかった立法不作為は国家賠償法1条1項の規定する違法を構成するとして国家賠償を求めた．

---

152)　最大判平成27年12月16日民集69巻8号2427頁．

多数意見は，本件規定の目的を「女性の再婚後に生まれた子につき父性の推定の重複を回避し，もって父子関係をめぐる紛争の発生を未然に防ぐことにある」と解し，「このような立法目的には合理性を認めることができる」と判断した．父性推定の重複とは，妻が婚姻中に懐胎した子を夫の子と推定し(民法772条1項)，婚姻の成立の日から200日を経過した後，または，婚姻の解消の日から300日以内に生まれた子は，婚姻中に懐胎したものと推定している(同条2項)ことから生じる推定の重複である．すなわち，離婚後100日以内に再婚が行われた場合には，再婚後200日から300日の間に生まれた子は，離婚前の夫の子の推定と再婚後の夫の子の推定の両者が及ぶことになるのである．父性の推定という制度が父を早期に確定するという「子の利益」のために法技術上必要であるという前提に立つと，推定が重複することは好ましくないから，それを回避するという目的は合理性を有するということになる．

問題は，そのための手段として女性に離婚後6カ月間再婚を禁止することが必要かである．そもそも手段として女性にだけ再婚禁止期間を設けることが正当かという問題があり，これを真正面から問題としたのが山浦裁判官の反対意見であったが[153]，この点は後に触れることにして，まず多数意見の論理を分析すると，多数意見は目的は正当であるが，手段として採用されている禁止期間の長さ(差別の程度)が目的と整合しないと考えた．目的を達成するためには100日で足りるのであり，6カ月というのは過剰である．しかし，制定当初は，医療や科学技術の水準などを考慮すると立法裁量の逸脱とは言えないが，その後の立法事実の変化により，遅くともXが「前婚を解消した日から100日を経過した時点までには」，100日間を超える部分は違憲となっていたと判断した．ただし，これを改廃しなかった立法不作為が国家賠償法上の違法性に当た

---

[153] 鬼丸裁判官の意見も，多数意見と異なり100日部分も違憲であるとしたが，その理由は，「父性の推定の重複回避のために再婚禁止期間を設ける必要のある場合は極めて例外的である」から，禁止の正当性を支える立法事実が存在するとはいえない，あるいは，その例外的な場合に対処する手段として「民法773条(父を定めることを目的とする訴え)を類推適用する」というより適切な方法が存在するから，立法裁量の範囲を超えるということのようであり，定義づけ衡量のアプローチをとる山浦反対意見とはアプローチを異にする．なお，鬼丸裁判官が「意見」であって，反対意見ではないのは，国家賠償法上の違法性の判断につき多数意見に同意し，結論的に上告棄却の決定に賛成するからである．これに対して，山浦裁判官は，国家賠償請求を認めるのである．

るかどうかの点で消極に解し，国家賠償は認めなかった．

これに対し，山浦裁判官の反対意見は，まったく異なるアプローチを採る．同反対意見によれば，「本件規定の本来の趣旨は，「血統の混乱を防止する」という目的を達成するための手段として離婚した女性に対し再婚を禁止するというものであるから，父性推定の重複回避の問題として単にその期間の長短を検討するだけでなく，再婚禁止の制度それ自体が男女平等と婚姻の自由を定めた憲法の趣旨に適合するか否かを正面から判断すべきである」．山浦裁判官の理解では，戦前に民法を制定したとき再婚禁止期間を6カ月と定めたのは，「血統の混乱を防止」するためであり，当時の医学水準と「家制度を中心とした男性優位の社会が国体の基本とされていたという歴史的・社会的な背景」に基づいた「熟慮の結果」であり，決して子の「利益の確保という視点」から父性推定の重複を回避するためではなかった．そうだとすれば，本件規定は，「大日本帝国憲法(明治23年施行)における男性優位の思想とその下で制定された旧民法の家制度の封建的・性差別的な考えを完全に廃し，個人の尊厳と両性の本質的平等の理念を普遍的な価値であると宣言した」日本国憲法24条に違反する，というのが山浦反対意見の本旨であると私は理解する[154]．「血統の混乱を防止する」ことと「家制度の封建的・性差別的な考え」との関連の説明を欠く点が

---

154) 多数意見と反対意見を分けている最大の理由は，24条の理解とアプローチの違いにあると思う．多数意見は24条2項を中心にこの条文を解釈し，この条文の核心的意味を婚姻・家族制度についての立法裁量を認めた規定と読み，「個人の尊厳と両性の本質的平等」を立法裁量の単なる「指針」に格下げしてしまった．ここでの「個人の尊厳」は，日本国憲法の基本原理である憲法13条の「個人の尊重」と共鳴している概念であり，個人の尊重の道徳哲学的基礎をなすものである．ドイツやフランスに代表されるヨーロッパ大陸諸国の憲法の基本概念である「人間の尊厳」に対応するものであり，この基本価値に関しては立法裁量という観念は成立しえない．定義づけ衡量のアプローチによりその核心的な意味をルールとして設定していくべき根源的な概念なのである．日本国憲法が戦前のあり方の反省に立って，戦前の社会のあり方の下部構造を構成していた婚姻・家族のあり方こそを変革しなければならないとして宣言したのが「個人の尊厳＝個人の尊重」原理なのである．それほどの重要な意味と位置を担わされた24条2項を立法裁量を定めた規定と読んだことが，同条1項の「婚姻の自由」を立法裁量による婚姻制度に従属させる解釈と連動している．「婚姻の自由」をわざわざ「婚姻をするについての自由」という耳慣れない表現に置き換えているところに，その理解が反映されている．しかし，2項を中心にして1項を解釈するというのは，逆立ちした解釈である．1項こそが婚姻制度に先行する婚姻の自由を定めた規定と読まねばならない．なぜそれを1項で規定したかというと，それが2項にいう「個人の尊厳と両性の本質的平等」の要請と考えているからである．個人の尊厳と両性の本質的平等は立法裁量の単なる「指針」ではない．立法裁量を法的に枠づける基本原理なのである．

惜しまれるが，立法理由が「個人の尊厳と両性の本質的平等」に反することを根拠に違憲の結論を導いている点で，定義づけ衡量のアプローチをとるものと理解することができる．多数意見が本件規定の立法目的を「父性の推定の重複を回避し，もって父子関係をめぐる紛争の発生を未然に防ぐこと」であるとして推定期間の重複を回避するための議論を行っている点につき，「これは，血縁判定に関する科学技術の確立と家制度等の廃止という社会事情の変化により血統の混乱防止という古色蒼然とした目的では制度を維持し得なくなっていることから，立法目的を差し替えたもの」だと指摘し，「本件は，再婚禁止の制度それ自体の憲法適合性の裁判であり，その期間の長短の如何ではなく，他により影響の少ない手段があるにもかかわらず，再婚禁止という厳しい規制をすることの憲法的な存在意義が問われている」のだと論じている点は[155]，「不当な立法動機」の「燻り出し」論を想起させる．

---

[155] 山浦反対意見も，推定が重複する場合が極めて例外的であり，それに対処するために再婚禁止期間を定めるのは必要性の基準を充たさないという趣旨の議論を行っており，この限りでは鬼丸裁判官の議論と似るが，山浦裁判官の議論の本筋を定義づけ衡量のアプローチに見る立場からは，この「手段が目的適合性を欠く」という趣旨の議論は，目的・手段審査というよりは，「不当な動機の燻り出し」論に近いと理解すべきではないかと思う．

第4章

違憲判決の種類・効力・救済方法

第1節　違憲判決の種類

1　違憲の決定の評決方法

　違憲判決にどのような種類があるかを検討する前に，そもそも最高裁は違憲の決定をどのように行うものとされているかを見ておこう．

大法廷による違憲判断の独占　最高裁判所裁判事務処理規則12条は，「法律，命令，規則又は処分が憲法に適合しないとの裁判をするには，8人以上の裁判官の意見が一致しなければならない」と定める．最高裁裁判官の総定員は15名であるから(裁判所法5条)，違憲の決定には法定総数の過半数を必要としているのである．ところで，最高裁判所には，大法廷と小法廷が存在する(裁判所法9条)．小法廷は，裁判官5人で構成するとされているから(上掲規則2条)，小法廷で違憲の決定はできない．裁判所法10条も，「法律，命令，規則又は処分が憲法に適合しないと認めるとき」(同条2号)には，「小法廷では裁判をすることができない」と定めている．ところが，憲法81条は，「最高裁判所は，一切の法律，命令，規則又は処分が憲法に適合するかしないかを決定する権限を有する終審裁判所である」と規定している．そうすると，憲法に適合しないことを決定しえない小法廷は，憲法上の最高裁判所とは言えないことにならないだろうか．憲法裁判所ではないとすると，憲法上は下級裁判所ということにならざるをえないが(憲法76条1項参照)，最高裁裁判官と下級裁判所裁判官では，任命方法を異にする(憲法79条，80条)．ゆえに，最高裁裁判官任命手続で任命された裁判官を下級裁判所の裁判官ということはできないだろう[1]．

　では，小法廷の法的地位をどのように理解すべきであろうか．すべての高等

裁判所には複数の合議体が「部」として置かれており，どの部による裁判も当該高等裁判所の裁判とされるが，それと同様に，最高裁には大法廷と小法廷が置かれており，どの法廷の裁判も最高裁判所の裁判なのであるという説明もなされたが[2]．高等裁判所の組織・権限・手続は憲法に定めはなく，法律に委ねられているから，憲法に反しない限り法律で定めうるのであり，現行の裁判所法や訴訟法等が定めている内容をそのように理解することに特に憲法上の問題があるわけではない．これに対して，最高裁判所については，一定の組織・権限について憲法に定めがあり，それによれば，憲法に定める違憲審査権の行使を限定されている小法廷は，最高裁判所ではないというか，あるいは，違憲審査権を限定している裁判所法がその限りで違憲だということになるのではないか．こういう憲法解釈の問題となるはずであり，法律の定める高等裁判所と同様に考えることはできないであろう．同様に解するためには，憲法制定者も最高裁判所の組織・権限につき裁判所法と同様の思考を有していたという論証が必要であるが，それは示されていない．

　おそらく，最も説得的な説明は，小法廷は大法廷の委任・授権に基づき権限行使をする最高裁内部の機関であり，授権の範囲内の権限行使は最高裁判所による権限行使と認められるというものであろう[3]．裁判所法10条によれば，憲法81条が最高裁判所に与えた「憲法に適合するかしないかを決定する権限」を行使するのは，原則的に大法廷である．例外的に小法廷限りで決定しうるのは，憲法に関して大法廷が以前に行った判断を踏襲する場合だけである(裁判所法10条1号括弧書き参照)．これは，小法廷が大法廷の憲法判例に従う場合には，憲法判断を小法廷に授権してもよいことを定めたものと解することができよう．最高裁がそれを小法廷に授権した根拠規定は，最高裁判所裁判事務処理規則9条に求めることができる．そこでは，1項で「事件は，まず小法廷で審理する」と定め，2項において，裁判所法10条の定める，小法廷で審理することが認められない問題については，大法廷に通知し，大法廷で審理・裁判す

---

1) 真野毅最高裁判事は，小法廷は下級裁判所であると主張した．真野毅「最高裁判所機構改革の基本問題」ジュリスト71号(1954年)2頁参照．これに対する反論として，岩田誠「最高裁判所小法廷は下級裁判所か」ジュリスト74号(1955年)2頁参照．
2) 岩田・前掲注1)参照．
3) 兼子一・竹下守夫『裁判法〔第3版〕』(有斐閣，1994年)156頁．

ることを定めている．小法廷限りで審理・裁判することのできる問題は，小法廷に委任・授権したのである．そこで，問題は，最高裁判所（大法廷）によるこの授権は，憲法の許容する範囲内のものであるかどうかである．既に最高裁が行った憲法判断につき，同じ意見により合憲判断をする場合には，新たな憲法判断の場合のような，憲法秩序に影響を与える意味は小さく，見方によっては，最高裁判所（大法廷）により形成された憲法秩序を維持するにすぎないものであるから，許容範囲内の授権と解することができよう[4]．

評決方法　違憲の決定には，8人の裁判官の同意が必要とされているが，ではこの同意があることをどのように確定するのであろうか．意見が分かれている場合には評決によることになるが，問題は何について評決するのか，裁判の結論についてか，それとも争点についてか．これは，意見が分かれている争点が複数存在する場合に，結論に影響を与えうる大きな問題となる．たとえば，ある事件につき適用法令に憲法上の争点がA，Bの2つあり，Aにつき違憲の立場を採る裁判官が7人，Bにつき違憲の立場をとる裁判官が5人いて，このうちA，B両方につき違憲の立場をとる裁判官が4人いるという場合，争点ごとに評決すれば，Aについては8対7で合憲となり，Bについては10対5で合憲となり，結論として法令は合憲ということになる．これに対して，最初に法令が合憲かどうかについて評決することにすると，違憲が8人で法令違憲の結論となる[5]．では，どちらの評決方法をとるべきであろうか．これを定めた規定は，憲法にも法律にも存在しない．

　一般に合議制の場合には，争点ごとに評決すべきだという主張がある．合議制においては，様々に見解が分かれる複数の争点を「統合」していって最終的に1つの結論を「合成」しなければならない．そのためには，複数の争点を法理論的な構造に従って順序づけ，その順序に従って争点ごとに評決し，各裁判官は結論に達するまでに必要なすべての争点の評決に参加する（自己が到達している結論にとっては不要にみえる争点についても投票する）という表決方法が最も合

---

[4]　大法廷が合憲と判断した先例に従う場合には小法廷で裁判できることになっている（裁判所法10条1号括弧書き）が，事案が先例の射程内であるかどうかの判断を小法廷に任せることが合憲かどうかという問題は残るのではないかと思われる．

[5]　裁判の結論（判決の主文）は，法令が違憲あるいは合憲の結論から法論理的に帰結される結論となる．ここでは，憲法上の争点に焦点をあてて事例をつくってみた．

理的であるというのである．合議と評決の過程が公表されず，そこでの個々の裁判官の意見も表明されないのは，結論がこのような過程を通じて「合成」されるものであるからだと説明される．個々の裁判官の意見は結論の「合成」にいわば融合しているのであり，結論から独立した存在は認められないのである．この表決方法がヨーロッパ大陸諸国で通常採用されてきた方式だと言われる．

　これに対して，アメリカでは，裁判の結論と意見は分離されない．個々の裁判官は，自己の結論と理由(意見)をもって表決に臨み，結論から評決するという．そこで多数をとった結論と理由が法廷意見となる．結論には賛成するが意見を完全には同じくしない裁判官は，同調意見(concurring opinion)を書いてそれを表明する．結論を異にする裁判官は，反対意見(dissenting opinion)を表明する．結論と理由を同一とする裁判官が過半数(5人以上)に達しない場合には，法廷意見は存在せず，原審判決が維持されることになる．日本の現行制度は，最高裁につき各裁判官が意見を表示することに定めている(裁判所法11条)から，アメリカ型の制度を採用したことになる．しかし，下級裁判所については，各裁判官が意見を表示するという制度は採用していない．

　このアメリカ的な結論評決型に対し，争点評決型からは，破棄差し戻しの結論で多数を形成したが，理由が分かれて何れの理由も過半数を獲得できなかった場合には，差し戻しを受けた裁判所が困るであろうと指摘される．裁判所法4条は，「上級審の裁判所の裁判における判断は，その事件について下級審の裁判所を拘束する」と定めるが，どの意見に従って審理し直すかが分からないからである[6]．

政令325号事件　　この問題が露呈したのが，政令325号事件の最高裁判決[7]においてであった．これは，勅令542号に基づき制定された政令325号が講和条約発効に伴いどうなるのかが争われた事件である．昭和25年政令325号は，占領目的阻害行為を処罰する旨を定めたが，何が阻害行

---

6) 「法廷意見」が存在しないのであるから，何れの意見も下級審を拘束しないということになると思われるから，下級審としては，表明された最高裁の諸意見を参考にして，最高裁で過半数を獲得しうるような意見を探し出して判決する以外にないであろう．再度上告され，再び最高裁で「法廷意見」を形成しえないままに破棄差し戻しを受けるということもありうるのであり，その場合には，最高裁と下級審の間を最高裁が最終的解決をするまで往復することにならざるをえない．

7) 最大判昭和28年7月22日刑集7巻7号1562頁．

為となるかは，連合国最高司令官が日本政府に対して発する指令により決まることになっている白地法規であり，本件で問題となったのは，昭和25年に発せられた「アカハタ及びアカハタの同類紙・後継紙の編集・印刷・頒布・運搬・頒布目的所持を禁止する」趣旨の指令であった．被告はこの指令に反する行為を行ったとして起訴され，一審で有罪となり，控訴審も昭和27年4月28日の講和条約発効日に有罪を言い渡した．そこで，上告審最高裁において，講和条約の発効により政令325号の効力がどうなるかが問題となったのである．

講和条約の発効に対処するために，法律81号が制定され，講和条約の発効と同日に勅令542号を廃止するとともに「勅令第542号に基く命令は，別に法律で廃止又は存続に関する措置がなされない場合においては，この法律施行の日から起算して180日間に限り，法律としての効力を有する」と定められていた．そして，この法律施行日（条約発効日）から数日後に法律137号が制定され，それにより政令325号が廃止されるとともに，「この法律の施行前にした行為に対する罰則の適用については，なお従前の例による」と定められた．

そこで，上告を受けた最高裁では，講和条約の発効により政令325号は「刑の廃止」の場合と同じ扱いになるべきか，それとも罰則の適用については効力が存続しているものと扱うべきかが争点となった．最高裁判事の見解は，3つに分かれた．第1の見解は，占領目的のためのものである勅令542号とそれに基づく政令325号は，占領の終結と共に目的が消失し当然失効するから，法律81号は違憲無効であり[8]，また，法律137号はひとたび失効した罰則を復活さ

---

[8] 違憲とする根拠は必ずしも明確ではなく，したがって憲法のどの条項に反するかも明示されていない．占領の終了と共に当然に失効するから，それを法律で存続させることは不可能だというのであれば，それはそれで論旨の通った1つの見解であると思われるが，その場合には，法律81号が憲法に反するという問題とはならないであろう．存続させる対象が存在しない，その意味で不可能を行おうとした法律であるということになる．しかし，第1の見解は，「一般にポツダム命令は，前記法律81号により平和条約発効と同時に原則として「法律としての効力を有する」と定められたものであるから，いやしくもその内容が憲法の規定に違反していない限り，平和条約発効後においても効力を持続すると見るべきである」と述べて，法律81号により存続するポツダム命令の存在を認めている．その上で，政令325号に関しては，当然に失効するという．もしその理由が白地法規であるからということであれば，罪刑法定主義（憲法31条）に反して違憲であるという理解ともなり，この場合には次に述べる第2見解と近づくが，そうではなくて，無内容の処罰規定に法律としての効力を与えようとしても現実に不可能なことを定めるものであり，違憲無効であるから，法律81号により政令325号の当然失効は阻止できないとの趣旨を論じている．白地法規の内容を構成する指令は，法律81号により法律化されていないという理解なのである．この

せて遡及処罰するものであって憲法39条の事後立法の禁止に反して無効と解し，そこで，上記法令の当然失効を「刑の廃止」のあった場合とみて免訴の判決をすべきであるとする．この見解に賛成した裁判官は，6人であった．

第2の見解は，次のように主張する．内容が合憲であれば占領終了後も存続しうるのであり，法律81号はそのようなポツダム政令を法律として180日間存続させることを定めたものであり，その限りで合憲である．政令325号は，その内容を充足する指令と一体として法律化されたと理解すべきであるが，しかし，その内容が憲法21条に違反するから，それを存続させることは許されない．また，法律137号も憲法違反のゆえに効力を失っている法規を有効なものとして復活させようとするものであり，その限りで違憲である．したがって，本件は原判決後に刑の廃止があった場合に当たるから，下級審判決を破棄して免訴とすべきである．この見解に賛成した裁判官は4人であった．

第3の見解は，行為時法の効果として既に生じた刑罰権は，恩赦等により消滅させられない限り存続する，あるいは，限時法の理論により存続すると解すべきであるから，上告棄却にすべきであると主張した[9]．この見解に賛成したのは4人の裁判官であった．

このように見解が分かれたとき，評決はどのように行うのであろうか．本判決の結論は，刑の廃止があった場合として免訴となっている．しかし，同じく免訴でも，第1の見解と第2の見解では，理由を異にする．したがって，もし争点ごとに評決していれば，いずれも過半数をとりえず，法廷意見は成立しないから，原審を維持して上告棄却となるのではないか．実際，第3の見解に与した斎藤裁判官は，さらに独自の意見を附加し，第1と第2の見解は免訴とする理由を異にするから「各独立した少数意見であって，本件は合議の本質上上

　　点で第2見解と理解を異にし，当然失効論に与するのである．法律81号により法律化された政令325号が内容的に違憲であるというのではなく，政令325号を法律化することが違憲であり，その理由は当然失効したものを法律化はできないからというのであるとすると，その憲法上の根拠を示すことはできないであろう．
9) 以上の見解のどれが妥当かは，ここでの問題ではないので立ち入らないが，興味のある方は，木村亀二「政令325号違反事件に関する最高裁判所の判決について」ジュリスト40号（1953年）2頁，北川善英「占領法規」『憲法判例百選II〔第5版〕』474頁，奥平康弘「占領と憲法」法律時報41巻5号23頁，真野毅「政令三二五号事件について」ジュリスト41号（1953年）2頁，我妻栄他「座談会 政令第三二五号事件最高裁大法廷判決について」ジュリスト43号（1953年）19頁を参照されたい．

告棄却の裁判があったものと考えざるを得ない」と述べている．しかし，実際には免訴判決となっているから，第1と第2の見解が主張した「刑の廃止」の場合と解して免訴とするという結論について評決し，ただし理由を異にするから各意見が理由を表示したということなのであろう．してみると，最高裁に関する限り，評決は結論につき行う慣行となっていると理解することになるのであろうか10)．

2 違憲判決の種類

最高裁が憲法をどのように理解しているかを知るには，違憲判決が圧倒的に重要である．合憲判決にも最高裁の見解が示されるが，一般的には合憲判決の場合，合憲と考える理由を深く突き詰めるということはなされないことが多い．違憲判決の場合，政治部門の憲法解釈と切り結ぶ場面であるから，説得的な理由付けが必要であり，より深い憲法理解の表明される可能性が大きいのである．もっとも，日本では違憲判決が極端に少なく，国民の間に憲法理解の浸透するのが困難となっている．

違憲判決を類別化すれば，大きく文面上違憲判決，適用上違憲判決，処分違憲判決に分けることができる．それぞれについて，既に関連する箇所で説明してきたが，ここで全体をまとめて整理しておこう．

2.1 文面上違憲

法令(の条項)自体につき違憲と判断する場合を，文面上違憲という．これには，全部違憲と一部違憲が区別される．なお，文面上違憲(の疑いのある)部分が存在する場合に，その部分を解釈により法文の意味から削除する解釈手法を合憲限定解釈と呼ぶが，これもここで採り上げておく．合憲判決であり，文面

---

10) 評決方法の問題については，真野・前掲注1)2頁，岩田誠「上告審における評決——三鷹事件判決に関連して」ジュリスト98号(1956年)2頁参照．なお，三鷹事件上告審では，2つの論点につき，1つについては10対5で上告に理由無しが多数を占め，他の1つについては11対4で理由無しが多数を占めたが，結論は8対7で上告棄却となった．死刑判決に対する上告ということもあって，「8対7」の僅差で棄却したという理解を示す報道などもあったために，評決の仕方についてのそうした理解が正しいかどうかが議論された．三鷹事件最高裁判決に対する判決訂正申立事件決定(最大決昭和30年12月23日刑集9巻14号2963頁)に付された真野裁判官の意見と岩松裁判官の補足意見が，評決方法に関するそれぞれの立場から意見を闘わせていて，興味深い．

上違憲判決ではないが，文面上違憲(の疑いのある)部分の存在が判決理由中で指摘されるため，部分違憲と類似した機能を営み，また，表示される違憲理由が裁判所の憲法解釈を理解するのに文面上違憲の判断と同様に役立つということもあり，本書では文面上判断の1つとして位置づけている．

2.1.1 全部違憲と一部違憲

審査対象の条項があらゆる適用対象につき違憲か，それとも適用対象の一部についてのみ違憲か，という問題は，当該条項が可分か不可分かと関係するので，最初にこの可分論の問題を説明しておこう．

可分論には文言上可分と適用上可分が区別される．文言上可分とは，審査対象の条項を構成するある単語，句，あるいは文章が他の単語，句，あるいは文章と切り離して解釈できる場合をいう．単語・句・文章が外観上区別しうるからといって，条項の意味解釈上常に可分とは限らない．複数の単語・句・文章が相互に連結して複合的で不可分の意味を形成していることがあるからである[11]．最終的には，立法者がどのように考えて法文を形成したかが重要となる．可分と判断された場合には，審査は可分な文言ごとに行われることになり，ある文言について違憲となっても，それが他の文言に波及することはない．複数の可分文言からなる条項の審査で，ある文言が違憲と判断された場合に，これをその文言「部分」が違憲とされたと表現し，部分違憲の判決と理解する見解もあるが，本書では部分違憲の概念をこのような場合を含むものとしては使わない．本書が全部違憲と部分違憲の区別を行うのは，適用上可分の場合である．

適用上可分あるいは意味上可分とは，ある文言の適用対象に合憲的適用部分と違憲的適用部分が存在し，解釈上両者を明確に区別しうる場合をいう．この

---

11) たとえば，札幌税関検査事件判決では「公安又は風俗を害すべき」書籍等を規制する当時の関税定率法の合憲性が争点となったが，最高裁は「公安」と「風俗」を可分と解し，「風俗を害すべき」書籍等とは何か，曖昧不明確な要件というべきではないかという問題と捉え，それはわいせつな書籍等を意味するから明確であると判断した．しかし，「公安又は風俗」は一体であり，一体の要件として理解した場合，その意味内容が明確と言えるのかという問題として議論すべきであったという理解も十分成り立つ．同様の問題は，広島市暴走族追放条例事件判決(最3判平成19年9月18日刑集61巻6号601頁)における堀籠補足意見と田原反対意見の「公衆に不安又は恐怖を覚えさせるような集又は集会」の解釈の対立にも見られた．堀籠補足意見は，「い集又は集会」を可分と考え，本件では集会だけを考えて不明確かどうかを判断すればよいと解したのに対し，田原反対意見は「い集」が不明確かどうかを論じており，「い集又は集会」を不可分と解したものと思われる．

場合に，違憲的適用部分について違憲の判断がなされる判決を，一部違憲あるいは部分違憲の判決という．合憲的適用部分と違憲的適用部分が解釈上明確に区別しえない場合や，明確に区別しえても両者が不可分である場合には，全部違憲の判断となる[12]．不可分かどうかは，立法者が違憲とされた部分なしでは立法しなかったのかどうかを重要な基準として判断される．しかし，可分であっても裁判所が「憲法政策」として一部違憲ではなく全部違憲の判断をすることがありうる．典型例が表現の自由の規制につき早期の畏縮効果の除去が望まれる場合である．表現の自由の過度に広汎な規制である場合，合憲的適用部分と違憲的適用部分があるということなのであるが，たとえ両者を明確に区別しえ，かつ，立法者も意図として合憲部分は存続させたいと考えていたとしても，部分違憲ではなく全部違憲とするのである[13]．

　付随審査制においては，全部違憲と一部違憲の区別は，実際上はそれほど重要ではない．違憲の宣告が主文でなされるわけではないからである．違憲判断である以上，後述のように(「第2節 違憲判決の効力」参照)立法府は，それを尊重して何らかの対応をする義務を負うが，そのためには，判決理由を精査して何がいかなる理由で違憲とされたかを見極める以外にない．その際に重要なのは，全部違憲か一部違憲かということよりは，判決理由であり，判決理由と整合する解決策を考案することになるのである．しかし，違憲判決の種類の分類として，他の類型(合憲限定解釈や適用違憲)と区別するためには，有用な区別である．

郵便法賠償責任制限違憲判決　一部違憲の例として，郵便法賠償責任制限違憲判決[14]がある．憲法17条は，公務員の不法行為により受けた損害の

---

12) 合憲的部分と違憲的部分が明確に区別しえ，かつ不可分である場合でも，違憲的部分が極めて例外的である場合には，違憲的部分の救済は適用上違憲により行い，法文自体は合憲とすることもありうる．
13) この場合を特に「文面上違憲」とする用語法もあるが，本書では文面上違憲はより広い意味で使っている(187頁以下参照)．なお，この場合に全部違憲とすると，合憲的部分まで無効となり，必要な規制の空白状態が生じる．そのことのもたらすマイナスと表現の自由をより完全に保護しうるプラスとの利益衡量により決定することになる．
14) 最大判平成14年9月11日民集56巻7号1439頁．部分違憲の判決として，郵便法賠償責任制限違憲判決の外に在外国民選挙権制限違憲判決(最大判平成17年9月14日民集59巻7号2087頁)および国籍法違憲判決(最大判平成20年6月4日民集62巻6号1367頁)が挙げられることが多い(たとえば，宍戸常寿「司法審査――「部分無効の法理」をめぐって」法律時報81巻1号76頁)．しかし，前者は，在外国民の選挙人名簿が形成されて以降の争いに関しては，衆院議員選挙における選挙区選挙と参議院議員選挙における地方区選挙に

賠償請求権を保障しているが，旧郵便法68条は，書留郵便等につき賠償請求しうる場合を限定すると共に賠償額に限度を設け，同73条は請求権者を差出人とその承諾をえた受取人に限定していた．この制限につき，最高裁は制限目的を低料金でのユニバーサル・サービスを実現するためであり正当としたが，手段としての本件制限には必要性・合理性を充たさない過度なところがあり，本件で問題となっている特別送達[15]につき故意・過失による損害までも免除・制限している本件規定は違憲であると判断した．要するに，本件の制限には，合憲的適用部分と違憲的適用部分があるという解釈の下に，違憲的適用部分につき文面上違憲の判断をしたのである．

　本件の場合，判決は違憲的部分を明確に区別できると考えている．では，後述の合憲限定解釈も可能かといえば，そうでもない．合憲限定解釈の場合には，合憲的適用部分を明確に画定しえなければならないが，本件で画定しているのは，合憲的部分ではなくて違憲的部分だからである．合憲的部分を画定するためには，本条項が対象としているすべての場合を検討する必要があり，書留郵便に限定されないから[16]，より複雑な検討が必要となろう．しかも，それらすべての場合につき合憲的適用部分を画定しえても，その合憲限定解釈が法文の解釈として許容される範囲内にあるかという次の問題が生じるのである．こういった事情から，一部違憲の判決に至ったものと思われる．

　　つき当分の間選挙権行使を停止した附則の規定の合憲性が争点となったのであり，そこに合憲的適用部分と違憲的適用部分が存在したわけではない．ゆえに，本書の立場からは，全部違憲の判決である．また，後者においては，届出による国籍取得につき準正子と非準正子を差別した国籍法3条1項の規定の合憲性が争点となったが，そこに合憲的適用部分と違憲的適用部分が存在したわけではない．この差別を全面的に違憲としたのであるから，全部違憲判決である．準正子に届出による国籍取得を認めた部分は合憲で，それを非準正子に否定している部分は違憲であるという判決であると理解すると部分違憲判決のように見えないわけではないが，本件の争点は差別が合憲かどうかという点にあり，準正子かどうかにより差別することを全面的に違憲としたのである．差別される者(不利益に扱われる者)の間に合憲的部分と違憲的部分を識別しているわけではない．差別により利益を受けている準正子に関する「部分」は合憲として存続させないと困るのではないかという反論があるかもしれないが，それは違憲判断の種類の問題ではなく，違憲判断に伴う救済方法の問題として論ずべきことであろう．
15)　特別送達とは，民訴99条，103条〜106条，109条に従って行われる裁判所からの送達であり，書留郵便の特殊なものである(郵便法44条，49条参照)．
16)　書留郵便物については，合憲的適用部分と違憲的適用部分(軽過失の場合の免除・制限は合憲と判断している)を区別する検討を行っているが，その他に小包郵便物も適用対象に入っている．

では，後述の適用上違憲による解決を選択するのはどうか．適用違憲とは，本件の原告が置かれている特定の行態が憲法により保護されているという判断である．ゆえに，違憲の判断がどこまでの射程をもつかは，不明確である．これを，「適用違憲とは本件を包摂する一定類型の事例が憲法により保護されているという判断である」と定義すれば，特別送達という類型に適用する限りで違憲であるという判断とする理解が生じる．この場合には，特別送達に適用される部分が違憲であるという一部違憲の判決と変わりがないことになろう[17]．

しかし，適用上違憲についての本書の理解からは，適用上違憲判断は本件事例に限定された判断であり，それが先例として機能する段階では類型化されるから一部違憲と同様に機能する可能性が高いとしても，違憲判断の類型としては違憲範囲の明確性において異なるから，区別する必要がある．裁判所が違憲範囲の画定を本件では避けたいと考えれば，適用上違憲の判断を選ぶことになろうし，画定しうるという確信に達したのであれば，一部違憲を選択することになろう．法的安定性のためには，後者の方が望ましいのはいうまでもない[18]．

2.1.2　合憲限定解釈

合憲限定解釈とは，適用法条に違憲あるいはその疑いがある場合に，その部分を法条の意味から取り除く解釈を行うこと，あるいは，その解釈結果を指す．合憲判決であり，違憲判決の種類には含まれないが，違憲あるいはその疑いのあること，すなわち法条の意味に違憲的適用部分が含まれていることが，その理由とともに摘示されるから，裁判所の憲法理解の表明として重要である．この点で，違憲的適用部分の摘示のない，目的解釈や体系的解釈を駆使した限定解釈は，合憲限定解釈の類型には含めない．

合憲限定解釈は，適用法条に合憲的適用部分と違憲的適用部分が含まれているという点で，一部違憲の場合と類似する．両者とも，合憲的適用部分と違憲的適用部分が意味上可分であることを前提とする点でも類似するが，しかし，一部違憲が違憲的部分を画定するのに対し，合憲限定解釈は合憲的部分を画定

---

[17]　このような理解を示すものとして，佐藤幸治『日本国憲法論』(成文堂，2011年)657頁，市川正人『憲法』(新世社，2014年)375頁，永田秀樹「適用違憲」法学教室125号38頁(1991年)，同「適用違憲の法理」ジュリスト1037号212頁(1994年)参照．
[18]　野坂泰司『憲法基本判例を読み直す』(有斐閣，2011年)10頁以下参照．

するという違いがある．さらに，合憲限定解釈は，法文の解釈であるから，解釈として許される限界内に止まらねばならないという点で，一部違憲と異なる．解釈として許される限度を超えた解釈は，実質は新たな立法であり，立法権の簒奪(憲法41条)として違憲となる．しかし，合憲解釈であるために，合憲的適用部分は生き残るから，規制の空白が生じることを避けることができ，立法府との軋轢もそれだけ小さいといえるし，立法府としても判決により規制範囲が限定されすぎたと考えれば，判決理由で示された違憲の疑いの理由に反しない形で適用対象を再考・拡大する立法を行って対応することも可能である．してみれば，合憲限定解釈は，条文の最も素直な解釈とは言えないことが多いではあろうが，違憲の疑いをもつ理由を丁寧に説明する限り，合憲部分を画定する解釈に多少の強引さがあっても，認めてよいのではないであろうか．合憲部分が明確に画定される限り，法的安定性を損なうこともないであろう．公務員の労働基本権の制限について，最高裁が一時期採用した合憲限定解釈の評価は，この観点から行うべきであろう．

2.2　適用上違憲

2つの理解　適用上違憲とは，問題の条項が適用されようとしている事案の行態に着目し，その行態が憲法により保護されていると判断する場合をいう．当該事案に限定された判断であり，条項自体が合憲か違憲かの判断は行わない点に，この判断手法の特質がある．裁判所が法条に違憲的適用部分があるかないか，あるとしてその画定をするのに機が熟しているかにつき疑問をもっており，しばらくは個別の判例を積み重ねて機の熟すのを待ちたいと考えた場合に採用するのに適した手法である．付随審査制の場合，この手法により判例の集積を通じて時間をかけて法形成を行っていくことが可能となるから，まさに付随審査制に適合的な手法といってよい．

　これに対して，適用上違憲を事案の類型化により当該類型について違憲判断を行う手法と理解する見解が唱えられている(167頁参照)．すなわち，「当該類型に適用される限りにおいて違憲」という判断が適用違憲だというのである．この見解においては，違憲判断は当該事案に限定されず，それが属する類型についてなされるものと理解され，したがって適用上違憲(適用違憲)も文面上違憲(法令違憲)と質的に違いはなく，法令違憲の一種であるとされる．違憲とさ

れる事案の類型を，その抽象度を上げて広い範囲を包摂するものと構成すればするほど，一部違憲や全部違憲との違いは量的なものにすぎなくなり，質的に異なる類型と捉える必要はなくなる[19]．しかし，この理解においては，適用上違憲は文面上違憲の判断を回避する手法という意味を失うことになり，付随審査制の長所を生かす重要な手法を失うことになる．のみならず，理論上は，この理解は違憲判断の種類と先例の拘束力の問題を混同するものと思われる．適用上違憲という違憲判断の類型を当該事案の判断に限定する理解は，その違憲判断が後の裁判に対して先例として機能することを否定しない．そして，先例として機能する場面では，先例が事案の類型として捉えられ，先例の及ぶ範囲が画定されていくのである．類型化がなされるのは，先例が形成される最初の判断においてではない．最初の判断としての適用違憲判断においては，当該事案を同定するための諸特徴が摘示されるにすぎない．その摘示が憲法により保護されていると判断する基礎となるのである．そこで摘示された諸特徴が，先例の類型化の基礎としても作用するであろうが，それは先例として機能する場面の問題であり，適用違憲判断をする場面での操作とは異なるのである．

　なお，念のために付言すると，ここで議論しているのは，理論上違憲判断の種類をどのように区別するかということであり，それを明らかにすることが，違憲判断の「柔軟化」のために必要だと考えるからである[20]．どのような違憲判断の種類があり，それぞれがどのような特徴を有するかが明らかになって，はじめて事案に最適な種類を選択することが可能となるのである．裁判所の判決は，適用法条の「……の部分」は違憲であるとか，「本件に適用する限り違憲である」といった表現をするであろう．前者の場合を部分違憲と捉えて，その特徴を分析し，後者の場合を適用違憲と捉えてその特徴を分析し，そこに性格・構造の違うものが識別される場合には，その違いにより部分違憲や適用違憲の類型をさらに下位区分していくというのも，研究のアプローチの仕方の1

---

19) 猿払事件最高裁判決（最大判昭和49年11月6日刑集28巻9号393頁）が下級審の適用違憲判決を部分違憲判決と異なるものではないとして批判したが，下級審とは適用違憲の理解を異にしたのである．
20) 竹下守夫「違憲判断の多様化・弾力化と違憲判決の効力――民事訴訟法学からの一試論」（三ヶ月章先生古稀祝賀『民事手続法学の革新 中巻』（有斐閣，1991年）669頁）は，違憲判決の「柔軟化・弾力化」を提唱する．これを受けて，柔軟化を違憲判決の種類の問題として捉え，弾力化を救済方法の問題として捉えて整理しようというのが，本書の戦略である．

つであろう．本書は，このようなアプローチをとらないで，判例を基礎としつつも，判例の表現には必ずしも囚われないで，むしろ理論的な類型化を行い，それを枠組として判例を分析するというアプローチを採っている．したがって，「……の部分」が違憲であると判断されているからといって，理論上の部分違憲判決とは限らないし，「本件に適用する限り違憲」と判断されているからといって適用違憲とは限らないという理解になるのである．

運用違憲　適用違憲と似ていながら，理論上はそれとまったく異なる「運用違憲」という判断を行った下級審判決がある[21]．いわゆる「寺尾判決」と呼ばれた判決である．これは，東京都の公安条例に基づき条件付許可を得た集団示威行進に参加した被告達が，ことさらな駆け足行進をしない，および，だ行進をしないという条件に反する行進を指揮・指導したことを理由に起訴された事件である．東京都の公安条例は，最高裁により合憲と判断されていたが[22]，先例となった新潟県公安条例事件判決[23]が集会・集団示威行進の規制として届出制は合憲であるが一般的許可制（不許可とする基準がなく裁量に委ねられているような許可制）は違憲であるという基本的な考え方を提示していたので，これに従うと東京都公安条例は一般的許可制に近いのではないかとの指摘もあった．しかし，最高裁は，たしかに運用の仕方によっては公安委員会の権限濫用の危険がないわけではないが，「濫用の虞があり得るからといって，本条例を違憲とすることは失当であ」り，「この許可制はその実質において届出制とことなるところがない」として合憲判断をしていたのである．

そこで本判決は，最高裁による「濫用の虞」の指摘に着目する形で，本条例の運用実態を審査するアプローチを採った．そして，許可の申請の受理に先立つ「事前折衝」の事実上の強制，そこにおける許可条件の受諾の勧告（事実上の強制），申請書の受理，条件付許可処分という一連の定型的な流れを運用実態として認定し，この運用は，「総括的にみて手続および内容において著しく取締の便宜に傾斜し，憲法の保障する集団行動としての表現の自由を事前に抑制するものとしては最少限度の域を超えて」いると評価した．それを基礎に，許

---

21) 東京地判昭和42年5月10日下刑集9巻5号638頁．
22) 最大判昭和35年7月20日刑集14巻9号1243頁．
23) 最大判昭和29年11月24日刑集8巻11号1866頁．

可処分の憲法適否を判断するにあたっては，これらの手続と内容とを「有機的，綜合的に把握して判断すべき」という観点から，本件条件付許可処分を「かかる運用の一環として流出したともいうべき」であり，憲法 21 条に違反すると判断したのである．

この判断の特徴は，許可に付された条件の有効性を直接に判断せず，条件の付される行政過程全体を憲法的に評価して違憲の判断をし，本件の条件をそのような過程から「流出」したものと捉えて違憲・無効の判断をしていることである．この思考法からは，たとえ本件条件がそれ自体としては合憲・有効であっても，本件条件を「流出」させた過程全体の運用が違憲・無効であるから，本件条件もいわばその母体の瑕疵を引き継いで違憲・無効となるということである．問題は，このような判断手法は許されるかである．

本件控訴審は，この手法の問題点を鋭く指摘して本判決を破棄した[24]．高裁判決によれば，「司法裁判所の違憲審査権は，一定の事件性(本件においては，公訴事実の訴因に記載された具体的な犯罪事実)を前提として，これに適用される特定の法令或は具体的処分が合憲か違憲かを判断すべきものであつて，法令の運用一般或はその運用の実態を憲法判断の対象とすべきではな」い．要するに，本件では，「ことさらなかけ足をしない」とか「だ行進をしない」という条件の違反が問題となっているのであるから，刑事事件の通常の審査方法からすれば，この構成要件に該当する事実があることを前提に，この構成要件の定め(本件条件)が合憲かどうかを判断するのが付随審査制としての違憲審査であり，この条件を生みだした過程を本件とは独立に審査の対象とすべきではないというのである．

たしかに，一審判決は，条例の運用全体を評価するに際して，本件の条件とは直接関係のない，たとえば国会開会中は国会周辺のデモは原則許可しないという方針とか，シュプレヒコールはしないという条件なども，評価の基礎に取り込んでいた．これらの事情を直接違憲審査の対象とすれば，抽象的審査の疑いも生じるであろう．では，運用実態の全体を審査の対象とすることは，一切許されないと考えるべきであろうか．必ずしもそうではないと思われる．控訴

---

[24] 東京高判昭和 48 年 1 月 16 日判タ 289 号 171 頁．

審判決も「具体的処分についての憲法判断に当たり，その補助事実として，法令運用の実態が考慮される」ことを認めている．それは，どのような場合か．1つは，構成要件に該当する行為の違法性阻却事由の有無の判断において活用しうる場合があると思われる．しかし，憲法訴訟上最も適切な活用場面は，条例の合憲性判断に際しての立法事実としての活用である．条例の運用実態は，条例の合憲性を支える，あるいは，条例の違憲性を根拠づける立法事実となりうる．条例を制定した時点では，それが人権を現実にどのように制限するかは，予測の問題を含んでいた．「濫用の虞」は立法時点では予測的な評価しかできない．しかし，一定期間運用が行われれば，予測は現実により検証される．その検証結果如何は，条例の合憲性あるいは違憲性を支える立法事実として援用できるのである．

したがって，運用違憲という手法は，憲法訴訟論上は，一方で，違法性阻却事由との関連で適用違憲の手法に還元され，他方で立法事実に構成されて文面上違憲の手法に還元されるであろう．しかし，このことは，運用全体を憲法的に評価する手法を否定することを意味するのではない．法令の運用全体のあり方を審査するということ自体は，憲法論にとって重要な視点である[25]．したがって，運用違憲の判決が書かれるのを否定する必要はない．ただ，運用違憲の判決は，理論上は適用上違憲あるいは文面上違憲のいずれかに構成しうるのではないかということを述べたにすぎない．

2.3 処分違憲

法治国家においては，国家の行為は，法秩序の頂点に置かれた憲法を別にして，常に上位の法規範の根拠を必要とする．いま「憲法→立法(法律)→処分(具体的国家行為)」という単純なモデルを使って問題を考えると，処分は，立法府のものであれ，行政府のものであれ，司法府のものであれ，常に法律の根拠を必要とする．また，根拠法律が憲法に違反していない限り，法律の授権の範囲内の処分は，合法として正当化される．したがって，処分の法的正当化が必要

---

[25] 個々の運用を全体から切り離して評価すれば，違憲とまでは言えないが，かろうじて合憲という多くの個別的運用を総合的に見ると，全体としては違憲の運用というべきだということは，十分起こりうることであり，濫用の危険性の大きい法令とは，そのような運用を生み出しうるものということであろう．

となれば，通常は法律適合性が審査されるのであり，憲法適合性が直接問題となることはない．もちろん，処分の直接的根拠である法律が憲法に適合していなければ，処分の法的正当性は，たとえ法律適合性を有していても，失われることになるが，それは処分が直接に憲法との適合性を失ったからではない．しかし，処分の法的正当性を審査するのに，常にまず法律適合性を審査し，法律適合性がある場合に初めて法律の憲法適合性の審査が可能となるというわけではない．法律との適合性を省略して，直接憲法適合性を審査することも許される．もしそこで処分の違憲が確認されれば，処分違憲の判断がされることになるが，ここで問題としている「処分違憲」とは，そのような場合を指してはいない．そのような場合は，理論上は，処分が法律に適合していないか，あるいは，法律が憲法に適合していないかのいずれかであり，法律の文面上違憲か処分の違法性に帰着するからである．あえて処分違憲という類型を設定する必要はない[26]．

　ここで問題としている処分違憲は，処分の直接の根拠法律(授権法律)については違憲の争点が提起されていない(ゆえに，授権法律の憲法上の根拠規定との関係では合憲が前提となっている)ときに，その法律に基づいて行った処分が直接憲法的評価を受けて違憲と判断される場合を指している．授権法律の根拠となっている憲法規定との関係では問題はない行為であるから，違憲の評価の根拠となる憲法上の規定は，それとは別の規定である．たとえば，公務員の懲戒処分がその例である．懲戒処分の権限規定自体には，憲法上の問題は提起されていない．懲戒の憲法上の根拠規定は，73条4号などに求められるであろう．懲戒処分権を定めた法律(国家公務員法82条等)自体に違憲の争点は存在しない．しかし，もし公務員の信教を理由に懲戒処分をしたり，表現内容を理由に懲戒処分をすれば，その処分が憲法19条あるいは21条に違反しないかという争点が生じるであろう．違憲と判断されれば，これは処分違憲の類型に属するという理解になる[27]．処分違憲の例としては，裁判所の処分である判決を違憲とし

---

26) この場合の処分を法律の適用行為と捉え，適用違憲と分類する見解もあるが，本書では適用上判断を国家行為(法律の適用行為)の憲法的評価をする審査方法ではなく，法律を適用される国民の行態を憲法的に評価する審査方法と定義しているので，処分違憲と適用違憲は区別される．
27) 懲戒処分の違憲性が争われる事件では，最高裁は人権侵害かどうかを主題的に判断する

た第三者所有物没収違憲判決[28],自治体による公金支出等につき住民訴訟において政教分離違反とした判決[29]などがある.

第2節 違憲判決の効力

　付随審査においては,法令が文面上あるいは適用上違憲であるという判断は,理由中でなされる.抽象的違憲審査制におけるように判決主文で違憲が宣言されることはない.ゆえに,厳密に言えば,「違憲判決」というものはない.判決の効力とは,通常,刑事・民事・行政訴訟において判決主文で表示される結論がもつ効力のことであり,主としては既判力と呼ばれる効力が,客観的,主観的,時間的にどの範囲に及ぶのかという問題を意味する.既判力が及ぶのは,原則として,訴訟の当事者間に限定されるといわれたりする問題なのである.しかし,憲法学で違憲判決の効力として論じられている問題は,そのような「判決の効力」の問題ではない.では,違憲判決の効力とは,何の問題なのか.この点が,実は,憲法学において必ずしもコンセンサスがない.違憲判決の効力(狭義)の問題と先例(憲法判例)の拘束性の問題が明確に区別されないまま論じられることがあるからである.本書では,両者を異なる問題として明確に区別し,両者を含めて「違憲判決の効力(広義)」と理解することにする.違憲判決の効力(限定なしで使う場合は,以下では狭義のそれを指すことにする)とは,違憲と判断された法令の効力を問題とする.これに対し,違憲判決(先例)の拘束性とは,違憲判決がその後の同種の裁判に対してどのような効果ないし効力をもつのかという問題である.

　　のではなく,行政処分における裁量権の逸脱の問題と構成し,人権侵害を単なる考慮要素の1つに格下げすることが多い.たとえば,剣道授業不受講事件判決(最2判平成8年3月8日民集50巻3号469頁)では,不受講を理由に退学処分をすることが信教の自由を侵害することにならないかが争点であったのに,それを主題的に判断しないで,処分の裁量権を逸脱しないかという問題設定で判断した.しかし,人権侵害かどうかを行政裁量問題として構成することは,憲法が人権を保障していることの意味を正しく理解するものではない.教育現場における日の丸・君が代問題の場合も,ピアノ伴奏や起立斉唱を職務命令により強制することが思想良心の自由を侵害しないかが中心問題であるのに,これを懲戒処分の裁量問題として構成している.処分が違憲か合憲かを正面から主題的に論ずべき問題である.

28) 最大判昭和37年11月28日刑集16巻11号1593頁.
29) たとえば,愛媛玉串料違憲判決(最大判平成9年4月2日民集51巻4号1673頁).

1 違憲判決の効力

違憲と判断された法令の効力は，どうなるのか．この問題を考える場合，①法令が違憲であると判断する裁判所の「行為」は，いかなる性質の行為か，形成的か確認的かという問題と，②違憲という判断により当該法令の効力はどうなるのか，一般的・対世的に無効となるのかどうかという問題を区別するのが分かりやすい．

1.1 違憲判断の法的性質と効力

違憲判断を形成的行為と見る立場は，それを消極的立法行為と同視し，②について一般的・対世的効力を認めるのが通常である．つまり，法令違憲の判断は，当該法令を違憲の限度で廃止する効果をもつ行為であると捉えるのである．違憲判決の効力につき「一般的効力説」と呼ばれる立場である．

これに対し，違憲判断を違憲を確認する行為と見る立場は，②との関連で3つの見解に分かれる．第1の見解は，憲法81条による最高裁の終審的違憲判決は，98条1項により当該法令をを無効(「効力を有しない」もの)とするが，それは当該事件の解決に関する限りにおいてであり，98条1項はそれを超えて一般的・対世的に無効となることを定めているわけではないと解する．「個別的効力説」と呼ばれている．

第2の見解は，98条1項は違憲の法律を一般的・対世的に無効とすることを定めた規定であり，81条により違憲であることが終審的に確定されると，98条1項により当該法律は一般的・対世的に無効となると解する．これも「一般的効力説」と呼ばれているが[30]，先の違憲判断＝形成行為説に依拠する一般的効力説が，違憲判断行為自体の直接的効果として違憲法律が一般的・対世的に無効となると考え，その根拠を81条の違憲審査権の行使自体に求めていると思われる[31]のに対して，ここでの一般的効力説は，98条1項の効果として説明する点で異なる．一般的効力説に対しては，違憲判断に消極的立法

---

30) 覚道豊治「違憲法律の効力」阪大法学72・73号1頁参照．
31) 佐々木惣一『改訂日本国憲法論』(有斐閣, 1952年)353頁参照．大西芳雄『憲法要論〔増補〕』(有斐閣, 1973年)237頁は，81条の「決定」という言葉に特別の意味を読み込む解釈を提唱しているから，この立場と類似するが，法令を改廃する一般的効力はもたず，立法者に改正を法的に義務づける効果をもつとする．

(法律の廃止)の性格を認めるものであり，国会が「唯一の立法機関」であるとする憲法 41 条と整合しないという批判があるが，それは前者の一般的効力説には当てはまるが，後者のそれには当てはまらないことになる．なぜなら，最高裁が行うのは法律の違憲の確認だけであり，その結果法律が一般的・対世的に無効となるのは，98 条 1 項という憲法制定者の決定の結果にすぎないということになるからである．

第 3 の見解は，81 条による違憲確認の結果 98 条 1 項により無効となるのは，当該事案の解決に関する限りにおいてであり，違憲確認がそれ以上の効果をもつかどうか，いかなる範囲において有しうるのかという点については，憲法の定めるところではなく，ゆえに，憲法に反しない範囲で法律で定めることが許されると解する．「法律委任説」と呼ばれている[32]．

効力論の推移 制憲議会において，「最高裁判所に依る憲法の解釈は，当該事件の判決の基礎となるに止まって，国会及び政府は将来最高裁判所の解釈に拘束を受けず，各自独立の解釈を採ることを得る」のか，それとも「最高裁判所の憲法解釈に依って拘束を受けるのか」という高柳賢三議員の質問に対し，木村司法大臣は，司法による判決は当事者のみを羈束するのであり，最高裁判所による違憲判決も「形式的には国会及び内閣を羈束するものではありませぬ」が，「国会及び内閣はその判決を尊重すべきは当然であります」から，「実質に於いては羈束をさるべきものと存ずる次第であります」と答弁している[33]．問題設定が的確ではないので，いかなる立場を表明したかを正確に確定することはできないが，個別的効力説に近い考え方を採っていたといってよいだろう．

しかし，憲法制定当初の学説においては，81 条の定める最高裁の違憲審査権を抽象的審査権を定めたものと解する見解が有力に主張されていたこととも関係したと思われるが，法律の違憲判決が一般的効力をもつと解する説[34]が優

---

32) 小嶋和司『憲法概説』(良書普及会，1987 年) 498 頁参照．
33) 清水伸編著『逐条日本国憲法審議録 第三巻(上)』(有斐閣，1962 年) 566 頁．
34) 佐々木惣一は抽象的規範統制を認めたから，その限りでは一般的効力説であった．宮沢俊義「裁判所の法令審査権——新憲法の諸問題(その三)」法律タイムズ 1 巻 4 号 11 頁．民事訴訟法学者として，兼子一「司法制度」国家学会編『新憲法の研究』(有斐閣，1947 年) 229 頁，兼子・竹下・前掲注 3)『裁判法[第 3 版]』97 頁，中田淳一「違憲の判決を受けた法令の効力」法学論叢 54 巻 1・2 号 1 頁．

勢であった印象を受ける．これに対して，『註解日本国憲法』が基本的には個別的効力説を支持する見解を表明することにより[35]，次第に個別的効力説が優勢になっていった[36]．しかし，今日では，個別的効力説が依然として多数説であるとはいえ，これを見直す必要のあることを指摘する議論も有力となってきている[37]．本書では，以下に述べるような憲法解釈を基礎に法律委任説を支持したいと思う．

1.2 関係諸条文の解釈

憲法解釈論において関係してくる憲法条項は，81条，98条1項，99条である．

81条 本条は，司法権の行使に付随して違憲審査を行う権限を授けた規定である．しかし，それだけの意味であれば，本条がなくとも当然に認められることではないかとの批判がある．なぜなら，司法審査制の母国であるアメリカ合衆国憲法には，本条に対応する明文規定はないが，司法権に当然含まれる権限であるとして判例上確立されているからである．そのために，本条に意味を与えるためには，司法権に当然認められる権限を超える特別の意味を認めるべきだと考え，その1つとして違憲の判断に一般的・対世的効力を認めるべきだと主張するのである．しかし，個別的効力説に立った上で，一般的・対世的効力とは異なる「特別の効力」を本条に読みとることもできる．それは，本条が終審裁判所としての最高裁判所の権限を定めるという形を取っている点に着目するものであり，本条は最高裁に終局的な違憲の確定権限を与え

---

35) 法学協会編『註解日本国憲法下巻(2)』(有斐閣，1953年)1221頁参照．これより前に，美濃部達吉「新憲法に於ける憲法裁判制度」(法律新報736号7頁)，鵜飼信成「違憲性判決の効力」(国家学会雑誌62巻2号65頁)が個別的効力説を主張している．
36) 種谷春洋「違憲判決の効力」ジュリスト638号(1977年)178頁，野中俊彦「判決の効力」芦部信喜編『講座憲法訴訟 第3巻』(有斐閣，1987年)109頁参照．
37) 戸波江二「違憲判決の効力」法学セミナー480号72頁は，法律委任説を主張している．なお，芦部信喜『憲法判例を読む』(岩波書店，1987年)39頁，佐藤幸治『憲法訴訟と司法権』(日本評論社，1984年)222頁，同『現代国家と司法権』(有斐閣，1988年)342頁は，文面上違憲の場合には，最高裁があらゆる場合に違憲無効とする意図を表明したのであるから，一般的効力をもつと解されるという．しかし，違憲とされた法令の効力が一般的・対世的に無効となるかどうかは，最高裁が選択した審査方法に依存すべきではなく，審査方法に関係なく，法令違憲の判断が生み出すべき効力の問題として個別的か一般的かあるいは法律委任かに決定すべきである．審査方法に依存するとすると，最高裁が審査方法の選択を通じて効力のあり方を決定できることになり，好ましくない．

たものと解するのである．つまり，最高裁がある国家行為を違憲であると判断した場合には，違憲であることが最終的に確認・確定されるのであり，他の国家機関はその判断に異を唱えることはできないという効果である[38]．最高裁による違憲判断は，当該事件において無効として適用されないという効果（個別的効力説）だけでなく，他の国家機関がこの判断に異論を唱えることが法的に禁止されるという効果ももつのである．この特別の効果を認めることは，個別的効力説とは両立するが，一般的効力説とは両立しない．なぜなら，違憲と判断された法律を廃止する効果を認めるわけではないからである．

98条1項 では，98条1項は，いかなる意味に解すべきか．本項は，憲法に反する国家行為の「全部又は一部は，その効力を有しない」と定める．そこで，個別的効力説からは，通常は本項を，81条で違憲であることが最終的に確定された国家行為は，当該事案において効力を有さず適用されないという意味に理解する．しかし，81条につき個別的効力説に立ちながら，本項は一般的効力を定めた規定であると解することも可能である．つまり，81条で法律の違憲性が最高裁により最終的に確認されると，98条1項により一般的・対世的に「効力を有さない」という効果が生じると解するのである．この場合に「効力を有さない」とは何を意味するのか．「無効とする」という意味に解すると，81条により違憲と判断された国家行為は，98条1項を介して自動的に無効という効果が一般的・対世的に生じるという理解になる．しかし，「効力を有さない」は，「効力を有するものと扱ってはならない」という禁止命令を意味すると解することも可能である．この場合には，自動的に無効となり廃止されたと同じ状態に置かれるのではなく，違憲なものとして存在するが，それを「有効なものとして扱う」ことは禁止されるのであるから，実際上は「冬眠状態」あるいは「仮死状態」と説明される状態に置かれることになる[39]．

---

[38] アメリカでは，司法権による司法審査権が判例上認められて以降も，三権は同格であり，司法権による違憲判断は司法権の行使と関連する限りのものであるから，大統領や議会はその判断に拘束されないという主張が長い間なされてきた．松井茂記「最高裁判所判決と行政府の関係」ジュリスト1037号97頁(1994年)参照．ゆえに，81条は，そのような理解を否定し，最高裁の判断に他機関も拘束する終局性を与えるという特別の効果を規定した条文と読むのである．

[39] 冬眠状態と説明する学説は既に存在してきた（芦部信喜〔高橋和之補訂〕『憲法〔第6版〕』（岩波書店，2015年）390頁参照）が，その憲法論上の根拠を説明しようというのが，ここで

さらにまた,「有効なものとして扱ってはならない」ということは,「無効のものとして扱う」ことを禁止はしていない．ただし，そう扱うための根拠が憲法にはない．そこで，憲法に反しない範囲で，違憲の国家行為の「一部又は全部を対世的に無効と扱う」法律を定めることは許されると解することが可能となる．これが後述の法律委任説である．

99 条　81条及び98条1項により，最高裁が違憲と判断した国家行為は「有効として扱う」ことが禁止される．行政権は，「法律を誠実に執行」することを命じられている(73条1号)が，本号の対象となる法律には，当然のことながら，違憲の法律は含まれない．違憲の法律を「有効として扱う」ことは禁止されるからである．もちろん，行政権には，法律が違憲かどうかを自ら判断する権限は認められていない．ゆえに，国会が制定した法律は，すべて「誠実に執行」するのが原則であり，自ら違憲と判断して執行を拒否することは許されていない．しかし，最終的判断権を有する最高裁が違憲と判断した場合には，もはやその法律を執行することは，原則的には許されない[40]．また，憲法99条は，公務員に対し「憲法を尊重し擁護する義務」を課しているから，最高裁が違憲を最終的に確定した場合には，立法権も行政権もその判断と整合する意味の憲法を尊重・擁護する義務を負うことになり，それにより違憲の国家行為を自己の権限内で是正する法的義務を負うことになる．法的義務であり[41]，これに反した場合には，行政訴訟や国賠訴訟を通じてその救済が可能となると解される[42]．

の目的の1つである．
[40]　「原則的には」と述べたのは，何らかの状況変化が生じ，違憲が合憲に変更される見通しが強まった場合などには，例外的に執行を再開することが理論上は許されるからである．しかし，そのような場合でも，行政権限りの判断で再開すべきではなく，立法府の新たなアクションを待ってすべきであろう．なお，この論点につき，最高裁の違憲判決があった場合には，行政権の誠実執行義務は「解除」され，執行するかどうかは「内閣の裁量に委ねられる」と述べた(野中俊彦他編『憲法II〔第5版〕』(有斐閣，2012年)205頁)ために，松井・前掲注38)は，私の見解を執行が行政府の裁量に委ねられるとするものと理解した．裁量という私の表現が不正確であったが，真意はここに述べたような趣旨である．
[41]　99条の義務は政治的・道義的義務にすぎず，法的義務ではないという説も存在するが，私は憲法上の義務はすべて法的義務と解している．ただ，内容が抽象的であり，義務違反を確認することが困難な場合が多いことも事実であろう．
[42]　竹下・前掲注20)も，異なる理論構成ではあるが，違憲判決に立法府・行政府が対応して是正措置を講ずることを法的義務と解している．

法律委任説 以上に述べた本書の立場は，最高裁による違憲判決は違憲であることを終局的に確定する効果しかもたず，一般的効力はもたないとするものであり，したがって，基本的には個別的効力説と適合的である．しかし，憲法81条により，違憲であることが終局的に確定し，他の国家機関がそれと異なる憲法判断を対置することは許されなくなるから，そのことが他の憲法規定を介して一定の法的効果を生み出す．たとえば，98条1項により，違憲とされた国家行為を有効として扱うことは禁止されるし，99条により憲法に適合する措置をとることを要請される．しかし，98条1項は，「効力を有しない」こととなる空間的・時間的範囲を明定しているわけではないし，99条も何が憲法の尊重・擁護義務に合致する措置かにつき解釈の余地を残している．したがって，憲法の要請している最低限に反しない限り，違憲の終局的確定からいかなる法的効果が生じるかを法律により定めることは禁止されていないと解する．たとえば，法律が民衆訴訟を規定すれば，そこでなされた違憲の判断の効果は，訴訟の当事者間に限定されると解することはできないが，その場合には，民衆訴訟の制定自体の中に違憲判決の一般的効力が含意されていると解する以外にないであろう．そうだとすれば，憲法は違憲判決の及ぶ範囲や是正措置につき，憲法の要請に反しない限り，法律の定めに委任していると解することも可能となる．違憲判決の効果を一般的に定めた法律は存在しないが，民衆訴訟や集団訴訟などは，一定類型の違憲判決に一般的効力を定めたものと解することになろう．

1.3 違憲判決に対する現実の対応

これまで出された違憲判決に対して立法府・行政府・司法府はいかなる措置・対応を取ったのか，そこに違憲判決の効力についての一定の見解が読みとりうるのかを探ってみよう．

1.3.1 最高裁判所裁判事務処理規則14条

まず最初に，最高裁自身が自己の違憲判決の効力をどのように考えているのかを探ってみよう．この点につき，最高裁判所裁判事務処理規則14条が議論の対象となることがある．同条は，「第12条の裁判〔法律，命令，規則又は処分が憲法に適合しないとの裁判――著者〕をしたときは，その要旨を官報に公告し，且つその裁判書の正本を内閣に送付する．その裁判が，法律が憲法に適合しない

と判断したものであるときは，その裁判書の正本を国会にも送付する」と規定している．この規定は，違憲判決の効力に関する特定の見解を基礎にしているのであろうか．

　まず第1に，違憲判決の要旨を官報に公告するのは，何のためか．一般的効力を発生させるためか．最高裁判決の効力は，判決の確定により生じるが，民事事件・行政事件の場合は判決の言渡しにより確定し，刑事事件の場合は，判決の宣告のあった日から一定期間経過後に確定（刑訴418条）する．したがって，当該事件に関する限り，違憲判決の効力を発生させるために官報に公告する必要はない．官報への公告が違憲判決の効力を発生させるためであるというなら，一般的効力を発生させるためということになろう．一般的効力説からは，「公布」の方法として不可欠という意味をもつ．しかし，もしそうなら，法律の効力発生要件としての官報による公布に対応する意味をもつことになり，最高裁の事務処理規則により定めうるような問題ではなくなるであろう．ゆえに，官報に公告することを一般的効力説に立つことの根拠とすることはできないと思われる．たしかに，個別的効力説からは，官報に公告することは必要ではない．しかし，国民にとって知る利益のあることであるから，そのための情報提供の手段として官報への掲載を考えることも意味のあることである．そうだとすれば，個別的効力説からも十分に説明のできることである．

　では第2に，「裁判書の正本を内閣に送付」するのは，何のためか．違憲判決に対しては，政治部門は違憲状態を是正すべき何らかの措置を採ることが法的あるいは礼譲的に要請されることが多いが，民事事件のように国が当事者となっていない場合もありうるから，情報を確実に知らせるために送付することにしていると理解すれば，これも何れの立場からも説明のつくことであり，特に一定の見解を基礎にしているとは言えないであろう．法律を違憲とした場合に，正本を国会にも送付することにしたのも，是正措置を提案するのは内閣が多いとしても，それを決定するのは国会であることから，情報伝達を確実にするためと理解できる．してみれば，本規則14条は，最高裁判所が違憲判決の効力につき特定の見解を有していることの根拠とはならないと思われる．

　最高裁が違憲判決の効力につき述べた判決は，これまでのところ存在しない．もし一般的効力をもつと考えているのであれば，法的安定性のために違憲無効

となる時点を明確に示すことが重要となるはずであるが，これまでの違憲判決にその点を判示したものは存在しない．すべてが「当初から違憲無効」という判決であれば，特にその点を論じなかったとしても，一般的効力説を否定する根拠とはならないが，当初は合憲であったが，途中から違憲となったという判決においても，違憲となった時点は明示されていない[43]．このことは，最高裁が少なくとも一般的効力説は採用していないことを推測させる．

1.3.2 立法府・行政府の対応

最高裁による違憲判決には，これまでのところ法令違憲判決と処分違憲判決が存在する．処分違憲判決の場合は，当該処分が違憲とされ無効と扱われることになるが，当該事件を超えて一般的な効果をもつことは，法律による特別の規定がない限り問題とならない[44]．裁判書正本の送付を受けた内閣が判決およびその理由に従った事案の事後処理を行うことで決着する．当判決が先例として機能し今後の同種事案の取扱に影響を与えるが，それはここでの問題ではない．

他方，法令違憲の判決は，最高裁判所裁判事務処理規則14条に従って裁判

---

[43] たとえば，婚外子相続分差別違憲決定(最大決平成25年9月4日民集67巻6号1320頁)では，民法900条4号が「遅くとも平成13年には」違憲となっていたと判断し，国籍法違憲判決(最大判平成20年6月4日民集62巻6号1367頁)では国籍法3条1項が「遅くとも平成17年には」違憲となったと判断している．当該事案の解決としては，それで十分であろうが——したがって当該事案への適用の可否を問題とするだけの個別的効力説からは，そのような判断で十分であるが——一般的効力をもつ，つまり，法律が廃止されたと同じ効力をもつと考えているとすると，混乱を生み出す危険性がある．

[44] たとえば，第三者所有物没収事件判決(最大判昭和37年11月28日刑集16巻11号1593頁)は，判決(司法処分)が違憲とされ「効力を有しない」ことになるが，それが先例として機能し他者に影響を与えることは別にして，当該没収事件判決が他者に対して効力をもつということは，特別の法律の定めがない限り起こらない．もっとも，第三者所有物没収事件判決については，それがいかなる種類であるか，法令違憲判決か，適用違憲判決か，処分違憲判決かの対立があり，かりに関税法違憲という法令違憲判決であると解する立場に立つと，法令違憲判決の効力という問題が生じることになろう(伊藤正己「違憲判決の効果と憲法判例の変更——第三者没収違憲判決をめぐって」法律時報35巻2号36頁参照)．最高裁自身は，これを法令違憲判決とは考えず，最高裁判所裁判事務処理規則14条によって裁判書の正本を国会に送付することは，正式には行わないで，代わりに「参考」のために正本を国会に送付して違憲判決の通知をしたものと思われる．関税法の改廃措置は必要でないとしても，今後第三者所有物没収判決を出すためには，適正手続を定める立法が必要であり，それは国会しかできないことだから，念のために通知をしたものと思われる(伊藤・上掲参照)．

政教分離違反判決の場合に，公金支出等の「処分」が違憲であるという判断が一般的効力をもつとすれば，それは住民訴訟という訴訟形態に内包された効果ということになろう．

書の正本が内閣と国会に送付されるが，これを受け取った内閣と国会は，そこにどのような法的効力を理解し，どのように対応しているのであろうか．

法令違憲判決 法令違憲判決には，これまでのところ次の 10 件が存在する．①尊属殺重罰規定(刑法)違憲判決[45]，②薬事法距離制限違憲判決[46]，③衆議院議員選挙定数配分規定違憲判決(その 1)[47]，④同上(その 2)[48]，⑤森林法共有林分割制限違憲判決[49]，⑥郵便法賠償責任制限違憲判決[50]，⑦在外国民選挙権制限違憲判決[51]，⑧国籍法違憲判決[52]，⑨婚外子相続分差別違憲決定[53]，⑩再婚禁止期間違憲判決[54]．

法律違憲の判決を受けて行われた法改正は，②⑤⑥⑨については，最高裁の違憲判決(決定を含む)後ほぼ 3 カ月後には成立している[55]．何が違憲かにつき判決理由で明確に述べられており，違憲とされた権利制限規定を削除しあるいは最低限必要な書き直しをすれば合憲の内容としうる問題であったことから，短期間に改正が実現した．改正案を提案した政府も審議した国会も，礼議的か法的かは別にして，違憲判断に対して改正の義務を負っているという意識をもっているようであり，比較的スムーズに義務への応答を行ったものである[56]．

---

45) 最大判昭和 48 年 4 月 4 日刑集 27 巻 3 号 265 頁．
46) 最大判昭和 50 年 4 月 30 日民集 29 巻 4 号 572 頁．
47) 最大判昭和 51 年 4 月 14 日民集 30 巻 3 号 223 頁．
48) 最大判昭和 60 年 7 月 17 日民集 39 巻 5 号 1100 頁．
49) 最大判昭和 62 年 4 月 22 日民集 41 巻 3 号 408 頁．
50) 最大判平成 14 年 9 月 11 日民集 56 巻 7 号 1439 頁．
51) 最大判平成 17 年 9 月 14 日民集 59 巻 7 号 2087 頁．
52) 最大判平成 20 年 6 月 4 日民集 62 巻 6 号 1367 頁．
53) 最大決平成 25 年 9 月 4 日民集 67 巻 6 号 1320 頁．
54) 最大判平成 27 年 12 月 16 日民集 69 巻 8 号 2427 頁．
55) ②薬事法距離制限違憲判決は昭和 50 年 4 月 30 日，改正法成立が同年 6 月 6 日，⑤森林法共有林分割制限違憲判決は昭和 62 年 4 月 22 日，改正法成立が同年 5 月 27 日，⑥郵便法賠償責任制限違憲判決は平成 14 年 9 月 11 日，改正法成立が同年 11 月 27 日，⑨婚外子相続分差別違憲決定は平成 25 年 9 月 4 日，民法改正成立が同年 12 月 5 日．それぞれの改正までの経緯については，佐々木雅寿『対話的違憲審査の理論』(三省堂，2013 年)参照．
56) 法令違憲判決の通知を受けると，行政庁は下級執行機関に対して当該法令の執行停止等の必要な措置を通達で連絡している．たとえば，薬事法距離制限違憲判決に対しては，当時の権限官庁の厚生省は，都道府県に対して薬事法に基づく適正配置条例の適用を中止するよう通達している．また，改正が内閣提出法案としてなされる場合には，行政府が改正案を閣議決定して国会に提出している．違憲の理由と範囲等が判決内容から容易に確定しうる場合には，改正等の立法的な是正措置の内容も明確であることが通常で，議会における審議もスムーズに進行する．しかし，立法の効力が発生するのは，施行日以降であるのが原則であるから，遡及的な救済が必要な場合には，それを立法により配慮するか，それとも先例の機能

これに対し，⑦在外国民選挙権制限違憲判決(平成17年9月14日)は，公選法の改正が成立したのが平成18年6月7日，⑧国籍法違憲判決(平成20年6月4日)は改正が成立したのが平成20年12月5日，⑩再婚禁止期間違憲判決(平成27年12月16日)は民法改正が成立したのが平成28年6月1日であり，改正までにほぼ6カ月から9カ月かかっている．在外国民選挙権の改正は，法文上は衆議院の選挙区選挙と参議院の地方区選挙につき選挙権行使の停止を定めていた附則を削除するだけの改正であり，どのような改正をするかについての困難な選択を要請するものではなかったが，選挙権行使のために必要となる諸制度の整備も同時にしなければならなかったために，ほぼ9カ月かかったものである．

国籍法改正の場合 国籍法改正が6カ月を要したのは，最高裁判決が違憲とした理由が必ずしも明晰ではなく，是正措置として準正子要件を削除するだけの改正から，別の何らかの適切な要件を書き込む改正まで種々の可能性が有り，その検討をする必要があったことや，当初は合憲であった法律が後に状況の変化により違憲に変わったという内容の違憲判決であり，立法者としては，違憲となった前後で国籍取得の手続と時期等をどのように規律するかを考えねばならなかったことなどが影響したためと思われる．そのためもあって，この事例は，最高裁と立法府が違憲判決の効力につきどのような理解を前提に行動しているかを探るのに興味深い素材を提供する．

もし最高裁が違憲判決の効力につき一般的効力説を採用しているとしたら，違憲判決は違憲と判断した条項を廃止したと同じ意味をもつ．では，どの時点で廃止されたことになるのか．消極的立法だと考えれば，立法は遡及効をもたないのが原則であるから，判決時点以降に廃止の効力が生じることになる．し

に委ねるのかという問題が生じ(先例拘束性の問題参照)，立法的に解決する場合には，どの時点にまで遡及させるか等の問題が生じる(違憲判決の遡及効の問題参照)．たとえば，婚外子相続分差別違憲決定の場合，当初は合憲であった規定が途中から違憲となったという内容の決定であったが，どの時点で違憲となったかの明確な判示はなく「遅くとも平成13年7月当時において」は違憲となっていたという判断であった．婚外子の相続分を2分の1と定めていた民法900条4号の当該部分を削除する改正が公布・施行されたのは，平成25年12月11日であるが，この改正法の適用は，附則により，違憲決定のあった翌日の平成25年9月5日以降に開始された相続とされている．しかし，判決によれば，それ以前に既に違憲となっていたというのであるから，それをどう救済するかという問題が生じる．それは，裁判所に委ねられたことになり，裁判所が先の違憲決定の述べていることを「先例」あるいは指針として個別に判断することになろう．

かし，最高裁は過去に関する事例である本件において，法令の違憲判断を遡及的に適用している．ゆえに，違憲判決の効力は遡及すると考えていることになる．一般的効力説も，通常，「当初無効」(遡及効)を主張しているから[57]，この限りでは，本件違憲判決は一般的効力説と矛盾しない．しかし，本件違憲判決は，立法当初は合憲であったものが途中で立法事実が変化して違憲となったという理解を示している．ところが，いつ違憲となったかについては，「本件区別は，遅くとも上告人らが法務大臣あてに国籍取得届を提出した当時(提出したのは，平成17年——著者)には，立法府に与えられた裁量権を考慮してもなおその立法目的との間において合理的関連性を欠くものとなっていたと解される」と述べるのみで，違憲となった時点を正確に判示していない．違憲判断により廃止されたと同じ効力が発生するとした場合，その時点を曖昧にしたままでは混乱が生じるのではないか．したがって，この違憲判決を書いた最高裁が，違憲判決の効力につき一般的効力説に立っているとは考えがたい．個別的効力説あるいは法律委任説に立っていると理解する方が合理的であろう．

　他方，法律改正を行った立法府は，どのような立場から改正を行ったのであろうか．改正内容は，①準正子要件を削除し，日本人父の認知だけで届出を可能としたことと，②虚偽の届出に処罰規定を設けたことが主たるものであるが，改正が立法である以上，この改正法が適用されるのは，原則として改正法の施行(平成21年1月1日)以降である．しかし，かりに一般的効力説に立てば，過去の一定時点で旧法は違憲となり，その時点以降は認知だけで届出により国籍取得が可能となっていたはずである．したがって，その時点以降から違憲判決までの間に認知を理由に届出をしていた者に対しては，届出時点で国籍を取得したと扱う必要があることになる．ところが最高裁は，その時点を明示しなかった．そこで立法府は，最高裁が遅くとも平成17年には違憲となっていたと述べた点を基礎に推測して，改正法の附則でその時点を平成15年1月1日と

---

[57] 消極的立法だという理解からは，純粋な将来効を採用するのが原則に適う考えであり，実際，憲法裁判所制度のもとに一般的効力を採用した1920年オーストリア憲法では，最初，そのような制度と規定していたが，その後1929年に当該事件に限って違憲無効の効力を遡及させることに改正したという(マウロ・カペレッティ／谷口安平・佐藤幸治訳『現代憲法裁判論』(有斐閣，1974年)参照)．今日では，違憲判決の遡及効の問題につき一般的効力説は立法当初から違憲であるとする原則を採用することが多いようである．

定めた[58]．しかし，これはあくまで立法府の推測であり，最高裁の考えた時点より遅い可能性がないわけではない．その場合には，違憲となった時点から平成15年1月1日までの間に届出をした者との関係では，この経過規定は届出により国籍を取得する権利を剥奪（制限）したことになり，その正当化が問われることとなろう．したがって，このような問題を提起する一般的効力説を採用していると理解するのは，合理的ではない．個別的効力説あるいは法律委任説に依拠したと解する方が説明が容易である．その場合には，後述の，本件違憲判決が先例として機能する範囲を想定した改正を行ったという説明になる[59]．

違憲判決に対する政治部門の対応で最も問題を残したのは，尊属殺重罰規定違憲判決と定数不均衡違憲判決の場合である．

尊属殺重罰規定違憲判決の場合　1973年（昭和48年）の違憲判決から1995年（平成7年）の改正までに22年を経ている．主たる理由は，第1に，最高裁の違憲とする理由が分かれたために，どの理由に依拠して改正を行うべきかにつき見解が対立することになったためである．14人の判事が違憲を支持したが，その中で，尊属殺を重罰に処す目的自体は合憲であるが，可能な限りの減刑を行っても執行猶予を付しうる3年以下の懲役にまで減ずることが不可能なほどの重罰を定めている点は行き過ぎであり，平等権を侵害するという8判事の多数意見と，尊属を尊重すべきという旧家族制度的な道徳を刑罰により強制するものであり，個人の尊重を基本価値とする日本国憲法の下では目的自体が違憲であるという6判事の少数意見に分かれた．少数意見に依拠すれば，尊属を保護する目的の規定は，すべて違憲であり，尊属殺人罪（旧200条）のみならず，尊属障害致死罪（旧205条2項），尊属遺棄罪（旧218条2項），尊属逮捕監禁罪（旧220条2項）もすべて廃止すべきことになる．これに対して，多数意見に従えば，尊属を保護すること自体は問題はないから，罰則

---

58)　経過規定を定めた附則は，平成15年1月1日から違憲判決のあった平成20年6月4日までの間に届出をした者は，届出の時に国籍を取得したことにすると定めている．
59)　行政府は，違憲判決を受け取ったあと，旧法に基づく処理を停止すると共に，従前の届出および新たな届出に対しては，改正法が早期に実現されるであろうことを説明してそれを待ってもらうよう要請したという．この扱いも，一般的効力説からよりは個別的効力説・法律委任説からの説明の方が容易と思われる．

を死刑又は無期懲役に限定する尊属殺人罪の規定に，たとえば「5年以上の懲役」を可能とする規定を加えれば，必要な場合に執行猶予を付けることが可能となるから，合憲にすることができる．第2に，法務省は尊属保護規定をすべて削除する改正案を準備したが，与党の自民党内部で，尊属保護規定を残すべきだとする意見と対立し，与党として見解をまとめることができなかった．第3に，当時，刑法全体の改正の議論が同時に進行していたために，その改正に組み込んで行うのがよいのではないかという判断も存在した．こういった事情から，国会での審議は棚上げされ改正を実現しえないまま時間が経過したのである．結局，1995年に成立した刑法の口語化を中心とする刑法改正の中で尊属保護規定すべてを削除する改正がなされた．しかし，改正までの間，尊属殺人罪による起訴が続けられたわけではない．違憲判決の送付を受けた法務省は，尊属殺人罪による起訴は控え，係属中の事件は普通殺人罪に切り替え，尊属殺人の刑が確定し服役中の者に対しては恩赦により救済する措置をとった[60]．これは，違憲判決の効力につきいかなる見解に依拠したものであろうか．内閣は「法律を誠実に執行」する義務を負っている(憲法73条1号)．にもかかわらず，刑法200条の執行を停止したということは，一般的効力説に依拠して違憲判決により本条項は廃止されたと解したからであろうか．もしそうだとすれば，受刑者の救済に検事総長による非常上告(刑訴454条)を活用するというのが一般的効力説の主張であるのに，それによらないで恩赦の制度を使ったのはなぜか．個別的効力説に立ち，当該違憲判決は確定した別訴に影響を与えるものではないから非常上告の要件を充たさないと判断したためではないのか．しかし，個別的効力説を採っているとすると，「法律を誠実に執行」しないことにしたのは，いかなる根拠からか．最高裁に対する「礼譲」によってか．そうではなくて，違憲判決の効力については個別的効力説に立ちながらも，81条の解釈として最高裁の違憲判断に行政府も服すべき終局性を承認し，それを根拠に99条から生じる法的義務(行政府の職責)として，憲法の尊重・擁護に適合的な諸措置をとったものと理解すべきであろう．これに対して，立法府は22年もの間，違憲判決から生じた，憲法尊重・擁護義務に適う立法措置を採ることな

---

60) 以上につき，和田英夫「違憲判決の効力をめぐる論理と技術——尊属殺・薬事法両違憲判決を契機として」法律論叢48巻4・5・6号1頁(1976年)参照．

く放置したことは，それを正当化する理由を示しえない限り，法的義務を懈怠して憲法に違反したというべきであろう．

定数不均衡違憲判決の場合 1976年(昭和51年)の違憲判決[61]の場合，判決直前の1975年に定数改正が成立しており，立法府として違憲判決に直ちに対応する必要はなかった．1985年(昭和60年)の違憲判決[62]は，この1975年改正の定数配分を違憲としたものであるが，この定数配分規定に対しては，実は昭和58年判決[63]で「違憲状態」と宣告されていた．最高裁は，これらの判決を通じて，定数不均衡問題を選挙無効訴訟により争うことを認めると共に，定数不均衡の進行程度に合わせて，①不均衡の程度が「違憲状態」となっているが，改正に要する「合理的期間」はいまだ徒過されておらず，違憲でない，②「違憲状態」となって以降「合理的期間」が経過したので違憲である，③違憲ではあるが，「事情判決的法理」を適用して選挙は無効とはしない，という段階的な判断枠組を形成していた．そして，その後は，違憲判決に対して改正がなされ，それが最初は合憲と判断され，次に違憲状態に進み，そこで漸く改正がなされるという展開をたどってきた．違憲状態から違憲へ進まなかったことから見ると，合理的期間内に改正がなされてきたのであり，政治部門は最高裁の違憲(状態)判決に適切に対応してきた様に見えないわけでもない．しかし，合理的期間の判断に政治的考慮まで含めた様々な要素を組み込んで[64]極度に柔軟な総合判断手法を採用するに至っており，法的枠組として最低限必要な明晰性を失い，最高裁と立法府の間で「政治的駆け引

---

61) 最大判昭和51年4月14日民集30巻3号223頁．
62) 最大判昭和60年7月17日民集39巻5号1100頁．
63) 最大判昭和58年11月7日民集37巻9号1243頁．
64) 平成25年判決(最大判平成25年11月20日裁判集民事245号1頁)は，違憲状態を認定したが，合理的期間内に是正がなされなかったとは言えないと判断した．その際，合理的期間の判断基準として，「単に期間の長短のみならず，是正のために採るべき措置の内容，そのために検討を要する事項，実際に必要となる手続や作業等の諸般の事情をして，国家における是正の実現に向けた取組が司法の判断の趣旨を踏まえた立法裁量権の行使として相当なものであったといえるか否かという観点から評価すべきもの」と述べている．しかし，このような総合判断を行おうとする限り，政治状況を考慮した判断を避けることはできず，政治的に中立な法的判断の「外観」を保持することは困難であり，「法の支配」の担保者としての最高裁の信頼を自ら掘り崩すことになろう．問題が政治的であればあるほど，機械的に判断できる基準を設定するのが，政治の実効的な法的統制を実現する最善の方法ではないかと思う．

き」が展開しているような観を呈している[65].

　それはともかくとして，最高裁が設定した三段階の枠組で特に注目されるのは，違憲と無効を切り離す可能性を案出したことである．昭和51年判決によれば，憲法98条1項は，違憲の国家行為を無効とはしないことを禁じてはいない．なぜなら，98条1項は硬性憲法における一般的な原理を述べているだけで，違憲の国家行為の効力を具体的にどうするかを定めた規定ではないからだという[66]．しかし，98条1項をそのように解する根拠は何か．一般原理を基礎にした規定であることは確かであるが，だからといって規定に真正面から反する法的帰結（憲法に反する国家行為が「効力を有しない」とは限らないという帰結）が容認されるというためには，一般原理にすぎないということ以上の論拠が必要ではないか．そうでないと，憲法には一般的原理を定めた規定が多いから，その効力が根底から覆されてしまうことになろう．少なくとも，違憲の国家行為は無効であることを原則としながら，適切実効的な救済の必要に応じて，無効となる範囲や時期を柔軟に扱う解釈を採るべきではないかと思う．98条1項の「全部又は一部」という限定は，そのような解釈を可能とする手掛かりとなろう．昭和51年判決の採用した「事情判決的法理」は，そのような配慮なしに，違憲と無効を切断した[67]．それにより，同時に，濫用の危険の大きな

---

65) これを最高裁と政治部門との「相互作用」（平成27年判決の千葉補足意見）あるいは「対話」（佐々木・前掲注55）として好意的に捉える見解もあるが，私は「政治」から一線を画し明確な法的論理により政治を枠づける役割を負っているはずの最高裁が，一種の「パワー・ゲーム」に取り込まれており，憲法の想定する最高裁の役割とは整合しないと感じている．
66) このような見解を昭和51年判決以前に唱えていた学説として，鵜飼・前掲注35）がある．野中俊彦教授は，この判決以前に，定数不均衡訴訟の解決に事情判決の考えを応用すべきことを主張していた（野中俊彦『憲法訴訟の原理と技術』（有斐閣，1995年）322頁以下参照）が，その前提として，それが98条1項に反するものではないことの説明に同様の論理を採用する（野中・前掲注40）322頁参照）．本判決後には，井上典之『司法的人権救済論』（信山社，1992年）が，基本的には同様の理解を基礎にしながら，98条1項は違憲の救済方法に関する規定ではないという論理で，違憲と無効の切り離しを説明している．
67) 憲法98条1項は，違憲の国家行為は「効力を有しない」と規定しており，「違憲の国家行為は無効ではない」という命題とは真正面から衝突する．それを避けるためには，効力を有しない「部分」を限定するという解釈をするか，あるいは，法的効力をもたない規定であるとする以外にない．最高裁は「事情判決的法理」を法の一般原則として説明することにより，基本的には後者の論理を採用した．そうすると，問題は，法の一般原則あるいは基本原則が憲法規定をオーバールールしうる根拠は何かである．昭和51年判決には，この点の説明はなく，その後の判例も，説明を与えることなく踏襲している．もし，この基本原則が憲法により根拠づけうるならば，憲法上の原理として正当化しうるから，その原則が98条1

「事情判決的法理」を憲法上のあるいは超憲法的な原理として認知したのである．

　違憲判決の効力の問題との関係では，違憲と無効の切断は，個別的効力説からも一般的効力説からも，98条1項の解釈としてその切断が可能と解する限り，可能であろう．ゆえに，事情判決的法理を採用した最高裁が，違憲判決の効力につきどのような立場を採っているかを推論することはできない．違憲となった時点を明示していないから，一般的効力説とは整合しにくいとも，この判決からは言えない．というのは，選挙無効訴訟で争う限り，違憲判断を遡及適用する必要が生じることはまず起こらないから，違憲となった時点を明示しないと困るという問題が生じることもなく，事案の選挙時点で違憲かどうかを確定すれば足りるのである．他方，政治部門も，判決が定数配分規定とそれに基づく選挙が違憲であることは確定するが，定数配分規定を無効とは理由中でも宣言していないから，一般的効力説からの帰結である定数配分規定が廃止されたという問題には直面していない．したがって，改正しないまま次の選挙を行ったとしても，違憲の是正義務には反するかもしれないが，無効な定数配分規定による選挙ということにはならない．しかし，定数配分規定の違憲は確定したという理解に立つときには，選挙管理委員会がその規定による選挙を執行することは，憲法尊重擁護義務に反するのではないかという問題は生じるであろう．

2　先例(憲法判例)の拘束力

　「違憲判決の効力」として議論されてきた内容には，①狭義の違憲判決の効力の問題と，②違憲判決の「先例としての拘束力」の問題が存在する．両者は異なる問題を扱うものであり，明確に区別して検討する必要がある．①は，先に見たように，最高裁の法令違憲の判断が当該法令に対してどのような法的効果を生み出すかという問題であった．一般的効力説は，その判断が一般的・対世的効力を生み出すと考える．つまり，違憲という判断に消極的立法という法

　　項を制約するという解釈も可能となろう．しかし，憲法により根拠づけえないならば，憲法条項を制限するには，当該条項に法的効力はないとするか，基本原則を超憲法的原理として承認する以外にないであろう．判例には，この点の説明がないのが気になるところである．

的性質を見るのである．他方，個別的効力説は，違憲の判断にその法令を本件には適用しないという効果しか認めない．これに対して，本書では，最高裁の法令違憲の判断に違憲であることの一般的・対世的効力をもつ「確認」という効果を認めるが，法令を廃止するという形成的効力は認めない．

これに対して，ここで扱う②は，法令を違憲と判断した判決例が，先例として以後の裁判にいかなる効果を及ぼすかの問題である．より具体的には，後の裁判所がその判断に従うべき法的義務を負うかどうか，どの限度で負うのかを問題にするのである．しかし，①と②は，無関係ではなく，①につきどのような立場をとるかが②の理解に影響を与える．たとえば，①につき一般的効力説をとれば，違憲判断により法令は廃止されたと同じになるから，②の問題設定は，当該法令との関係では理論上は成立しえなくなろう[68]．後の裁判所は，先例に従って事案を解決するのではなく，適用法条がもはや存在しないという論理によって事案を解決することになるはずだからである．したがって，②の問題設定が成立しうるのは，個別的効力説を基本に思考する場合，あるいは，違憲と判断された法令と「同種の法令」が問題となる場合ということになる．

2.1 憲法判例の拘束性原則

憲法判例とは，直接には憲法上の争点につき裁判所が判断した判決例を指すが，そのような判決例が後の類似の事件において踏襲されている場合を指すこともある．いずれにせよ，憲法判例につき，それが先例として拘束力があるかどうかが議論されてきた．拘束力があるかどうかとは，後の裁判において，裁判所はそれに従う法的義務があるかどうかということであり，要するに裁判規範としての法的効力を認めるべきかどうかということである．したがって，憲法判例は憲法の「法源」かどうか，という問題として議論されてきたのである．

2.1.1 先例拘束の根拠

何を法源とするかにつき，判例法主義と制定法主義が区別される．

判例法主義　　判例法主義は，法は判例を通じて形成されると考えるもので，イギリスの法思考を母型とする英米法諸国で採用されている考え方である．個別具体的な事件の解決としての判決例(先例)が集積され，その

---

68)　ただし，他の「同種」の法令との関係では，先例として機能する．

相互関係の整序(その中心的技術が後述の「区別」である)を通じて徐々に法的ルールが形成・確立されていくとされる．イギリスのコモンローがその典型例である．そのイギリスにおいて，19世紀に法的安定性の要請を背景に「先例拘束性の原理」が確立される．先例に反する裁判が禁止されたのである．そのために，先例において適用されたルールと異なるように見えるルールを適用するためには，先例に反しないという説明が必要となった．その説明として，先例とは重要な事実関係において違いがあることを指摘する「区別」(distinguish)という法技術が発達し，判例法の発展を支えたのである．もっとも，20世紀になると，先例拘束を厳格に貫くと社会の変化に対応することが困難となる事例が増大してくる．それまでは，先例変更は議会の立法による以外に許されないとされていたが，それでは社会変化の要請に迅速に対応する柔軟性を欠くという認識が深まり，1966年に貴族院(イギリスの最高裁判所)により先例変更も限定的ではあるが可能であるとする判例変更がなされた[69]．しかし，法の形成の中心を担うのは判例であるという法思考は存続しているといわれる．もっとも，量的にいえば，現在では判例法よりは制定法のほうが圧倒的に多くなっている．判例法の変更のためのみならず，判例法の形成されていない領域を規律するために，制定法を必要とする事態が増大しているからである[70]．しかし，法の本源は判例法であり，制定法は判例法を必要に応じて変更し補完するものという考え方自体は継続しているといわれるのである．そのために，イメージとしては，誤解を恐れずいえば，法は「下から」生成してくるものであり，「上から」の命令ではないと観念されていることになる[71]．

---

69) 田中英夫「イギリスにおける先例拘束性の原理の変更について」法学協会雑誌84巻7号44頁参照．

70) イギリスで先例拘束の原理を厳格に貫くことができたのは，議会主権の原理の下に，立法による変更が可能であったからとされる．イギリス法を継受したアメリカ合衆国は，先例拘束の原理は受け入れなかった．硬性憲法である制定憲法により，憲法判例を変更するには憲法改正が必要であるという事情があり，イギリスのように議会の立法により対処するということができなかったからである．そのために，アメリカの連邦最高裁は，判例変更を比較的柔軟に可能としてきた．

71) 裁判権も権力の1つであるから，裁判所が形成する判例法を「下から」と観念するのは，明らかに誤解である．一般国民が訴訟当事者として判例形成に参加するから「下から」だというのであれば，議会による立法も，国民が選挙等を通じて参加する以上，「下から」という理解になろう．上からの法秩序形成観と下からの法秩序形成観につき，これと異なる理解を示す佐藤幸治『日本国憲法と「法の支配」』(有斐閣，2002年)，土井真一「法の支配と司

制定法主義　制定法主義は，法は立法という法定立行為により形成されると考えるもので，ローマ法を継受したヨーロッパ大陸諸国で多く採用された．そのために，英米法に対して大陸法と呼ばれている[72]．制定法主義の下では，通常，制定法は法制定機関の違いにより法律，命令等の法形式が区別され，その法形式間に効力の優先関係・上下関係が形成されている．これを「法の段階構造」という．日本国憲法の基本構造は，「憲法(国民)→法律(国会)→命令(内閣)→処分(行政機関)」である．これは，下位の法規範が上位の法規範の「授権」に基づき存立するという関係でもある．

　では，裁判所の行為は法の段階構造において，どこに位置するのであろうか．裁判所は，事案に適用される下位規範が上位規範の授権の範囲内にあるかどうかを統制する権力である．上位規範に反する下位規範は，原則的に効力を有さず，当該事案に適用されない．上位規範に適合しているかどうかの判断は，付随審査制においては，判決の理由中で述べられる．裁判所は，事案に適用すべき法規範が上位規範に適合すると判断した場合には，その規範が有効であることを認めたことになり，その規範に拘束されるから，自己の良心に反する(憲法76条3項参照)等の理由により適用を拒否することは許されない．最高裁判所は，法律等の憲法適合性の最終的判断権を有する(憲法81条)のみならず，一般に下位規範の上位規範適合性の最終的判断権を有すると解釈すべきである．そうすると，法律違憲の判断に含まれる，判決理由中に述べられた憲法解釈は，憲法条項の意味を最終的に確定する限りにおいて，法律以下の下位規範制定機関を拘束し，法律不適合(違法)判断に含まれる法律解釈は，法律の下位規範(法律を解釈し適用する機関が定立する規範)を拘束することになる．裁判所の判決・決定は，法の段階構造において「処分」(憲法81条参照)に属する性質の行為である．この処分は，事案に適用すべき合憲・合法の規範のうちの1つを選択して行ったものと理解すると，そこに本件事案に適用されるべき個別具体的な法規範の定立が含まれていると見ることも可能であるが，処分そのものには規範

法権──自由と自律的秩序形成のトポス」佐藤他編『憲法五十年の展望II 自由と秩序』(有斐閣，1998年)所収参照．
72)　英米法と大陸法については，高柳賢三「比較法学における大陸法と英米法」ジュリスト122号(1957年)2頁，望月礼二郎「大陸法と英米法」望月他編『法と法過程』(創文社，1986年)716頁参照．

の選択は存在せず，一義的な規範の執行という事実行為にすぎないと考えれば，そこに法規範の定立は存在せず，「法源」としての性格はもたないという理解になろう．判決に対し立法機関の定立した法規範の主観的・恣意的な解釈による法執行を禁止し，「機械的な適用」を強調した19世紀型大陸法思考においては，判決の法源性を否定するのが一般であった．しかし，判決が法を定立することは否定しても，判決が事実上先例として機能することは，大陸法系においても否定できない．

事実上の拘束力 戦後日本は，違憲審査権をはじめとする裁判制度については，アメリカの影響を受けた．しかし，法的思考方法としては，戦前に支配的なものとして確立されていたドイツ的な大陸法的思考法を存続させた．そのために，判例の法源性，法的拘束力を否定するのが一般である．しかし，判決例が先例として機能することは，現在では誰も否定できず，そこで通説は，判例には「事実上の拘束力」があると説明してきた．しかし，近時は，判例に法的拘束力を認めるべきである，その意味で法源性を承認すべきであるという議論が有力に唱えられている[73]．

2.1.2 憲法判例の法的拘束力の根拠と範囲

平等原則 判例に法源性を認めるべきかどうかに関する見解の対立には，裁判所の「判決を下す」という行為に，法定立の意味を認めるべきかどうかという問題と，判決が先例として機能し，そこから法が形成されると考えるべきかどうかという問題が混在しているように思われる．かりに判決には法規範を定立する性格は認めるべきではないという立場を採ったとしても，先例として機能する過程から法が形成されると考えることは可能である．

問題は，そう考える場合の憲法上の根拠である．判例が法として裁判官を拘束するとするためには，法の段階構造の論理からは，それが上位規範により承認(授権)されていることの説明が必要である．憲法76条3項は，「すべて裁判官は，……この憲法及び法律にのみ拘束される」と規定する．そうすると，判

---

[73] 田中英夫「判例による法形成——立法による法形成との比較を中心に」法学協会雑誌94巻6号1頁，佐藤・前掲注17)32頁，高橋一修「先例拘束性と憲法判例の変更」前掲注36)『講座憲法訴訟 第3巻』139頁，浦部法穂『違憲審査の基準』(勁草書房，1985年)77頁以下参照．

例が憲法または法律の一種だと議論できれば，それにより裁判官が判例に拘束されることを憲法上根拠づけることができることになる．しかし，これは解釈論としては困難であろう．判例は裁判所の行為(その結果)であり，法形式上憲法でも法律でもない[74]．ゆえに，判例が法的性格を獲得し，裁判官を拘束するためには，憲法76条3項とは別に，憲法あるいは法律の中に判例に従うべきことを裁判官に命ずる条項の存在することが必要となる．法律の中には，そのような趣旨の一般規定は存在しない[75]．したがって，憲法の中にそれを求める以外にないが，その役割を果たす規定として平等条項がある．判決例が先例として後の裁判を拘束するのは，憲法の平等条項を媒介にしてなのである[76]．

　先例が存在する場合，それと同一の事案に異なる解決を与えることは，平等原則に反する．したがって，平等原則の要請に反しないためには，事案が同一ではないことの説明が必要となる．これが英米法で論じられる「区別」(distinguish)という操作である．事案が先例とは異なるとして「区別」することに成功すれば，平等原則からは解放され，先例と異なる解決を与えることが可能となる．それが新たなもう1つの先例となって集積される．このような先例の集

---

[74] 「判例法」をここでいう法律の一種だと解釈することは可能かもしれないが，その前提として，判例から判例法が生じることの説明が必要である．制定法主義のもとでそれを行うことは容易ではない．

[75] 判例の法源性の法律上の根拠として，判例違反が上告理由(あるいは上告受理の理由)の1つとして規定されている(刑訴405条2号，民訴312条3項，318条1項)ことがあげられることがある．しかし，これは，判例に法的性格が認められるべきかどうかとは関係なく，単に上告できる場合を限定したにすぎない規定と理解することも可能であり，必ずしも判例の法源性の法律上の根拠とはいえない．また，裁判所法10条が，憲法上の争点につき初めての判断を行う場合，あるいは，違憲の判断を行う場合には，大法廷で行うことを定めていることも，大法廷と小法廷の役割(権限)分担を定めただけであり，判例の法源性の法律上の根拠とはならないだろう．

[76] 田中・前掲注73)5頁参照．先例拘束性の根拠を法的安定性・予測可能性に求める議論もあるが，これらの要請が法の段階構造のどこに位置づけられるものかが問題となろう．法の一般原則であるという説明の仕方が想定されるが，法の一般原則とは，超憲法的な法原則なのか，そうでないとしたら憲法上のいかなる原理により根拠づけられるのか．もちろん，憲法上の原理により根拠づけなければ，許されないということではない．憲法違反の原則は許されないが，憲法に直接の根拠がなくとも，憲法に違反していない限り許容される．その場合には，憲法の下で，法律と同位の法原則と位置づけるのか，それとも，法の一般原則という以上，法律の上にある原則と考えるべきなのか．こうした問題に答えることが必要であろう．私に答えがあるわけではないが，一応，憲法に根拠づけられない「法の一般原則」といわれるものは，憲法の下にはあるが，法律の通則として個々の法律に優先すると考えることができるのではないかと思う．「特別法は一般法に優先する」や「後法は前法に優先する」という法適用の順序に関する原則と類似の地位を見るのである．

積と先例間の整序から平等原則の要請の媒介を通じて判例法が形成されていくのである．したがって，判例(法)の法源性の憲法上の根拠は，平等原則ということになる．日本国憲法の解釈として，憲法14条は「不合理な差別」を禁止するものというのが判例・通説である．これを区別の問題と関連づけて理解すると，区別という操作は，先例と本件事案の間には違いがあり，平等原則の適用はない，つまり，両者の間に「差別」は存在しないということを論証する作業だということになる[77]．

判決理由と傍論 英米法において，先例が法的拘束力をもつのは，理由中に述べられ，事案の結論を導く決め手となっている「判決理由」(ratio decidendi)の部分であり(「主論」といわれることもある[78])，それ以外の議論は「傍論」(obiter dictum)と呼ばれる．ゆえに，上述の「区別」は，「判決理由」と「傍論」の区別と重なることになる．事案の解決は事実への法の適用から成るから，判決理由も事案を構成する主要な諸事実とそれに適用された法的ルールから成る．事案を特徴づける事実 $F_1, F_2, \ldots F_n$ が存在するときには，法的ルール R が適用され，C という結論となる，というのが「判決理由」として先例となる．しかし，付随審査制における憲法判例はこのような判決理由とは必ずしも同じではない．特に文面上判断の場合には，そこで問題となる事実は「立法事実」である．立法事実 $L_1, L_2 \ldots L_n$ が存在するとき，一定の憲法解釈に基づき，法令は文面上合憲あるいは違憲となるというのが，憲法判例の構造であろう．

この場合，憲法判例には，①憲法の意味解釈，②立法事実の認定，③法令の憲法適合性の判断を含んでいる[79]．これに対して，適用上判断の場合は，司法事実が問題となるから，先例の理解は通常の「判決理由」の場合とほぼ同じよ

---

77) 先例と本件事案は「同種」であり，平等原則の適用はあり，先例と同じ扱いをすべきであるが，何らかの理由で異なる扱いをすることも正当化できるという場合も，「事案を異にする」という「区別」の操作に含まれていると思われるが，ここでは単純化して，「同種ではない」という判断を「区別」と理解しておく．同種ではないと区別しうる場合には，平等原則の適用はなく，先例には拘束されないのである．
78) 金築誠志「主論と傍論――刑事判例について」司法研修所論集 1973-II, 125 頁参照．
79) 伊藤正己「憲法判例の変更」(『憲法の研究』(有信堂，1965 年)177 頁以下)が，憲法判例を憲法解釈として採用された「論理過程」をいうと説明するとき，そこで考えられているのは，①から③の全体を含む理論構成と思われる．

うに考えることができよう．それでも，憲法判断の基礎となる「評価用事実」が関係するから，自ずと性格を異にする面も存在すると思われる．

2.2 憲法判例の変更

先例としての憲法判例は，平等原則の要請によって後の同種の事案を拘束する．先例の射程に入る「同種の事案」と認定された場合には，先例と同じ扱いをするのが原則である．しかし，何らかの事情により，同じ扱いをすべきではないとされることもありうる．同種の事例であるのに異なる扱いをするのは「差別」である．差別が許されるのは「差別の合理性」が論証される場合である．そのとき，憲法判例の変更が生じ，それまでの先例を変更した判決例が新たな先例となって，以後の裁判を拘束することになる．

2.2.1 許容性

憲法判例の変更が許されるためには，「差別の合理性」の論証，つまり正当化が厳格になされなければならない．憲法判例は憲法の規範的意味を構成するものであるから，憲法判例の変更を安易に行うことは，憲法改正を脱法的に行うのと同じ意味をもつからである．憲法判例により一旦決めた意味は，以後憲法としての形式的効力を獲得するから，その変更は憲法改正手続によってしか許されないという立場も，理論上は成り立ちうるところである．しかし，現実には，硬性度の高い憲法の場合，改正手続が厳格となっているから，以前の憲法解釈の不都合さが明らかになっても，その修正が簡単ではないという問題が生じる．法律解釈の先例は，たとえ先例変更を禁止しても，不都合であれば法律改正により修正できるが，憲法解釈の先例は，そうはいかない．このために，憲法判例の変更は，拘束性の原則を緩めるべきだとされるのである．しかし，そうはいっても，安易な変更を許したのでは，裁判所が保障すべき立憲主義・法治主義が最高裁自らの手で空洞化される危険が生じるから，変更には厳格な正当化が要求されるのである．

憲法判例の変更が問題となるのは，ほとんどが先例となっている合憲判決の違憲判決への変更である．この場合には，変更の許容性自体が問題となることは稀で，むしろ違憲判断の効果をどの程度まで過去の事例に遡って適用するかという「遡及効」の問題，あるいは，その適用時点を未来の一定時点に延期することが許されるかという「将来効」の問題がより重要な問題として論じられ

ることが多い．これに対して，先例となっている違憲判決を合憲に変更する場合には，理論上それが許されるかどうか自体が重大な問題となる．

狭義の違憲判決の効力につき，一般的効力説を採る場合には，法令の文面上違憲判例の変更という問題は，論理上起こりえないといわれることがある[80]．先の違憲判決により当該法令が廃止されたとされるから，判断の対象がもはや存在しないのであり，その法令の合憲への変更は裁判所が新たな立法を行うのと同じ意味をもち，憲法41条に反するからである．しかし，憲法判例とは，当該法令が違憲かどうかだけを指すのではなく，むしろその法令を違憲とした「論理過程」[81]を指すのだと考える場合には，それによれば違憲となるべき「同種の法令」が審査対象となった際に[82]，先の憲法判例を放棄・変更して合憲判断を行うということは，十分に想定しうる．

したがって，ここで考察するのは，個別的効力説に立つか，あるいは，法律委任説に立ちながらこの問題を規律する法律が制定されていない場合に生じる問題ということになる．なお，合憲限定解釈も部分的な違憲(の疑い)の判断を含む判決であるから，その判断を合憲の方向に変更する判決は，ここで考察対象とする違憲判決の変更と同様の問題を提起する．

2.2.2 憲法判例が変更された事例

2.2.2.1 合憲から違憲への変更

法令違憲判決がこれまで10件存在するが，そのうちで合憲から違憲に変更された事例には，2種類が存在する．1つは，以前の合憲判決を変更して違憲とした純粋な判例変更であり，尊属殺重罰規定違憲判決[83]がその例である．もう1つは，当初合憲であった法令が立法事実の変化により違憲となったというものである．これは，以前の合憲判決との「区別」が可能であり，正確には

---

80) 宮沢俊義〔芦部信喜補訂〕『全訂日本国憲法』(日本評論社，1978年)685頁．
81) 伊藤正己・前掲注79)参照．
82) 立法府が違憲判断に全面的には納得せず，多少の変更を加えた上で基本的には同種というべき法令を制定して最高裁に「挑戦」した場合とか，あるいは，違憲とされた条例と同種の他の自治体の条例が審査対象となるような場合が考えうる．
83) 最大判昭和48年4月4日刑集27巻3号265頁．変更前の尊属殺人罪規定の合憲判断は，最大判昭和25年10月25日刑集4巻10号2126頁により行われたが，先例を尊属殺人罪についての判断ではなく，尊属に対する犯罪の重罰規定とみれば，この場合の先例は尊属障害致死罪重罰規定を合憲とした最大判昭和25年10月11日刑集4巻10号2037頁ということになる．

判例の変更ではなく，新しい判決例というべきであるが，判断対象の法令に着目すれば，その法令が合憲から違憲に変わるから，憲法判例の変更事例として挙げておく．2つの定数不均衡違憲判決，在外国民選挙権制限違憲判決，国籍法違憲判決，婚外子相続分差別違憲決定がその例である[84]．

2.2.2.2 違憲から合憲への変更

違憲判決があっても，一般的効力説を否定して違憲判断の効果を違憲確認にとどめる限り，違憲とされた法律を立法府が改廃しなければ当該法律は形式的には存続し続けるから，その間に立法事実の変化が生じれば合憲へと判例変更を行うことは，理論上は可能である．しかし，実際には，ほとんどの場合，早期の法律改正が行われ，判例変更が問題になることはなかった．改正までに長期間かかった尊属殺人罪の場合でも，法律改正の議論が国会で棚上げされている間，尊属殺人罪での起訴は控えられていたので裁判所で判例変更が問題となることはなかった．

これに対して，合憲限定解釈により合憲とされた判例を限定解釈しなくとも合憲であると変更した判例が存在する．合憲限定解釈は，普通に解釈すれば法令の適用対象に違憲的部分を含むという場合に行われるものであるから，この変更は違憲的部分を合憲と変更したことを意味する．公務員の労働基本権を制限した国家公務員法を合憲限定解釈した先例を変更し，合憲限定解釈などしなくとも合憲であると判断した全農林警職法事件判決[85]がその例である．

公務員の争議権に関する判例変更　全農林警職法事件は，1958年(昭和33年)に農林省職員により組織された労働組合が警職法改正に反対する目的で勤務時間内に職場大会を開催した際に，組合幹部が組合員に職場大会への参加を慫慂した行為が国公法98条5項，110条1項17号の禁止する「あおり行為等」に該当するとして起訴されたものである．国家公務員の争議行為禁止に関する先例となっていたのは，全司法仙台事件判決[86]であるが，この判決は，同日に出された地方公務員の争議行為に関する都教組事件判決[87]と共に，公務員の争議行為を一律全面的に禁止するのは違憲の疑

---

84) 各判例の宣告年月日については，337頁参照．
85) 最大判昭和48年4月25日刑集27巻4号547頁．
86) 最大判昭和44年4月2日刑集23巻5号685頁．

いがあるという判断を前提に，この違憲の疑いを回避するために「争議行為」を「あおる等」の行為という構成要件のそれぞれの要件を限定解釈したものであり，「二重の絞り」論と呼ばれてきた．しかし，都教組事件判決も全司法仙台事件判決も，結論においては多数が形成されたが，判決理由においては「二重の絞り」論は相対多数しか形成できていない．関わった14人の裁判官が，都教組事件判決においては多数意見7人（うち補足意見1人），入江意見，岩田意見，それと奥野判事等5裁判官の反対意見に分かれ，全司法仙台事件判決においては，多数意見6人，入江意見，岩田意見，それと奥野判事等5裁判官の意見，色川反対意見に分かれた．にもかかわらず，その後の憲法学は，「二重の絞り」論を先例としての憲法判例と理解してきた．

　全農林警職法事件判決[87]の意見分布は，多数意見が8人（うち7人が同一の補足意見に署名している），岩田意見，田中二郎判事等5裁判官の意見，色川反対意見である．この多数意見は，国公法の争議行為制限規定は，限定解釈をしないで一律全面禁止をした規定と解釈しても合憲であると判断した．違憲の疑いなどないから，合憲限定解釈などする必要がないというのである．先例が違憲の疑いを抱いた部分を合憲判断に変更したといってもよい．これに対して，田中判事等5裁判官の意見は，本件は違法な政治ストであり，先例によっても有罪の結論を出しうるのであるから，あえて本件に関係しない論点を採り上げて判例変更をする必要はないと批判した．この批判に対して，多数意見は，全司法仙台事件判決には過半数が賛成した「判決理由」は存在しないのであり，そもそも変更すべき先例があったといえるのかどうか疑問であると反論している．さらに，もし「二重の絞り」論が先例であるというなら，本件において「あおり行為等」への該当性が問題とされているのは「通常随伴行為」に止まるから，構成要件を充足せず無罪となるはずであるのに，有罪の結論に賛成するのであるから，自身も判例変更をしているのではないかと逆襲している．ところが，これに対する反論は，田中判事等5裁判官の意見には見られない．本判決において，先例の変更がなされたのか，そして，そもそも変更すべき先例が存在したのか，についての疑問が提起されたのに，憲法学界はこの問題提起を深く追

---

[87]　最大判昭和44年4月2日刑集23巻5号305頁．

究することなく,「二重の絞り」論を先例とし,本判決によるその変更を語ってきた.

　この問題にいち早く応答したのは,田中英夫教授である[88]. それによれば,過半数が賛成した判決理由を「発見」するのは,「裁判官の意見を整理した上で,一方の極から順次意見を足して行き,裁判官数が過半数に達するに必要な裁判官を基準に」行われるべきである. 全司法仙台事件判決の場合,色川裁判官は都教組事件判決で多数意見に加わっていたこと等から判断して,自己の反対意見が多数意見とならない場合には,形成された多数意見の方に加わるものと解して7裁判官の賛成を確定し,その上で,岩田意見と入江意見のうち多数意見により近いと判断される入江意見を加えて過半数を確定する. その場合の先例の内容は,入江意見により構成されることになる. 入江意見は,規制可能な争議行為を違法性の強弱により区別することには反対しているが,何らかの形で限定することには賛成している. また「あおり行為等」が通常随伴行為を含まないことには賛成している. そうすると,多数意見とは内容を異にするとはいえ,「二重の絞り」には賛成していることになり,これが先例だというのである. したがって,全農林警職法事件判決の多数意見は,この先例を変更したという理解になる. 田中英夫教授は,私の理解する限り,このように論じた[89].

---

[88]　田中英夫「全農林警職法事件における判例変更をめぐる諸問題」ジュリスト536号(1973年)56頁.

[89]　私自身は,この田中教授の判例理解の仕方から多大な教示を受けつつも,全司法仙台事件判決の理解については納得し難いものを感じる. それは,色川裁判官を含めた7人の多数意見と入江意見と岩田意見の位置関係の理解についてである. 3つの意見は,国公法による争議行為の禁止は違憲的部分を含んでおり,限定解釈が必要だと考える点では共通であるが,どの程度の限定が必要かについて見解を異にした. 限定の程度・範囲が大きいものから順に並べると,多数意見・入江意見・岩田意見の順となるというのが田中論文の主旨であると私は理解したが,私自身は入江意見・多数意見・岩田意見の順序ではないかと思うのである. もしそうだとすると,過半数を獲得して「判決理由」をなすのは,入江意見ではなく,多数意見ということになる. さらに,田中論文は,多数意見も入江意見も「二重の絞り」論を採用しているので,それが判例となっていると解し,ゆえに,全農林警職法事件判決はそれを否定したので,判例変更が行われたと解しているが,この点についても,私は疑問をもつ. 多数意見の「二重の絞り」論をどう理解するかに関係するが,確かに入江意見は「二重の絞り」と特徴づけるに相応しい内容であるものの,多数意見は「二重の絞り」と捉えることは,ミスリーディングではないかと思うからである. なぜなら,多数意見は,「違法性の強い」争議行為の場合には,「あおり行為等」が通常随伴行為かどうかに関係なく有罪となり,通常随伴行為かどうかを問題として「あおり行為等」を限定するのは,「違法性の弱い」争議

では，田中二郎判事等 5 裁判官の意見は，全司法仙台事件判決と整合しているのであろうか[90]．全司法仙台事件判決の場合，新安保条約に反対する目的の「政治スト」であり，違法性の強い争議行為ということになり，その「あおり行為等」も組合幹部が組合員外の第三者と「共謀」して行ったものであり，「通常随伴行為」とはいえないという認定がなされ，ゆえに二重に絞った構成要件に該当し有罪とされた．ところが，全農林警職法事件判決の田中判事等 5 裁判官の意見は，警職法改正に反対する「政治スト」であったことには触れているが，どこに「通常随伴行為」ではない点を見ているのかについては言及していない．あたかも，政治ストであれば「あおり行為等」が「通常随伴行為」かどうかに関係なく，処罰できると考えているかのようである．そうだとすると，「通常随伴行為」ではないことを要求した全司法仙台事件判決の変更といわれてもしかたがないであろう．しかし，全司法仙台事件判決を都教組事件判決と比較して理解すると，都教組事件における争議行為は違法性が弱いものであったのに対し，全司法仙台事件の争議行為は違法性が強いことを指摘している．そうすると，都教組事件判決の理解として学説により定式化された「二重の絞り」とは，違法性が弱い争議行為の場合の判例理論であり，違法性の強い争議行為については，「二重の絞り」は先例とはなっていないという理解となる．だからこそ，全農林警職法事件判決の 5 裁判官の意見は，違法性の強い争議行為であることだけを理由に有罪の結論を主張しているのであり，判例変更を行っているわけではないのである．

判例変更の批判 多数意見から，自分自身も判例変更をしているのであるから，多数意見の判例変更を批判する資格はないという趣旨の反論を受けたものの，5 裁判官の意見が行った多数意見による判例変更に対する批判は，一考の価値がある[91]．批判の内容は，次のように整理できよう．

行為の場合と考えていると思われるからである．だからこそ，全農林警職法事件判決における田中判事等 5 裁判官の意見は，そこでの争議行為を全司法仙台事件判決の場合と同様に違法性の強い争議行為と捉え，通常随伴行為かどうかを問題とすることなく，有罪の結論に賛成しているのではないかと思うのである．
90) この点については，田中・前掲注88) も論じていない．
91) 7 人の裁判官が署名した補足意見が判例変更を必要とする理由を説明している．いくつかの理由を挙げているが，最も重要な指摘は，全司法仙台事件判決の「二重の絞り」が構成要件を不明確にし，罪刑法定主義に反する結果を生み出しており，また，実務に大きな混乱

①判例変更は，それがどうしても必要な場合に限定されるべきである．本件の争議行為は，憲法28条による争議権の保障の範囲に含まれないことにほとんど異論はなく，この点についての判断だけで本件の処理としては十分であるから，あえて勤労条件の改善・向上を図るための争議行為を禁止しうるかどうかにまで立ち入って判断し，判例変更をする必要はないし，すべきでもない．②憲法判例の変更は，実質的には憲法改正に匹敵するものであるから，他権力や国民の支持を得られるような場合に限定されるべきである．③僅少差の多数によって判例変更を行うことは，極力避けるべきである．

①は，付随審査制における違憲審査に本質的な理念を基礎にした議論である．抽象的違憲審査制が憲法問題に早期に決着をつけ，憲法秩序の安定性を守ることを重視するのに対し，付随審査は憲法に関する理解が具体的な争いの中で成熟するのをまち，論点が具体的に煮詰まったところで決着を付けようとする制度である．そのような過程を経て決着が付けられた先例は，「区別」の技術を駆使して諸ルールを分岐させながら運用・精錬し，その結果どうしても判例変更が必要であることが誰の目にも明らかになったところで行うのが，憲法判例のあるべき姿なのである．本件の場合，憲法による保護の範囲外の事例であるとすれば，適用上合憲により処理することも可能であり，自己の憲法思想に合わないからといって文面上判断を急ぐべき事案ではなかったと思われる．

②は，理論上は，憲法判例の変更は憲法改正と同じかという難しい問題をはらんでいる．憲法改正と同じだと考えれば，最高裁といえども憲法改正手続の脱法は許されないのであり，違憲の行為だということになろう．しかし，憲法解釈が憲法制定行為でないのと同様に，憲法判例の変更も憲法改正ではないと考えるべきである．問題は，それをどのように説明するのかであろう．憲法解

を生みだしているという点である．田中・前掲注88)参照．たしかに，全司法仙台事件判決の合憲限定解釈により，公務員の争議行為がどこまで認められるのかが不明確となっていることは否めない．しかし，問題の出発点は，全面一律の禁止が憲法に反するのではないかということにあった．この解決として，法令違憲，合憲限定解釈，適用違憲という手法があるが，その内のどれを採るのがよいかという問題だったのである．ゆえに，出発点を認めれば，合憲限定解釈が不明確性を生みだして好ましくないというのであれば，法令違憲あるいは適用違憲を採用すべきだという批判となり，議論が嚙み合うことになるが，多数意見は出発点を異にし，全面一律の制限も合憲であるという判断を前提としている．したがって，相手に対する批判が自己の立場の積極的論証にはならないのであり，いわば当事者適格を欠いた外在的な批判にすぎないのである．

釈の限界という問題に帰着するが，ここでこの問題に立ち入る余裕はない．ここでは，最高裁には憲法の意味を解釈により「終局的」に確定する権限があるが，そこで確定された意味は，制憲者の許容した意味でなければならないことは当然であるとしても，許容された唯一の意味であるとは限らないと理解しておこう．したがって，最高裁が確定した意味に他の権力は従わねばならないが（「終局的」という意味)，最高裁自身は，解釈として許される範囲内で以前に確定した意味を変更することは許される（憲法改正ではない）と私は理解する．しかし，憲法改正との限界問題であるから，その必要性・相当性・適切性が十分に説得的に説明されなければならない．本件における多数意見がその説明責任を果たしているかどうかの判断ということになる．

③は，判例変更は，理性に従った熟慮の結果としてなされるべきであり，数の力による憲法思想の押しつけとなってはならないという要請である．特に日本のように，最高裁判事の在任期間が実際上7年前後となるという運用がなされている場合，平均的には毎年2人程度の裁判官が入れ替わることになる．しかも，任命権は内閣がもつのであり，時の政権が最高裁の多数派形成に介入しやすい状況が生み出されている．実際，本件の判例変更は1票差で行われたのであり，しかも，先例（全司法仙台事件判決）から4年後であるが，その最大の原因は，裁判官の交替にあった．付随審査制の長所を生かすためには，個々の裁判官が自己の個人的な信念を抑え[92]，制度の良好な運用を考えた判断をすることが期待されるのである．

2.3 違憲判決の効力発生時期——遡及効と将来効

法令違憲の判断は，法令の違憲無効の効果を「形成」するものか，違憲を「確認」するだけなのかという問題につき，形成力を認める場合には，違憲判決は消極的立法となり，その効果は原則的に将来的と考えねばならない．立法につき例外的に遡及立法が認められるのは，立法の適用が受益的である場合に限定されるから，形成的違憲判決も将来に向かってしかその効力を発生しない

---

[92] 自己の信念に反する判決を行えといっているのではなく，判例変更をすべき場合かどうかも重要な考慮要素とすべきだという意味である．小嶋和司「憲法判断の変更」(清宮四郎他編『新版 憲法演習 3』(有斐閣，1980 年) 209 頁) は，自己の信念に従った解釈に基づく判断をすべきだというが，自己の信念を述べておく必要があると考えた場合には，補足意見で述べることができるのである．

というのが原則ということになろう．ところが，付随審査制における法令違憲判断は，通常，過去に生じた紛争に適用すべき法令の審査であり，法令違憲の判断は，法令無効の形成的効果を過去に遡及適用することを意味している．しかし，そのすべてが利益供与の効果を持つことを確保することは不可能であろう．法令の適用は，当事者の一方に有利であれば，他方には不利であるのが通常である．そうだとすれば，違憲判断の法的性質を「形成」に求めることは，付随審査制とは整合しがたいということになろう．

原則遡及と例外の可能性　違憲判断の法的性格を違憲の「確認」に見る場合には，違憲と確認された法令は，制定当初から違憲であることが確認されたと理解するのが原則である．付随審査制における違憲確認は，通常，過去に生じた事案に適用する法令についてなされるから，その時点を含めて当初から違憲であったとする理解と整合的である．例外的に，過去の一定期間につき違憲確認の効果を適用しない場合には，そのための法的根拠が必要となる．憲法に根拠を見出すことができればそれにより，できなければ法律の定めによることになる．法律にも定めがなければ，判決理由の中で判示することも可能である．

　先ず，憲法上の根拠については，98条1項が候補となりうる．なぜなら，本項は違憲の法令の効力について規定しているからである．実際，違憲と確認された法令の効力の「範囲」の問題は，98条1項の解釈問題と解することができる．本項は，違憲の法令を効力あるものと扱うことを禁じている．それが後の裁判を拘束することになるが[93]，その効果が及ぶ「範囲」については，その「全部又は一部」は効力を有しないと規定する．しかし，それ以上の定めはしていない．そこで，遡及効あるいは不遡及効の問題もこの「範囲」の問題と解し，その決定は憲法自身は行わず，立法府あるいは司法府の判断に委ねていると解することにする[94]．法律により定めれば，それが優先するが，法律の

---

[93]　それが立法や行政をどのように拘束するかの問題は，違憲判決の効力の問題として既に述べた．ここでの先例拘束の問題は裁判の問題であり，立法・行政には関わりない．

[94]　違憲法令を無効と扱う時間的範囲を限定することは許されるが，その極限としてその範囲をゼロにまで収縮することは許されるのであろうか．定数不均衡に関する「事情判決的法理」は，この問題を投げかける．98条1項は，法の段階構造から生じる一般論を規定したにすぎず，具体的な効力の問題を定めたものではないという説明がなされたが，98条1項の法的性格を否定する解釈である．このような憲法解釈が許されるとすれば，都合の悪い条

定めがなければ，司法府が決定し判決理由で説明することができると解する．司法府の決定に委ねられている場合には，実際上は，個別的効力説を前提に先例の拘束力の問題と考えるのと同じに帰するであろう．違憲判決(違憲確認)により法令を無効と扱う範囲の問題を訴訟手続の問題と考え，それを最高裁判所規則で定めるとすれば，先例の問題とはならないが，現在そのような規則は存在しないし，おそらく今後も定められることはないであろうから，この「範囲」は個々の判決の中で決定する以外にないであろう．そうだとすれば，後は先例の解釈の問題に帰着すると思われるのである．したがって，違憲判決の遡及効という問題は，「確認」説に立つ個別的効力説あるいは法律委任説においては，先例の解釈の問題として理解されることになろう．つまり，先例が違憲判断(確認)の及ぶ時間的範囲をどのように考えたのかの解釈である．「確認」説においては，特に言及がなければ，制定当初から違憲であったと確認されたと解すべきであるから，特に言及されるのは，途中から違憲になったという場合である．判決理由中に違憲となる時点が明示されていれば簡単であるが，明示されていない場合には，何が先例かを解釈する一環としてその時点の確定が問題となりうるのである．

将来効判決の可能性　このような先例の解釈の前に，そもそもそのような先例を形成すること，つまり，違憲となる時点を判決の中で決定することが許されるのかが問題となる．過去の一時点で合憲から違憲に変わることは，合憲性を支える立法事実が変化すれば起こりうることであり，現実に最近の最高裁判例にはいくつか見られる[95]．立法事実の変化により合憲から違憲に変わるということは，事情の変更を理由に「区別」が可能な事例であるから，判例の変更でさえなく，違憲となったとされた時点に遡ってそれ以降違憲と扱うにすぎず，その許容性に理論上の問題はない．問題を提起するのは，違憲となる時点として将来の一時点を選びうるかどうかである．将来効判決といわれている判決手法である．日本では，たとえば，議員定数不均衡の判決の可能性として，これが論じられている．

文はすべて法的効力をもつ規定ではないと解することが可能となろう．
95)　定数不均衡違憲判決，在外国民選挙権制限違憲判決，国籍法違憲判決，婚外子相続分差別違憲決定がその例である．判決の宣告年月日については，337頁参照．

定数不均衡を平等原則違反として選挙無効訴訟で争う場合の枠組として，前述のように，最高裁は次のような三段階の議論構造を確立している．第一段階として，不均衡が平等原則に反するというべき状態に至っているかどうか．違憲状態というべき場合には，第二段階として，それを是正するために必要な合理的期間を徒過しているかどうか．徒過していれば，違憲という判断になる．その場合には，第三段階として，違憲の定数配分に基づく選挙は無効とされるべきかどうか．「事情判決的法理」により，選挙を無効とすることを回避することがありうる．

これまでの最高裁判決には，違憲とされた事件が2件存在するが[96]，いずれも事情判決的法理を適用して選挙無効は避けられた．事情判決は，行訴法31条に規定されている制度であり，違法な行政処分を取り消すことが公益を著しく害するという事情のある場合には，違法であることを宣言するにとどめ処分の取消はしないことができるというものである．ところが，選挙無効訴訟につき行訴法の準用を規定する公選法219条は，行訴法31条の準用を排除している．争われた選挙区の選挙が違法であれば，選挙を無効にして再選挙することこそ公益に適うのであり，選挙無効を回避してまで守るべきような公益は存在しないと立法者は判断したのである．

にもかかわらず，昭和51年判決の最高裁は，行訴法31条を準用するのではなく，その規定の背後にあってそれを支えている一般的な法原則として捉え直し（それをここでは「事情判決的法理」と呼んでいる），その適用として選挙無効を回避したのである[97]．その際に，選挙を無効とすることにより生じうる著しい公益侵害の1つとして，選挙無効とされた選挙区の代表者がいない状態で定数配分規定が改正されることになるという問題点を指摘している．たしかに，定数配分で不利に扱われている選挙区の選挙が無効とされ，本来与えられるべき定数より少ない数の代表者さえいなくなってしまった国会で，つまり当該選挙

---

96) いずれも衆議院議員選挙に関するものである．最大判昭和51年4月14日民集30巻3号223頁，最大判昭和60年7月17日民集39巻5号1100頁．
97) それは，選挙無効の争いについては，違法ではあるが公益保護の観点から選挙の効力を維持しなければならないというようなことは想定しえないという立法府の判断を最高裁がオーバールールしたことを意味する．しかも，その根拠とした「法の一般原理」は，憲法上の根拠づけを与えられておらず，憲法さえも超越するかの議論によってである．

区の利益を代表する議員がいなくなってしまった国会で，定数配分の改正法律を審議するというのは，「異常事態」である．もしこの場合に，選挙無効の効力が改正の審議に必要な一定期間経過後に発生するという将来効判決を出しうるとすれば，少なくともこの問題の解決にはなる[98]．実際に，最高裁判決の少数意見の中に，このような意見が表明された例がある[99]．適法に係属している訴訟の解決策として出される判決であるから，それが事案の最善の救済方法である限り，その創設は司法権の権限内のものと認めるべきである．法律に定めのない救済方法であるから，それは許されないと考えるのではなく，救済方法に関しては，法律に特に禁止が定められていない限り，法律の定める第一次規範(primary law)の違反に対する適切な救済方法の創造は，裁判所の権限として認められるべきなのである[100]．立法権の簒奪と解すべきではない．立法府が具体的な救済方法を適切でないと考えるのであれば，それを禁ずる趣旨を法律で定めればすむことである．

先例の遡及的適用　先例が適用されるのは，先例が形成されて以後の裁判においてである．その裁判が先例と同種の事案であり，「区別」ができなければ先例通りの判断がなされる．では，先例が確立する前に先例と同種の事案が争われ，その後に確立されることになる先例とは異なる判断がなされて確定し既判力が生じている場合に，その後に確立された新たな

---

98) 選挙を無効とすることにより生じうる「所期せぬ結果」として多数意見は他の問題も指摘しており，将来効判決はそれらの問題に対する解答にはならない．たとえば，すべての選挙区選挙が無効となり，国会が成立しなくなってしまったらどうするか．現行法上は，比例代表選挙により選ばれる代表者により定足数(各院の3分の1)を充たしうるが，異常な事態であることに変わりはない．しかし，全小選挙区の選挙が無効となりうるのは，定数配分規定を不可分と扱うことにしたからである．可分論に改め，平均的な配分を得ている選挙区の選挙は違憲無効とはならないという理論を構成すれば，この問題は回避しうるのである．将来効判決にしたからといって，定められた期間内に改正が行いえずに選挙が無効となるということは，想定しておかねばならない．したがって，選挙無効訴訟で争うことを認める限り，この問題への解答を用意しておく必要があるが，憲法に根拠のない「事情判決的法理」を持ち出すような無理な理論構成をするより，選挙法上の解釈として定数配分を選挙無効訴訟上は可分と扱うという処理をしたほうが，はるかに妥当な結論となったと思う．高橋和之「定数不均衡違憲判決に関する若干の考察」法学志林74巻4号79頁参照．

99) 昭和58年11月7日大法廷判決(民集37巻9号1243頁)の谷口等意見，平成27年11月25日大法廷判決(民集69巻7号2035頁)の大橋反対意見．なお，大橋反対意見は，定数配分規定につき，可分論にたつと理解できる議論をしている．

100) 田中英夫「定数配分不平等に対する司法的救済」ジュリスト830号(1985年)41頁参照．

先例に照らして既決の判決を見直すということは許されないであろうか．これが先例の遡及的適用の問題である．たとえば，尊属殺重罰規定違憲判決は，確定し既判力が生じている判決に対してどのような効果を及ぼすべきかという問題である[101]．もし有罪が確定し受刑中の者が人身保護法に基づき人身の解放を求めてきたら，裁判所はどうすべきか．あるいは，服役の終わった者が，国家賠償や刑事補償を求めて出訴したら裁判所はどうすべきか．既判力の尊重という公益との利益衡量の問題となろう．

判例の不遡及的変更　判例変更をする場合，先例に依拠して行為した当事者の利益を侵害してよいのかという問題に直面する．憲法判例の変更には，合憲を違憲に変更する場合と違憲を合憲に変更する場合がありうる．いずれの場合も，憲法の本来のあり方を確保しようとするものであるから，新たな判断が遡及的に適用されるのは当然のように思われる．そもそも，憲法上誤った先例に支えられた「利益」は，憲法上尊重されるべきものではないはずである．しかし，先例をめぐって成立している利益状況は，それほど単純ではない．例えば，合憲とされていた法令を時間的な限定を付けないで違憲に変更すると，当初から違憲であったことが確認されたことになり，その法令を基礎に重層的に法関係が形成されている場合には，違憲判決が新たな先例として機能することにより，それらの法関係がすべて覆され法的安定性が耐え難いほどに損なわれる危険性が生じる[102]．このような場合，旧先例により形成されている法関係はそのままにしながら，将来に向かって憲法判例の変更を行いたいという問題が生じるのである[103]．憲法判例の変更は行うが，

---

101) 起訴前であった場合には，尊属殺人罪ではなく普通殺人罪で起訴し，訴訟係属中であった事件に対しては，尊属殺人罪で起訴していた事件を普通殺人罪に変更したが，これは違憲判決の効力に対応して憲法尊重・擁護義務に従った措置であり，先例の拘束力の問題ではない．
102) それまでの先例に従って裁判がなされ判決が確定して既判力が生じている場合は，「先例の遡及的適用」の問題となるので，ここで判例の不遡及的変更として問題としているのは，旧判例に依拠した事案でこれから裁判となるもの，あるいは，現在裁判中のものである．判例を変更する判決の中で不遡及を宣告しておけば，それが新たな先例として適用されることになる．
103) 判例変更の効果が将来に発生するので「将来効判決」と呼ばれることもあるが，本書で将来効判決と呼ぶものとは異なることに注意が必要である．本書で将来効判決と呼ぶのは，当該事案における違憲判断の効力を将来の一定時点に発効させる判決をいう．これに対して，ここで問題としている将来効判決は，本件事案では判例の効力を発生させず，今後発生する

その効果は将来に向かってしか生じないとするのであり，逆に言えば，その効果を遡及させないということであり，「判例の不遡及的変更」と呼ばれる．不遡及といっても，当該事案にさえも適用しない場合(純粋な不遡及的変更)と，当該事案には適用するが，先例としては将来に生じた事案にだけ適用するという場合がある．そのことが判決理由中に述べられることになるが，それはいずれも「傍論」ということになろう[104]．もっとも，純粋な不遡及を説く部分は，傍論ですらなく，勧告的意見であって許されないのではないかとの議論があるかもしれない．しかし，勧告的意見は，具体的事案と関係なく想定事例についての意見を述べるものであるのに対し，純粋不遡及の説示は当該事案と関連しての説示であるから，傍論と理解してよいと思われる．傍論は，後の裁判を拘束しないとしても，現実に先例として機能することはありうる[105]．もっとも，最高裁判例の中に，これまでのところ，判例の不遡及的変更を行ったものは存在しない．

全農林警職法事件判決による判例変更の場合　判例の不遡及的変更という問題との関連で検討しておく必要があるのは，全農林警職法事件判決による判例変更である．これは，合憲限定解釈の判決を全面合憲判決に変更したものであるが，合憲限定解釈が法令に違憲的部分のあることを前提としたものであることを考えると，その違憲的部分を合憲に変更した意味をもつのである．

違憲判断を合憲判断に変更する場合に生じる1つの問題は，特に刑事事件の場合，違憲判断の判決に依拠して行動した者の利益を保護すべきかどうかである．公務員の争議行為については，当初，争議行為はすべて違法であり，その「あおり行為等」を処罰するとされていたが，1969年(昭和44年)の都教組事件

事案について本件判決で決定した判例変更の効果を先例として適用するというものである．
104) 後者の場合は，違憲判断の帰結が主文に反映されるから，主文を導くのに不可欠の理由をなすのではないかという疑問もないわけではない．不遡及とすることによって初めて本事案における違憲判断の適用が可能なのであるとすれば，不遡及とすることと違憲判断は不可分であり「判決理由」を形成するのであり，先例としての拘束力をもつと考えるのである．おそらく，婚外子相続分差別違憲決定(最大決平成25年9月4日民集67巻6号1320頁)における金築補足意見および千葉補足意見はこのような理解ではないかと推測する．
105) 最高裁が先例として援用すれば，先例として機能したことになるし，わざわざ傍論として述べる場合には，先例として機能させることを意図しているのが通常であろう．しかし，理論的には，傍論に依拠した判例により新たな先例が形成されたと理解すべきであろう．

判決および全司法仙台事件判決により，処罰されるのは，違法性の強い争議行為に対する違法性の強い態様の「あおり行為等」に限定された．全農林警職法事件判決は，この限定解釈を変更して，それ以前の解釈に戻した．そうすると，昭和44年の合憲限定解釈に依拠して行った「あおり行為」等は，再度処罰対象となることになるが，これを処罰するのは，憲法39条の遡及処罰の禁止に反しないかの問題が生じる．

ところが，全農林警職法事件判決は，この点についてまったく論ずるところがなかった．これは，そこで問題となった行為が，上記昭和44年の判決が出される前に行われたものであったので，行為当時の解釈に変更して処罰することは，「実行の時に適法であった行為」を処罰するわけではないから，遡及処罰の問題を提起しないという理解があったからであろう．しかし，判例を変更すれば，この問題が生じる可能性は当然想定できるから，判例変更に際して，後の裁判でこの問題が生じた場合には，どのように判断するかを傍論で述べておくことは可能であった．そして，もし先例が出された時から先例変更までの間に先例に依拠してなされた行為には，新先例は適用しない旨を論じた場合には，判例の不遡及的変更が行われたことになる．しかし，それが行われなかったので，全農林警職法事件判決後に，この問題を争点とする事案が生じることになった．それが岩教組同盟罷業事件[106]である．

この事件では，国家公務員に関する全司法仙台事件判決を変更した1973年（昭和48年）の全農林警職法事件判決後で，地方公務員に関する都教組事件判決を変更した1976年（昭和51年）の岩教組学テ事件判決[107]前である1974年（昭和49年）に行われた地方公務員による争議行為が問題となった．昭和49年段階では，地方公務員に関する先例の都教組事件判決は，まだ変更されていない．そこで，下級審は先例に従って地公法37条1項および61条4号を限定解釈し無罪とした．ところが上告審が破棄差し戻し，差し戻し審で有罪となったので，憲法39条の遡及処罰の禁止に反するとして上告した．これに対して，最高裁第2小法廷は，「行為当時の最高裁判所の判例の示す法解釈に従えば無罪となるべき行為を処罰することが憲法39条に違反する旨をいう点は，そのような

---

106) 最2判平成8年11月18日刑集50巻10号745頁．
107) 最大判昭和51年5月21日刑集30巻5号1178頁．

行為であっても，これを処罰することが憲法の右規定に反しないことは，当裁判所の判例……の趣旨に徴して明らか」であると簡単に片づけ，この「当裁判所の判例」(上記……部分にあげられている判例)として3件を引用している．しかし，そのうちの1件は，旧刑訴法上上告理由と認められていた量刑不当と事実誤認を刑訴応急措置法が上告理由からはずしたのを憲法39条違反には当たらないと判示したものであり[108]，他の1件は，共同被告人の供述を憲法38条3項の「本人の自白」に当たるとしていた先例を変更したものであるが[109]，いずれも刑事手続上の地位の事後的な不利益変更であり，刑罰の構成要件の意味を変更した本件の先例とはいえないであろう．もう1件は，無謀運転と業務上過失致死罪とを観念的競合としていた判例を併合罪に変更したものであるが[110]，これも構成要件の意味解釈の変更とは性格を異にする．したがって，判例の不利益変更が遡及処罰に該当しないということが判例上確立されているとは，とてもいえない[111]．構成要件の意味の解釈の変更は，犯罪の事前告知機能の点からは，法律の変更に近いから，変更前に構成要件に該当しないとされていた行為に変更後の意味を適用して処罰することは，「実行の時に適法であった行為」(憲法39条)の処罰に該当すると解すべきであり，少なくとも遡及処罰禁止の精神に反するというのが，近時の学説においては通説であるといってよい[112]．

とはいえ，本件の場合，判例変更前の行為といえるかどうかには，問題がある．国家公務員と地方公務員では争議行為の制限につき重要な違いがあるから「区別」すべきであると考えれば，全農林警職法事件判決により先例は変更されていない．しかし，国家公務員と地方公務員という違いは，判決理由に組み込まれるほどの重要な事実の違いではないと考えれば，全農林警職法事件判決が国と地方を含めた公務員の争議行為についての新しい先例だという理解も可

---

108) 最大判昭和25年4月26日刑集4巻4号700頁．
109) 最大判昭和33年5月28日刑集12巻8号1718頁．
110) 最大判昭和49年5月29日刑集28巻4号114頁．
111) その意味で，本件は大法廷に回付すべき事案であったと思われる．今崎幸彦調査官の解説(最高裁判所判例解説刑事編151頁)は，これらの判例には「被告人に不利益な判例変更を行うことは憲法に違反しない」という最高裁の理解が黙示的に反映されているとの趣旨を述べているが，先例というものの理解を私とは異にするのであろう．
112) 田中・前掲注88)60頁，佐藤・前掲注37)『現代国家と司法権』377頁．

能であり，この場合には，判例変更後の行為に新しい判例を適用しているにすぎないということになる．本判決の河合補足意見は，判例変更は遡及処罰禁止には関係ないという点で多数意見に同意しつつも，行為時の判例に対する国民の信頼を保護する必要はあるという観点から，本件が保護を必要とする事案であったかどうかを検討し，被告は行為時に，全農林警職法事件判決により近いうちに都教組事件判決も変更されることは十分予測できたはずであるから，判例に対する信頼を保護する必要はなかった旨を述べている．全農林警職法事件判決を本件の先例と見るかどうかの違いであるが，事案の解決に考慮する諸要素は重なるであろう[113]．

第3節　違憲の救済方法

1　総　説

　付随審査制における違憲判断の法的性格は，基本的には違憲の「確認」であり，その結果が自らにあるいは他機関に対してどのような効果を及ぼすのかという問題を「第2節　違憲判決の効力」で扱った．第3節の「違憲の救済方法」で扱う問題は，事案の審査の結果違憲の判断に至った場合に，違憲の是正としていかなる措置を命ずるかという問題である．付随審査制においては，当事者の求める判決が法的に正当化されるかどうかが審査され，それに必要な限度で適用法条あるいは処分の違憲審査がなされる．そこでの違憲の判断は，通常，その法的帰結としての請求の当否に反映され，判決主文に表現されることになる．ゆえに，通常は，違憲の救済方法，すなわち，違憲の是正措置は，違憲を主張した当事者が求めた判決として現れる．そうだとすれば，違憲の救済方法は，刑事・民事・行政の各事件の救済方法に尽きるのであり，特に憲法訴訟における救済方法を別途検討する必要はないのであろうか．もし各訴訟法がいかなる憲法違反の主張も受け止めうる訴訟形態と救済方法を提供していれば，憲法訴訟としてはそのいずれか適切のものを選んで違憲論を構成すれば済むこ

---

[113]　河合補足意見の場合，河合判事自身が指摘しているように，違法性の錯誤は故意を阻却しないという判例の見直しが必要となるが，全農林警職法事件判決の射程の問題と構成すれば，そのような困難な問題には直面しない．

とになろう．しかし，実際には，憲法違反を争う適切・実効的な訴訟形態や救済方法が訴訟法に存在しない場合がある．処分違憲の場合には，その処分により不利益を受けた者に救済を受ける方法がないということは，稀だと思われるが，それでも高田事件114)においては，そこにおける違憲の「処分」が行為というよりは「状態」（「迅速な裁判」に反する状態）であったためもあってか115)，刑事訴訟法は当該事件の手続の内部での適切な救済方法を定めていなかった116)．だからといって，国家賠償により別途救済を受けうるから，それでよいというわけにはいかない．刑事手続上の権利の侵害は，刑事手続の内部で救済を受けることができなければ，裁判の正当性を保ちえないのである．そこで最高裁は，迅速な裁判を受ける権利の侵害があった場合には，「これに対処すべき具体的規定がなくても，もはや当該被告人に対する手続の続行を許さず，その審理を打ち切るという非常救済手段が執られるべきことをも認めている趣旨の規定であると解する」とし，審理を打ち切る具体的方法として免訴の言い渡しが相当であると判示した．免訴の言い渡しをすべき場合を定めた刑訴337条には，異常な裁判遅延に該当するような要件の定めはないが，事案の最も適切実効的な救済方法として免訴を「創造」したのである．

　法令違憲の場合，違憲を確認された法令は，憲法98条1項により，その「全部又は一部」が「効力を有しない」．つまり，違憲の法令を全面的に有効と扱うことを禁止しているのである．そこで，通常は，違憲の法令を無効と扱い，その法的帰結を判決として命じることが，違憲を救済する措置となる．しかし，違憲の法令を全面的に無効と扱うことが実効的救済とならない場合がある．その例とされたのが，違憲の定数配分規定の問題である．これを選挙無効訴訟で争う場合，最高裁の憲法及び選挙法の解釈によれば，違憲の定数配分規定を無

---

114) 最大判昭和47年12月20日刑集26巻10号631頁．起訴後正当な理由もないままに公判審理が行われず15年もの間放置された状態に置かれていたため，迅速な裁判を受ける権利の侵害であり違憲状態にあるとされたが，このような場合の救済方法が刑訴法に定められていなかったので，法創造的に免訴の言い渡しをすべきだと判断した事案である．
115) 行為が違憲であれば，その行為は法的に無効が原則であり，無効な行為から派生した結果を除去する是正措置を講ずればよいが，「状態」が違憲の場合，それを「無効」と観念することは困難である．
116) 迅速な裁判を受ける権利の違反は，刑訴法上，無罪の言い渡し（336条），免訴の言い渡し（337条），公訴棄却（338条，339条）のいずれの要件にも該当しない．

効とし，それに基づく選挙を無効としても，憲法に適合する定数配分が成立するわけではない．国会による法律改正が必要となるが，定数配分で差別を受けている選挙区の選挙が無効とされ，その代表者がいなくなってしまった国会で定数配分の改正を行うのは，背理であろう．こうして，違憲と選挙無効を切断する事情判決的法理が違憲の救済方法として案出された．違憲を是正する適切で実効的な救済方法が定められていない場合に，法に定めがないからといって訴えを退けるのでは，裁判を受ける権利の侵害である．ゆえに，裁判所は適切・実効的な救済方法を「創造」する権限が憲法上認められなければならない．しかし，問題は，事情判決的法理により選挙を有効と扱うことが，98条1項と整合しがたいことである．98条1項に整合する憲法及び公職選挙法の解釈により，適切・実効的な救済方法を創造することが可能であるだけに，再考を要する問題である．このことは既に述べたのでこれ以上立ち入らない．

違憲の法令を単純に無効と扱うことが実効的な救済方法とはならない場合として，平等原則違反と立法不作為の違憲がある．以下では，この2つの問題を採り上げる．

2 平等原則違反の救済方法

2.1 内容確定型人権の制限が平等原則に反する場合

自由権を制限する要件が制限目的との関係で過小包摂となっており平等原則に反するという場合には[117]，その要件を定める規定を違憲・無効とすれば平等権は回復されるから，その法的帰結を判決主文で宣告すれば救済が実現する．公益(公共の福祉)のために当該自由権の規制・制限が必要な場合に，平等原則違反で規制が無効となってしまうと，平等原則に反しない適正な改正を行うまでの間，公益が害されるという問題が生じるが，公益を配慮する第一次的権限・義務は政治部門にあり，権利保障を第一次的任務とする裁判所が公益維持の空白を避けるために過小包摂を修正する拡張解釈を，解釈として許される範囲を超えて行うとすれば，立法権の簒奪となろう．

---

[117] 制限を受ける自由権の側から見れば，それは手段が目的適合性を欠くということを意味する．

2.2 内容形成型人権の要件が平等原則に反する場合

　権利行使・享受のために国家の積極的行為が必要な人権の場合には，権利行使・享受の要件を定めた規定が平等原則に違反するとき，その規定を違憲・無効とするだけでは救済は実現しない．救済を求めている者は，権利の行使・享受から差別的に排除された者である．当然，権利享受を認める内容の請求を行っているはずである．それに対して，請求の根拠規定が平等原則に反して違憲無効であるから，原告の請求にも法的根拠がなくなり請求棄却というのでは，権利侵害の救済とはならない．権利保障を責務とする裁判所としては，何らかの救済方法を「創造」すべきではないだろうか．考えうる方法は，次のいずれかと思われる．

　第1に，結論として請求棄却はやむをえないが，判決理由中で違憲であることを判示し，後はその効果としての政治部門による是正措置に委ねる．これは，いかなる是正措置を採用するかは，政治部門の第一次的判断権に属するのであり，政治部門の判断を待たずに裁判所が是正措置を「創造」するのは，越権であるという考え方を基礎にする．従来の判例理論に整合的な考え方であろう．しかし，これでは，政治部門に対して是正措置を採ることを要請する「圧力」としては弱すぎる．そう考えれば，第2に，主文で違憲の確認を宣告する方法を考えることができる．何の確認を求める訴訟として構成するのか[118]，確認の利益をどう考えるのかなど[119]訴訟手続上の問題があることは別にして，確認訴訟が原理上可能であることに異論はないと思われる．しかし，政治部門に是正措置を促す手段として，判決理由中で違憲確認することと主文で違憲確認することの間に，大きな効果の違いがあるかどうかは，疑問である．法理論上は，政治部門に憲法99条の効果として憲法の尊重擁護義務に基づく是正措置を義務づけるという点では，違いはないのである．そこで，もう少し強力な救済方法を考えるとすると，第3に，権利行使・享受を認めるよう命ずる「給付」判決が考えうる．この場合，「給付」を根拠づける規定が平等原則違反で

[118) 法令違憲の確認を求める訴訟は，付随審査制の下における訴訟として構成しうるのかという問題が生じるであろう．これを避けるために，何らかの「地位」の存在の確認として構成しうるのかどうかが問題となろう．

119) 現実に権利利益が制約されているという状況がある以上，その排除方法として他に適切な訴訟形態がないかぎり，確認の訴えは肯定されるであろう．

全面的に無効となると考えると,「給付」命令は裁判所による全面的な「創造」ということになり,越権の疑問が生じるであろう.それを回避するために,「給付」すること自体に対する立法府の判断は違憲ではなく,「差別的」に給付する点のみが違憲無効であると解する必要がある.問題は,そのような解釈が可能かどうかであるが,それは法律の解釈問題に帰すると思われる.要するに,法律の趣旨が,「給付」することをベースライン(基本原則)とし,「給付」の範囲を「制限」していると解しうるかどうかである.

「制限」論の構成　　たとえば,社会保障における併給制限規定の合憲性を争った牧野訴訟[120]では,老齢福祉年金を支給することが基本原則となっており,それを夫婦の一方が既に受給していることを要件に「制限」したものと解することができた.ゆえに,制限が差別で違憲であるということになれば[121],基本原則に戻るのである.それは,自由権の制限の場合と理論的には同型の問題となる.また,婚外子相続分差別違憲決定[122]の場合も,相続分を嫡出子の2分の1に「制限」したという理解が可能であったので,制限をしていた民法900条4号の但し書きだけを無効として基本原則に戻ったのである.

国籍法違憲判決　　解釈論上難しい問題を提起したのは,国籍法違憲判決[123]である.改正前の国籍法3条1項は,「父母の婚姻及びその認知により嫡出子たる身分を取得した子……は,法務大臣に届け出ることによつて,日本の国籍を取得することができる」と定めていた.すなわち,父親による生後認知だけでは届出により国籍を取得することはできず,認知に加えて父母の婚姻が要件とされていたのである.国籍取得に関するこの要件の定め方は,生後認知を受けた子につき,父母の婚姻がない子をある子から差別することを意味する.問題は,この規定の性格をどう理解するか,より具体的には,国籍取得の権利を制限した規定と解するのか,それとも,国籍を取得するための要件を設定した規定と解するかであり,それは憲法上国籍がどのような性格

---

120) 東京地判昭和43年7月15日行裁例集19巻7号1196頁.
121) 支給額が生存権の要請に充たないほどに低いということが違憲の理由となっており,平等権侵害だけが理由ではないが,それはここでの問題ではない.
122) 最大決平成25年9月4日民集67巻6号1320頁.
123) 最大判平成20年6月4日民集62巻6号1367頁.

のものとされているかの解釈論を反映する．

多数意見は「国籍法3条1項は，同法の基本的な原則である血統主義を基調としつつ，日本国民との法律上の親子関係の存在に加え我が国との密接な結び付きの指標となる一定の要件を設けて，これらを満たす場合に限り出生後における日本国籍の取得を認めることとしたものと解される」と捉えている．つまり，国籍法は，血統主義を基本原則とし，親が日本国籍を有する場合には子も日本国籍を取得するということを基本原則としており，3条1項は，日本人父の生後認知により血統を得た子につき，「我が国との密接な結び付き」を確保するために「父母の婚姻」という要件を加重し，基本原則を「制限」した規定と理解したのである．したがって，この加重要件が不合理な差別で違憲とされたので，「制限」がなくなり基本原則に戻るという理解となる．

これに対して，甲斐中・堀籠反対意見は，国籍法を「創設的・授権的法律」であると捉え，したがって，3条1項も「届出による国籍取得」のための要件を創設的に定めた規定と理解する（藤田意見も基本的にはこの理解に賛同している）．この理解からは，2つの要件が充たされることによって，初めて国籍が認められるというのが本条項の趣旨であるということになり，「父母の婚姻」は基本原則の制限規定ではないという理解になる．「父母の婚姻」要件が違憲であることとその理由については，多数意見に同意しているが[124]，創設的・授権的

---

124) なぜ同意できるのか，同意する理由を述べていないので，正確なところは分からないが，私自身は，この同意を不可解に思う．というのは，多数意見は，この点の論証を目的・手段審査の枠組を使って行っているが，目的・手段審査の枠組が有効に働くのは，実体的権利の制限の合憲性を判断する場合だからである．多数意見は，国籍を取得する「権利」について明言はしていないが，それを暗黙の前提にしていることは，目的・手段審査を使ったところに現れている．本件は，差別の「程度」を問題とする事案ではないから，差別の合理性審査に目的・手段審査は必ずしも適さないが，実体的権利（国籍取得の権利）の審査と混在させる形で差別の合理性審査に目的・手段審査の枠組を使ったものと思われる．多数意見は，「我が国との密接な結び付きを有する者に限り日本国籍を付与するという立法目的との合理的関連性の認められる範囲を著しく超える手段を採用しているものと言うほかなく，その結果，不合理な差別を生じさせているものといわざるをえない」と述べているが，この前半は，権利制限の手段の目的不適合を述べており，それを後段で差別の不合理に結びつけている．たしかに，権利制限の要件が差別となっているという場合，両者は表裏の関係であるが，理論上は，実体的権利の保護する利益と，差別の禁止の保護する利益は異なるから，別々の論証が必要である．それはともかくとして，甲斐中・堀籠反対意見は，本件を権利制限ではなく利益授与の問題と捉えるのであるから，目的・手段審査の枠組がうまく機能する場面ではない．ゆえに，差別の不合理を言うのであれば，多数意見とは異なる枠組の論証が必要であったのではないかと思うのである．実際，甲斐中・堀籠反対意見は，差別の違憲性は3条1項

規定であると捉えることから，その違憲の是正方法の理解に多数意見との違いが生じることになる．つまり，3条1項は，「届出による国籍取得」の要件を創設した規定であり，そのこと自体には問題はない．問題は，差別を受けている非準正子に差別なく国籍取得が認められる制度を国籍法が定めていないことにあるというのである．ここから，「違憲となるのは，非準正子に届出により国籍を付与するという規定が存在しないという立法不作為の状態なのである」という理解となる．しかし，立法不作為が違憲であるというためには，前提として立法義務の存在が必要であるが，この点については，何も述べていない．推測するに，差別が違憲となった段階で，それを是正する立法を行う義務が(99条により？)生じたが，その義務の不履行により立法不作為の違憲となっているという理解なのであろう．ところが，立法不作為の違憲を認定しながら，その是正措置を考えるのは立法府の責務・権限であるとして司法府による救済方法の「創造」を拒否するのである．しかし，立法不作為が違憲であるということは，立法府が是正措置を適時に採らないから起こっていることであろう．違憲状態となったがまだ「相当の期間」あるいは「合理的期間」を徒過していないから違憲ではないというか，あるいは，将来の一定時点で違憲となるという判断であれば，理論としての筋は通るが，違憲であるが救済する権限が裁判所にはないというのでは，権利救済を本務とする司法権の権限解釈として正当とは思えない．違憲の非は是正措置を採ることを懈怠した立法府にあるのであり，たとえ是正措置として複数の可能性があるとしても，立法府はそれを選択する第一次的判断権をいわば放棄しているのである．救済方法については，裁判所の法創造的権限行使が柔軟に認められるべきだという考えからしても[125]，ここは何らかの救済方法を考えるべきところであろう．藤田意見が，国籍法の創設的・授権的性格と立法不作為の違憲性については同意しつつも，本件における救済方法を解釈論として構成しようとしたことが参考にされるべきである．

　私自身としては，国籍法を権利授与的性質の法律と解するとしても，その立法に際して設定した基本原則(ベースライン)を確認し，本件をその「制限」と

　　自体の問題ではなく，非準正子に差別的に利益供与していない点であるとするのであるから，多数意見とは異なる差別問題を想定しているのである．
125)　田中・前掲注100)参照．

理解して権利制限論と同型の理論構成をした多数意見が簡明で説得力があると考えているが，さらに根本的な議論に遡れば，そもそも国籍法を利益授与的な法律と理解することが，日本国憲法の基本原理と整合しないのではないかと考えている．日本国憲法を支える基本思想からすれば，主権者たる「国民」は，憲法上の「国民」であり，かつ，理論上は憲法さえも超える存在と想定されている．憲法を制定（確定）した国民（前文参照）は，論理上憲法に先行する存在である．誰が憲法上の，あるいは，前憲法的な，「国民」かを，法律が「裁量」的に決めうるはずがない．法律が行いうるのは，憲法上の「国民」を確認して明確化するとともに，国民の範囲を正当な理由をもって「制限」しうるのみである．したがって，国籍取得は憲法上の，あるいは，超憲法的な「権利」と理解し，国籍法の規定はそれを「制限」するものと捉え，制限の正当化を厳密に行うべきなのである．多数意見の構成は，本判決の中では，この考え方に最も近いものと思う．

3 立法不作為の違憲の救済方法

3.1 総説

立法不作為が違憲審査の対象となりうること[126]，立法不作為が違憲となるのは立法義務が存在するのに「相当期間内」にその義務を履行しなかった場合であることは，第1章で述べた．では，立法不作為が違憲と判断された場合，どのような救済方法があるのか．立法不作為は，不作為であるから，作為の法的効力を否定する「無効」の概念とは馴染みがたい．ゆえに，立法不作為が違憲であっても，それを無効（効力を有しない）と扱う（98条1項）ことにより救済を

---

[126] 付随審査制の下においては，法律の違憲審査は事案への適用が問題となった法律についてなされる．通常は行政府あるいは司法府による適用行為が存在し，訴訟はこの適用行為による権利侵害をめぐって生じるのである．したがって，適用行為とは独立に立法そのものが直接違憲審査の対象となることは想定されていない．しかし，例外的に，立法府以外の機関による適用行為を媒介することなく立法そのものが直接国民の権利利益を侵害するということがまったく想定できないわけでもない．たとえば，いわゆる「措置法律」が制定された場合は，対象となった個人は直接に権利利益の侵害を受けることがありうる．また，立法不作為の場合も，権利行使が法律による具体化を必要としている場合には，そのための法律が存在しないこと自体により権利の享受が不可能となっているのであり，権利の侵害が存在すると言わねばならないであろう．このような場合には，個人には当然「裁判を受ける権利」が存在するのであるから，裁判所で救済を求めることが認められなければならない．

はかるという理論構成はとることができない．しかし，違憲であるから違法であり，違法の法的効果を救済方法に繋げることは可能である．

　立法不作為が国民の権利を侵害するという事態は，権利の行使・享受のため法律が必要とされる場合に生じる．自由権に代表される「権利内容確定型」人権の場合は，権利の内容が憲法上確定しているから，人権行使・享受に法律は必要ない．法律が必要となるのは，公益のために人権を制限する必要がある場合だけである[127]．これに対し，内容形成型人権の場合には，内容形成は法律により行うことが想定されているから（立法義務の存在），その法律が制定されていなかったり，あるいは，制定された法律の内容が憲法の想定する水準に達していない場合には水準に達していない限度で，立法不作為が問題となる．憲法が立法を予定している事項につき，いまだにまったく立法が存在しないという事態は，現在では存在しない．ゆえに，実際問題として立法不作為の違憲が問題となるのは，法律の内容が憲法の想定するレベルに達していないという場合がほとんどであろう．

　立法不作為が違憲である場合の救済方法としては，第1に，国家賠償請求が考えられる．憲法17条は，「公務員の不法行為により，損害を受けたとき」には，国に損害賠償を求めることを憲法上の権利として保障している．議員も公務員であるから，立法行為あるいは立法不作為により損害を受けた場合には，賠償請求権が認められる．この規定を受けて国家賠償法が制定されており，この法律は立法に対しても適用があるというのが通説となっている．そこで，この法律が立法不作為との関係でどの程度有効かを検討するのが，ここでの最初の課題である（3.2）．

　国家賠償法以外に立法の違憲を直接争う訴訟形態は，現行法上定められていない．そのような訴訟形態は抽象的違憲審査となるから許されないという判断があるのかもしれないが，ここで問題としているのは，立法の不作為により直接権利侵害を受けている場合であり，その救済を求めて直接立法不作為を争う

---

[127]　私人による法的利益の侵害を防止するための法律が制定されていないために被害を受けた私人が，国家に対して法律の未制定を国家の保護義務不履行による立法不作為の違憲を主張して救済を求める場合には，内容確定型人権についても立法不作為の問題は生じうるが，それはここでの問題ではない．

ことは，抽象的違憲審査ではない．したがって，このような違憲の立法不作為を争うための何らかの訴訟形態を法定することは，決して憲法上許されないわけではない．しかし，現実にはそのための法律は存在せず，救済方法が不十分な状態にある．そこで，救済方法については柔軟な法解釈により可能な方法を創造することも許されるという理解を前提に，いかなる訴訟形態と救済方法を創造することが考えうるかを考えてみることが，次の課題である．その際，行政の不作為を争うために行政事件訴訟法が定める訴訟形態を必要な修正を加えつつ活用することが考えうるところである．たとえば，立法の不作為に対する立法の義務づけ，立法不作為の違憲確認，権利存在の確認などが考えうる．しかし，立法の義務づけは，国権の最高機関に対する義務づけであり，憲法の命じている法律がまったく制定されていないというような特殊な場面でしか問題となりえないと思われる．そこで，ここでは立法不作為の違憲確認(3.3)と権利の存在の確認(3.4)を採り上げて検討しておきたい．

3.2 立法不作為を理由とする国家賠償請求訴訟

憲法17条は「何人も，公務員の不法行為により，損害を受けたときは，法律の定めるところにより，国又は公共団体に，その賠償を求めることができる」と定めており，これを受けて国家賠償法が定められている．立法の不作為を国家賠償法により争う場合には，その1条1項を使うことになるが，そこには「国又は公共団体の公権力の行使に当る公務員が，その職務を行うについて，故意又は過失によつて違法に他人に損害を加えたときは，国又は公共団体が，これを賠償する責に任ずる」と規定されている．この規定が憲法17条を忠実に具体化しているのかどうかについては，議論のあるところであるが[128]，こ

---

128) たとえば，憲法17条は国家の自己責任を定めたものか，それとも代位責任（公務員の責任を肩代わりするもの）かという解釈上の問題があるが，国賠法は代位責任を定めているというのが通説である．また，憲法17条は過失責任を予定しているのか，それとも無過失責任を予定しているのかという問題もある．国賠法は民法709条の不法行為に関する議論の影響下に制定されたために，過失責任主義を採用したと言われるが，私人間における不法行為に過失主義が採られるのは，行動の自由を保障するために不法行為責任を過失の場合に限定したためであり，行動の自由を問題にすべきではない国家あるいは公務員の不法行為について過失主義を採用する必要があるのかという問題もある．さらには，国賠法は不法行為の成立する範囲を「公権力の行使」の場合に限定しているが，それが憲法17条の趣旨なのか，そこにいう公権力の行使とはどのような場合を想定しているのかという問題もある．これは，不法行為責任を国賠法と民法の間でどのように分担するのかという問題でもある．そもそも

こではそれに立ち入らないで，立法の不作為の違憲を争う方法としてどのような活用の仕方が可能かを考えてみよう．訴訟の目的は，立法の不作為により生じている権利侵害の救済である．その最も直接的な方法は，立法をせよという立法の義務づけ訴訟であるが，立法の義務づけ訴訟は，様々な理論上の難点があってほとんど認められることはないであろう．そこでせめて立法不作為の状態を違憲とする裁判所の判断を獲得し，国会に立法を促そうという戦略である．最高裁の違憲判断がでれば，国会議員は憲法尊重義務を負っている (99条) から，その判断を尊重して判旨に沿った何らかの是正措置を講ずる義務を負うことになる．そこで，国賠法が「違法に他人に損害を加えたとき」と定めているところに着目し，違法性の理由に違憲性を主張し，「立法不作為が違憲であり，ゆえに国賠法上違法である」という判断を引き出そうというのである．

　このように憲法訴訟の方法として国賠訴訟を使うことに対しては，種々の問題もある．第1に，国賠訴訟の目的は不法行為による損害の金銭的補償であるのに，この目的を逸脱して，金銭に換算しがたい憲法上の権利の侵害を精神的損害と称して国家賠償を請求することを認めれば，人権を制限するいかなる法律も国賠訴訟で争うことが可能となり，抽象的違憲審査を認めると同様になるのではないかという批判がある[129]．第2に，国賠法は公務員の故意・過失を要件としており，したがって，「違憲かどうかはさておき，故意・過失がないから棄却」という判決により，憲法判断を回避することが可能な訴訟形態であるから，違憲判断を期待しても無理ではないか．

　批判の第1に対しては，次のように考えることができよう．たしかに裁判所による違憲判断を引き出し，それを立法府に対する圧力として使って制度改革を実現しようというのは，国賠訴訟の本来の目的とは整合しない．しかし，現実に特定個人 (の集団) が国家の一定の立法不作為により損害を受けている以上，その救済を裁判所に求めることは，抽象的な違憲審査 (独立審査) を求めること

　　憲法17条は，国民の権利として不法行為に対する賠償請求権を規定しているのであり，国民の権利の側からその保障内容を詰めるべきであり，国の不法行為責任の側からいかなる立法政策が可能かを論ずべきではない．憲法17条は，個人の尊重という憲法の基本理念から，不法行為により国民に与えた損害を受忍させるのは全体の利益のために個人に犠牲を強制するものであり，個人の尊厳の原理に反するとして認めた権利である．このような理解から17条の保障内容を再検討する必要がある．

[129] 下山瑛二『国家補償法』(筑摩書房，1973年) 123頁以下参照．

とは異なる．憲法上保障された「裁判を受ける権利」の行使なのであるから，本来は立法不作為の違憲を争う適切な訴訟形態を準備しておくべきなのである．しかし，現実にはそれがないから，法解釈によりその救済方法を「創造」しようという問題なのであり，その1つの可能性として，国賠訴訟を活用できないかを考えているのである．たしかに原告の目的は金銭的補償を得ることにあるわけではない．しかし，損害の立証をしなければ，国賠訴訟として成り立たないから，あえて憲法上の権利の侵害を金銭に換算して請求しているのである．憲法上の権利は，金銭には換算できないほど貴重なものである．その権利の回復が目的であるが，訴訟形態としては金銭的な請求として構成しなければならないのである．そのために，金銭的にはノミナルな要求をするにすぎないこともあろう．このような訴訟を認めれば，憲法上の権利を制限するあらゆる法律がそれにより精神的損害を受けたと主張する者により訴訟の対象になり，それは法律の抽象的違憲審査を認めるのと同じに帰すのではないか．このような危惧が生じるのも分からないではないが，ポイントは，現実の損害が生じていると認めるかどうかに収斂する．抽象的規範統制に陥るかどうかは，「現実の損害」を認めるかどうかに依存する．ゆえに，現実の損害を明確化することにより，歯止めをかけることが可能である．人権を制限する法律が制定される場合には，法律の制定だけで直ちに「現実の損害」が生じるということは通常はない．ゆえに，立法行為に対して国家賠償が問題となりうるのは，人権の行使のために国家の積極的な行為(制度設計等)が必要な類型の権利に関する立法不作為の場合に限定されるであろう．このような場合には，立法がなくて憲法上の権利の行使ができないのであるから，損害が生じていると認めるのは当然であろう．

　批判の第2に対しては，私は次のように考える．たしかに国賠訴訟で立法不作為の違憲を主張しても，裁判所には国賠法1条1項の掲げるその他の要件の判断を先行させ，そのいずれかの要件非該当を理由に違憲＝違法の判断を回避するというテクニックは可能である．しかし，回避しないで違憲の争点を判断することも可能である．国賠訴訟を立法不作為の違憲確認訴訟として活用しようという考えは，国賠訴訟においてこの争点を判断することを可能とする途を開こうということにすぎない．憲法判断回避は，回避の技術が存在する限り，

それを採用するかどうかは，基本的には裁判所の裁量に属する．ここでの問題は，回避が可能かどうかではなく，判断が可能かどうかであり，判断を可能とする途を開くことが先決なのである．途を開いた上で，次に回避に対してどう対応するかを考えるということになる．私自身は，他の要件で棄却判決する場合には，下級審は違憲判断を回避すべきだと考えているが，この点は既に述べた(198頁参照)．

　この問題に関する最高裁の最初の判例は，1985年(昭和60年)の在宅投票制度廃止事件判決である．この判決で最高裁は立法不作為の違憲を国賠訴訟で争うこと自体は認めたが，立法内容の違憲と国賠法上の違法を峻別する論理を採用し，国賠法における違法性の判断に際して憲法問題の大半を回避しうる枠組を設定し，実際上は立法不作為の違憲を国賠訴訟で争う途をほとんど閉ざしてしまった[130]．しかし，その後，2005年(平成17年)の在外国民選挙権制限違憲判決で若干修正の方向を見せている．以下に2つの判決を見ておこう．

在宅投票制度廃止事件[131]　【事案の概要】　公選法44条1項は，選挙権の行使方法として投票所で投票することを原則としており，このために身体障害等の理由で投票所に行くことのできない者にとっては，選挙権はあっても実際の行使はできないことになる．そこで，当初は在宅投票制度を設けていたが，本人以外の者による投票用紙の請求を安易に認めるなど欠陥の多い内容の制度であったために，1951年(昭和26年)の統一地方選挙においてこの制度の悪用による大量の不正投票がでた．そこで1952年に国会はこの制度の廃止を決定し，その後改良した代替制度を制定することもしなかった．障害者である原告は，廃止後しばらくの間は車いす等を使って投票所に行くことができたが，1968年(昭和43年)頃からそれもできなくなり，1972年(昭和47年)までの間に行われた計8回の選挙に選挙権を行使できなかった．そこで，旧在宅投票制度に代わる新たな制度を制定しなかったという「立法不作為」により選挙権を侵害され精神的損害を受けたとして国家賠償請求訴訟を提起した．一審札幌地裁は請求認容，原審札幌高裁は故意過失なしとして請求棄

---

130)　芦部・注39)386頁は，この判決を「立法不作為の違憲審査を否認するにひとしいほど厳しい制約を課した」と評している．
131)　最1判昭和60年11月21日民集39巻7号1512頁．

却．原告が上告した．

【判旨】　①「国家賠償法1条1項は，国又は公共団体の公権力の行使に当たる公務員が個別の国民に対して負担する職務上の法的義務に違背して当該国民に損害を加えたときに，国又は公共団体がこれを賠償する責に任ずることを規定するものである．したがつて，国会議員の立法行為(立法不作為を含む．以下同じ．)が同項の適用上違法となるかどうかは，国会議員の立法過程における行動が個別の国民に対して負う職務上の法的義務に違背したかどうかの問題であつて，当該立法の内容の違憲性の問題とは区別されるべきであり，仮に当該立法の内容が憲法の規定に違反する廉があるとしても，その故に国会議員の立法行為が直ちに違法の評価を受けるものではない．」／「……国会議員は，立法に関しては，原則として，国民全体に対する関係で政治的責任を負うにとどまり，個別の国民の権利に対応した関係での法的義務を負うものではないというべきであつて，国会議員の立法行為は，立法の内容が憲法の一義的な文言に違反しているにもかかわらず国会があえて当該立法を行うというごとき，容易に想定し難いような例外的な場合でない限り，国家賠償法1条1項の規定の適用上，違法の評価を受けないものといわなければならない．」(傍点著者)

②「上告人は，在宅投票制度の設置は憲法の命ずるところであるとの前提に立つて，本件立法行為の違法を主張するのであるが，憲法には在宅投票制度の設置を積極的に命ずる明文の規定が存しないばかりでなく，かえつて，その47条は「選挙区，投票の方法その他両議院の議員の選挙に関する事項は，法律でこれを定める．」と規定しているのであつて，これが投票の方法その他選挙に関する事項の具体的決定を原則として立法府である国会の裁量的権限に任せる趣旨であることは，当裁判所の判例とするところである……．」／「そうすると，在宅投票制度を廃止しその後前記8回の選挙までにこれを復活しなかつた本件立法行為につき，これが前示の例外的場合に当たると解すべき余地はなく，結局，本件立法行為は国家賠償法1条1項の適用上違法の評価を受けるものではないといわざるを得ない．」(傍点著者)

【コメント】　判旨①は，立法行為(立法不作為を含む[132])の違憲を理由に国家

---

132)　立法の違憲性の問題と立法不作為の違憲性の問題は，立法義務のある場合とない場合という違いがあるから，同一に論ずることはできない．それを敢えて同一視することにより，

賠償を請求する訴訟についての最高裁の考え方を示した部分である[133]．この判旨のポイントは，立法の内容の違憲性と国賠法上の違法性を峻別した点にある．国賠法上違法かどうかの判断の対象となるのは国会議員という公務員の行為であり，それは国賠法1条1項の「公権力の行使」に当たる立法行為であるから，この峻別は立法内容の違憲性と立法行為の国賠上の違法性を区別したことを意味する．だが，立法内容が違憲であれば，それを制定した立法行為も違憲のはずである．したがって，立法行為が憲法上違憲であっても国賠法上は違法ではないという論理を採用したことを意味する．これは，憲法論として受け入れうるのであろうか．

立法内容の違憲性と立法行為の違憲性を区別することは，後者を立法手続の違憲性の問題に限定すれば意味がないわけではない．この場合には，立法内容が違憲でも憲法の定める立法手続を順守して制定したということは通常のことであるし，逆に立法内容は合憲であるが，立法手続は違憲であるということも起こりうる．しかし，違憲審査との関連で言えば，立法手続の違憲性については，国会が手続を順守して成立したと宣言している限り，裁判所は通常は審査しないであろう[134]．ましてや本件は，立法不作為の問題である．不作為に関してその手続が問題となることはありえない．立法不作為に関して違憲審査が問題となるのは，立法（不作為）の内容に関してだけである．そして，立法不作為の「内容」とは，憲法が保障している権利の行使・享受を可能にするための制度あるいは要件が存在しないということである．したがって，この立法不作為の「内容」が違憲であるならば，この不作為という「立法行為」が違憲であるということ以外にありえない．そうだとすると，ここで問われるべきなのは，立法義務があるかどうかであり，立法義務があるにもかかわらず「相当期間」を経過しても立法がなされていないのであれば，立法不作為はその正当化事由がない限り違憲であるということになるはずである．

混乱を生みだしていると思う．
133) これは重大な憲法問題であり，先例が存在しなかったのであるから，本来大法廷に回付すべきであった．にもかかわらず第1小法廷限りで判断したのは，おそらく選挙権の保障範囲に属する問題ではないと解したからであろう．尾吹善人『日本憲法——学説と判例』(木鐸社，1990年)357頁参照．
134) 警察法改正無効事件判決(最大判昭和37年3月7日民集16巻3号445頁)参照．

しかし，判旨①は，立法不作為（という立法行為）の違憲性は，国賠法上の違法となるとは限らないという．違憲だが違法ではないということがありうるというのである．たしかに，法律同士の間では，それぞれの法律が趣旨・目的を異にしうるから，ある法律において違法と評価される行為が，他の法律においては合法と評価されることはありえよう．刑法上違法ではないとされた行為が，民法上違法とされることは稀ではない．また，取消訴訟との関連で違法とされる行政行為が国賠法上は違法ではないとされることも，理論上ありえないわけではない[135]．しかし，憲法と法律の間には，形式的効力の上下関係が設定されている．上下関係に置かれた法形式間で違憲ではあるが違法ではないということは認められるのであろうか．段階構造を形成して存在する法秩序において，最高規範たる憲法に反するとされた行為が下位規範においては違法ではないとされるとすれば，段階構造は無意味となるのではないか[136]．それに，国賠訴訟を憲法訴訟として活用しようという場合には，違憲と違法を切り離すことは活用を困難にする[137]．

　判旨①は，立法の内容が違憲であっても，国賠法上違法と評価されるとは限らないとする理由として，国会議員は「個別の国民の権利に対応した関係での法的義務を負うものではない」と述べている[138]．しかし，国会議員も公務員である以上，憲法17条の適用を受けるのであり，「損害を受けた個別の国民の

---

[135] 行政法学においては，抗告訴訟における違法性と国賠法における違法性の関係が論じられており，両者を同一と見るかどうかに関して諸説があるようである．門外漢の私がこの議論に立ち入ることは避けたいが，法律同士の間の解釈論を憲法と法律という段階を異にする関係にそのまま持ち込むことは適切とは思われない．

[136] もちろん，憲法自体が違憲であっても合法であることがありうることを認めていれば，その場合に該当するという論証が可能な限り，違憲・合法論もなりたちえよう．しかし，本件判旨には，その論証はない．ちなみに，かつて憲法9条と自衛隊の関係に関して，「違憲・合法」論が唱えられたことがある．自衛隊は違憲の存在であるが，法律に基づいて存在する合法的存在であるという説である．これは，違憲論はとりあえず棚上げし，自衛隊が法律の枠内で行動するようにコントロールしようという意図から主張された苦肉の解釈論であり，現実に存在する自衛隊を法治主義の下に置こうという，立憲主義にとって積極的意味をもつ側面も有していた．ところが，立法不作為と国賠法の関係に関して採用された「違憲・合法」論は，公務員の行為を法の支配から解放する方向の議論であり，ベクトルを異にする．

[137] 違憲と国賠違法を分離すべきでないことを論ずる青井未帆「空襲被災者の救済と立法不作為の違憲——国家賠償責任について」成城法学80号35頁参照．

[138] 同旨を述べる学説として，雄川一郎「国家補償総説——国家補償法の一般的問題」『行政の法理』（有斐閣，1986年）482頁参照．

賠償請求権に対応した関係」で「不法行為により損害を加えてはならないという法的義務」を負っていると解すべきではないであろうか．同様に，国会議員は個別の国民の「憲法上の権利」を侵害する法律を制定してはならないという法的義務を負っていると解すべきではないであろうか．たしかに，通常の法律制定の場合は，法律内容は特定個人を対象とするものではなく，一般的抽象的な規範として制定されるのであり，たとえその内容が憲法上の権利を侵害するものであっても，直ちに個別の国民の当該権利の侵害が生じるわけではない．しかし，それは法律のそのような性格から来る結果であって，法的義務を負っていないことの結果ではない．かりに権利侵害の内容をもつ措置法律が制定されれば，国家は不法行為責任を免れないはずであり，そのような場合にまで「個別の国民に対して法的義務を負っていない」といって免責されるとは解されない．してみれば，通常国会議員が責任を負わないのは，法的義務を負っていないからではなく(それを根拠づけるような憲法条文はない)，立法が「一般的抽象的法定立」であるという性格から生じる結果にすぎないのである．ところが，立法不作為の性格は，個別の国民の権利を直接に侵害しうるものなのである[139]．

かりに判旨①の言うように，国会議員は個別の国民に法的義務を負うものではないとするなら，立法(不作為)の内容がいかなるものかは国賠法上の違法の判断には関係ないということになるはずである．ところが，判旨は一転して「国会議員の立法行為は，立法の内容が憲法の一義的な文言に違反しているにもかかわらず国会があえて当該立法を行うというごとき，容易に想定し難いような例外的な場合」には，国賠法上違法の評価を受けると論ずる．しかし，国会議員は個別の国民に対しては責任を負わないから，立法の内容がかりに違憲であっても国賠法上違法とはならないといったのに，なぜ違憲の程度が重大な場合には突如国賠法上も違法となるのか．この肝心な点の理由の説明はない[140]．恐らくは次のような理由からであろう．すなわち，国会議員は法律の

---

[139] 国家の積極的行為を必要とする権利に関する立法不作為は，措置法律と同様の性格をもつことを指摘する長尾一紘「在宅投票制度の立法の不作為と国家賠償1条の適用」民商法雑誌95巻2号96頁，110頁参照．
[140] この点を指摘するものに，藤井俊夫・昭和60年度重要判例解説(17頁)がある．

内容が違憲とならないように注意する義務を負っているが，違憲かどうかについて判断が分かれるような問題については注意義務違反の認定は困難であり，「憲法の一義的な文言に反する」ような場合以外には，裁判所としては注意義務違反を認定できない．ゆえに，このような例外的な場合にのみ，違憲であると同時に注意義務違反でもあり，国賠法上違法の評価を受けるという考えである．つまり，「憲法の一義的な文言に反する」という条件は，国賠法上の違法性の問題というよりは，故意・過失（注意義務違反）の問題に対応した判断要素だということである141)．それを違法性の判断の中で行う構成になっているために議論が分かりにくくなっているのである．違憲であれば国賠法上の違法であり，違憲を回避する注意義務に反したら国賠法上過失ありということになるが，過失の有無は「憲法の一義的文言に反し」たかどうかにより判断すると定式化すれば，その意味と問題点が明確に理解できたのではないかと思う．もちろん，問題点は，注意義務違反をこのような場合に限定することの妥当性である．

判旨②は，選挙権の保障が在宅投票制度の保障を含むものではないことを判示した部分である．すなわち，在宅投票制度の設置は憲法上の義務ではないというのである．在宅投票制度が憲法により保障されているのであれば，在宅投票制度の廃止は選挙権の侵害であり，あるいは，少なくとも選挙権の制限であり，制限の正当化が必要となる．しかし，その廃止という立法が選挙権を侵害する内容であるとしても，直ちに原告の権利が侵害されたということにはならない．現実の選挙において投票しえないという事態が生じた段階で権利侵害が現実化するということになる．しかし，それが現実化した段階では，当然，裁判を受ける権利によりその何らかの形での救済を憲法上求めうるということになる．この場合には，現行法により現実に権利が侵害されているのであるから，在宅投票制度の廃止が違憲であるとか，それを復活させない立法不作為が違憲

---

141) 国賠法上で問題となりうる公務員の注意義務には，2種がある．1つは，行為が権限規範に反しないように注意する義務であり，もう1つは，権限行使に際して不必要な損害を与えないように注意する義務である．パトカーによる犯人追跡中に事故を起こして被害を与えたというような問題は，後者の注意義務の問題である．前者は，権力行使の適法要件を充たしているかどうかに関する注意義務であり，違法性の問題にも関連する．そのために，これを違法性との関連で判断したり，過失との関連で判断したりするという不統一が生じているのではないだろうか．

であるといった議論は不要である．端的に，憲法上保障された権利が現行法により侵害されていると主張すれば足りる．判旨②は，この主張の可能性を阻止したのである．在宅投票制度を設置するかどうかは，立法裁量に委ねられており，権利として保障されてはいないというのである．たしかに，在宅投票制度を義務づける明文の憲法規定は存在しない．根拠は選挙権に求める以外にないであろう．選挙権とは，投票の実質的保障を含むと解し，いかなる状況にある有権者にも状況に応じた投票の仕方を確保する義務が立法府に課されていると考えるのである．こう考えた場合，現行法の定める投票方法は，投票所における投票を原則としており，投票所に行くことの困難な状況にある有権者のために，他の投票方法が認められていない場合には，選挙権の制限となり，この制限が正当化されない限り違憲だということになるのである[142]．このように構成するとき，立法府には，投票所における投票を原則とする限り，身障者等のための補完制度を制定する「立法義務」が存在するという主張が可能となり，その制度の不存在を立法不作為として争うことが可能となるのである．ところが，判旨②は，この論理の可能性を封じた意味をもつ．しかし，そうだとすれば，判旨①は何のために必要であったのか．在宅投票制度を設置するかどうかは立法裁量の問題であり，裁量に逸脱・濫用はないといういつもの判断方式で結論を出しえたと思われるのである[143]．合憲であれば，国賠法上違法となることもないであろう．そうだとすれば，憲法訴訟の可能性に重大な障害を残した判旨②は，事案の解決に不必要なものであったのではないかという疑いを禁

---

[142] 問題の根元は，現行法が投票方法に関して採用している投票所における投票の原則にある．しかし，公正な選挙のための管理を考えれば，これを違憲とすることは難しい．ゆえに，これを合憲とした上で，補完制度の設置義務を主張するということになる．補完制度としては，旧在宅投票制度のみならず，その改良型等様々な制度が考えうるところであり，ゆえにある程度の立法裁量を考慮せざるをえず，在宅投票制度の設置義務を明確な内容をもって主張することは困難である．それを考慮すると，争い方としては，現実に投票を行いうることが選挙権の内容として保障されていることを前提に，投票所における投票の原則を定める公選法44条1項を障害者である原告に適用することは違憲であるという適用違憲の構成がもっとも分かりやすいのではないかと思う．在宅投票制度第二次事件札幌地裁判決（札幌地判昭和55年1月17日訟月26巻4号574頁）参照．

[143] それがよい判決だと言っているのではない．投票所に自ら赴くことができない有権者にとっては，厳しく冷たい判決となったであろう．しかし，それでも，憲法訴訟に対してあまりにも重大な害を残した判旨①を思うと，最高裁の真意はどこにあったのかと疑問に思わざるをえないのである．

じえない.

　ともあれ, 長期にわたって憲法訴訟のために国賠訴訟を活用することの桎梏となってきたこの判決の論理も, 在外国民選挙権制限違憲判決により漸く解放への動きを見せることになる.

在外国民選挙権制限違憲判決[144]　【事案の概要】　公職選挙法9条は, 成年に達した日本国民が選挙権を有すると規定しており, 選挙権が否定される者を同法11条で定めているが, そこには外国に居住する国民(在外国民)は挙げられていない. ゆえに, 在外国民は, 公選法上選挙権を有するとされているのである. ところが, 1998年(平成10年)改正前の公選法は, 選挙権を行使できる者を選挙人名簿に登録された者に限定していた(42条1項). 選挙人名簿は, 市町村の選挙管理委員会が住民基本台帳を基礎に作成することになっていたが(19条, 21条), 外国に転居すると住民基本台帳およびそれに基づく選挙人名簿から抹消されるので, 在外国民は選挙権を行使できない状態に置かれていた. 1998年に公選法が改正され, 在外国民について在外選挙人名簿が作成されることになり, これに登録されると選挙権を行使できることになった(在外投票制度の詳細については, 公選法第4章の2「在外選挙人名簿」参照). しかし, 在外国民の選挙権行使については, 候補者に関する情報を期日に間に合うように在外国民に届けることが困難である等の事情から公正な選挙の実施を確保しがたいとして, 当分の間は比例代表選挙における投票のみを認め, 衆議院の小選挙区選挙と参議院の地方区選挙での投票は認めないことにした(改正後附則8項). そこで, 在外国民X等が, 1998年改正前の公選法につき, それが衆参両議院議員の選挙において選挙権の行使を認めていなかった点につき違法(憲法および国際人権条約に反する)であることの確認(**請求A**), および, 1996年(平成8年)の衆議院議員選挙において選挙権が行使できなかったことを理由とする精神的損害に対する国家賠償(**請求B**)を求め, また, 改正後の公選法については, それが衆議院小選挙区選出議員の選挙および参議院地方区選出議員の選挙における選挙権の行使を認めていない点につき違法であることの確認を求め(**請求C**), 予備的に衆議院小選挙区選出議員の選挙および参議院地方区選

---

144)　最大判平成17年9月14日民集59巻7号2087頁.

出議員の選挙において選挙権を行使する権利を有することの確認を求めた（請求D）．

　ここで検討するのは，請求Bの国賠請求に関する判断である．請求A，C，Dについては，すぐ後の権利の存否確認請求という訴訟形態との関連で検討する．

　【判旨】　①「憲法は，国民主権の原理に基づき，両議院の議員の選挙において投票をすることによって国の政治に参加することができる権利を国民に対して固有の権利として保障しており，その趣旨を確たるものとするため，国民に対して投票をする機会を平等に保障しているものと解するのが相当である．」／「憲法の以上の趣旨にかんがみれば，……国民の選挙権又はその行使を制限することは原則として許されず，国民の選挙権又はその行使を制限するためには，そのような制限をすることがやむを得ないと認められる事由がなければならないというべきである．そして，そのような制限をすることなしには選挙の公正を確保しつつ選挙権の行使を認めることが事実上不能ないし著しく困難であると認められる場合でない限り，上記のやむを得ない事由があるとはいえず，このような事由なしに国民の選挙権の行使を制限することは，憲法15条1項及び3項，43条1項並びに44条ただし書に違反するといわざるを得ない．また，このことは，国が国民の選挙権の行使を可能にするための所要の措置を執らないという不作為によって国民が選挙権を行使することができない場合についても，同様である．」

　②「在外国民は，選挙人名簿の登録について国内に居住する国民と同様の被登録資格を有しないために，そのままでは選挙権を行使することができないが，憲法によって選挙権を保障されていることに変わりはなく，国には，選挙の公正の確保に留意しつつ，その行使を現実的に可能にするために所要の措置を執るべき責務があるのであって，選挙の公正を確保しつつそのような措置を執ることが事実上不能ないし著しく困難であると認められる場合に限り，当該措置を執らないことについて上記のやむを得ない事由があるというべきである．」

　③「国家賠償法1条1項は，国又は公共団体の公権力の行使に当たる公務員が個別の国民に対して負担する職務上の法的義務に違背して当該国民に損害を加えたときに，国又は公共団体がこれを賠償する責任を負うことを規定するも

のである．したがって，国会議員の立法行為又は立法不作為が同項の適用上違法となるかどうかは，国会議員の立法過程における行動が個別の国民に対して負う職務上の法的義務に違背したかどうかの問題であって，当該立法の内容又は立法不作為の違憲性の問題とは区別されるべきであり，仮に当該立法の内容又は立法不作為が憲法の規定に違反するものであるとしても，そのゆえに国会議員の立法行為又は立法不作為が直ちに違法の評価を受けるものではない．しかしながら，立法の内容又は立法不作為が国民に憲法上保障されている権利を違法に侵害するものであることが明白な場合や，国民に憲法上保障されている権利行使の機会を確保するために所要の立法措置を執ることが必要不可欠であり，それが明白であるにもかかわらず，国会が正当な理由なく長期にわたってこれを怠る場合などには，例外的に，国会議員の立法行為又は立法不作為は，国家賠償法1条1項の規定の適用上，違法の評価を受けるものというべきである．最高裁昭和53年(オ)第1240号同60年11月21日第1小法廷判決・民集39巻7号1512頁は，以上と異なる趣旨をいうものではない．」(引用判例は，前掲の在宅投票制度に関するもの――著者)

④「在外国民であった上告人らも国政選挙において投票をする機会を与えられることを憲法上保障されていたのであり，この権利行使の機会を確保するためには，在外選挙制度を設けるなどの立法措置を執ることが必要不可欠であったにもかかわらず，前記事実関係によれば，昭和59年に在外国民の投票を可能にするための法律案が閣議決定されて国会に提出されたものの，同法律案が廃案となった後本件選挙の実施に至るまで10年以上の長きにわたって何らの立法措置も執られなかったのであるから，このような著しい不作為は上記の例外的な場合に当たり，このような場合においては，過失の存在を否定することはできない．このような立法不作為の結果，上告人らは本件選挙において投票をすることができず，これによる精神的苦痛を被ったものというべきである．したがって，本件においては，上記の違法な立法不作為を理由とする国家賠償請求はこれを認容すべきである．」

【コメント】　判旨①は，選挙権の制限の合憲性判断には厳格な審査がなされなければならないという，違憲審査の一般方針を述べた部分である．学説の使う審査基準とか厳格審査といった用語を周到に避けてはいるが，言っている内

容は通説の言っているところと同じである．しかし，審査の仕方に関するこの考えが本件に関係するためには，本件が選挙権の制限の事例であることが示されなければならない．それを述べているのが判旨②である．要するに，本件は在外国民の選挙権の制限に関する事例であるから，合憲性が厳格に審査されねばならないと述べているのである．在宅投票制度廃止事件判決においては，在宅投票制度は選挙権の保障内容に含まれていないとされたので，選挙権の制限の問題とは構成されなかったが，本件では在外投票制度が選挙権により保障されているので，それが存在しないことが選挙権の制限と構成され，その正当化が可能かどうかの問題とされているのである．正当化に関しては，ここでは判旨に掲げなかったが，在外投票制度の不存在という「選挙権の制限」は，公選法制定当初は合憲であったとされており，その後の立法事実の変化により違憲状態になったと構成されている．したがって，違憲状態となった時点以降立法義務が生じ立法不作為となったという捉え方になる．そして，結論的には，合理的な期間も徒過しており違憲であると判断された[145]．そこで，国家賠償請求を認めるかどうかの議論となったのである．

判旨③は，立法(不作為)が違憲の場合の国家賠償をどう考えるかにつき判断した部分であるが，基本的には在宅投票制度廃止事件判決において示された立法内容の違憲と国賠法上の違法の関係に関する考え方を踏襲すると述べている（明示的に，本件判示が在宅投票制度廃止事件判決の判示と異なるものではないと断っている）．しかし，在宅投票制度廃止事件判決が採用した「憲法の一義的文言に反する」場合という定式は避け，「立法の内容又は立法不作為が国民に憲法上保障されている権利を違法に侵害するものであることが明白な場合や，国民に憲法上保障されている権利行使の機会を確保するために所要の立法措置を執ることが必要不可欠であり，それが明白であるにもかかわらず，国会が正当な理由なく長期にわたってこれを怠る場合」と言い換えており，そこでは明らかに在宅投票制度廃止事件判決の定式の読み替えが行われている．つまり，在宅投票制度廃止事件判決の「立法の内容が憲法の一義的な文言に違反しているに

---

[145] その意味で，定数不均衡訴訟の判断枠組である「違憲状態→合理的期間の経過→違憲」がここでも使われたのである．当初は合憲であったが，立法事実の変化により違憲となったという点で類似の事例と考えられたのである．

もかかわらず国会があえて当該立法を行うというごとき，容易には想定し難いような例外的な場合」という定式を，例外的場合とされる内容の説明ではなく，例外的場合とされる事例の1つの例示と読み，それに類似するもう1つの例示として「立法の内容又は立法の不作為が国民に憲法上保障されている権利を違法に侵害するものであることが明白な場合」を挙げるという手法を採用したのである．そして，本件がその「明白な場合」に該当すると判示したのが判旨④である．しかも，判旨④では，この「明白な場合」には「過失の存在を否定することはできない」と述べており，この定式が立法者の過失の認定を考慮していることも窺わせるものとなっている．

本判決が立法内容の違憲性と国賠法上の違法性を切断する構成を引き継いでいる点には疑問が残るが，立法内容の違憲性は国賠法上違法と評価されることを前提に，過失の有無の判断要素として「違憲の明白性」を理解するという方向が見えてきたのではないかと思う．

3.3 立法不作為の違憲確認訴訟

行政事件訴訟法3条5項は「不作為の違法確認の訴え」を抗告訴訟の1つとして定める．立法不作為につき，これになぞらえて構想されたのが「立法不作為の違憲確認の訴え」である．立法や立法不作為に行政事件訴訟法が適用されるかについては，肯定説も否定説もあるが，肯定説に立てば行訴法上の無名抗告訴訟として考えることになる．否定説に立ったとしても，違憲を争う救済方法の問題であるから，実定法上の根拠がなくとも必要な救済方法を裁判所が柔軟に創造することが許されるべきではないかという議論となる．

立法不作為違憲確認訴訟は，救済方法として必要なのか．立法不作為(立法内容の不十分な場合を含む)により憲法上の権利が侵害されるという事態が現実に存在する以上，これに対する救済方法は当然必要である．裁判を受ける権利が実効的救済の保障を含むと解する以上，裁判を受ける権利の要請でもある．しかし，実定法上これに対する救済方法を定めた規定は存在しない．そのために，国家賠償法による救済の可能性を探ってきたのである．では，国賠法による救済が認められるならば，立法不作為の違憲確認訴訟は必要ないのか．必ずしもそうではない．なぜなら，国家賠償請求の場合は，在外国民選挙権制限違憲判決により違憲判断を得る可能性がある程度広がり今後の展開に期待がもて

るようになったとはいえ，現状では依然として違憲であることが明白であるような「例外的場合」しか憲法判断はなされない可能性が残るのである．しかも，国賠法の適用の仕方によっては，過失の有無の判断を先行させることにより憲法判断を回避する手法も存在する．そこで国家の賠償責任を問うという迂回路によってではなく，真正面から立法不作為が違憲かどうかの判断を求める救済方法の必要性は失われない．しかし，これを認めるには，まず第1に，抽象的違憲審査とならないようにするための訴訟要件を詰めなければならない．事案が裁判を受ける権利の保障範囲に属することの確認が必要となるが，それをどう定式化するかの問題である．第2に，確認訴訟であるから「確認の利益」が必要ということになろうが，その場合，他の訴訟形態で争いうる場合にはそちらが優先し，確認の利益はないとされる可能性が強いが，この点との関連では，すぐ後で見るように在外国民選挙権制限違憲判決が「公法上の当事者訴訟」を活用して権利を行使しうる地位の確認訴訟を認めたので，これにより確認の利益は尽くされたことになるのかという問題がでてくることになった．しかし，こうした問題を詰めるのは，抽象的に論ずるのではなく，具体的事件を基礎に行うべきであり，今後の判例の展開を見ながら検討することにして，ここでは立ち入ることを控えたい[146]．

3.4 権利の存否確認訴訟

国賠訴訟との関連で先に見た在外国民選挙権制限違憲判決は，請求A(1998年改正前の公選法の違憲確認)については，この請求は過去の法律関係の確認を求めるものであるところ，「この確認を求めることが現に存する法律上の紛争の直接かつ抜本的な解決のために適切かつ必要な場合であるとはいえないから，確認の利益が認められず，不適法である」として却下した[147]．請求C(1998年改正後における公選法の違憲確認請求)については，これは(裁判時点における)現在

---

[146] 立法不作為の違憲確認訴訟を検討した論考として，戸波江二「立法の不作為の違憲確認」芦部信喜編『講座憲法訴訟 第1巻』(有斐閣, 1987年)355頁参照.

[147] 請求Aの本案における憲法上の争点については，平成8年の選挙当時選挙権の行使の制限は違憲であったと判断しているのであるが，確認の利益がないから訴訟要件を充たさないというわけである．確認の利益から先に判断すれば，憲法判断をする必要もなかったのに，なぜ憲法判断をしておこうと考えたのかは，従来の最高裁の違憲判断に対する消極的態度に鑑みると，1つの謎である．ただし，適法に係属した事件に付随しての判断であるから，判断するかどうかは最高裁の裁量の範囲内のものではある.

の法律関係の確認請求であるが,「他により適切な訴えによってその目的を達成することができる場合には,確認の利益を欠き不適法であるというべきところ,本件においては……予備的確認請求にかかる訴えの方がより適切な訴えであるということができるから」,不適法であるとして却下した.つまり,予備的請求である上記請求 D の方が適切であるから,こちらの確認請求を認めることにし,そうすると請求 C は確認の利益における補充性要件により不適法になるというわけである.

　では,請求 C と請求 D を比較して,なぜ請求 D のほうが適切な訴えなのか.請求 C は,公選法が違憲であることの確認を求める訴訟であるが,法律の違憲確認という訴訟形態は,現行法上予定されていない.本件の一審判決は,「立法権限の不行使に対する不服の訴え」であり,行訴法上の無名抗告訴訟であると理解した上で,本件では「無名抗告訴訟が許されるために必要な要件を具備していない」として退けた[148].これに対して,X 等は控訴して,この確認請求は無名抗告訴訟ではなく,実質的当事者訴訟であり,一審判決は前提を誤って判断していると主張した.しかし,控訴審判決は,この請求 C が無名抗告訴訟なのか実質的当事者訴訟であるかについては判断することなく,一審判決の法律上の争訟に当たらないという判断を維持して控訴を棄却した[149].

　最高裁は,請求 C をいかなる訴訟と解したかは明示していないが,請求 A につき「過去の法律関係の確認を求める」訴訟と解したことから推測すると,実質的当事者訴訟と解したと思われる.しかし,行政事件訴訟を参考に問題を考えれば,立法行為あるいは立法不作為の違憲確認請求は,権利義務あるいは法律関係の存否の確認を求めるものではなく,立法行為自体に対する不服を争うものであるから,行政事件訴訟法の抗告訴訟に類似する.ところが,立法行為に対する不服を直接争う訴訟形態は実定法には存在しない.そこで,特に立法の不作為が行政処分的な性格をもちうることを理由に,これを行政事件訴訟

---

[148] 東京地判平成 11 年 10 月 28 日訟月 46 巻 10 号 3833 頁.不適法却下の主理由は,法律上の争訟とはいえないという点に求められているが,仮に法律上の争訟に当たると解しても,無名抗告訴訟として許容される場合には当たらないとしたものである.無名抗告訴訟に当たらないという理由としては,憲法上「選挙権の行使を可能にする立法を行うべきことを一義的に命じる規定」が存在しないということに求められている.しかし,ここには国賠訴訟の場合との混同がある.

[149] 東京高判平成 12 年 11 月 8 日判タ 1088 号 133 頁.

法で争うことを考えるとすれば，無名抗告訴訟という理解も可能ではあろう．しかし，行政事件とは別次元の問題と考えれば，必要な救済方法を創造すると考え，違憲確認訴訟という独自の訴訟形態を裁判所が創造するための条件は何かという問題設定になる．この点は，先に述べた．

最高裁は，違憲確認訴訟という訴訟形態については論ずることなく，それに代えて請求Dを認めた．その点に関する判旨は，次のようである．

【判旨】①「本件の予備的確認請求に係る訴えは，公法上の当事者訴訟のうち公法上の法律関係に関する確認の訴えと解することができるところ，その内容をみると，公職選挙法附則8項につき所要の改正がされないと，在外国民である……上告人らが，今後直近に実施されることになる衆議院議員の総選挙における小選挙区選出議員の選挙及び参議院議員の通常選挙における選挙区選出議員の選挙において投票をすることができず，選挙権を行使する権利を侵害されることになるので，そのような事態になることを防止するために，同上告人らが，同項が違憲無効であるとして，当該各選挙につき選挙権を行使する権利を有することの確認をあらかじめ求める訴えであると解することができる．」

②「選挙権は，これを行使することができなければ意味がないものといわざるを得ず，侵害を受けた後に争うことによっては権利行使の実質を回復することができない性質のものであるから，その権利の重要性にかんがみると，具体的な選挙につき選挙権を行使する権利の有無につき争いがある場合にこれを有することの確認を求める訴えについては，それが有効適切な手段であると認められる限り，確認の利益を肯定すべきものである．そして，本件の予備的確認請求に係る訴えは，公法上の法律関係に関する確認の訴えとして，上記の内容に照らし，確認の利益を肯定することができるものに当たるというべきである．なお，この訴えが法律上の争訟に当たることは論をまたない．」

③「そうすると，本件の予備的確認請求に係る訴えについては，引き続き在外国民である同上告人らが，次回の衆議院議員の総選挙における小選挙区選出議員の選挙及び参議院議員の通常選挙における選挙区選出議員の選挙において，在外選挙人名簿に登録されていることに基づいて投票をすることができる地位にあることの確認を請求する趣旨のものとして適法な訴えということができる．」

【コメント】 判旨①は，X等の請求Dを最高裁が行訴法4条の実質的当事者訴訟として構成し直した部分である．X等は，原審において請求Dを実質的当事者訴訟であると主張していたが，「公選法の違憲確認」請求は，法律そのものの違憲確認として構成されており，法律関係の確認という体裁をとっていない．それを最高裁は，X等の請求の趣旨を酌んで「選挙権を行使する権利を有することの確認」を求めるものであると理解し，行訴法4条に適合するように構成し直したのである．その上で，判旨②は，この請求に「確認の利益」が存在すると解しうる理由を述べている．そして，判旨③において，この確認訴訟を適法な訴えであると結論づけているが，注目されるのは，ここで請求の趣旨を判旨①における定式からさらに具体化して，「在外選挙人名簿に登録されていることに基づいて投票することができる地位にあることの確認」を請求するものとパラフレーズしていることである．判旨①の「選挙権を行使する権利」というのは，まだ抽象的であり，憲法上の権利を確認しているニュアンスが残る．これに対して，判旨③の「地位の確認」という定式は，「在外選挙人名簿に登録されていることに基づいて」と述べていることからも分かるように，公選法の定める制度の枠内で存在する「地位」にまで具体化したのである．もちろん，その地位が認められるべき根拠は憲法にあるが，憲法上の権利が選挙制度の中で「地位」に結晶しているという理解なのであろう．しかも，訴訟の適法性を判断した後に，本案においても「上告人らは，次回の衆議院議員の総選挙における小選挙区選出議員の選挙及び参議院議員の通常選挙における選挙区議員の選挙において，在外選挙人名簿に登録されていることに基づいて投票することができる地位にある」と判示して，確認の内容を「次回の選挙」にまで特定している．

このようにX等の予備的請求を行訴法4条の枠内に取り込むことにより，憲法問題を実定法上の訴訟形態に適合させ，付随的審査としての憲法訴訟を無理なく構成して見せた．立法の不作為の違憲という問題が，今後すべて実質的当事者訴訟として構成しうるというのであれば，違憲確認訴訟という実定法に存在しない救済方法を創造する必要はなくなるかもしれない．そうなれば，国賠訴訟を「活用」する必要もなくなろう．しかし，実質的当事者訴訟による憲法上の権利の存在確認訴訟は，本件以外に事例もほとんどなく[150]，本件がど

の程度の射程をもつのかも即座には判断できない．早急な結論は避けて，しばらくは新たな事例をまって検討を続ける必要があろう．

---

150) 先例として，薬事法改正により，登録制が許可制になったとき，登録により薬局を経営していた既存業者が営業の自由を根拠に許可を申請する義務のないことの確認を求めた事件が挙げられる．最大判昭和41年7月20日民集20巻6号1217頁参照．

事項索引

あ 行

朝日訴訟判決　　21, 127, 294
違憲主張の責任　　151
違憲状態　　136, 342, 389
違憲審査権　　14, 18, 52, 133
違憲審査制　　1, 7, 131
違憲の争点を提起する当事者適格　　153
違憲判決の効力　　328
違憲判決の遡及効　　360
違憲判断の回避　　193
違憲立法審査権　　51, 99, 230
畏縮効果(chilling effect)　　163, 164, 176, 201, 209, 277, 319
板まんだら事件　　71, 77
一部違憲　　317, 318
一般的効力説　　329, 335, 336, 339, 341, 344, 352
委任裁判　　99
意味上可分　　318
入り口問題　　151
岩教組学テ事件判決　　365
岩教組同盟罷業事件　　365
訴えの利益　　13, 111, 113, 115, 120, 126
運用違憲　　324
英米法　　7, 13, 130, 347, 349, 350
恵庭事件判決　　156, 193, 194
愛媛玉串料訴訟　　280
LRA 基準　　234, 243, 286, 306
オウム真理教解散高裁決定　　159

か 行

外交特権　　60
解散　　104
改正　　147
改正権の限界　　147
介入　　239, 284
確認訴訟　　116
確認の利益　　391
革命　　147
過剰侵害の禁止原則　　241
価値序列　　247
過度の広汎性　　161-163, 184, 185, 188, 199, 201, 223, 319
可分・不可分性の問題　　154, 162, 163, 318
川崎民商事件　　200
勧告的意見(advisory opinion)　　54, 128, 364
間接適用説　　144, 146
議会主権　　2
機関訴訟　　32, 51, 117
規制目的二分論　　263, 268, 269, 272
規範統制　　11
既判力　　328
基本権　　213
基本的人権　　213
「君が代」斉唱ピアノ伴奏事件　　283
客観訴訟　　32, 40-42, 45, 52, 57, 117, 118, 120, 125, 153, 280
客観法　　3, 126, 145, 146, 152, 294, 296
救済方法　　119, 320, 362, 367, 373, 374, 390
給付訴訟　　116
教科書訴訟　　166, 179, 196
共産党袴田事件判決　　65, 66, 78, 85
行政　　46
行政権　　43, 44, 59
行政裁判所　　5, 45, 50, 98, 99, 117
行政裁判制度　　45, 99
行政裁量　　61, 62, 296
行政事件　　5, 43, 45, 50, 99, 117
行政処分　　120
許可制　　166
紀律権　　63, 70
切り札としての人権(権利)　　223, 226, 236
近代立憲主義　　4, 58
禁反言(クリーン・ハンド)の原則　　165
具体的規範統制　　10, 11
具体的妥当性　　175, 272
区別(distinguish)　　346, 349, 350, 362, 366
経済的自由　　158, 232, 238, 247, 263, 265, 267, 269
警察法改正無効事件　　101, 381
警察予備隊違憲訴訟判決　　15, 33, 51
形式的法治国　　5
敬譲審査　　232, 233, 238, 263, 269, 302

――の基準　235
形成訴訟　116
結社の自由　62
検閲　184, 186, 188, 225, 274
厳格審査　20, 23, 110, 115, 187, 188, 224, 226, 230, 232, 233, 238, 246, 255, 258, 262, 277, 301, 388
　　――の基準　109, 234
厳格な合理性の基準　267
原告適格 (standing)　13, 54, 111, 120, 123
現実の害意 (actual malice)　273, 278
剣道授業不受講事件　282
憲法異議　10, 12
憲法解釈事実　190
憲法改正　147
　　――の限界　147
憲法裁判所　6, 8, 10, 14, 23, 28
憲法実体論　222
憲法上の権利　56, 63, 106, 144, 145, 167, 213
憲法制定権力　19
憲法訴訟　1, 149
憲法訴訟論　1, 8, 22, 23
憲法尊重擁護義務　135, 136
憲法判断回避　106, 192, 378
憲法判例　345
　　――の変更　351
憲法保障　133, 163
憲法保障型　11, 12
憲法優位説　132
原理　216, 219, 281
権利保障型　10-12, 153
権力分立　4, 19, 45, 46, 58, 99, 105, 229
公共の福祉　62, 213, 221, 263
皇居前広場事件判決　21, 127
合憲限定解釈　22, 156, 170, 174, 179, 194, 196, 202, 273, 285, 317, 320, 321, 352, 353, 357, 364
合憲性審査基準　253
合憲性の推定　183, 189, 235
合憲性判定基準　245, 246, 253
抗告訴訟　117
高次の法　2, 4
控除説　34, 40, 43, 45
後退禁止原則　296
広汎性　201

公法・私法の二元論　142
公法上の当事者訴訟　122, 123, 391
小売市場判決　265, 267
合理性の基準　236, 260, 269, 305
合理的期間　342
国籍法違憲判決　23, 174, 304, 319, 337, 338, 353, 360, 371
国民主権　19, 99
国民主権モデル　43, 44, 58
国民訴訟　41
国務請求権　108, 110
国家の私法上の行為　138
個別的効力説　329, 330, 335, 341, 345, 352, 360
個別的な利益衡量 (ad hoc balancing)　115, 217, 219, 222, 227, 244, 248, 259, 263, 270-274, 276, 284, 286
コマーシャル・スピーチ　232
コモンロー　2, 4, 6-8, 45, 182, 241, 252, 346
婚外子相続分差別違憲決定　23, 226, 337, 353, 360, 364, 371
コンセイユ・デタ　5, 45, 98

さ 行

在外国民選挙権制限違憲判決　23, 174, 254, 319, 337, 353, 360, 379, 386, 391
在外投票制度廃止事件判決　255
最高規範　4
再婚禁止期間違憲判決　23, 306, 337
在宅投票制度廃止事件判決　379, 389
裁判規範　4, 46
裁判所の「能力」論　230, 271
裁判を受ける権利　31, 38, 56, 63, 64, 67, 79, 81, 84, 86, 99, 106-108, 113, 114, 121-123, 125, 126, 129, 369, 378, 390
札幌税関検査事件判決　186, 208, 219, 225, 274, 318
サラリーマン税金訴訟　177
猿払事件判決　178, 238, 257, 323
三権分立の原理　34, 36, 61
三段階審査　23, 239
事件性の要件　33, 37-40, 45, 57, 106, 195
事件・争訟性　129
事件の成熟性 (ripeness)　54
事実上の拘束力　348
事実判断の手法　168, 180

事項索引 —— 399

事情判決的法理　342-344, 361, 369
私人間効力（論）　63, 142, 143, 146
自然権　3, 4, 109, 289
自然法　94
事前抑制　186, 238, 274-277
執行権　44
実効的救済　119-124
実質的当事者訴訟　392
実質的法治国家　6, 7, 55
自転車競技法違反事件　165
渋谷区長選任贈収賄事件判決　165
司法　46
司法権　9, 31-33, 40, 43, 44, 49, 50-52, 56, 59, 106, 117
司法裁判所　4, 8, 18, 45, 50, 117
司法事実　150, 171, 181
司法消極主義　18, 20, 23, 27
司法書士法事件　272
司法審査権　12, 46
司法審査制　8, 12, 14, 175
司法制度改革審議会　23
司法積極主義　18, 20
司法の自己抑制（judicial restraint）　20
司法判断可能性（justiciability）　13, 54, 127
社会契約　109
衆議院議員選挙定数配分規定違憲判決　→ 定数不均衡判決
宗教団体の内部紛争　69
終審裁判所　131
集中型　10
住民訴訟　280, 328
受益権　108
主観訴訟　32, 40, 45, 117, 118, 120, 125, 153, 280
主観的権利　3, 32, 126, 145, 152, 153, 296
主観法　3
主張適格　153, 165, 166, 191
出訴権　10, 106, 107, 113, 118, 126
種徳寺事件　70, 75, 77
純粋な不遡及的変更　364
消極規制　233
消極国家　263
消極目的　263
条約　131, 133
条約優位説　132
将来効　351, 358

将来効判決　360, 361
条例　133
食管法事件判決　155, 164
処分違憲　179, 274, 326, 336
処分違憲型　277
処分違憲型審査　167, 172, 279
処分性　120
自力救済　38, 109
自力執行力　132
侵害原理　264
人権　213
　——の援助　221, 264
　——の制限　221
審査基準　262, 268, 388
審査基準論　23, 115, 188, 223, 228, 242, 245, 246, 252, 260, 262, 263, 268, 270-272, 280, 283, 286, 302
審査密度　244, 248
森林法共有林分割制限違憲判決　22, 268, 289, 337
杉本判決　158
砂川判決　102, 132, 156
スライディング・スケール論　244
政教分離原則　83, 89, 90, 225, 280, 282
政治問題（political question）の法理　54, 99, 133
成熟性　120, 121
政治理論の問題　99, 133
精神的自由　20, 23, 158, 247, 264, 265
制定法主義　7, 345, 347, 349
制度的保障　225
政令325号事件　314
積極規制　233
積極国家　263
積極目的　263, 269
全司法仙台事件判決　206, 353, 365
全逓東京中郵事件判決　203
煽動罪　273
全農林警職法事件判決　206, 353, 364
全部違憲　317, 318
全面違憲　170, 174
先例拘束性の原理　346, 349
先例（憲法判例）の拘束　328, 344
先例の遡及的適用　362
総合判断の手法　251, 252, 268, 270, 272, 284, 287, 290, 342

相当性の法理　273, 278
遡及効　351, 358
遡及処罰の禁止　365
阻止する権力　19, 37
訴訟要件　31, 106-108, 113, 120, 151
措置法律　374, 383
尊属殺重罰規定違憲判決　22, 226, 305, 337, 340, 352, 363

た行

第三者効力説　145
第三者所有物没収事件判決　156, 160, 173, 203, 284, 328
第三者の憲法上の権利の主張適格　159
第三者の権利の援用　156, 157, 162-164
ダイシー　6
代表制　44
大陸法　7, 8, 13, 117, 252, 347, 348
高田事件　138
段階構造　44, 46, 58, 119, 215
段階理論(Stufentheorie)　245, 253
中間審査基準　234, 243
抽象的違憲審査　195, 357, 375, 377, 391
抽象的規範統制　10, 11, 14, 330
中世法思想　3
直接規制　238, 259
通常審査　110, 231, 238, 253, 262, 263, 268, 286, 293, 302
　——の基準　233
定義づけ衡量(definitional balancing)　186-188, 217, 218, 222-225, 228, 237, 272, 274, 286, 304-306, 308, 309
定数不均衡(判決)　22, 24, 136, 337, 342, 353, 360, 389
適正手続　157
適法な提訴　56, 106, 107
適用違憲　152, 163, 171, 173, 196, 279, 327, 357, 385
適用合憲　163
適用上違憲　150, 152, 175, 176, 319, 321, 322
適用上可分　318
適用上合憲　175, 176, 224
　——判決　164
適用上判断　150, 155, 163, 167, 171, 175, 180, 185, 187, 192, 199, 201, 220, 272, 273, 279, 283, 284, 350
適用審査　151, 168, 170, 171, 187
デモクラシー　229
ドイツ基本法　55
当事者訴訟　117
当事者対立構造　59
当事者適格　113
統治行為論　98, 111, 133
都教組事件判決　205, 353, 364, 365
徳島市公安条例事件判決　186, 200, 210, 212, 224
独立審査(制)　8, 10, 14, 377
届出制　166
苫米地事件　104
富山大学事件　95
取消訴訟　120, 121

な行

内容確定型人権　217, 221, 253, 256, 283, 289, 297, 300, 369, 375
内容規制　→表現の内容規制
内容形成型人権　217, 253, 287, 370, 375
内容中立規制　201, 258
長沼ナイキ訴訟　195
新潟県公安条例事件判決　166, 324
二重の基準　20, 23, 230, 253, 265, 267
二段階分節審査　221, 284, 300
日蓮正宗管長事件　83, 90
日本新党繰上当選無効訴訟　68

は行

博多駅事件　285
漠然性の理論　223
判決事実　181
判決の効力　157
判決理由　350
判断回避　152, 166, 170, 191
判断過程統制　294, 296
判例の不遡及的適用　363
判例変更　346
判例法主義　241, 345
百里訴訟判決　138, 145, 195
評価用事実　180, 187, 351
評決方法　311, 313
表現の内容規制　201, 238, 256, 258
比例原則　23, 223, 239, 241, 248, 252, 260,

268, 272, 280
広島市暴走族追放条例事件判決　202, 318
夫婦同氏強制合憲判決　24, 288
不可分性　→可分・不可分性の問題
福岡県青少年保護育成条例事件判決　210
付随審査(制)　8, 31, 151, 152, 170, 171, 173, 187, 195, 196, 201, 319, 322, 347, 350, 357, 358, 367
付随的規制　238, 259
不当な動機の燻り出し論　236
部分違憲　170, 174, 318
部分社会論　90
不明確性(の法理)　161-163, 185, 188, 199, 201, 223
プラカード事件判決　178
ブランデンバーグ原則　273
分散型　10
分節判断の手法　251, 270, 271
文面違憲　171
文面上違憲　150, 152, 173, 317, 323
文面上合憲　173, 224
文面上判断(の手法)　150, 155, 161, 167, 168, 171, 179, 180, 185, 187, 192, 201, 220, 222, 223, 272, 273, 279, 350
文面審査　168, 171
法源　345, 348-350
法裁定　58
法執行　58, 215
法治国家(Rechtsstaat)　5, 7
法治主義　351
法(秩序)の段階構造　4, 19, 347-349
法定立　58, 215, 348
法的安定性　28, 93, 130, 155, 173, 175, 176, 199, 202, 207, 219, 227, 262, 272, 321, 322, 335, 346, 349, 363
法の一般原則　5, 343, 349
法の支配　2, 6, 18, 36, 45, 46, 55, 58, 99, 229, 342
法律委任説　330, 333, 334, 352
法律上の争訟　32, 40, 47, 62, 64, 67, 69, 71, 73, 77-79, 81-83, 86, 90, 107, 113, 114, 117-119, 121, 126, 153
法律上の利益　123, 125, 126
法律適合性(légalité)　45
法律の留保　5, 18, 240, 242, 249
法令違憲　152, 171, 336, 357

法令審査　169, 171
傍論　127, 128, 350, 364, 365
保護領域　109, 111, 114, 239, 283
北方ジャーナル事件　274
堀木訴訟判決　289, 293
本門寺事件　72, 77, 84

ま 行

マーベリー対マディソン事件　4, 9
牧野訴訟　371
三菱樹脂判決　141, 146
民衆訴訟　32, 41, 51, 117, 334
民主的政治過程(論)　230, 246, 263, 271
民主的プロセス　22
ムート　127
ムートネス　120
　　──の法理　13, 127, 128
無適用説　146
無名抗告訴訟　393
明治憲法　45, 50
明白かつ現在の危険(clear and present danger)の法理　273
目的・効果基準　90, 281
目的・手段審査　22, 228, 233, 256, 280, 281, 302
文言上可分　318

や 行

薬事法距離制限違憲判決　22, 265, 267, 337
郵便法賠償責任制限違憲判決　22, 174, 289, 291, 319, 337
緩やかな基準　110
予測可能性　219, 225, 227, 228, 244, 251, 272, 274, 277, 278, 286, 349
よど号ハイジャック記事抹消事件判決　256, 261
米内山事件　90

ら 行

利益衡量(論)　22, 149, 187, 213, 214, 222, 238, 241, 243, 248, 249, 251, 253, 257, 258, 261, 262, 271, 272, 277, 282, 297
立憲君主政　5, 45
立憲君主政モデル　43, 55, 58
立憲主義　2, 18, 43, 44, 51, 131, 141, 142, 144, 147, 351

立憲民主政　47
立証責任　183
立法　46
立法権　38, 43, 44, 59
立法裁量　61, 108, 110, 122, 218, 235, 253, 255, 289, 291, 293, 296, 297, 307, 308, 385
立法事実　136, 165, 168, 181, 183, 187, 220, 224, 232, 233, 235, 255, 272, 297, 305, 307, 326, 350, 352, 360, 389
立法事実論　180, 220
立法不作為　41, 57, 134, 307, 373, 374, 379
　——の違憲確認訴訟　390

留保裁判　98
類型的衡量　275
ルール（準則）　216, 218, 223, 275, 281, 308
ルール・オブ・ロー　6, 7
蓮華寺事件　73-75, 84
労働基本権　204
ローマ法　3, 7, 347

わ 行

わいせつ表現　232
ワイマール憲法　6

判例索引

最高裁判所

最大判昭和23年7月8日刑集2巻8号801頁　138

最大判昭和23年9月29日刑集2巻10号1235頁　155, 164

最大判昭和25年4月26日刑集4巻4号700頁　366

最大判昭和25年10月11日刑集4巻10号2037頁　352

最大判昭和25年10月25日刑集4巻10号2126頁　352

最大判昭和26年7月11日刑集5巻8号1419頁　164

最大判昭和27年10月8日民集6巻9号783頁　15, 20, 33, 51

最大決昭和28年1月16日民集7巻1号12頁　90

最大判昭和28年3月18日刑集7巻3号577頁　164

最大判昭和28年7月22日刑集7巻7号1562頁　314

最大判昭和28年12月23日民集7巻13号1561頁　127

最大判昭和29年11月24日刑集8巻11号1866頁　166, 220, 324

最大判昭和30年12月14日刑集9巻13号2760頁　227

最大決昭和30年12月23日刑集9巻14号2963頁　317

最判昭和32年11月27日刑集11巻12号3132頁　156, 203, 285

最大判昭和33年5月28日刑集12巻8号1718頁　366

最大判昭和34年12月16日刑集13巻13号3225頁　101, 132, 156

最3決昭和35年2月9日刑集14巻1号92頁　165

最大判昭和35年2月10日民集14巻2号137頁　154

最大判昭和35年3月9日民集14巻3号355頁　91

最大判昭和35年6月8日民集14巻7号1206頁　102, 104

最大決昭和35年7月6日民集14巻9号1657頁　152, 203

最大判昭和35年7月20日民集14巻9号1243頁　324

最大判昭和35年10月19日民集14巻12号2633頁　93, 95

最大判昭和35年10月19日刑集14巻12号1574頁, 1611頁　157, 285

最大判昭和36年2月15日刑集15巻2号347頁　203

最決昭和36年12月6日裁判集刑事140号375頁　176, 199

最大判昭和37年3月7日民集16巻3号445頁　101, 381

最大判昭和37年5月2日刑集16巻5号495頁　202

最大判昭和37年11月28日刑集16巻11号1593頁　156, 159, 285, 328, 336

最2判昭和38年3月15日裁判集刑事146号723頁　204

最大判昭和38年3月27日刑集17巻2号121頁　165

最大判昭和39年5月27日民集18巻4号676頁　299

最1判昭和39年10月29日民集18巻8号1809頁　121

最大判昭和41年7月20日民集20巻6号1217頁　395

最大判昭和41年10月26日民集20巻8号901頁　203

最大決昭和41年12月27日民集20巻10号2279頁　52

最大判昭和42年5月24日民集21巻5号1043頁　127

最大判昭和44年4月2日刑集23巻5号305頁　205, 354

最大判昭和44年4月2日刑集23巻5号685頁　206, 353

最大決昭和44年11月26日刑集23巻11号1490頁　285

最大判昭和45年9月16日民集24巻10号

1410 頁　　261
最大判昭和 47 年 11 月 22 日刑集 26 巻 9 号 554 頁　　176, 200
最大判昭和 47 年 11 月 22 日刑集 26 巻 9 号 586 頁　　265
最大判昭和 47 年 12 月 20 日刑集 26 巻 10 号 631 頁　　138, 368
最大判昭和 48 年 4 月 4 日刑集 27 巻 3 号 265 頁　　226, 305, 337, 340, 352
最大判昭和 48 年 4 月 25 日刑集 27 巻 4 号 547 頁　　206, 353
最大判昭和 48 年 12 月 12 日民集 27 巻 11 号 1536 頁　　140
最大判昭和 49 年 5 月 29 日刑集 28 巻 4 号 114 頁　　366
最大判昭和 49 年 11 月 6 日刑集 28 巻 9 号 393 頁　　238, 257, 323
最大判昭和 50 年 4 月 30 日民集 29 巻 4 号 572 頁　　191, 265, 266, 337
最大判昭和 50 年 9 月 10 日刑集 29 巻 8 号 489 頁　　186, 200, 210, 212, 224, 258
最 3 決昭和 50 年 9 月 30 日刑集 29 巻 8 号 702 頁　　156
最大判昭和 51 年 4 月 14 日民集 30 巻 3 号 223 頁　　101, 301, 337, 342, 361
最大判昭和 51 年 5 月 21 日刑集 30 巻 5 号 615 頁　　197
最大判昭和 51 年 5 月 21 日刑集 30 巻 5 号 1178 頁　　365
最 3 判昭和 52 年 3 月 15 日民集 31 巻 2 号 234 頁, 280 頁　　95
最 2 決昭和 54 年 11 月 19 日刑集 33 巻 7 号 754 頁　　209
最 1 判昭和 54 年 12 月 20 日刑集 33 巻 7 号 1074 頁　　203
最 3 判昭和 54 年 12 月 25 日民集 33 巻 7 号 753 頁　　209
最 3 判昭和 55 年 1 月 11 日民集 34 巻 1 号 1 頁　　70, 77
最 1 判昭和 55 年 4 月 10 日集民 129 号 439 頁　　72, 76
最 3 判昭和 56 年 4 月 7 日民集 35 巻 3 号 443 頁　　47, 71, 75, 76, 107
最大判昭和 57 年 7 月 7 日民集 36 巻 7 号 1235 頁　　293
最 1 判昭和 57 年 9 月 9 日民集 36 巻 9 号 1679 頁　　192
最大判昭和 58 年 6 月 22 日民集 37 巻 5 号 793 頁　　257
最大判昭和 58 年 11 月 7 日民集 37 巻 9 号 1243 頁　　342, 362
最大判昭和 59 年 12 月 12 日民集 38 巻 12 号 1308 頁　　156, 186, 208, 219, 225, 274
最 3 判昭和 60 年 1 月 22 日民集 39 巻 1 号 1 頁　　177
最大判昭和 60 年 3 月 27 日民集 39 巻 2 号 247 頁　　177
最大判昭和 60 年 7 月 17 日民集 39 巻 5 号 1100 頁　　337, 342, 361
最大判昭和 60 年 10 月 23 日刑集 39 巻 6 号 413 頁　　210
最 1 判昭和 60 年 11 月 21 日民集 39 巻 7 号 1512 頁　　255, 379
最大判昭和 61 年 6 月 11 日民集 40 巻 4 号 872 頁　　274
最 3 判昭和 62 年 3 月 3 日刑集 41 巻 2 号 15 頁　　178
最大判昭和 62 年 4 月 22 日民集 41 巻 3 号 408 頁　　268, 289, 337
最 3 判昭和 63 年 12 月 20 日判タ 694 号 92 頁　　66, 78
最 3 判平成元年 6 月 20 日民集 43 巻 6 号 385 頁　　138, 146
最 2 判平成元年 9 月 8 日民集 43 巻 8 号 889 頁　　75
最 3 判平成 5 年 7 月 20 日判タ 855 号 58 頁　　79, 85
最 3 判平成 5 年 9 月 7 日民集 47 巻 7 号 4667 頁　　83
最 2 判平成 5 年 9 月 10 日判タ 855 号 58 頁　　79
最 1 判平成 5 年 11 月 25 日判タ 855 号 58 頁　　79
最 3 判平成 7 年 3 月 7 日民集 49 巻 3 号 687 頁　　273
最 1 判平成 7 年 5 月 25 日民集 49 巻 5 号 1279 頁　　68
最大決平成 7 年 7 月 5 日民集 49 巻 7 号 1789 頁　　302
最 1 決平成 8 年 1 月 30 日民集 50 巻 1 号 199 頁　　161
最 2 判平成 8 年 3 月 8 日民集 50 巻 3 号 469

判例索引 —— 405

頁　282
最 2 判平成 8 年 11 月 18 日刑集 50 巻 10 号 745 頁　364, 365
最大判平成 9 年 4 月 2 日民集 51 巻 4 号 1673 頁　280, 328
最大判平成 11 年 11 月 10 日民集 53 巻 8 号 1577 頁　68
最 3 判平成 12 年 2 月 8 日刑集 54 巻 2 号 1 頁　272
最 2 決平成 13 年 6 月 14 日判例地方自治 217 号 20 頁　197
最大判平成 14 年 2 月 13 日民集 56 巻 2 号 331 頁　271
最大判平成 14 年 9 月 11 日民集 56 巻 7 号 1439 頁　174, 291, 319, 337
最大判平成 16 年 1 月 14 日民集 58 巻 1 号 56 頁　298
最大判平成 17 年 9 月 14 日民集 59 巻 7 号 2087 頁　174, 254, 319, 337, 338, 386
最 1 判平成 18 年 7 月 13 日裁時 1415 号 10 頁　255
最 3 判平成 19 年 2 月 27 日民集 61 巻 1 号 291 頁　283
最 3 判平成 19 年 9 月 18 日刑集 61 巻 6 号 601 頁　202, 211, 318
最大判平成 20 年 6 月 4 日民集 62 巻 6 号 1367 頁　174, 304, 319, 336-338, 371
最 2 判平成 23 年 5 月 30 日民集 65 巻 4 号 1780 頁　284
最 1 判平成 23 年 6 月 6 日民集 65 巻 4 号 855 頁　284
最 3 判平成 23 年 6 月 14 日民集 65 巻 4 号 2148 頁　284
最大決平成 25 年 9 月 4 日民集 67 巻 6 号 1320 頁　226, 304, 336, 337, 364, 371
最大判平成 25 年 11 月 20 日裁判集民事 245 号 1 頁　342
最大判平成 27 年 2 月 16 日裁時 1642 号 13 頁　288
最大判平成 27 年 11 月 25 日民集 69 巻 7 号 2035 頁　362
最大判平成 27 年 12 月 16 日民集 69 巻 8 号 2427 頁　306, 337, 338

下級裁判所

東京地判昭和 35 年 10 月 19 日行裁例集 1 巻 10 号 2921 頁　294
札幌地判昭和 42 年 3 月 29 日下刑集 9 巻 3 号 359 頁　194
東京地判昭和 42 年 5 月 10 日下刑集 9 巻 5 号 638 頁　324
旭川地判昭和 43 年 3 月 25 日下刑集 10 巻 3 号 293 頁　178
東京地判昭和 43 年 7 月 15 日行裁例集 19 巻 7 号 1196 頁　371
東京地判昭和 45 年 7 月 17 日行裁例集 21 巻 7 号別冊 1 頁　158, 179
東京地判昭和 46 年 11 月 1 日判時 646 号 26 頁　178
東京高判昭和 48 年 1 月 16 日判タ 289 号 171 頁　325
札幌地判昭和 48 年 9 月 7 日訟月 19 巻 9 号 1 頁　195
東京高判昭和 50 年 12 月 20 日判時 800 号 19 頁　166, 196
札幌高判昭和 51 年 8 月 5 日行裁例集 27 巻 8 号 1175 頁　106
水戸地判昭和 52 年 2 月 17 日判時 842 号 22 頁　106
札幌地判昭和 55 年 1 月 17 日訟月 26 巻 4 号 574 頁　385
大阪地判昭和 59 年 9 月 28 日判タ 541 号 165 頁　74, 78
大阪高判昭和 61 年 5 月 6 日判時 1207 号 61 頁　75
東京高決平成 7 年 12 月 19 日判時 1548 号 26 頁　159
東京地判平成 11 年 10 月 28 日訟月 46 巻 10 号 3833 頁　392
東京高判平成 12 年 11 月 8 日判タ 1088 号 133 頁　392
大阪高判平成 17 年 9 月 30 日訟月 52 巻 9 号 2979 頁　130, 198
名古屋高判平成 20 年 4 月 17 日判時 2056 号 74 頁　130, 198

高橋和之
1967 年東京大学法学部卒業．東京大学名誉教授．
主要著書：『現代憲法理論の源流』(1986 年)，『国民内閣制の理念と運用』(1994 年)，『憲法判断の方法』(1995 年)，『現代立憲主義の制度構想』(2006 年)，『立憲主義と日本国憲法〔第 4 版〕』(2017 年)（以上，有斐閣）など．

体系 憲法訴訟

2017 年 4 月 27 日　第 1 刷発行

著　者　高橋和之(たかはしかずゆき)

発行者　岡本　厚

発行所　株式会社 岩波書店
〒101-8002 東京都千代田区一ツ橋 2-5-5
電話案内 03-5210-4000
http://www.iwanami.co.jp/

印刷・三陽社　カバー・半七印刷　製本・松岳社

Ⓒ Kazuyuki Takahashi 2017
ISBN 978-4-00-061179-4　Printed in Japan

憲　　　　　　　法　第6版	芦部信喜 高橋和之補訂	A5判 462頁 本体 3100円
岩波セミナーブックス21 憲 法 判 例 を 読 む	芦部信喜	四六判272頁 本体 1800円
インターネットの憲法学　新版	松井茂記	A5判 502頁 本体 4000円
制　度　と　自　由 ――モーリス・オーリウによる 　修道会教育規制法律批判をめぐって	小島慎司	A5判 332頁 本体 6900円
現 代 憲 法 学 の 位 相 ――国家論・デモクラシー・立憲主義	林　知更	A5判 456頁 本体 6500円
憲　法　と　政　治	青井未帆	岩波新書 本体 840円
新版 世 界 憲 法 集　第2版	高橋和之編	岩波文庫 本体 1380円

———— 岩波書店刊 ————

定価は表示価格に消費税が加算されます
2017年4月現在